政法笔迹

齐延安 著

山东大学出版社

图书在版编目(CIP)数据

政法笔迹/齐延安著. 一济南:山东大学出版社,2016.9
ISBN 978-7-5607-5597-7

Ⅰ. ①政… Ⅱ. ①齐… Ⅲ. ①律师制度一研究一中国
Ⅳ. ①D926.5

中国版本图书馆 CIP 数据核字(2016)第 203127 号

责任编辑 尹凤桐
封面设计 牛 钧

出版发行 山东大学出版社
社 址 山东省济南市山大南路 20 号
邮 编 250100
电 话 市场部(0531)88364466
经 销 山东省新华书店
印 刷 济南新科印务有限公司
规 格 720 毫米×1000 毫米 1/16
25.75 印张 422 千字
版 次 2016 年 9 月第 1 版
印 次 2016 年 9 月第 1 次印刷
定 价 68.00 元

序一

金秋九月，收获时节，延安同志新著《政法笔迹》即将付梓出版。书稿记录了延安同志从事政法工作的心路历程，饱含着延安同志的心血和智慧。

延安同志1984年从中国政法大学毕业后，长期在省政法部门从事法律实务工作。三十二年来，无论岗位如何变化，他始终保持着对法治的执着追求。延安同志虽然一直在机关工作，但能坚持把工作当作学问来对待，勤于钻研、善于思考，即便是在省司法厅领导岗位上，仍坚持思考研究、笔耕不辍。这本《政法笔迹》，正是延安同志近十几年来对法治建设深入思考研究的成果展示。

阅读这本《政法笔迹》，能够深切感受到延安同志对工作的专注与热情，特别是作为省司法厅副厅长，对司法行政和分管工作始终用心研究、积极探索，提出了司法行政工作要更加关注社会民生、律师业要由大省向强省跨越、要遵循公证行业发展规律推进公证改革、法律援助要实现“应援尽援”等思路和理念，对于指导和引领相关业务工作创新发展发挥了重要作用。2014年8月分管强制隔离戒毒工作以后，延安同志又全身心地投入到解决这一课题的研究之中，先后提出了实施“四大工程”、建设“六大体系”、坚持“六疗”并举等方法理念，进一步丰富了我省强制隔离戒毒工作的理论和实践。

当前，全面依法治国的大幕已经拉开，法治工作者使命光荣、责任重大。相信《政法笔迹》能够为广大读者拓宽法治研究视野提供帮助，能够为广大司法行政干警和法律服务工作者创新工作提供借鉴。

2016 年 9 月 8 日

序二

应延安君之邀为《政法笔迹》作序，是一件很愉快的事情。

“政法”术语与司法概念不同，人们对它比较熟悉但又印象模糊。它富有理论性，更是一个实践性的概念。《政法笔迹》对“政法”既有理论化的思考，更有实践层面上的展示和描述。这些长短不一的文字汇集在一起，调整和加深了人们对政法的印象，有助于人们澄清一些负面信息与评价所造成的对政法的认识和误解，并使人们共享政法与司法的一些重要的价值理念，像维护公平正义是宗旨天职、公正是灵魂和生命线、法治的忠实捍卫者、人权的最终屏障等。毫无疑问，这些重要的价值理念不同程度地嵌入了一批政法人长年累月的足迹中，《政法笔迹》有意无意地连接起了这些或深或浅的足迹，勾画出了中国政法和法治不断前行的线路和趋势。

《政法笔迹》分为八篇，涉及法院、律师、公证、法律援助、司法行政、强制隔离戒毒等政法工作的多个方面，汇集了延安君自上世纪80年代从事政法工作以来形成的部分学习心得、讲话发言、调研报告等不同形式的文字，没有太多长篇大论的文章，也不求缜密周延论证、文论格式统一和学术规范修辞，但大部分文字都标识了一定的思想刻度，其中不乏小文大义、短议精论，一些短篇文字闪烁出的思想火花至今不息。以《法院篇》中多文所涉司法改革为例，1990年代中期的司法改革主要表现为法院审判方式改革，但作者参与和组织的相关调研和讨论已经触及更深层次的问题。他以其敏锐的笔尖触向法院人事制度、法官管理制度改革，这类文字以及与其相关的思考和讨论在初始的司法改革阶段已显示出相当的思想深度，与后来的审判长制度、主审法官制度改革以及近来的法官员额制、司法责任制、法官职业保障改革等，都呈现出一定的思想性关联。尤其值得称道的是，作者为政法工作苦思冥想、百思得解的心得所形成的一些文字受人青睐，其思想力度和实践逻辑合成了政法工作上的实际效力。以《律师篇》中数文所涉及的律师管理为例，律师管理是一个专门化程度高、实践性强而又颇具争议的领域，基于对律师职业特质和律师业发展准市场化特性的认识，作者自设课题组织开展系统研究，勇于直面并积极回应理论界、实务界的各种争议和质疑，在律师属性、管理体制、律师伦理等方面提出了许多开创性的观点，着力于从政治保障、制度保障、体制保障等多重角度形成对律师业发展的推力，在力推律师行政管理与律师行业管理并行改革、促进地方律师协会成长发展等方面成效显著。

《政法笔迹》中有不少熟悉的文字，重读这些文字伴随着一些愉快的回忆。早些年参与作者组织的关于法院工作、司法改革的正式和非正式的研讨，场景历历在目；近些年参加作者主导的律师论坛、律师培训教育、论文评选等活动，场景印象深刻。细读其中的一些文字，回顾政法理事变迁，结合当下法政变革，会产生一种“笔尖敏锐、笔端饱满、笔迹端正”的阅感。跨度三十余年、反映若干领域的文字相互联系，勾画出中国政法和法治前行中一位政法人的身影：他拥有朴实的人文情怀、一贯的政法立场、稳定的法治思维，还有持久恒续的热忱和勤勉，倾心法治、用心政法，尽其全心沟通政治与法治，尽其所职沟通行政与司法，尽其所能沟通理论与实务。

《政法笔迹》已经是近十年来我为延安君作序的第三本书了。作为相识近三十年的老朋友，延安君是我熟识的为数不多的学者型官员，他把长期从事的政法工作当作学问来研究、作为事业来追求，我很以为然！我们常在一起感叹：一个民族和国家多一些关注天空的人，这个民族和国家才有希望。一点不错，仰望星空、脚踏实地、勤于学思的政法人多起来，中国政法和法治就会有希望。

是为序！

肖金明
2016 年 8 月 26 日

目 录

法院篇

律师篇

公证篇

法律援助篇

司法行政（综合）篇

政法笔迹

强制隔离戒毒篇

其　他

附　录

法院篇

对司法工作一般规律的评析

法院审判工作，在西方称为“司法”[①]；法院的审判权，则称为“司法权”。在西方国家，司法权是在国家权力架构中与立法权、行政权并行的三大权力之一。虽然我国理论界和实务界对“司法”采取更为宽泛的解释，但就司法的本源性而言，则只能是指法院工作。因此，所谓“法院工作规律”就是司法活动规律。

综观世界各国的司法制度，尽管在具体制度和做法上互有差异，但有着共同遵循的原则，呈现出一些共同的发展趋势和运作、发展规律。概括起来，主要有以下几个方面：

一、司法独立是世界各国普遍坚持的原则

司法具有独立性、中立性、被动性、正当性和终局性等特点。而独立性最具决定意义。西方国家在国家体制上，与政治上的多党制相适应，实行立法、行政、司法三权分立，相互制衡。一方面，司法权独立于立法权、行政权，司法机关独立行使职权，不受立法机关和行政机关干涉。另一方面，司法独立的核心是法官独立。“法官应享有身份之独立及实质之独立。身份独立指法官职位之条件及任期之保障，以确保法官不受行政干涉。实质独立指法官执行其司法职务时，除受法律及其良知之拘束外，不受任何干涉。”[②]“法官在作出裁决的过程中，机关级别和职务等级的差别均不得干涉法官个人或法官合议体自由宣判的权

① 孟德斯鸠认为，每一个国家有三种权力，其中第三种权力是惩罚犯罪或裁决私人讼争，这种权力称为“司法权力”。也就是说，法院的审判权即司法权。（参见［法］孟德斯鸠：《论法的精神》上册，张雁深译，商务印书馆 1961 年版，第 155 页）

② 最高人民法院：《法院组织法研究资料》第 3 辑，1994 年 9 月。

利。”[①]司法独立是世界范围内公认的一项法治原则。世界各国普遍认为，只有司法独立，才能对刑事被告人受到的指控或诉讼当事人的权利与义务作出公正、公平的裁判。1966 年，联合国大会通过的《公民权利和政治权利国际公约》第 14 条规定：“在判定对任何人提出的任何刑事指控或确定他在一件诉讼案件中的权利和义务时，人人有资格由一个依法设立的合格的、独立的和无偏倚的法庭进行公正的和公开的审讯。”而且，为确保司法独立，世界各国在宪法和法律上设计了一系列具体制度加以保障，最主要的有：

1. 法院体系尽量避免与行政区划设置重合；

2. 法官身份保障制度；

3. 司法经费保障制度；

4. 法官不在党制度；

5. 法官职业化、规范化制度等等。

司法独立性原则，因这些具体制度的设立而得到保障，并成为现代司法制度和现代法治的基石。

一般地讲，司法独立程度越高，遭受干涉的可能性就越小，公正性就越强。但司法独立也是相对的。一方面，绝对的司法独立是不存在的，“因为法官是社会中的人，而不是荒岛上的鲁滨逊，必然会受到环境的影响”。“所谓司法独立，应当是相对独立，它取决于法官的社会地位、教育背景以及个人品性。”[②]另一方面，司法公正的实现，仅有司法独立是不够的，还需要法官的良知和科学规范的审判程序、制度等条件。尽管如此，谁也不会或不敢相信，缺乏独立性的司法能够公正、公平地作出裁判。司法不独立，不仅不能称其为司法，而且也无法实现法治，更谈不上实现社会正义和公平。所以，尽管我国国情决定不适用“三权鼎立”的政权架构模式，我们也不可能保证在任何时候都能实现完全的正义和公平，但在建立和设计制度时，必须考虑司法的独立性，因此“必须建立能够有效抵制各种非法干扰，保证人民法院依法独立公正行使审判权的法官管理体制”[③]，为实现更多的司法正义和社会正义，确立一个最起码的前提。

---

① 张敏、蒋惠岭：《法院独立审判问题研究》，人民法院出版社 1998 年版，第 438 页。

② 乔新生：《司法独立的脆弱性》，载 2001 年 4 月 1 日《法制日报》。

③ 肖扬：《在全国高级人民法院院长座谈会上的讲话》，2001 年 7 月。

二、健全法官遴选、管理机制是完善司法、实现法治的必由之路

为保证法官的高素质和职业化，实现司法公正与效率，现代各国大都建立了严格、规范的法官培养、遴选、晋升和职业保障制度。虽然各国在具体制度的设置上有所不同，但主要内容和制度体现的精神包括：

1. 法官的培养即通往法官之路漫长而艰难。在美国，因法院体系分联邦法院和州法院而有所不同。以联邦法院法官为例，法官必须是在普通大学本科毕业以后，报考法学院学习三年被授予JD学位，即“法律职业博士”，然后经过严格的律师资格考试合格，取得律师资格并从事律师工作若干年后，才有可能成为法官。州法院法官，特别是最高法院、上诉法院和具有普通管辖权的初审法院，除对法官实行选举制的州以外，一般也应当具备上述条件。①

2. 遴选条件严格，程序复杂。担任法官的条件和标准非常严格，不仅需要具有较高的学历要求，而且必须具有法律实务经历和丰富的法律工作经验。法官选任程序复杂而规范，不具备良好素质和不经过复杂程序的筛选，无法成为法官。

3. 法官职业保障完善。在西方多数国家，法官除非因违法犯罪受弹劾或者自动辞职外，其职务是终身的。在法官自愿的情况下，他们也可以带全薪退休。世界各国，不论经济发达国家还是不发达国家，对法官实行高薪或相对较高薪金是普遍的做法。

总之，建立科学、严格、规范的法官制度以及在制度保障下建立高素质法官精英群体，是世界各国走向法治的一条基本经验，也是司法必须遵循的一条基本规律。

法官制度在现代司法和法治中具有基础性的作用。科学、规范的法官制度，能够为造就高素质的法官队伍提供机制性保障，进而为实现司法的功能和推进法治进程提供人才上的保证。“徒法不足以自行。”再好的法律制度，若没有高质量的法官群体，也难以得到贯彻执行。而严格或近乎苛刻的法官遴选条件和标准，不仅增强了社会公众对法官职业的认同和信任，认为法官是少数人

① 参见周道鸾主编：《外国法院组织与法官制度》，人民法院出版社2000年版，第14页。

的精英团体和正义的化身，而且也成为形成法官内心有效的自我约束机制的基础，为法官依法、公正行使职权提供了人格上的保障。相反，过多的法官数量和无标准的法官遴选制度就无法保证法官的质量，更为法官高薪制带来困难。同时，掌握审判权的人员数量众多，无法保证司法尺度的统一，也不能保证权力不被滥用。更重要的是，不建立严格的法官遴选制度，就不能为法官享有崇高而受人尊重的社会地位、建立法官内心的有效的自我约束机制提供前置条件。所以，要建立现代司法制度和实现法治，必须致力于“创设能够生成高素质法官队伍的现代法官制度和人事制度”①。

三、司法约束公权、保障人权是世界各国法治的普遍经验

西方国家实行“三权分立”，不仅在于权力独立，更在于相互制衡。就司法权对立法权、行政权的制约角度讲，一方面，司法拥有违宪审查权，司法机关按照“立法机关制定的与宪法相抵触的法律无效”②的原则，对涉及宪法争议的有关案件进行审查和裁决。另一方面，司法享有行政审查权，亦即最终裁决权，或者称司法具有终局性，对于行政处理或裁决，公民、法人和其他组织对处理不服，可以向法院起诉，而且，行政审查的范围极其广泛。所以，在西方国家，司法被看作是社会正义的最后一道屏障。基于“三权分立”理论，确定司法具有解决纠纷的普适性，有权受理和处置广泛发生在社会生活中的大多数争议，社会中少有司法不能涉及的领域。运用司法约束公权，特别是行政权，被视为法治的真谛，也是社会走向法治的普遍经验。

在国家权力架构中，行政权是最强的一种权力，而且极易膨胀和被滥用。在很大程度上，法治的本质就是控制公权、保障人权。在立法中贯彻这一精神，是在充分考量国家权力性质、特点和国家权力架构所作出的必然选择。同时，用司法权制约行政权，可以强化司法权的地位和作用，填补“司法机关为分立的三权中最弱的一个”③之不足。宪法是一个法治国家的生命之树，“如果宪法上那些暖人心田的神圣词句不能应用于真实世界中的个案，至高无上的宪法就不

① 肖扬：《在全国高级人民法院院长座谈会上的讲话》，2001 年 7 月。

② 1803 年，美国联邦最高法院在审理治安法官马伯里诉麦迪逊一案时，法官马歇尔在该案的判决中宣布：“立法机关制定的与宪法相抵触的法律无效。”由此开创了违宪审查和宪法司法化的先河。

③ [美]亚历山大·汉密尔顿等：《联邦党人文集》，程逢如等译，商务印书馆 1980 年版，第 391 页。

过是虚拟世界中的一纸空文"①。司法的违宪审查制度是实现宪政和走向法治的必由之路。因此,世界各国在对立法、行政、司法三大国家权力进行制度性设计时,都普遍考虑发挥司法制约其他公权和保障人权的职能,并规定广泛的案件受理范围。这是司法本身的要求,也是走向法治的必由之路。

四、程序公正优先和法律事实标准是司法的必然选择

世界各国在对待程序公正和实体公正方面,普遍强调程序公正优先原则,并坚持认为,经法定诉讼程序证明的法律事实是真实的,由此作出的裁判结果是公正的。这一认识,不仅作为一种牢固的司法理念和原则被法官所遵从和为社会公众所认同,而且,其司法程序制度和证据规则也是按照这一原则来设计的。这一理念和制度设计,是以"不可知论"为哲学基础的。在他们看来,人的认识能力是有限的,客观世界是可以有所不知的,特别是对过去已经发生的事情想通过诉讼来证明达到客观真实,是非常困难的或者是不可能的。因此,诉讼只能实现有限的实体公正。但我们可以实现完全的程序公正,程序公正应当优先。只要做到了程序公正,就能为实体公正提供保障。与此相适应,在制度设计上,极为强调程序的科学性、规范化;在司法实务中,极为强调依照法定程序开展诉讼活动;在对待裁判态度上,则强调裁判结果的不可改变性或权威性。例如,国外对犯罪嫌疑人采取强制措施需取得法官同意,取得证据的合法性,规定当事人举证时限,严格限定初审、二审法院审查范围和"官无悔判"原则等等,这些都充分反映和体现了这种理念。在司法实践中,这样的案例比比皆是。广为人知的辛普森刑事案件,结案后舆论一片哗然。此时,美国总统克林顿明确表达了一个意思,就是既然人民选择了现行的司法制度,那我们就应当尊重它作出的判决。

谁都不会否认,从司法的程序性讲,司法是一种技术与科学。司法就是通过科学、合理、规范的诉讼程序,来保证最大限度地查明案件客观真实,尽量多地实现实体公正。诉讼是求证已经逝去事物的客观真相,从总体上或非个案讲,永远不可能达到客观真实,只能最大限度地接近客观真实,不能保证每一起案件都全面实现实体公正;而程序公正不仅是看得见的公正,而且是在每一案

① 万超:《法官与宪法》,载 2001 年 8 月 19 日《法制日报》。

件中能够完全实现的公正。“司法追求的是普遍的公正价值，在这一追求中，可能以牺牲个别公正为代价；另一方面，在注重程序规则产生结论的司法规律中，可能在个别情况下，无法实现个案处理中的正义。”①这是人类不得不付出的代价或不得不面对的风险。西塞罗曾讲，绝对的正义就是不正义。而实际上绝对的正义也是不存在的。忽视程序公正而一味强调追求绝对的实体公正，公正就会失去标准，就会成为无源之水、无本之木，最终使程序规则和制度遭受破坏。所以，遵循程序公正优先原则和坚持以诉讼程序证明了的法律事实为真实，是符合人类认识规律的，也是符合司法活动规律的，是司法必须作出的必然选择。

五、司法具有权威性成为现代法治的重要标志

在经济发达和司法文明程度较高的国家，司法具有权威性是一个普遍特点，也是法治进步的重要标志。司法的权威性取决于各种因素：

1. 经济发达程度。司法文明程度受到经济发展状况的制约，经济发达，司法趋向文明。而司法具有权威则是自身性质和法治进步所要求的，也是司法文明的重要表现。许多学者认为，权利实现呈差序格局。生活在先进生产力地区的人容易萌生先进意识，文化水平高的人也是如此。孟德斯鸠在《论法的精神》中就指出，农业民族需要的法律比游牧民族多，商业民族需要的法律又比农业民族多。所以，权利实现是在不同地区和人群中，按照经济和文化发展高低程度依此逐步完成的。②

2. 文化传统影响。西方国家文化中有着源远流长的法治传统，比较注重规则和制度的创建，司法权威性可以从他们的文化传统中找到答案。

3. 社会公众法治意识。司法作为社会矛盾纠纷的处理机构，让其具有较高的权威，是社会公众法治意识觉醒的客观需要和重要表现。

4. 更重要的在于体制和制度上的原因。西方国家，特别是英美法系国家，基于国家治理模式的选择，在国家体制和制度上充分强调和树立司法的权威性。主要包括：(1)司法独立性原则与有关制度。(2)司法最终裁判原则与有关制度。(3)司法裁判的不可改变性原则与有关制度。(4)严格、健全的法官制度以及制度影响下的高素质法官群体。(5)对蔑视法庭、妨碍诉讼和不执行法庭

---

① 游振辉：《司法终极性与诉讼哲学》，载 2000 年 1 月 26 日《检察日报》。

② 参见郝铁川：《权利实现的差序格局》，载 2002 年 3 月 6 日《检察日报》。

裁决行为进行司法制裁和刑事处罚的规定。(6)司法与社会公众以及舆论媒体的相互关系原则与规定,特别是被誉为“现代社会第四种权力”机构的舆论媒体在司法作出生效裁判前不可妄加评论等等。

总之,现代法治国家普遍强调司法的权威性。司法无权威,则无法治。而司法权威的建立,除物质文明程度较高和具有悠久法治传统外,更重要的是建立在这种经济基础与法治传统文化底蕴之上的国家体制和制度所促成的。正因为国家体制和制度上的原因,提升了司法的权威性,为司法职能的发挥和实现法治奠定了机制性基础与保障。

众所周知,法治不仅是一种治理国家的方式、制度和机制,也是一种秩序和状态,其突出特点就是法律享有至高无上的权威。而法律的权威性应当而且需要由司法的权威性来体现。司法的权威性来自于终局性。司法最终裁判原则,是世界范围内法治国家的共同准则,而且符合国家治理的普遍逻辑,也是迄今为止人类社会探索文明过程中所能找到的解决纠纷和保持秩序最具合理性的办法。司法应当是社会矛盾与争端的最终解决办法,而且效力是最高的,再没有任何一种解决争端的效力凌驾其上。同时,只有司法将具体的法律运用到个案之中,才能充分展示法律的权威性。这不仅表现在个案的裁判结果由国家强制力保障执行,而且司法程序依法运作的过程也活灵活现地展现了法律的权威性。所以,实行依法治国,建设社会主义法治国家,必须按照治国的普遍逻辑和司法规律要求,树立司法的权威性,特别要研究、探索通过体制改革和制度创新的方法,为树立司法权威提供机制性的保障。

(本文节选自2002年全省法院“公正与效率”理论研讨会一等奖论文——《加强法院工作规律研究　推动司法改革发展》)

中国司法发展趋势展望

许多学者在阐述中国司法体制弊端时，都用“四化”来概括，即行政化、地方化、非职业化和非独立化[①]，这比较准确地总结了中国司法存在的现实问题。一些学者从司法工作的内在要求和规律出发，联系中国司法改革的实践，提出了中国司法改革的价值目标模式，虽然众说纷纭或强调的重点不同，但一致的内容都包含司法独立性、司法统一性、司法权威性、程序科学性和法官职业化等内容[②]，为司法改革提供了可资借鉴的意见。在司法机关开展的改革中，也是按照上述目标来展开的。虽然人们已经清醒地认识到，司法改革属于国家政治体制改革的内容，单纯依靠司法机关自身的作为无法革除上述弊端和实现上述价值目标，但改革实践中采取的一切措施，无不围绕上述精神来进行，并且也带来了一定的实际效果。

根据对司法一般规律的认识，联系我们目前正在进行的司法改革实践，可以把握中国司法发展的基本脉络，其总体上的发展趋势是能够预测的。概括起来，主要有以下几个方面：

一、司法职能范围将逐步扩大

随着社会主义市场经济体制的逐步建立和发展，我国立法更趋完备，纳入司法审判的范围逐步扩大和日趋规范。特别是中国加入 WTO 之后，必须严格遵守包括司法最终裁判原则或司法审查原则在内的一切 WTO 规则，司法职能的扩大将无法回避。WTO 规则要求，在公民、法人和其他组织不服一个国家或

① 参见张卫平：《司法体制与经济体制》，载 2002 年 2 月 8 日《人民法院报》。

② 参见王利明：《WTO 与司法改革》，载 2001 年 10 月 24 日《人民法院报》。

地区行政机关有关贸易事项的决定时，可以向这个国家或地区的司法机关申请重新审查，司法机关应当独立于原来作出行政处分决定的机关，并且公正、及时地作出审查决定。因此，中国加入 WTO 之后，必须尽快实现国内法与 WTO 规则的对接，需要在立法上确立司法审查原则，并按照这一原则的要求，明确制定司法救济的法律依据，科学、合理地确定司法救济的范围。所以，随着形势的发展，尤其是中国入世"磨合期"的完成，行政审判的范围必然会进一步扩大，案件数量也将进一步上升。

同时，虽然我们无法预测中国能在何时确立自己的违宪审查制度，但可以肯定地讲，就法治发展的规律和司法的性质而言，建立这样的制度只是时间的问题。中外宪政发展的历史也充分说明，宪法如果只是作为束之高阁的华美篇章或者没有在一旦被违背而得以纠错的制度性保障，就无法实现宪政，法治也就只能是梦想。2001 年 8 月 13 日，最高人民法院公布了《关于以侵犯姓名权的手段侵犯宪法保护的公民受教育的基本权利是否应承担民事责任的批复》([2001]25 号)，开创了我国宪法司法化的先河。这一批复的公布和山东法院对齐玉苓案的审理，不仅将被载入司法工作史册，也将是中国法治进程史上令人难忘的重大事件。宪法司法化终归有了一个良好的开端，也似乎让人看到了违宪审查制度的曙光。

像上述司法解释一样，最高人民法院总是根据形势发展的要求，在法律原则和规定精神的指导下，对法律作出进一步的解释、批复，以弥补法律的不足，更好地适应审判工作的需要。这些司法解释和批复，也促使司法审判的范围不断扩大，使司法职能作用的领域更加广泛。例如，2002 年 1 月 15 日，最高人民法院发布的《关于受理证券市场因虚假陈述引发的民事侵权纠纷案件有关问题的通知》([2002]43 号)，明确了对于中国证监会及其派出机构调查并作出生效处罚决定的虚假披露、陈述行为，投资者可以提起民事侵权之诉，人民法院应当受理。这一司法解释，结束了投资者对上市公司虚假披露信息不能提交诉讼的历史，扩大了民事审判案件的范围。

种种迹象表明，随着形势的发展，我国法院审判涉及的领域将进一步得到拓宽，司法职能范围将不断扩大。

二、司法独立程度将进一步提高

我们在思想观念和法律规定上，强调法院独立、审判独立，排斥法官独立。

但司法独立、法院独立、法官独立和审判独立，在本质上不应该有很多的区别。司法不强调独立，法院独立也不会成为现实，法官就更无法独立，审判又谈何独立？所以，从司法的规律和逻辑分析，司法独立、法院独立和法官独立，都应当是审判独立，独立的目的就是为了使法官在不受干扰的情况下依法作出公正裁判，因此，最终还是应该强调法官和审判组织的独立。随着司法改革的不断深化，虽然我们无法确定在立法和制度上对司法独立作如何表述和界定，但有理由相信，司法独立作为一项世界公认的宪法和法治原则，会逐步为我们的思想观念所接受，并将会更加清晰、明确地写进我国的宪法和法律。一些有效保障司法独立的制度，例如人事管理制度、经费保障制度和程序法规定的审判制度等等，也将逐步得到完善，司法独立性程度将会进一步提高。

三、法官职业化建设趋势不可逆转

许多学者在谈到法官制度改革时，都建议对法官管理实行法院上下之间垂直领导。我们认为，是垂直领导还是地方管理，对于加强法官职业化建设，保证法官素质和质量，不会有更多的实质性的区别，因为无论是哪一级法院，谁也无法保证垂直领导选任出的法官就能达到高素质和精英化。甚至实行垂直领导，对现有法官的管理和优化，将使各级法院领导陷入"改也不是，欲罢不能"的两难选择之中。现有法官要走精英化之路，人员分流面临着重重困难和压力；不进行人员分流，无法实现现有法官的高素质；行使审判权的法官过多，就无法保证执法的统一性，更无法保证审判权不被滥用。同时，由于司法工作上下具有审级关系，法官由上级法院管理或者下级法院由上级法院领导，将与审判独立原则相冲突。所以，问题的关键在于，无论我们对现有法官如何管理和优化（因为即使现有法官素质再低，随着时间的推移和年龄的增长，他们会自然退休离职），都必须为今后选任高素质的法官建立科学、规范的制度性保障，保证新选任法官的素质与质量。

就司法和法治的发展规律而言，法官必须走职业化、精英化之路，必须根据司法职业的规律和特点，去造就法官、遴选法官和管理法官，必须确立担任法官的科学、严格的条件和标准，建立并完善严格的法官遴选程序和制度，这是建立现代化法官制度的前提，更是完善现代司法制度和实现法治的客观需要。

《法官法》对担任法官的学历标准和条件由大专提高为本科，并从 2002 年开始实行统一司法考试制度，这的确是一个很大的进步。但就法官职业要求来讲，这一变化仍然没有改变担任法官标准和条件偏低的问题。而且，对于法官职业化保障，缺少配套的制度性规定。另外，无论在《法官法》修改之前还是之后，法律所规定的担任法官的基本标准和条件，在实际工作中并没有得到严格遵守。因此，我们可以预测法官职业化、精英化的发展趋势，但要真正走上职业化和精英化之路，依然任重而道远。所以，不管我们在发展的道路上，会面对多大的困难，都可以肯定地讲，随着形势的发展和人们对法官职业理解的加深，《法官法》进一步提高担任法官的条件和标准，只是时间问题，而且，建立配套的法官职业保障制度，完善严格的法官遴选制度也是一个必然趋势。

四、审判程序制度将日趋规范化、科学化

虽然程序公正不能必然地导致实体公正，但程序公正具有体现个案正当化和对社会整体产生裁判正当化的法律后果，从而容易得到当事人的认可和社会公众的信赖，树立司法权威。同时，审判程序作为一项制度设计，能够有效地抑制法官的恣意判断、“暗箱操作”和权力滥用，也有助于摆脱人为因素的干扰，保障诉讼公平、公开、公正进行。

但在我国，“轻程序，重实体”的观念和做法由来已久。不仅表现在立法上，更多地表现在司法实践中。从立法上来讲，虽然审判程序制度的设计在司法制度中具有一定的独立性，但也无法割断与整个司法制度的联系，基于司法制度和体制上的原因而导致的一些问题，在审判程序制度上也有所体现和反映。例如，在立法中没有完全体现“法律真实”的指导思想，为法官和合议庭的独立审判规定了过多的限制而使独立审判无法落实，证据制度不够规范导致举证、质证、认证的无序或随意性，缺少举证时限规定以及与之相关的无限申诉、无限再审问题，等等。对于立法在审判程序制度规定上存在的这些不足，不仅法学界和实务部门都有清醒的认识，而且司法改革也在一定程度上有所涉及。因此，可以预见，随着司法改革的深入和立法的不断完善，审判程序制度上存在的缺陷会逐步得到弥补，最终实现审判程序制度的规范化和科学化。

值得注意的是，审判程序制度上的不合理仅是问题的一个方面，更重要的是司法实务操作上的不当和偏差，在极大地抵消着审判程序制度应当带来的实际效果，并且使本来就不完备的审判程序制度更加漏洞百出。诉讼法所规定的

程序制度，在实践中没有得到很好的执行，程序不公是当前司法实践中存在的突出问题。实际生活中，公众对司法不公正的反映在很大程度上是由程序不公正引起的，而审判中出现实体上的不公正往往也是从程序不公正开始的。多年来，特别是近几年来，司法机关开展的审判方式改革，在一定意义上讲，就是针对程序不公正进行的。这一改革，虽然取得了一定的成效，但远没有达到应有的效果。因为人们越来越多地意识到，再完备的程序制度也是由法官来掌握的。法官不公正，程序难以公正，实体更无公正可言。而且，程序公正并不是实体公正的唯一前提，实体公正除了依托于科学、合理、公正的程序保障外，更依赖于法官的素质。当然，实体法规定的完善程度和当事人举证、质证、辩论的效果以及外部环境等等，也会影响实体上的公正与否。审判方式改革由于受到法官素质因素的制约，使改革难以深入，更没有实现预期的效果。因此，改革必须配套进行。不管问题多么严重，改革的步伐多么沉重，伴随着改革力度的不断加强，这些前进中的困难一定会得到克服。同时审判方式改革会为审判程序在立法上的完善提供有益的成功经验，审判程序制度逐步走上规范化、科学化之路，是一个不可逆转的发展趋势。

五、司法在法治进程中的作用将进一步得到充分发挥

有的学者在阐述现代型法院功能时提出，法院功能可分为直接功能和间接功能。直接功能就是解决纠纷。间接功能包括三个方面：控制功能、权力制约功能和公共政策的制定功能。控制功能是指通过为各种主体提供和平解决冲突的中介和载体，达到对社会秩序和政治权威的维护以及治理性整合效果。权力制约功能是指通过司法审查和行政审判来审查、裁判立法与行政机关颁布的法律法规是否违宪，以及对国家行政机关及其工作人员行政行为的合法性进行审查，达到权力制约的目的。公共政策的制定功能是指法院有权通过审理案件的方式影响和参与国家、社会宏观事务的决策，既可以表现为通过宣布一项法律法令或者某一行为无效的消极方式来干预公共政策，也可表现为通过对宪法或制定法的解释及创设新判例等积极方式来肯定某项社会政策。[①] 这些学者对现代型法院功能的概括，既考察和研究了西方国家司法和法治的有益经验与一

① 参见左卫民：《法院制度现代化论纲(上)》，载 2001 年 5 月 18 日《人民法院报》。

般规律，又较为准确地把握了中国司法改革的发展趋势。就司法实务人员的切身感受而言，虽然我国法院目前尚不能完全发挥上述功能，但这正是我们现在进行着的司法改革所要解决的问题。市场经济体制的建立和发展，使加快政治体制改革成为必然，完善司法和推进法治也将是别无选择之路。因此，借鉴西方国家司法和法治的有益经验，从司法本身的规律和特点出发，逐步赋予并发挥法院的上述功能将是一个必然趋势。特别是随着司法改革的深化，司法的职能范围将逐步扩大，司法独立性程度将进一步提高，法官将进一步走向职业化、精英化，审判程序制度将逐步实现规范化、科学化，法院、法官在国家政治和社会生活中的地位将进一步得到确立，司法权威性将进一步提高，法院功能必然会得到进一步的完善，司法在建设社会主义市场经济体制和推进法治进程中的作用将会得到空前的充分发挥。

（本文节选自2002年全省法院“公正与效率”理论研讨会一等奖论文——《加强法院工作规律研究　推动司法改革发展》）

“法官资格”断想

党的十一届三中全会以来，伴随着改革开放的步伐，经济建设发展迅速，法制建设也取得了巨大的成绩。但令人不解的是，社会发展到90年代，为什么会出现那么多的司法不公？为什么90年代甚于80年代？容易理解的一个方面是，市场经济的负面影响。市场经济追求的就是经济效益的最大化，不讲效益就不能称为市场经济，市场经济与追求经济效益之间有着内在的必然的规定性。这种规定性，随着市场经济的逐步建立，会逐渐渗透到社会生活的各个方面，包括人们按照这一规定性重新确立价值观念。法官也会受到这种规定性的影响，反映在司法上，就有可能发生权钱交易、贪赃枉法的情况，出现司法不公。但难以理解的另一方面是，人民法官就这么不抗冲击？一搞市场经济，公正的天平就发生倾斜吗？不是的，问题至少不会那么简单，我们也不能把人民法官看得那么没有境界。那么，究竟问题出在哪里呢？

以笔者之见，这在很大程度上，是因为我们没有适应市场经济发展的需要，及时对法官管理制度进行改革。改革开放和市场经济的逐步建立，为法官管理提出了新的要求。不适应形势发展的要求，对法官管理制度进行改革，法官将会失去管理制度的约束，将难免出现权钱交易、贪赃枉法的情况，产生裁判不公。所以，在一定程度上，可以这样认为，法官出现问题不只是法官自己不争气，也是管理制度滞后的“受害者”。而在所有法官管理制度的改革中，“法官资格”是涉及始终、最为关键的一个问题。一位资深的学者在谈到法院进人问题时，曾经作了一个比喻：若把军转干部安排当外科手术大夫，会被人认为精神不正常，但被安排当法官，则都认为很正常。他这样比喻，并不能机械地理解为反对军转干部进法院，更不是否认在军转干部之中有许多优秀的人才。这关键说明了一个问题，那就是长期没把法院审判看成是一项专业工作。这种习惯看法和做法导致了非常不好的直接后果：一是“进人关”把不住，人人都可以进法院，中国的法官人人能当。二是当了法官，人人能够办案，而且必须让其办案，否则就等于不使用。三是法官的数量太多，助理审判员以上的人员都无一例外的是法官，不能办案的只有为数很少的书记员，在目前书记员与法官的大致比例为1∶8或1∶9。四是基于上述前提，中国的法官也就不值钱，待遇差，薪金低。俗话说“物以稀为贵”。既然法官人人能当，数量又这么大，怎么能够贵得起来呢？不仅别人不会看重法官身份，而且法官自己也不会太看重。一位中院的王姓同志曾透露过自己的真实感受。他说，当一些人叫他“王法官”时总感觉别扭，不如叫他“王主任”感到舒服。总之，对法官资格管理的这种现状，无法让领导机关、有关部门、法官自身和社会公众产生珍视心理，个别法官出现问题甚至铤而走险也就不足为奇了。所以，要改革法官管理制度，必须向法官资格问题开刀。

第一，要抬高法官资格标准。外部人员进入法院，法院决定权虽有限，但并不意味着内部无所作为。要研究抬高担任法官标准的问题，把法官资格标准设定在“可望而不可轻即”的状态。不管是军转干部还是政法院校毕业的学生以及其他人员，进了法院并不意味着就是法官，并不意味着就有权办案。他们都必须经过一定的法院工作年限、一定的从事审判业务年限和一次次的资格、等级考试考核，才能艰难地取得法官资格。否则，职位来之容易，也就不被珍视。

第二，大量减少现有法官人数。法官数量太多与资格标准太低互为因果。只要提高了担任法官的标准，数量自然会减少。一个法院，所有人员都是法官的情况必须被改变，所有法官都在办案的情况也必须被改变。要让少数优秀的同志担任法官，而多数人员不能让其独立办案，只可作为法官的辅助人员。在目前的体制下，青岛中院和一些法院进行的“主审法官”改革，其精神应该是合理和值得肯定的。大量减少法官数量，不必担心案件形成积压。近二十年，山东法院的收案数量平均每年以大于20%的速度增长，但人员的增长不过年均6%，案件增长远远大于人员的增长。而且让多数人员作为法官辅助人员，能够更加有效地提高工作效率。青岛中院实行“主审法官”改革以来的运作情况多少可以说明这个问题。

第三，确立与法官资格相适应的法官待遇。在当前情况下，提高法官（部分法院人员）的待遇将非常困难，但我们至少可以让确定下来的法官享有某种名份，享有某种荣誉，享有某种威望，树立法官的权威。可想而知，被确定在青岛中院33名主审法官之内的人员是何等的荣耀，这一名份可以决定他们的终生。

当然，国家最好在法官的薪金制度上也有所改进。

第四，加强对法官审判的监督制约。提高了法官资格标准，减少了法官数量，确定了相应的待遇，法官自身的内心约束力将会极大地增强，司法公正机制的建立就有了前提。在此基础上，通过制定一定的监督制约措施，我们就能够有效地防止司法不公。

总而言之一句话，改革现行法官管理体制，最重要就是抬高法官资格标准和减少法官数量！

（本文选自1999年为法院系统报刊撰写的文章草稿）

对审判长选任制的思考

推行审判长、独任审判员选任制是今年法院改革的重点，全省各地法院正在积极研究和试行。在此，笔者根据自己的理解，提出一些参考意见。

一、审判长、独任审判员的选任条件与标准

选任审判长、独任审判员的目的，在于依法落实审判权、更好地适应审判方式和各项改革的需要，提高审判效率与质量，因此，在确定审判长、独任审判员的条件与标准时，最主要的是要衡量审判人员素质状况，具体来讲，可考虑以下因素作为衡量依据：(1)政治素质和人品状况：(2)从事法院工作的时间；(3)学历状况，最低应是专科毕业；(3)通过庭审考核，考察驾驭庭审的能力；(4)通过业务考试，考察所从事审判的业务能力；(5)通过有无研究成果，考察科研能力和处理新型、疑难案件的能力。随着形势的发展，在不远的将来，对学历和在法院所从事工作的性质应作出更加严格的要求。

二、审判长、独任审判员的选任程序

选任程序决定着审判长和独任审判员的质量，在确定选任程序时，有几个步骤必须注意：(1)要向全院干警广泛宣传审判长和独任审判员的条件与标准。(2)民主推荐，可以在本审判庭内进行，也可以在全院范围内进行，或者先后轮番进行，以考查被选任人员的政治素质和人品状况。(3)业务考试，可按照刑事、民事(含经济)、行政和综合四项课目进行，前三项审判业务任选一项，考试成绩按照选定的审判业务和综合考核累计计算，或者一张试卷包含所有审判业

务与综合知识的内容。(4)庭审考核,制定庭审考核的最低标准,由事前确定的评审小组认定合格与否。(5)最后由党组或审判委员会决定。

三、审判长、独任审判员的职权

审判长组织合议庭进行审判,实行合议制,由合议庭行使完全的认证权和裁判权,由审判长签发法律文书。审判长适用简易程序审理案件的,则依法独立行使法律赋予的审判权力。不适用简易程序审理案件的高级人民法院、最高人民法院,在不选任独任审判员的情况下,应由审判长组成合议庭。独任审判员在适用简易程序审理案件时,也应当依法独立行使完全的审判权力,并在基层法院和中级法院,可作为合议庭成员参与审判。对于合议庭或独任审判员的裁判结论,只有审判委员会有权改变。

推行审判长、独任审判员选任制之后,过去一直采用的承办人制度应当取消,没有被选拔为审判长或者独任审判员的审判人员,不能作为合议庭成员参加审判,只能作为审判长、独任审判员助理参与一些案件审理的服务和事务工作。

四、审判长、独任审判员所占现有审判人员的比例

审判长、独任审判员选任制在客观上把现有审判人员一分为二,不仅是对现有审判人员素质的一种确认,而且会使现有审判人员行使不同的审判权力。所以,为保证改革积极稳妥地进行,必须恰当地确定审判长、独任审判员所占全院干警的比例。所占比例过高,则起不到激励作用;所占比例过低,则会影响多数法官的改革情绪,改革就会失去群众基础。根据各地法院的经验,审判长与独任审判员的数量,中院和基层法院一般可掌握在全院干警总数的10%~20%,高级人民法院可以适当提高比例。各地人民法院可以结合自己的实际,科学、合理地予以确定。

在推行审判长、独任审判员选任制之后,为保持工作的连续性和保护各审判庭庭长的积极性,庭长和副庭长应该是当然的审判长,而且庭长和副庭长不占选拔审判长、独任审判员的比例。

五、对审判长、独任审判员的管理

制度规定再好，运用、操作不当，不仅起不到应有的作用，而且制度的运作还会造成人力、物力的浪费。推行审判长、独任审判员选任制，·个关键的问题是要对审判长和独任审判员辅以动态管理，不能一选了之。对选任的审判长和独任审判员要定期进行考查，对违反有关规定的，要及时取消其资格。在保持审判长和独任审判员所占比例基本固定的情况下，对于审判长和独任审判员以外的人员，要根据制定的条件和标准定期进行选拔，把原来不具备担任条件而后又具备了条件的，及时选拔、充实到审判长和独任审判员中来。这种管理办法，有助于健全法官管理机制，激励法官求知、进取的积极性，造就高素质的法官队伍。

动态管理的关键是制定科学、合理的审判长、独任审判员资格取消制度，并严格执行。根据笔者的理解，在审判长、独任审判员发生违法违纪的情况下，应当取消审判长、独任审判员资格；在案件审理方面，如果上级法院和本院对其审理的案件非因当事人提出新的证据等合理原因而作出实体改判，出现一件以上的或者违反法定程序、发回重审两件以上的，应当取消资格。

六、审判长、独任审判员的待遇

能够被选拔为审判长和独任审判员，这本身就是对审判人员的一种鼓励。但随着改革的深化，可以对审判长和独任审判员的待遇，作出进一步的思考、论证。上海二中院对审判长实行津贴制，各地法院也可以根据自己的实际情况，进行积极调研和尝试。

（本文选自1999年为法院系统报刊撰写的文章草稿）

教育不万能　制度很重要

——读“分粥的故事”有感

一位西方经济学家曾讲述过一则有趣的故事：

有七个人组成的小团体要分食一锅粥，但没有称量用具，大家便实验了不同的分粥方法：

1. 指定一人负责分粥事宜。很快大家发现，这个人为自己分的粥最多。于是又换了一个人，结果总是主持分粥的人碗里的粥最多最好。

2. 大家轮流主持分粥，每人一天。虽然看起来平等了，但是每个人在一周中只有一天吃得饱而且有剩余，其余六天都饥饿难挨。

3. 大家选举一个信得过的人主持分粥。开始这位品德尚属上乘的人还能公平分粥，但不久他开始为自己和溜须拍马的人多分。

4. 选择一个分粥委员会和一个监督委员会，形成监督和制约。公平基本上做到了，可是由于监督委员会常提出种种议案，分粥委员会又据理力争，等分粥完毕时，粥早就凉了。

5. 每个人轮流值日分粥，但是分粥的人要最后一个领粥。令人惊奇的是，在这个制度下，七只碗里的粥每次都是一样多。因为主持分粥的每一个人都意识到，如果七只碗里的粥不相同，他确定无疑将享用那份最少的。

这个故事耐人寻味。它揭示的不仅是经济学上的道理，而且在社会生活的许多方面也是适用的。联系法院工作的实际，仔细体味这个故事的原理，会给我们许多启示。

启示之一：教育是基础，但是不万能。“百年大计，教育为本。”加强法官队伍建设，教育也是基础性的工作。通过加强教育，甚至通过“强制灌输”教育，提高法官的政治和业务素质，是保证广大法官具有较高政治素养和职业道德水平以及较强业务水平的基础。现实生活中，教育使法官队伍中产生了许多品德高尚、一心为公的人。他们靠信念、靠觉悟、靠良知，认真履行职责，严格依法办事。但是，教育不是万能的。面对一个群体，从管理角度而言，光靠教育是不够的。况且，人的思想会随着环境的变化而变化。第一、二、三种分粥方法都说明这个道理。分粥人面对吃饱不饿的诱惑，久而久之，尤其是在教育不到位的情况下，很难始终做到加以抵制，自然也就难免出现分粥不公的情形。同样，法官面对金钱、美色、权力等各种诱惑，光靠教育、觉悟、修养，也无法真正做到“鞋子”不湿。一旦湿鞋，公正就无法保证。

启示之二：权力失去监督，就会走向腐败。权力是滋生腐败的温床，绝对的权力是绝对的腐败。分粥的权力不大，但第一至四种分粥方法都说明，失去监督或者监督不当，就等于使别人挨饿，或者出现“粥已凉了”的结局。法官执掌生杀予夺之权，一旦失去监督，权力将被滥用，出现司法不公。从目前来看，审判的透明度不高，难以对法官审判权进行有效的监督。如，人大监督不可能施于每一起案件；内部监督则属于自我监督的范畴，很难取得实效；当事人监督往往只是追求宣传效应，没有很好地落到实处。以笔者之见，研究、实施监督的重点应放在当事人身上。当事人最了解审判的情况，与裁判的结果有着直接的利害关系，他们的监督应该是最积极、有效的。人民法院只要想真实接受当事人的监督，并辅以实在的监督形式，是会取得好的效果的。

启示之三：制度最重要，关键在落实。分粥几经尝试，最后摸索、建立了成功的制度。轮流分粥，分者后取，是这一分粥制度的关键。如果不该他分强要为之，或者应该后取他则先拿，必然后果不可收拾。在审判工作中，要想弥补教育的不够和不足，要想防止审判权的滥用，也必须运用科学、有效的制度进行监督约束。教育使法官不想、不愿为司法不公之事，制度则通过其制约和制裁措施使法官不能、不敢为之。从当前的实际来看，确有一些制度需要建立，但更多的情况是有了制度落实不好。从大的方面看，程序法所规定的程序制度是保障实体裁判公正的重要制度，但许多年以来，始终执行不力；从具体的工作制度来看，为维护司法公正，我们制定的很多制度，由于缺少违反制度后的查处、制裁办法和具体抓落实的部门，加上我们缺乏认真执行制度的习惯，不仅使制度不能发挥应有的作用，而且严重破坏了人们对制度以及制度制定者的信任，挫伤了人们向往、追求公平和正义的信心。例如，制度规定不该单独会见当事人，但有人就要会见；不许吃请，但有人照吃不误；办案要走程序、守审限，但有人非要私下忙活、协调，理顺了关系，却耽误了时间、累坏了自己；不该他拍板，但他硬要定案；出了问题，本该严肃处理，但总是大事化小，小事化了。在这种环境下，要想实现司法公正是非常困难的。因此，要狠抓程序制度和各类审判工作制度的贯彻落实。只要违背程序和有关审判工作制度，就应视为司法不公，就有腐败之嫌，就应该坚决给予处理。只有如此，才能逐渐走上公正司法的道路。

（本文选自1999年为法院系统报刊撰写的文章草稿）

人事管理重在建立一种机制

——从“海尔”“小鸭”售后服务所想到的

1998年夏季，笔者买了一台“海尔”空调，让笔者很过了一把“消费者为上帝”的瘾。厂家不仅负责送货上门，负责安装调试，而且厂家人员服务之认真，出乎预料。在空调安装之后，还接二连三接到海尔厂方人员电话，了解有关产品质量和安装服务的情况。“海尔”这些售后服务的举动着实让笔者感叹、叫好了一番。据不少人称，“小鸭”洗衣机也有类似售后服务。在感叹、叫好的同时，又不能不引起我们的思考，究竟是什么原因促使厂家有这么好的售后服务呢?

毫无疑问，这是机制的作用和结果。对于企业来讲，市场经济宏观机制的逐步建立和发展，决定了它必须重视售后服务，否则就很难在竞争中立足，甚至最终会被淘汰。对于售后服务人员来讲，他们之所以非常认真、负责地提供服务，靠的则是企业内部科学的经营管理机制。电话询问，不仅是了解用户对产品质量的认可程度，而且也是对售后服务人员的服务质量的监督。如果经了解，用户对服务不满意，必然会对售后服务人员的奖金、待遇产生影响，甚至还有可能被“炒鱿鱼”。因此，有效的企业内部经营管理机制，是售后服务人员为用户提供良好服务的保障。

改革开放之后，厂家在售后服务方面变化是比较大的。改革开放之前，我们也确产生过一代代劳模和服务标兵，促使各行各业的服务水准有了很大提高，但就整体而言，广大百姓对服务质量并不感到满意。在那个年代，很少有人能够享受送货上门、上门服务的待遇。若有此待遇，也是“求爷爷，告奶奶”争取来的。对待服务人员，敬烟、沏茶是不可少的，有时自感受益匪浅，还要请人家在家里吃上一顿。即使如此，人家也未必愿意帮你这个忙。前后比较，不难发现那时产生问题的原因，那就是那时售后服务仅依靠服务人员的觉悟去办事，没有建立科学、有效的机制作为保障。从管理学的角度来讲，一个群体光靠觉悟来支撑是不够的，也是靠不住的。这也已被改革开放的实践所充分证明。建立科学有效的人事管理机制，在某种程度上比通过教育提高人的素质更为重要。

企业如此，党政机关如此，审判机关也不例外。许多年以来，我们更多的是注重思想政治工作的作用，在制度建设方面，只注意单项制度的制定，没有更多地考虑制度之间的相互衔接、配套，在内部管理上存在问题。其结果是法官的热情不能被充分调动，人员素质提高缓慢，阻碍了工作的全面发展。肖扬院长曾经指出："现行法院人事管理制度在许多方面不健全、不合理，使那些具有真才实学和优良品行的人才难以脱颖而出；造成干多干少一个样，干好干坏一个样，不利于调动人的积极性。"人民法院在内部人事管理上存在一些问题，已是不争的事实。而所有的问题归结到一点，就是没有在内部建立起一种有效的管理机制，这是一切问题的根源。加强法官队伍的内部管理，建立一种有效的激励机制，应该是我们当前人事管理工作的当务之急。这是经济改革对我们干部管理提出的紧迫要求，也为改变人民法院内部管理现状所必需。

要建立这样一种机制，必须以审判工作为中心，进一步加大人事管理制度改革的力度。但人事管理制度改革并不是进行一次竞争上岗、优化组合完事，而且竞争上岗、优化组合解决的主要是中层行政负责人的问题，对绝大多数人来讲，并不能产生太多的影响和震动。况且，这种办法不可能经常使用。所以，怎样考虑一个对人人能够产生影响、与每个人的升迁去留有关的管理办法，是人事制度改革的难点。在这方面，笔者非常赞同一些法院的尝试，那就是真正按照德能勤绩将所有法官划分等级，分出三六九等，并赋予不同的审判职权，对不具有从事审判工作或其他工作能力的法官，要进行离职培训。这样做的好处，在于使人事管理具备了向科学、合理、规范发展的前提和基础。如果在确定等级之后再辅以有效的动态管理方法，机制的建立和完善将成为可能。所以，要及早建立法官业务实绩档案制度和法官晋级考试考核制度，以及拔尖人才奖励、优秀成果奖励等制度，将法官队伍进行动态管理提到日常工作中来。只有如此，才能最大限度地调动广大法官工作的热情和积极性，变"让我学，让我公正"为"我要学，我要公正"，逐步探索、建立起科学有效的人事管理机制，实现管理工作的良性循环。

（本文选自 1999 年为法院系统报刊撰写的文章草稿）

牢固树立服务意识　全面做好办公室工作

——法院办公室的性质、职能与工作重点

这次会议是1997年机构改革以来，就办公室全面工作专门召开的第二次会议。刚才，王继青副主任简要传达了全国法院保密密码工作会议精神，孟昭科副院长代表省法院党组就办公室的地位、作用发表了非常重要的意见，对保密密码、计算机网络建设、督查督办、档案、宣传等工作作出了全面部署。我们一定要认真学习领会最高法院会议和孟昭科副院长讲话精神，抓好贯彻落实。下面，我根据最高人民法院有关会议精神和孟昭科副院长的讲话精神，就办公室的性质、职能作用和一些具体工作，谈几点认识和体会，供大家参考。

一、关于办公室的性质

我们召开这次会议，除了安排部署工作外，一个重要的问题，就是要就办公室的性质、地位和作用问题展开讨论研究，在中院以上办公室范围内达成共识，统一思想认识。这既是增强工作的责任感、使命感和自豪感，提高工作自觉性，坚定工作信心，圆满完成工作任务的需要，也是以正视听、妥善处理与各部门关系的需要。

研究办公室的性质，也就是要搞清楚办公室是干什么的。对于办公室工作，大家都认为非常重要，但对为什么重要、究竟重要在什么地方这些问题，一般地讲都明白，但要系统、全面地对这些问题作出回答，即使是在办公室工作的同志，也不一定能够做到。这不仅是历史原因造成的，也是由于我们缺乏深入的思考和研究造成的。多少年来，对这些问题一直没有作出具有说服力的

回答。

1997 年 3 月，省法院机构改革之前，办公室包括现在行政事务管理处的职能，在办公室工作中，主要精力是放在后勤保障和接待工作上，虽然曾提出了“参与政务，管理事务”的指导思想，但仍然没有改变办公室工作“一条腿长、一条腿短”的问题，即较好地发挥了管理事务的职能但参与政务不足，并且，对参与政务的具体方式、途径缺乏有力的论证与实践。所以，人们普遍认为“办公室不办公”。机构改革后，办公室与行政管理处职能分离，客观上需要对办公室重新定位，一些领导和在办公室工作的同志，对办公室的性质、地位和作用作过很多的思考和论述，在一定程度上说明了办公室的性质和作用的重要；在院领导的关心和第一任主任王少南同志的努力下，给办公室基本定位，比较准确地确立了办公室的地位，较好地发挥了办公室的职能作用。但是，对办公室的性质、地位和作用问题，仍然没有作出全面、系统和具有说服力的回答。

办公室究竟是干什么的？办公室工作为什么重要？在法院工作中，办公室应当发挥什么样的作用？在这次会议上，尹忠显院长的贺信和孟昭科副院长的讲话，均作了深刻阐述。根据尹忠显院长的指示精神和孟昭科副院长多次讲话精神，关于办公室的性质问题，我有五点认识：

1. 办公室是院党组的办事机构

笼统地讲，所有法院的内设机构，都是党组的办事机构，因为对于党组的决定，任何部门都要贯彻执行，特别是像人事处、研究室等部门，工作的重要内容就是贯彻执行党组的决定，但是，这些部门与党组的联系都没有办公室直接与密切。办公室不仅要协助党组成员和其他院领导确定提交党组会议讨论研究的事项，负责通知与会人员与会，即参与党组会议的组织，而且要承担党组会议记录，对党组决定事项作出通知，对党组决定事项的贯彻落实进行督查督办，并向党组反馈贯彻落实情况，所以办公室就是院党组的办事机构。这是区别于其他综合部门的主要特点。

2. 办公室是院领导日常工作的协理机构

办公室负责所有以法院为收件人的来文的收发、登记和分流处理，并根据来文的性质和内容，决定是否提交院领导审阅和由哪位院领导、哪个部门审阅、处理，并根据具体情况，提出初步办理意见和建议。对以法院名义发出的文件和材料，除法律文书和信息、简报外，经院领导审签后，要经过办公室复核、分类，发往上下级法院和有关机关；办公室要协助院领导组织院务会议和院长办公会议，并担任院务会议和院长办公会议记录；对全院性质的会议和重大活动，办公室要协助院领导进行组织和调度；对院机关各部门职能范围以外的重大事件、突发事件和院领导关注的事件，办公室都要协助院领导进行处理，负责报告、请示、通知和函件等有关材料的起草、撰写工作；对于上级机关和有关领导的指示、批示，办公室要负责上情下达，并据情提出合理化建议和意见，对指示、批示的贯彻落实进行督查督办，报告处理和办理情况与结果；对于一般性的工作，在征得院领导同意后，可代表院领导进行处理。总之，办公室的主要精力，就是协助院领导处理日常工作，为领导出力分忧，避免领导陷入事务圈子。所以，办公室是协助院领导处理日常工作的最好帮手。

3. 办公室是院机关的综合协调机构

对于上下级法院和其他机关领导与本院领导在工作、生活等方面的接触、活动，办公室要积极参与组织和安排，提供必要的服务；对于各部门需要提交院党组决定的事项和重要问题，办公室要作出及时、合理的安排，在征求院领导意见后，提交党组研究；对于院党组和院领导决定的事项，办公室要及时通知各有关部门，并要始终注意掌握处理和办理情况；受院领导委托和根据工作需要，要对全院性的重大活动和重要会议，进行组织和调度；对于上级机关和有关领导交给的工作任务和其他事项，根据其性质和各部门的职能，向领导提出办理的部门和有关意见、建议，在征得领导同意后，安排有关部门予以办理；对于跨部门而非其他综合部门职能范围内的事项，办公室都有责任、有义务予以协调、处理，或者在向院领导作出请示后，交有关部门予以办理，也就是说，其他部门不管的事情，办公室都要管。因此，办公室实际发挥着联系左右、综合协调、沟通部门与院领导之间关系的作用。所以，办公室在工作运行中所发挥的综合协调作用，是其他综合部门所不能替代的。

4. 办公室是对外进行工作交往的代表联络机构

对外，办公室是法院工作联系的窗口，各部门职责以外、涉及全院的工作几乎全部是通过办公室来进行联系的，而且在多数情况下，都是办公室以本院名义进行的。同时，夜间和节假日、星期天，只有办公室能够保持联系渠道的畅通，实行不间断服务。

对下，只有办公室根据工作事项的性质和内容，在经院领导授权和院领导指示后，可以以法院名义编发法办文件，传达或代本法院向下级法院发布某些事项、指令，就有关工作作出安排，提出要求；下级法院向上级法院领导就全面工作情况进行汇报，办公室要代表院领导进行合理安排，并提供及时周到的服务；下级法院领导到本法院联系其他工作的，办公室要负责工作上的安排和接待。

对上，办公室要负责接收上级法院和上级领导机关以及领导的指示和要求，要负责报告领导交办事项和专项工作的办理情况；领导出席法院系统会议、听取法院工作的请示和汇报，包括领导出席与工作有关的宴会等活动，办公室要负责联络和进行必要的组织与安排等等。

总之，在院机关各部门中，办公室是唯一一个能以法院名义开展工作的部门。对外，办公室就代表法院，是法院机关的代表机构，负责代表院机关对外进行工作联络，特别是与上级法院、党委、政府、人大等领导机关进行工作联络，都是由办公室统一进行的。

5. 办公室是负责公文处理，负责档案、通信、计算机网络管理和宣传工作的主管机构

由于历史和其他方面的原因，各级法院办公室在职责范围上不尽相同，各中院和基层法院办公室，还负有行政事务管理职能，多数中院办公室不承担宣传任务，但从总体上讲是一致的。中院办公室就是省法院办公室的对口部门。当然，省法院办公室与各中院研究室在宣传职能上，也是对口部门。就省法院办公室的职责情况看，主要承担五个方面的工作任务，即公文处理、档案管理、通信管理、网络管理和对外宣传，这些工作都由办公室具体负责。办公室是行使这些职权和承担这些任务的专门机构。

综上所述，办公室在性质上可概括为五句话，即院党组的办事机构，院领导日常工作的协理机构，院机关的综合协调机构，对外进行工作交往的代表联络机构，负责公文处理和档案、通信、网络管理及宣传的主管机构。

二、关于办公室的职能作用

办公室的性质，不仅决定了办公室在整个法院机关中的地位，而且也决定了它在法院工作中应当发挥的作用。

概括地讲，办公室要发挥“五个作用”，搞好“四个服务”。

1. 五个作用

(1)参谋作用。办公室应当积极为院党组和院领导当好参谋，在院党组、院

领导进行重大决策、全面工作部署和日常工作中，根据掌握的情况和信息，恰当、妥善地提出合理化意见和建议。特别是在日常工作中，要及时为院党组和院领导提供信息，经常性、恰如其分地提出建议，供院党组和院领导决策时参考。

(2)助手作用。办公室应当积极为院领导当好助手，充分发挥好助手作用，为领导开展工作提供准确、及时、周到的服务。对于日常事务性的工作，要尽量为领导分忧，在得到院领导委托和允许的情况下，办理或协助办理有关事务性事项，让院领导腾出精力抓大事；对于日常工作事项的处理，要严格程序，认真细致，勤奋及时，有条不紊，努力为院领导正常工作清障铺路，搞好服务。

(3)窗口作用。办公室不仅是对外工作联系的窗口，而且一些具体的工作项目，例如宣传、电话总机、文件收发、人大代表联络等，都是法院的窗口工作。工作状况如何直接体现、反映了人民法院和人民法官的精神风貌。所以，办公室应当充分发挥窗口的展示作用，通过积极、有效的工作，展示人民法院和人民法官的精神风貌，树立良好形象。

(4)枢纽作用。办公室对内对外都应该发挥重要的枢纽作用。作为院机关的综合协调机构，要科学、合理地把握各部门的职能，协助院领导将工作任务作出正确分工、安排，并在坚持平等、为公、积极原则的基础上，发挥好协调、调度作用，维护工作的正常秩序，保障工作的正常进行；作为对外联络的代表机构，要做到及时上情下达和下情上达，保障联络和沟通途径的畅通无阻，为开展工作铺平道路。

(5)勤务作用。办公室在领导身边工作，首先要为领导搞好服务。服务不仅包括工作上的，也包括生活上的，如医疗保健、公共福利等等，办公室要根据需要，遵照合理和符合有关规定的原则，提供后勤保障方面的服务。

2. 四个服务

(1)为领导服务，包括为上级机关和上级机关领导服务。在工作中，不管是职责范围内的，还是职责范围外的，只要是领导关注、工作需要和情理允许的，办公室都要管，都要提供服务。大到关系法院工作全局的重大决策，小到出国、出差的接送，办公室都要尽心尽力、细心周到地予以安排、办理，让领导满意。

(2)为本院各部门服务。办公室不光是院长的办公室，也是院机关的办公室。所以，在工作中，尽心尽力地为机关各部门搞好服务，是办公室工作人员始终不可忘记的大事。办公室要在自己的职权和职责范围内，尽量为各部门解决实际困难和问题，积极协调和沟通，为各部门顺利开展工作清障铺路、牵线搭桥，赢得各部门的信赖和拥护。

(3)为审判工作服务。审判工作是法院工作的重心。法院的任何工作，都必须围绕顺利完成审判工作来进行，办公室也不例外。办公室必须根据审判工作的需要，通过自己的积极努力，为审判工作的正常开展提供有利条件，搞好必要的服务。

(4)为下级法院服务。办公室是与上下级法院打交道最多的单位，特别是在上下级法院领导联系的过程中，办公室是参与最多的部门。在法院工作中，如果找不到上级法院职能部门，都要找办公室进行联系，即谁也不管的，办公室要管。所以，办公室必须为下级法院在工作上和生活上提供必要的服务。

总之，服务是办公室工作的全部意义。作为办公室工作人员，要始终牢固树立服务意识，打好工作的思想基础，并要充分发挥职能作用，推动法院工作的全面发展。

三、关于当前办公室工作的重点

办公室工作头绪多、节奏快、被动性强，而且办公室工作无小事。小事不认真、不注意，也有可能酿成无法挽回的大错。因此，在工作中抓主要矛盾，是办公室主任最基本的工作方法。要围绕工作重点，合理、综合使用工作人员，把各项任务完成好。根据最高法院和省法院，特别是孟昭科副院长的讲话精神，联系当前法院办公室工作的实际，在今后工作中，要重点抓好以下几个方面的工作：

1. 加强政务服务职能

办公室要名副其实，接待应搞，公要办，文章要作。就目前办公室工作状况来看，强化政务服务职能，参与政务处理，是工作的重点和努力方向，特别是中院以下办公室，在这方面更需要加强。

由办公室的性质和职能作用所决定，政务服务的重点是为领导服务，这是办公室工作的重中之重，在任何时候，都必须把为领导提供政务服务放在工作的首位。只要是领导决策必需的，领导处理日常工作需要的和领导关心、关注的，办公室都必须积极参与，为领导正常开展工作提供服务。针对当前的工作实际，办公室重点应在三个方面拓宽服务渠道，提高工作质量，开拓新的局面。

(1)加强对重要信息、情况的掌握和控制,及时为领导决策当好参谋;协助院领导处理突发事件和紧急情况,发挥助手作用。作为院领导,总想最大程度地了解本院和下级法院的工作情况,作为办公室就要多为领导“长眼睛”。要全面了解工作重点和准确把握领导意图,最大限度地掌握重要信息和情况,包括法院干警的呼声和意见,并及时向领导提供,为领导科学决策提供依据。特别是当前,法院工作面临着非常复杂的形势:大事多、突发事件多、紧急情况多,上下级法院办公室必须适应形势,保障信息渠道畅通,加强对重大、突发事件和重要情况的掌握、控制,并协助院领导做出处理。在这次会议上,省法院办公室提交了《关于报送重大事项和紧急信息的规定》的讨论稿,请大家发表意见。

(2)加大督查督办工作力度,促进领导决策的贯彻实施。案件督查虽然数量较大,但督查工作的重点在于决策督查。办公室是领导批示、指示的接收部门,是党组决定事项贯彻落实情况的督查部门。对领导批示、指示和院党组决定事项,办公室不仅要及时向各部门和下级法院做出通知,而且要始终掌握贯彻落实的情况,及时向领导作出汇报。要建立健全督查登记、分流、签收、催办、时限、通报和报告等一系列制度,加大决策督查督办力度,保障领导决策的贯彻实施。在这次会议上,办公室提交了《关于督促检查工作的暂行办法》,请大家讨论。

(3)发挥办公室优势,协助院领导多出高质量的理论和工作成果。办公室在领导身边工作,有条件及时掌握领导的工作思路和理论观点。办公室工作人员要做到脑勤手快,对于领导在各种场合发表的观点和讲话,都要认真听、准确记,及时做出整理,做好积累,并根据工作需要,把领导的观点和思路变为理论和工作成果。

2. 加大正面宣传力度

宣传工作是法院工作的重要组成部分。只要宣传在办公室的,都要把宣传工作作为一项“拳头工作”来对待。要把领导的思路和工作上取得的成就以及先进典型,及时宣传出去;要有计划、有步骤和形成系列、规模,避免零打碎敲;要加大正面宣传力度,唱响主旋律,打好主动权,大张旗鼓地宣传、宣扬人民法院和人民法官,树立司法权威,树立良好形象;要最大限度地避免新闻媒体将有负面影响的题材予以曝光。在这次会议上,省法院提交了《关于进一步加强宣传工作的意见》,请大家讨论。

3. 加快计算机网络建设

计算机网络建设是涉及千秋大业的事情。不论是先进地区还是落后地区，都要尽快把这项工作摆在重要的议事日程，加快建设进度，为法院工作更快发展创造条件。网络建设需要行动上的同步，如果有少数地区不能按时完成，将会影响全省的建设进度，也会影响功能的发挥。所以，经济相对落后地区，必须加倍努力，跟上全省法院前进的步伐。同时，在网络建设中，为保障功能的正常发挥和防止财力浪费，省法院强调要坚持“四统一”原则，即统一领导、统一规划、统一标准、统一管理，在软件开发、数据库、产品选型、通信线路租用等关键问题上，由省法院统一规划，不能各行其是。

4. 做好保密密码和档案等工作，确保万无一失

保密密码、档案、通信，都是办公室的重要工作，都要下功夫认真抓好。大家都知道，这些工作虽然不是焦点工作，但都是丝毫不可马虎的工作，一旦出现问题，会给工作带来很大的损失。关于保密密码工作，最高法院在西宁会议上提交了两个讨论稿，待最高法院这两个文件正式出台以后，我们将结合我省法院的实际，制定贯彻落实的具体办法；三级通信网络的建设，省法院党组的意见，是在2～3年内完成，请各中院协调各基层法院，加快建设进度，保证按期完成。关于档案工作，在保证档案安全的同时，要尽快采取现代化管理手段，并加强对档案的开发利用，提高管理和利用水平。

综上所述，对于办公室的性质和职能作用问题，上下级法院要达成共识，特别是办公室系统，更要清醒地认识自己所从事工作的重要性，并努力根据工作的需要，逐步建立和造就一支知识型、有文化和形象好的办公室干部队伍，上下同心，开拓进取，勤奋奉献，把办公室工作提高到一个新水平，为保障和促进法院工作的全面发展贡献力量。

（该文系2002年11月7～8日在全省法院办公室工作会议上的发言提纲）

审判方式改革究竟问题出在哪里

审判方式改革自 1988 年就开始强调，到目前已经十年有余，会议开了无数，文件发了许多，培训班搞了若干。但大家仍然是众口一词：进度不快，成效不高。究竟问题出在哪里？或许有人要说，改革嘛，本来就不是一蹴而就的，只能是循序渐进。这话有一定的道理，改革要从实际出发，循序渐进，这本没有错。但更多的同志则认为，就改革的时间来讲，理应取得更为明显的效果。笔者也赞同这种观点。审判方式改革成效确不明显，笔者也想斗胆谈一下自己的看法。

先让我们来分析一下审判方式改革的本质是什么。审判方式改革涉及两个核心问题：一是程序公开、当庭裁判；二是审判员、合议庭与庭长、院长以及与审判委员会的职权划分。审判方式改革，就是要依法划分审判权力和责任，并做到严格依法当庭裁判，用公开促公正。而之所以不能做到程序公开、当庭裁判，是因为审判的法官没有定案的权力。即使有定案的权力，从法官自身来讲，由于素质方面的原因，缺乏驾驭庭审的能力，不敢改，或者既然改不改都一样办案，基于一种惰性，那就小改或不改好了；从庭长、院长角度来讲，或许正是基于法官素质的原因，不敢把权力下放，担心一旦放权会出现问题。但所有这些仅仅是问题的一部分。是否存在不愿改、不愿放的问题，恐怕回答应该是肯定的。审判方式改革，从本质上讲是一种权力的重新划分。就审判机关内部来讲，已不言而喻。就审判法官与当事人的相互关系而言，程序公开就要还权于当事人，就意味着法官要尽更多的义务，同样也是一种权力划分。因此，改变权力的现有归属，坦白地讲会触及权力人的权力。这样一来，改革的难度就出现了，难就难在改革者既是改革的推动者，又是被改革的对象。所以，就审判方式改革抓审判方式改革，不与人事制度改革相配套，就无法使审判方式改革取得明显成效。这是问题的主要症结所在。

要挖掘改革的动力，加快改革的步伐，必须从抓“人”入手，与人事制度改革相配套进行。“人”是审判活动中最活跃的因素，做好“人”字这篇文章，其他各项改革才能取得事半功倍的效果。人所共知，人事制度改革的全部意义，就在于合理配置人力资源，做到量才使用、人尽其才，调动、激发广大干警改革的热情和主动性。分析一下当前法院工作的现状，在人事管理制度方面存在着许多弊端。肖扬院长在最近召开的全国高级法院院长会议讲话中指出：“现行法院人事管理制度在许多方面不健全、不合理，使那些具有真才实学和优良品行的人才难以脱颖而出；造成干多干少一个样，干好干坏一个样，不利于调动人的积极性。”这些问题，同样也体现在审判方式改革方面。改与不改一个样，改好改坏一个样，甚至改的不如不改的，那就会严重挫伤广大干警改革的热情和积极性，也就无法实现改革的目标。

因此，要想加快审判方式改革，实现改革的目标，必须加大人事制度改革的力度。首先，要按照审判业务能力和水平，将现有审判人员划分为三六九等。让能改的和经过努力可以改的来办案，改不了的不办案，只做辅助性的工作。其次，要建立审判人员按业务能力及时晋升的梯次制度，并实行动态管理，能改就要晋升，原来能改现在落后了的就要降级。再次，依法确定独任审判员、合议庭与庭长、院长、审判委员会的职权范围，并明确规定违背职权或超越职权的责任。最后，严格落实《人民法院审判人员违法审判责任追究办法》和《人民法院审判纪律处分办法》，真正做到有错必究。总之，要通过人事制度改革，建立一种激励广大干警自觉、自愿进取的有效机制，实现从“让我改”“改不改都行”到“我要改”“不改不行”的转变，从而真正使审判方式改革取得成效。

（本文选自 1999 年为法院系统报刊撰写的文章草稿）

时代呼唤专家型法官队伍

——写在省法院“拔尖人才”和“调研成果奖励”制度出台之际

日前，省法院制定、出台了《山东省法院系统审判专业拔尖人才选拔和管理暂行办法》和《山东省法院优秀调研成果奖励制度》。这是为了有效地配合1999年在全省法院系统开展的“执法形象年”活动，加强法官队伍建设，提高法官队伍素质而采取的一项重要举措。这一举措，对于进一步推动“执法形象年”活动的开展，促进法官队伍建设和管理，提高法官队伍素质，必将发挥非常重要的作用。

《办法》对“拔尖人才”的选拔条件作了严格的规定，而其中一项最硬性的条件，就是必须具有一定的研究能力，具有一定的理论成果。《制度》的规定则更为明显，那就是要大张旗鼓地表彰奖励在法律适用研究领域做出重要贡献，拥有自己研究成果的人民法官。因此，《办法》和《制度》出台最为直接的目的，就是利用这两种有效的形式，调动法官开展调研活动的积极性，提高法官的研究能力，鼓励法官多出、快出研究成果，努力培养和造就专家型的人民法官队伍。

培养和造就专家型的法官队伍，是时代发展的客观需要，是完成历史赋予我们神圣使命的需要，也是法官职业性质的必然要求。在世纪之交，我们面对的是一个更加急速发展的世界。科学技术突飞猛进，知识经济已见端倪，经济和社会的发展越来越有赖于知识的创新和知识的创造性应用。在21世纪，谁能更多地掌握了知识和科技，谁就能更加主动、更加自如地挑战未来。人民法院的审判工作也不例外。审判工作是一项社会工作，涉及社会生活的方方面面，同时也是专业性非常强的工作，必须经过深入系统地学习研究，才能真正掌握其精髓，把握其要领。我国改革开放和经济建设的发展，使经济和社会生活变得更加复杂，各种新类型矛盾和纠纷急剧增加，新的法律法规不断出台，人民法院肩负的任务越来越繁重，人民法官执法的难度也越来越大。人民法官必须努力加强学习，更多地获取知识，提高研究能力，才能够不断总结审判经验，掌握审判艺术和技巧，提高执法能力和水平。否则，就不能成为一名合格的人民法官，就难以适应时代发展的需要，就难以肩负起历史赋予我们的神圣使命。

人民法官既应该是博采众家之长的杂学家，又必须成为审判工作的专家。随着社会的发展进步，知识越来越丰富，法律法规的数量越来越多，审判工作涉及的领域越来越广，要掌握各项审判所涉及的知识和法律是非常困难的，或者说是根本不可能的。因此，人民法官必须在博学的基础上，结合自己所从事审判工作的性质，做到学有专长、术有专攻，以坚韧的毅力、持久的恒心，坚持开展学习和研究，努力使自己在所从事的审判领域有所成就。

全省各级法院的法官，要以这两项制度的出台为契机，勤奋学习，刻苦钻研，掌握各项审判工作所需要的知识，多出快出研究成果，并努力在自己所从事的审判工作中成为全省甚至全国知名的专家。全省各级人民法院领导，要按照这两项制度的规定，认真研究、制定贯彻落实的意见、方案，采取积极有效的措施，为法官多出快出调研成果和拔尖人才的脱颖而出创造最有利、最充分的条件，并借此机会，加强法官队伍建设，提高法官队伍管理水平，努力培养和造就一支专家型的法官队伍，为全面做好人民法院工作奠定坚实的基础。

（本文选自 1999 年为法院系统报刊撰写的文章草稿）

法院改革的突破口在哪里

1999 年是最高人民法院提出的“改革年”，全国人民法院将以改革总揽全局，全面落实《人民法院五年改革纲要》（下称《纲要》）制定的改革措施，推动法院工作的开展。但是，由于改革头绪多、困难大，要想尽快把改革引向深入，必须首先找准改革的突破口。那么，法院改革的突破口究竟在哪里？

根据《纲要》规定的内容，结合当前法院工作的实际和多年法院改革的经验，推行审判长、独任审判员选任制应该是当前法院改革的突破口。

一、法院工作中矛盾和问题产生的根源在于法官管理机制的不健全

法院工作中所有的矛盾和问题，最终无非体现在两个方面：一是审判效率不高；另一个是审判有失公正。产生这些问题，固然有审判运行（包括监督）机制不合理的原因，也有物质装备方面的原因，但其根源还是队伍素质问题。队伍素质，从外部原因来看，有“进口”质量不高的问题，但从内部原因来看，法院内部人事管理特别是法官管理机制不健全也是导致队伍素质偏低的重要原因。书记员—助理审判员—审判员梯级管理办法，把不同性质的人员集中在同一序列管理，而且管理中的晋升几乎对业务能力没有严格、科学的考核标准；首次法官等级评定也没有把业务能力作为评定的条件和标准。因此，法院内部的法官管理尚未形成对法官的有效的激励机制，更不可能在法官内心形成有效的自我约束机制。因此，法官素质提高太慢，审判效率偏低，在审判质量上出现问题，也就不足为奇了。

二、审判长、独任审判员选任制是健全法官内部管理机制的重要方法

审判长、独任审判员选任制是《纲要》规定的在人事和法官管理方面最具实质意义的改革。实行法官逐级选任制度、加强对下级法院法官管理力度和实行书记员单独序列管理、法官定编和法官助理制度等等，都需要组织、人事部门的积极配合，而且有一些改革需要做较长时间的探索，唯有审判长、独任审判员选任制取决于法院自身，而且能够尽快施行。

审判长、独任审判员选任制是在《纲要》审判组织形式中加以规定的，而实际上它也是法官管理的一种新的方法。随着形势的发展和审判方式改革的深化，庭审活动对法官素质要求越来越高，落实审判权的步伐也在加快。但在实际工作中，有相当数量的审判人员在业务素质上不能适应审判工作的需要。既要依法放权，但又心存担忧与顾虑。因此，在全国范围内出现了诸如“主审法官责任制”“审判长负责制”和“审判长授权制”等做法，对现有审判人员按照业务能力加以区别对待，让主审法官或审判长行使更多的审判权，以适应审判工作的客观需要。最高人民法院推行的审判长、独任审判员选任制，实际上吸收了各地法院做法的合理内核，将从现有审判人员中根据法官素质情况选拔审判长、独任审判员，并施以动态管理，对违反有关规定的审判长、独任审判员，及时取消其资格，对原来不具备担任条件而后又具备了条件的，则通过规定的程序，及时选拔、充实到审判长、独任审判员中来。这种做法，实质上已不单纯是审判组织形式的改革，而是对现有审判人员实行分类、分级管理的重要方法。这种方法的推行，有助于调动法官求知、进取的积极性，完善法官管理机制，进而造就高素质的法官队伍。

三、包括推行审判长选任制在内的法官管理制度的改革是一切改革的基础

任何改革能不能搞好，关键在人。而人的素质和人的积极性，是靠科学的管理制度来保障和调动的。《纲要》规定的改革，无论是审判方式改革，还是审判组织和审判机构的改革，以及科学、合理的审判运行机制的形成，包括物质装

备建设的改善，无不以法官管理和人事管理制度改革，特别是法官管理制度改革为核心。人的改革能否成功，决定着整个改革的发展方向。

审判长、独任审判员选任制建立之后，使行使审判权的法官相对集中，审判权力和审判责任有了真正意义上的主体，为贯彻公开、公正的新的审判方式提供了法官素质基础，为建立健全审判质量监督机制创造了有利条件，最终为从根本上保证审判效率与质量成为可能。

四、推行审判长选任制对于落实其他改革措施的重要促进作用

审判长、独任审判员选任制作为一种法官管理制度，在对审判人员素质加以肯定和确认的同时，相对健全了审判长和独任审判员内心约束机制，将进一步促进审判方式改革的步伐，激励法官严格落实公开、公正的审判方式；作为一种落实审判权的方式，其强化了审判长和独任审判员的责任，使审判监督有了明确的对象，将为审判管理运行机制和审判质量监督机制的建立起到促进作用。

多年审判方式改革的实践已经充分证明，单纯就审判方式抓改革，成效不会很明显。而且当改革进行到一定程度，改革不涉及“人”的问题，就会停滞不前。所以，要推进审判方式改革和其他改革，必须适时从“人”入手。目前，当务之急是尽快推行审判长、独任审判员选任制。

（本文选自1999年为法院系统报刊撰写的文章草稿）

实现法治必须建立完备的现代司法制度

——司法改革问题评介与展望

实现法治，必须首先建立完备的现代司法制度。这不仅因为完备的司法制度是法治社会的重要标志，是法治国家必备的前提条件，而且也为法治发展的历史所充分证明。

党的十五大确立了“依法治国，建设社会主义法治国家”的基本方略，九届全国人大二次会议又将“依法治国”基本方略写进了宪法。按照十五大确立的跨世纪宏伟目标，在21世纪第一个十年将实现国民生产总值比2000年翻一番，形成比较完善的社会主义市场经济体制；第二个十年，即到建党一百年时使国民经济更加发展，各项制度更加完善；到本世纪中叶建国一百年时，基本实现现代化，建成富强民主文明的社会主义国家。这也就是说，法治社会离我们并不遥远，到本世纪中叶，即在完善的市场经济体制确立之时，法治就会走进我们的生活。市场经济实质上就是法制经济，决定了完善的市场经济和完备的法制（即法治）是相辅相成、同时存在的。

为探索和建立完备的现代司法制度，贯彻落实“依法治国”的基本方略，最高人民法院于1999年10月制定了《人民法院五年改革纲要》。山东省高级人民法院于1999年11月也制定了《人民法院五年改革方案》，就人民法院改革的原则、总体目标和基本内容以及五年改革的基本任务、具体目标，作出了详细规定，为加快司法改革、积极探索并建立科学合理的司法制度提供了重要依据。

一、关于司法改革的原则

人民法院改革必须始终坚持党的领导、坚持人民民主专政和人民代表大会制度的政体、坚持依法独立审判、坚持国家法制统一和坚持从国情出发的原则。

司法，从狭义上讲，仅指法院审判。当前的改革之所以不使用司法改革的概念，而称为人民法院改革，是因为在习惯上，人们把公安、检察和司法行政机关工作也视为司法的范围。同时，司法改革在一定程度上属于国家政治体制改革的范畴，是原则意义上的和宏观方面的改革。而目前的人民法院改革，只在现有政治体制框架下展开讨论和研究，也不超越宪法和法律的规定进行，这是五年以及今后相当一段时间内人民法院改革的基本前提。

但应当肯定，人民法院的改革就是司法改革，或者说人民法院改革是司法改革的主要组成部分。同时，也应当看到，司法或者审判工作，有它自身存在、发展的特点和规律。虽然司法改革是在现有政治体制框架下和宪法、法律规定范围内进行，但一些基于现有法院组织体系、干部管理制度、财政经费制度和审判运行机制等影响依法独立公正审判的因素，也在改革的范围和视野之内。法院系统自身对改革的设想和构思、力度是比较大的，而且是全方位的改革。随着改革的不断深化，一些有关司法制度的深层次问题必然被触及，一些现存的不符合司法活动规律和特点的规定、制度必然逐步会得到改变和修正，探索和建立完备的现代司法制度是实现法治的必由之路。

二、关于公开审判改革

审判公开是宪法规定的原则。但在司法工作中，多年来，由于受"重实体、轻程序"观念的影响，"先定后审"成为普遍现象，审判工作徒有公开审判的形式，没有真正实现实质意义上的公开。因此，人民法院改革首先是真正落实公开审判原则。在这方面将有两项颇具意义的改革：

一是建立案件审判流程管理制度。按照立案与审判、审判与执行、审判与监督分立制度的要求，将对各类案件立案、庭前准备、开庭审理、送达、执行等诉讼程序实行严格的管理，由非审判、执行机构确定每一案件的审理时间、审判人员、审判地点，并制定相关的制约措施，包括违背审判流程管理和超审限办案的责任规定，割断审判人员与当事人庭前的联系，防止产生预断，防止发生干扰，保证在法定期限内依法办案，提高审判效率和质量。

二是建立和完善质证认证制度与当庭裁判制度。近几年来，随着强调当事人承担举证责任，当事人庭上质证和法官当庭认证、裁判逐步成为改革的热点问题，因为在审判实践中，当事人当庭举证、质证之后，许多法官存在着当庭说理差，当庭认证、当庭裁判率偏低的问题。因此，庭审透明度不高，做不到使赢者堂堂正正、输者明明白白。所以，在改革中，要完善证据适用的程序规定，制定证据适用规则，建立证据适用规则责任制度，应当依法认证和当庭裁判的，必须依法当庭给予认证和作出裁判，避免穿新鞋走老路，由过去的“先定后审”演变为“先审后定”，继续沿袭“暗箱操作”的传统习惯。

当庭说理、认证和裁判，是开庭审判真正实现公开的关键环节。随着改革的不断深化，必须确立一种全新的观念和规则，那就是：在依法应该当庭认证和裁判的情况下，法官必须当庭进行认证和裁判，否则就等于违背了证据适用规则，违反了程序公正。

当然，这项改革受到两方面因素的钳制：一是法官素质问题；二是审判权的分配问题。法官业务素质偏低，或者是不具有当庭裁判的权力，都无法实现当庭认证和当庭裁判，因此除需要尽快提高法官的业务素质外，还必须配套进行依法落实审判权的改革。

三、关于审判组织和法官职权改革

审判组织和法官职权改革，总的原则是依法划定审判委员会、合议庭、法官和院长、庭长的审判职权，把合议庭、独任审判员依法应拥有的审判职权交还于合议庭、独任审判员。

很长时间以来，法律规定合议庭、独任审判员拥有的审判权，在司法习惯上，一直过分集中在审判委员会、院长和庭长手中，审判委员会讨论决定的案件过多，院长和庭长对具体案件行使过多的干预权和法律文书的签发权。改革之后，审判委员会将只讨论法律规定的重大、疑难案件和合议庭认为难以作出决定的案件，而且仅限于这些案件的法律适用问题；合议庭、独任审判员依法独立行使审判权，院长、庭长个人无权改变合议庭、独任审判员作出的决定；合议庭审判长、独任审判员依法签发法律文书。

这项改革因为法律具有明确规定，所以看起来较为容易，但实际上困难是不小的。审判组织和法官职权的改革是人民法院改革的基本问题，将触及到审判权行使格局这一本质问题；落实审判权将受到法官素质的制约，法官素质偏低，审判权就得不到正确行使，反过来就会影响权力的下放和落实；在中国国情条件下，落实审判权在必要、科学的监督制约机制建立之前，只能是逐步的、循序渐进的，否则失去监督制约，后果毕竟让人担忧。因此，这项改革必须配套进行审判质量管理改革，在放权的同时，尽快建立科学、合理的监督制约机制，做到放而不乱。

四、关于法院内设机构改革

按照法院工作的特点和规律来认识，法院内设机构改革要解决的焦点问题，应该是审判机构之间的科学分工和协调运作以及非审判部门的有效配合。过去几年，人民法院已经进行了立案与审判、审判与执行、审判与监督，即“三个分立”改革。但实际运行的效果却不尽如人意，原因是在很大程度上只是遵从了这一改革的形式，并没有实现“三个分立”的实质。在具体分工、明确职权的同时，审判部门之间没有形成科学合理的审判运行机制，审判机构之间缺少有效的监督制约措施，形不成审判合力，所以在审判实践中只能是分立有余、协调不足，互不监督，制约无力。

为解决这些问题，当然首要的是科学分工、明确职责以及科学、合理地配置审判部门与非审判部门的人员，但更重要的是在实现“三个分立”之后，必须采取一系列措施，加强审判机构之间的有效配合和监督制约，形成科学、合理的审判运行机制。随着案件审判流程管理制度的建立，案件审判在程序和效率上将逐步得到制度保证，但在实体上，即在审判质量上缺乏科学运用制度进行制约的措施。所以，如何强化审判质量监督部门的职责，实现有效的审判质量监督，将必然是下一步改革要解决的重点问题之一。

需要说明的是，在法院内设机构改革中，建立统一管理和协调的执行工作体制是一个新的重要的举措。所谓“统一管理和协调”，是指上级人民法院执行机构对辖区法院案件的执行，有权统一进行指挥、协调和检查、监督，有权统一组织、使用本辖区所有法院执行机构的执行人员和力量。根据最高人民法院规定的精神，我省各级法院将设立执行局，并下设两个执行庭。这项改革，有助于抵制和反对地方、部门保护主义，能在一定程度上解决“执行难”的问题。

五、关于法官管理和人事管理制度改革

法官管理和人事管理制度的改革，是人民法院一切改革的基础。任何改革能不能搞好，关键在人。而人的素质和人的积极性，是靠科学的人事管理制度来保障和调动的。围绕着建立健全科学合理的法官管理和人事管理机制，将进行以下方面的改革：

1. 对法院人员实行分类管理

(1)建立书记员单独职务序列。在人民法院书记员管理办法出台实施之前，书记员符合担任法官条件的，应在2001年底以前通过初任法官资格考试，任命审判职称；2002年以后担任书记员的，将按照书记员的职务序列进行管理。

(2)对司法警察继续实行“双重领导，编队管理”的管理体制。

(3)对司法技术鉴定人员按照专业技术要求进行管理。

(4)对于符合担任法官条件的司法行政人员，应当充实到审判业务部门，对其余人员管理适用行政人员管理办法。

2. 推行法官担任审判长和独任审判员选任制度

此项改革，最高人民法院改革纲要是在审判组织内加以规定的，而实际上它也是法官管理的一种新的方法，随着形势的发展和审判方式改革的深化，审判工作，尤其是庭审活动对法官素质要求越来越高，在实际工作中，有相当数量的审判人员在业务素质上不能适应审判工作的需要。因此，在全国范围内，有许多法院探索、试行了“主审法官责任制”“审判长负责制”和“审判长聘任制”等做法，应当说，客观形势是这些做法产生的土壤。这些做法虽然在提法上未必准确、恰当，但其精神是合理、科学的，即把现有审判人员一分为二，让素质较高、能够更好地适应审判方式改革要求的审判人员行使更多的审判权。最高人民法院推行上述改革，实际上吸收了各地法院做法的合理内核，将从现有审判人员中，根据法官素质情况选拔审判长、独任审判员，并施以动态管理，对违反有关规定的审判长、独任审判员，及时取消其资格，对原来不具备担任条件而后又具备了条件的，则通过规定的程序，及时选拔、充实到审判长、独任审判员中来。这种制度的建立，将有助于形成法官管理的科学机制。

对于审判长、独任审判员占现有法官比例的确定，要考虑审判任务的需要和整体法官素质情况，还要考虑全体法官对改革的心理承受能力，比例过高则起不到应有的作用，过低则会影响法官队伍的改革情绪，将会挫伤绝大多数法官的工作积极性。

3. 试行法官助理制度

最高人民法院在改革纲要中提出："高级人民法院可以对法官配备法官助理和取消助理审判员工作进行试点，摸索经验。"此项改革只允许高级人民法院试点。但随着各项改革措施的落实，建立法官助理制度和取消助理审判员将是必然趋势。审判长、独任审判员选任制度的建立，为法官和法官助理的区分提供了标准，不担任审判长、独任审判员的法官，将逐步过渡为法官助理，也将不在法官编制之内。

4. 实行法官定编制度

要提高法官的地位，保障司法公正，必须尽快提高素质，必须尽快减少现有法官的数量，走精英之路。随着改革的深入，法官定编工作将是大势所趋，除了审判业务部门独立行使审判权的审判人员在法官编制以内，其他如书记员、司法行政人员、司法警察、司法技术鉴定人员、法官助理等都不能占法官编制。就我个人看来，最高人民法院改革纲要提出的审判长选任制度、法官助理制度和法官定编制度，是三项相互配套的改革措施，是有机联系的整体。

5. 改革法官来源渠道

从过去法院进人的情况看，法院自身没有主动权，人员"进口"把不住。随着人们逐步对法院工作性质和特点的认识，尤其是《法官法》施行以后，法院对进人有了一定的参与权。因此，今后将逐步建立上级法院的法官从下级法院的优秀法官中选任以及从律师和高层次的法律人才中选任法官的制度；基层法院的法官则从法学本科、研究生毕业生和社会上其他符合法官规定条件的人员中公开招考、择优录取。

当然，这项改革尤其需要得到各级党委、人大和政府的支持，还需要各级组织、人事部门给予有力的配合。

6. 加大对下级法院法官的协管力度

根据中共中央《关于进一步加强政法队伍建设的决定》和省委、最高人民法院有关文件精神，对下级法院选配领导班子成员，必须报请上级法院党组同意，上级法院党组管理干部的职能作用将进一步得到发挥。

另外，在最高人民法院改革纲要中，对人民法院组织体系、干部管理体制和经费保障体系等问题，作为人民法院深层次的改革内容有所涉及，倡导积极稳妥地进行探索。

总之，司法作为国家的上层建筑，在经济体制发生重大变化的情况下，不改革没有出路。只有不断适应建立和发展社会主义市场经济体制的新形势，才能更好地为经济发展提供司法服务和司法保障。虽然当前人民法院改革，是在现有政治体制框架下和宪法、法律规定范围内进行，许多改革措施具体而微观，但对探索和建立完备的现代司法制度，仍然有着非常重要的意义。随着社会主义市场经济体制的建立和发展，随着国家政治体制改革的步伐，随着法治建设的进程，许多有悖司法活动特点和规律的制度与问题终究会得到改变和解决，完备的现代司法制度终究会得到确立，法治国家的目标终究会如愿以偿！

（本文原载《山东审判》2000 年第 1 期）

法治社会究竟离我们有多远

自党的十五大确立“依法治国，建设社会主义法治国家”基本方略之后，从上到下，人人都讲依法治国，人人向往法治。但走进现实生活，处处是一些与法治不相协调的音符，人们对法治总觉得陌生，似乎感受不到她的脚步。人们怀着企盼的心情沉思：法治社会究竟离我们有多远？

新中国是在打破两千多年封建专制统治之上建立起来的，传统中缺乏民主和法治的思想。新中国建立之后，法制建设才逐渐迈出步伐，但很快让十年“文革”打碎了人们的法治梦想。真正要说法治建设的成就，主要体现在十一届三中全会之后，至今不过才二十多年。因此，法治的脚步自然是沉重而陌生的。

但我们决不可丧失信心。法治社会离我们并不遥远，我们已仿佛依稀可辨她的身影。党的十五大确立“依法治国”基本方略，就充分体现了最高领导阶层对法治的觉醒；十一届三中全会以来的二十多年，法治建设的成就是有目共睹的，她正在加快脚步向我们走来。虽然有法不依、执法不严、知法犯法的情况还有存在，但在历史的转轨时期，各种社会矛盾交织，各种利益冲突加剧，这些情况在所难免。只要我们走出这段坎坷，必将是法治的春天。

党的十五大确立了跨世纪的宏伟目标，那就是：21 世纪第一个十年实现国民生产总值比 2000 年翻一番，形成比较完善的社会主义市场经济体制；第二个十年，即到建党一百年时使国民经济更加发展，各项制度更加完善；到 21 世纪中叶建国一百年时，基本实现现代化，建成富强民主文明的社会主义国家。根据这个目标，到 21 世纪中叶，将建立起完善的社会主义市场经济体制，国家将走向富强民主文明。这个目标实现之时，也就是法治社会来临之时。这是因为市场经济从本质上讲是法治经济。法治与市场经济是一对孪生姐妹，这不仅是因为法伴随着商品经济或市场经济关系的产生而产生，而且市场经济需要平等、有偿、秩序。离开法治，就不会是健全的市场经济。因此，到下个世纪中叶，当完善的市场经济体制建立之时，法治将真正走进我们的生活。1998 年 12 月 21 日，《人民日报》经济周刊一版刊登了常修泽、高明华的文章——《市场化：我们走了多远》。文章指出：资料表明，1978 年我国产品的市场化程度最高不超过 5％，“生产要素的市场化程度、企业的市场化程度和政府行为方式适应市场化的程度基本为零”。“经过 20 年改革，我国国民经济市场化程度已约为 50％。假如以 80％～85％作为市场化的理想目标，那么，我们在市场化的道路上已经走过六成。”虽然市场化的程度并不能完全说明市场经济的程度，但这终究是代表市场经济发展进程的主要方面。因此，按照这样的发展速度，到下个世纪中叶，健全的社会主义市场经济体制必将建立起来，法治社会将接踵而至。我们努力吧，明天将是非常美好的！

（本文选自 1999 年为法院系统报刊撰写的文章草稿）

法院工作走出困境至少要迈过五道坎

司法公正是司法工作的灵魂和生命。近年来，随着司法体制改革的不断推进，人民群众对司法公平公正具有了更多期待，甚至对司法公正的呼声更加急切、强烈。现实中，司法公信力与人民群众的要求尚有差距，需要进一步提高。

我离开省法院已近七周年了，离开之后从外围观察、思考法院工作，别有一番滋味与感慨。关于司法公信力，我觉得，需要讨论的问题很多，面临的困难也比较多。从日常掌握的有关法院工作的一些信息与情况，结合自己工作和学习、思考的体会，我认为，要走出公信力困境，至少要迈过以下五道坎：

一、法官来源的常态化

要以构建现代法官制度为重点，坐实提升司法公信力的人才基础。要把"法律职业共同体"的构建写进相关的法律中，打通原有制度的藩篱，实现法律职业人员的有序、良性流动；要健全、完善国家统一法律职业资格考试制度，建立、规范法律职业人员一体化培训、见习制度；对于法律职业人员准入门槛，要更多地强调法学系统学习教育训练背景，非经系统教育训练，不能担任法官；要在制度中作出设计，使从优秀律师、下级法院中选任法官成为法官来源的常态。因为优秀律师在较长的执业过程中，不仅实现了经验的积累，而且完成了金钱的积累，从他们中选任法官，产生廉洁风险的可能性相对较小。

二、法官员额的少数化

靠扩大法官编制，解决不了司法公正和司法公信力问题。世界范围内，尚没有一个国家像中国一样，法官这么多。法官要有量的要求与限度，但质更为关键；法官过多，不仅无法最大限度地实现裁判的统一性，更不能调动人性中珍视、珍惜岗位的情感，就难以防止裁判权被滥用。必须痛下决心，整合现有资源，实施区别、分类管理，让真正优秀的法官从繁重的简单体力劳动中解放出来，培养少而精的法官群体，实现法官队伍的精英化、专业化，这是提升司法公信力的必由之路。

三、诉讼案件的少量化

法官员额少数化与诉讼案件少量化相辅相成，缺任何一个都不可持续或者不现实。因此，探索并切实构建好多元化矛盾纠纷化解机制，是必须要迈过的一道坎。调解并不单纯是东方经验，在国家治理和司法体制运行中，注重多元矛盾纠纷化解机制的建构，是一切法治国家成功的普遍规律与经验。走完诉讼程序的案件必须是社会矛盾纠纷的少数，法院裁决只是为社会生活规则、秩序树立标杆，不能包打天下；否则，法官数量少，案多人少的矛盾永远就无法解决。

对于纠纷矛盾多元化解，基层自治能力的培育以及基层组织治理能力至关重要，这应该是党委政府及相关部门的重要责任。对此，也需要法院高度关注，发挥好指导作用。而对于在诉讼之前的矛盾纠纷和诉讼到法院的一些案件，必须着力建立以法院为主导的多元化解机制，实现纠纷矛盾的有效分流，避免所有案件均通过诉讼程序解决。应当注重整合社会资源，充分调动各方面的积极因素，推动各种诉讼替代解决方式，并加强对调解工作的指导，实现人民调解、行政调解和诉讼调解的有机衔接，以有效缓解法院案件过多的压力。

四、开庭审理的实质化

在司法实践中，开庭审理都有“走过场”的成分，一切的一切在庭审前已经做足了“功课”，开庭审理不更多地具有实质性。这种现象的成因是多方面的：有法官自身的顾虑，受法律职业人员素质的影响，还有审理法官之外的干预因素，但更重要的在于司法理念上的欠缺。司法的规律性要求，裁判结果必须从程序中产生，“庭上见”的结果才是案件审理的真正结果。因此，必须赋予开庭审理实质性的内容，法庭必须是诉讼双方角逐胜负的真正舞台；要切实提高当庭裁判率，尽量少一些“法庭将择日进行宣判”。

五、案件审理的公开化

“阳光是最好的防腐剂。”庭审是司法的中心环节，案件审理公开程度影响或左右着司法公信力。法庭虽然庄严，但在一定意义上，它属公共场所，不仅要让法律职业人员特别是律师出庭更加方便，防止“门难进”，而且要为所有诉讼参与人提供便利，还要为公众旁听创造条件，做到最大程度的公开。就我对法院工作的观察，我认为，目前案件审理公开化的突破口在于裁判文书的公开。裁判文书公开，虽然处在诉讼案件处理的末端，但对庭审公开和司法公信力具有“四两拨千斤”的作用。虽然司法属专业性工作，但民间从来不缺少这方面的智慧。试想，一个公正、廉洁的裁判还害怕在网络上“晒”吗？真正敢上网公开的裁判文书，才是经得起公众评判、历史检验的判决。

［本文节选自 2012 年 5 月 31 日在全国政协“司法公正与司法公信力建设”（山东）专题调研座谈会上的汇报提纲］

相信未来

新年的钟声敲过，我们迎来了新世纪的曙光。在此，编辑部全体同仁向一年来给予本刊关心和支持的作者和读者朋友们致以诚挚的谢意！并向全省法院广大干警表示亲切的问候和衷心的祝福！

新的世纪，新的一年，孕育着新的希望。我们有充分的理由——相信未来！

进入新的千年，人类的物质和精神生活将进一步走向文明。中国即将加入世贸组织，全球经济一体化的趋势将更加明显，我国经济将进一步走向繁荣昌盛，精神文明程度将进一步提高。由于司法本身发展的规律、特点所决定，在世界经济的逐步接轨和世界文化的相互融合过程中，中国司法将不可避免地吸收所有人类历史发展的文明成果，进一步走向科学与进步。

1. 我国法治进程在不断加快

党的十五大确立了“依法治国，建设社会主义法治国家”的基本方略，九届全国人大二次会议又将这一基本方略上升为宪法原则。按照党的十五大确立的跨世纪宏伟目标，到本世纪中叶建国一百年时，基本实现现代化，建成富强民主文明的社会主义国家。法治国家的目标离我们并不遥远。虽然我们面临着许多的困难和问题，但毕竟目标已经明确，并且我国法制建设已经步入快车道。法治国家的目标是站在海岸遥望海中已经看得见桅杆尖头了的一艘航船，是立于高山之巅、远看东方已见光芒四射喷薄欲出的一轮朝日，是躁动于母腹中的快要成熟了的一个婴儿。

2. 司法改革将全面启动

司法，严格说来，仅指法院审判。最高人民法院提出，2000 年是“改革年”，司法改革将全面展开。虽然改革是在现有政治体制框架下和宪法、法律的规定内进行，但涉及的内容和范围是相当广泛的，是全方位的。一些有悖于司法活动规律、影响公正司法的深层次问题，都将逐步纳入改革的视野和范围之内。应当说，最高人民法院倡导的改革，方向是明确的，措施是切中要害的，也是符合中国国情的。只要认真、扎实地予以贯彻落实，司法工作将会得到有力的推动。

3. 困难与阻力不能阻挡司法改革的步伐

由于受一些落后观念和既定的制度、做法的影响，尤其是这些观念、制度、做法还有着较强的生长土壤，而且改革将会触及相当一部分人的既得利益，所以不少法院的领导和法官，对改革心存担忧和顾虑，甚至对改革的信心不足、热情不高。改革存在着较大的困难和阻力。但是，应当看到，改革势在必行，不改革没有出路，并且人民法院改革已由过去自行探索、各自为战转变为有组织、有计划的进行，不管改革的步伐多么沉重和艰难，总会一步一步地走下去。

4. 司法改革为每一位法官带来机遇

人民法院改革重点在于法官制度，这是法院改革的基础，也是改革的切入点。当今世界各国，尽管社会制度、司法体制以及意识形态有所不同，但都对法官作出较高的任职条件、严格的考试录用程序、苛刻的晋升条件等规定。法官是为数较少的社会精英团体，这是世界各国通行的做法。随着我国法治进程和法院改革步伐的加快，中国法官不可避免地会朝着这个方向发展。最高人民法院《纲要》规定的许多改革措施，目的都在于完善法官管理机制，建立高素质的法官群体，把不从事法官工作的人员从法官中分离出去，把不适应审判工作要求的人员从法官中分离出去。改革对于所有法官来讲，既是挑战，又是机遇。改革是无情的，但对每一位法官又是公平的。只要具备高素质，符合担任法官的条件和标准，就能保证不被淘汰出局，就能成为名副其实的法官。

未来是美好的，未来司法是美好的，未来法官更加神圣和荣耀。当今法官要主动把握未来，必须尽快加强学习，增长才干，努力提高政治与业务素质。这将是唯一正确的选择。《山东审判》愿意给每一位法官提供学习、研究的阵地，给每一位法官创造增长知识的机会！

（本文原载《山东审判》2000年第1期）

律师篇

律师工作在构建和谐社会中的作用

——学习中共十六届六中全会精神的两点思考

党的十六届六中全会通过的《中共中央关于构建社会主义和谐社会若干重大问题的决定》(以下简称《决定》),对司法行政机关承担的刑罚执行、人民调解、社区矫正、法制宣传、律师、公证、基层法律服务、法律援助、司法鉴定、司法考试等职能和工作提出了明确要求,除继续强调“拓展和规范法律服务”外,还在三个地方具体提到了律师工作,这在党的历次中央全会的文件中是不曾有过的。这既体现了党中央对司法行政工作特别是律师工作的高度重视,也对我们提出了新的更高要求。如何充分发挥律师工作在构建和谐社会中的作用,是摆在所有律师工作者面前必须思考的一个重大而迫切的课题。

一、对律师在构建和谐社会中角色定位的思考

律师职业角色定位的变迁。1980 年 8 月,五届全国人大常委会第十五次会议通过的《律师暂行条例》将律师定位为“国家的法律工作者”。1996 年 5 月,八届全国人大常委会第十九次会议通过的《律师法》将律师定位为“为社会提供法律服务的执业人员”。这一定位的变换,与曾经一统天下的国资所日趋消亡、合伙所逐步占据主体地位的律师业发展轨迹相对应,使律师从国家公职人员转换为“社会中介人”。由于这一定位过于突出了律师作为社会中介机构从业人员的市场属性,导致了一部分人对律师服务性质的片面理解,加重了部分律师执业的商业化倾向,遭到业内外人士的诟病。因此,从 2004 年 6 月司法部启动《律师法》修订工作后,如何对律师职业进行定位,成为修订工作需要重点解决

的问题之一。在2005年2月21日下发的修订草案征求意见稿中，将律师定义为“依法取得律师执业证，提供法律服务的法律职业人员”。2006年7月25日下发的征求意见稿，将律师定义为“依法取得律师执业证，根据委托或者指定，为当事人提供法律服务的法律职业人员”。

1. 制衡公权力是法治社会、和谐社会的要求。尽管对律师职业的定义还未最终确定，但从演化过程上，可以清晰地看出其定位更加突出法律属性，更加彰显其本质属性——即律师以自己的法律知识和技能，接受当事人的委托，从保障公民私权利的角度，通过维护当事人的合法权益，保障法律正确实施，实现社会公平正义。耶林在《为权利而斗争》一文中说：法的目标是和平，而实现和平的手段是斗争。律师正是“为委托人的合法权益而斗争”的法律职业人员。江平教授在《为权利而斗争的中国律师——漫谈律师形象与使命》一文中，认为“律师真正的全部工作是挑战权力，这个权力包括了行政机关的权力和司法机关的权力，说的软一点是制衡权力，用词尖锐一点是挑战权力”。任何社会都有一个权力制衡问题，就像自然界需要生态平衡一样，人类社会也需要一种平衡，达到了这种平衡，这个社会就是一个法治的社会、和谐的社会。权力制衡是一个社会民主法治的标志、尺度和试金石。人类之所以创设律师制度，一个主要目的就是通过律师接受公民的委托，代表私权利来约束强大公权力的滥用。因此，律师制度是权力制衡机制的一个重要组成部分，特别是在对行政权、司法权等公权力的制衡方面具有不可替代的作用。

2. 和谐的要义在于权力相互制衡。民主法治、公平正义、诚信友爱、充满活力、安定有序、人与自然和谐相处是社会主义和谐社会的总要求，《决定》提出了到2020年构建社会主义和谐社会的九大目标和任务，第一项就是：“社会主义民主法制更加完善，依法治国基本方略得到全面落实，人民的权益得到切实尊重和保障。”笔者认为，律师在民主法治、保障人权、公平正义中的作用，在建设法治国家、构建和谐社会中的作用，主要是通过代表私权利制衡公权力来实现的。不可否认，近年来，少数公权力的拥有者不能正确、正当地行使人民赋予的权力为人民谋福祉，反而屡屡侵害和掠夺人民的利益。因此，《决定》提出要“着力解决土地征收征用、城市建设拆迁、环境保护、企业重组改制和破产、涉法涉诉中群众反映强烈的问题，坚决纠正损害群众利益的行为”。这些突出的民生问题，其症结往往是民权问题，在一个公权观念长期占绝对主导地位的社会里，由于对公民私权利缺乏应有的尊重和保护，导致公权力屡屡肆意侵犯民众特别是弱势民众的权利。因此，遏制公权力的不当行使和建立对权力受害者的救济渠道，法治国家、和谐社会必须建立一种制衡机制。

为此，《决定》首次提出了处理社会矛盾的四大机制，即"形成科学有效的利益协调机制、诉求表达机制、矛盾调处机制、权益保障机制"。可以说，由于律师职业特殊的专业技能，律师在这四大机制中都可以发挥重要的作用。拥有法定执业权利、精通法律、熟悉救济渠道的律师，比任何一个职业都有能力和优势，在利益协调、诉求表达、矛盾调处、权益保障这四个方面，全方位接受当事人的委托，通过咨询、代书、诉讼、仲裁、调解等多种方式维护其合法权益，减少和消弭利益冲突与摩擦，避免和排解社会纠纷与矛盾，起到"减压阀"和"缓冲器"的作用。

现实中，利益受到侵害者往往是农民、农民工、下岗工人等弱势群体，而他们往往最不了解自己在法律上有哪些权利、通过什么程序保护自己的权利，这就是律师的使命和作用所在。笔者认为，当代律师在构建和谐社会中的重要使命和作用，就是侧重于作为各个弱势群体的代言人，为维护弱势群体的合法权益而斗争。

当今社会中，《决定》提到的"土地征收征用、城市建设拆迁、环境保护、企业重组改制和破产、涉法涉诉"等问题引发的群体性事件或案件呈多发态势，但有的律师在作为代理人依法代表农民、被拆迁人、下岗职工等弱势群体与强势集团、与不当行使公权力者抗争时，个别地方却将其视为社会的"非稳定"因素，采取种种手段限制、干预、打压律师的依法代理，这不能不说是一种非常短视的做法。因为律师正是通过维护一个个具体的当事人的合法权益，使公众不因不懂法而遭受不公，使执法者、司法者因面临法律职业人员的对抗而不敢恣意枉法，从而防止行政权的滥用和司法权的专横，成为国家行政权、司法权等公权力运行机制中的制衡者，在更大范围、更长时间和更深层次维护社会稳定、维护公平正义，最终促进社会的平衡与和谐。

因此，在构建和谐社会中，对全社会特别是国家机关来说，必须切实尊重律师执业的独立性，切实保障律师依法、正当地行使执业权利。对广大律师来说，要按照《中华全国律师协会关于律师办理群体性案件指导意见》的要求，坚持对法律负责、对社会负责、对当事人负责、对职业操守负责的原则，充分发挥律师职业相对中立性的特点，注重帮助争议各方选择合法、适当、平和、理智的纠纷解决路径和方式方法，特别是按照《决定》的要求，促成争议各方"更多采用调解方法”解决纠纷，以化干戈为玉帛为己任，最大限度地发挥律师职业在构建和谐社会中的优势和独特职能作用。

二、对律师管理工作在构建和谐社会中作用的思考

1. 完善社会管理并非行政管理一枝独秀。《决定》第一次鲜明地提出“社会体制”的重要观点，要求“推进社会体制改革和创新”，并就完善社会管理作出了全面部署。要求各级政府“按照转变职能、权责一致、强化服务、改进管理、提高效能的要求，深化行政管理体制改革”。要求“完善培育扶持和依法管理社会组织的政策，发挥各类社会组织提供服务、反映诉求、规范行为的作用”。“发挥行业协会、学会、商会等社会团体的社会功能”。以上论述与十六大以来党和国家按照“小政府，大社会”的要求进行的管理模式、执政模式的改革精神是一致的，即体现在更加突出政府的宏观管理、有限管理和切实增强服务性上，体现在更加注重发挥行业协会等社会组织的管理作用上，体现在更加重视非政府组织(NGO)在整合、平衡不同行业、不同阶层诉求和利益的功能上。要求把本应由企业、市场、社会组织等自身能够解决，甚至能够比政府解决得更好的事交给企业、市场和社会组织；相应的政府要加强社会管理和公共服务职能，切实管其应该管、管得了而企业、市场和社会组织管不了、管不好的事；减少、放弃某些职能，不再管那些不该管、管不了和管不好的事。

2. 加强行业管理是律师业改革发展的必由之路。按照《决定》的要求，我国将逐步建立起一套政府调控机制同社会协调机制互联、政府行政功能同社会自治功能互补、政府管理力量同社会调节力量互动的社会管理网络。我们有必要在这一新视角下，重新审视律师管理体制改革。“两结合”是近年来律师管理体制改革的基本思路，既参照了国际惯例，又考虑了现阶段我国律师管理工作实际。改革的方向是正确的，符合十六大以来党和国家一系列关于加强执政能力建设、深化行政管理体制改革精神，符合《决定》“改革社会管理体制，整合社会管理资源，提高社会管理水平”的要求。应该说，各级司法行政机关对这一大趋势是清楚的，但有的地方推进“两结合”管理体制改革迟缓或在实行“两结合”管理中出现一些问题，主要原因和责任在司法行政机关身上。因为司法行政机关是推动“两结合”管理体制改革的主导力量，而且按照《律师法》的要求承担着对律师协会的监督、指导责任。对司法行政机关来说，要按照《决定》和十六大以

来党和国家对转变政府职能的一系列要求，继续坚定不移地推进“两结合”律师管理体制改革。要彻底摒弃计划经济条件下政府管理包揽一切的陈旧管理理念，解决目前司法行政机关在管理体制、管理方式、管理机制上存在的问题，以更好地适应构建和谐社会的新形势、新要求。

3. 优化行政管理是律师业改革发展的客观要求。司法行政机关要在实行宏观管理、有限管理和为律师业发展服务上下功夫。强化司法行政机关的宏观管理，强化律师协会的微观管理，是修改现行《律师法》的基本思路，按照这一要求，司法行政机关要将一部分律师管理职能逐步让渡给律师协会行使，逐步从行政管理包揽一切过渡到突显行业管理作用的模式。司法行政机关要在管宏观和协调、管政策和制度、管环境和秩序等方面更好地发挥作用，具体的管理工作应放手让律师协会去做。要按照《决定》对政府机关“强化社会管理和公共服务职能的要求”，强化司法行政机关维护社会公共利益的职能。律师协会作为行业协会，主要是维护行业的整体利益，但如果其行业利益与社会公共利益之间发生冲突，司法行政机关要站在政府监管者的角度，协调、平衡律师行业利益与社会公共利益的冲突，以维护社会公共利益为己任。要按照《决定》“在服务中实施管理，在管理中体现服务”的要求，处理好管理与服务的关系，解决好服务什么，怎样服务的问题。管理决不是管制，严格管理的根本目的在于通过有效管理更好地为律师业服务，促进律师业的繁荣发展，为社会提供更多的法律服务公共产品。

4. 强化行业管理必须坚定不移。律师协会要抓紧研究如何在社会管理体制发生重要转型的新情况下，充分发挥行业组织自治、自律管理的作用，按照党的十六届四中全会、六中全会对“社团、行业组织和社会中介组织”提出的“提供服务，反映诉求，规范行为”的要求，尽快提高行业管理能力，切实承接好司法行政机关转移下来的管理职能。目前，各级律师协会在培训、宣传、理论研讨、组织开展各种活动等提供服务、反映诉求方面的工作做得比较出色，但在规范行为方面尚存在不少问题，是部分律师协会尚不能完全承担行业管理重任的一个主要原因。律师协会毕竟不是俱乐部，在为会员提供服务和反映诉求之外，如何有效地规范会员的执业行为，维护行业秩序，树立管理权威是一个亟待解决的问题。《律师法》的几次修改草案稿，都凸显了强化行业管理的思路，规定律师协会依照《律师法》对律师、律师事务所实施行业管理，对律师和律师事务所的执业活动和遵守职业道德、执业纪律及行业规范的情况实施监督，对违反行业规范的律师和律师事务所实施行业惩戒。但目前律师协会在这方面的工作是一个薄弱环节，尚不能完全适应行业管理的需要。《律师法》修订草案送审稿日前已报送国务院，因此各级律师协会从现在起就必抓紧时间“强身健体”，为《律师法》修订后有效行使行业管理权做好准备。否则，如果行业管理力量不足，届时司法行政机关让渡部分管理权后，就有可能形成管理空档，造成整个律师管理工作的弱化甚至是混乱。

如何发挥律师工作在构建和谐社会中的作用，刚刚破题，需要广大律师、律师管理工作者在实践中不断学习、不断思考、不断探索、不断总结，真正把构建和谐社会的要求贯穿于律师的执业活动和律师管理工作之中，努力为构建社会主义和谐社会做出应有的贡献。

（本文原载《中国律师》2006 年第 12 期）

加强研究思考　提高成长能力
做大做强山东律师业

当前，律师工作处于新的发展时期。党的十六届六中全会通过的《中共中央关于构建社会主义和谐社会若干重大问题的决定》，对律师工作提出了新的更高的要求。同时，入世五年过渡期明天就要结束，围绕资源、市场、技术、人才的竞争更加激烈，律师业的拓展和规范都遇到了不少新情况、新问题，这些都迫切需要提高我们的学习力、思考力、成长力，来促进律师事业的发展。我认为，至少要着重从以下三个方面下功夫：

——大兴学习研究之风。古人云：不学则无术。学指学识、学问，术指技术、智术。律师作为一个"师"，应具备"传道、授业、解惑"的学识、学问。作为一个专业人才，要靠专业技术为社会提供法律服务。要既有学，又有术。要树立"终生学习"的理念，把学习和执业很好地结合起来，把执业的过程看作是学习的过程，不断学习、更新作为律师应当具备的政治、法律、经济、科技等一切有用的知识。目前，不少律师整天忙业务、忙应酬、忙挣钱，对原有的知识储备在进行掠夺性的透支。在一个知识经济时代，坐吃山空不仅可以说是短视的，而且简直可称之谓愚蠢！坐吃山空终有一天你会失去挣钱的本钱。所以，提高全省律师行业的学习力，不是一个空洞的口号，而是广大律师在竞争激烈的市场中赢得生存的必备条件。希望我们的律师在繁忙的业务和应酬之余，能静下心、稳住神、吃点苦，好好学习点新知识、研究点新问题，在全行业营造浓厚的学习研究风气。

——以思考力构筑成长力。作为一个知识含量很高的职业，律师主要以其智力资本为社会提供法律服务。只有在加强学习研究的基础上，用脑用心，不断提高思考力，才能不断提高成长力，才能为事业的发展提供强大的智力支持。有人说，知识决定命运。我认为，思考确立人生！对于律师来说，在承办法律事务时，要注重其中蕴含的更深层次的问题，并将其上升到理论的高度来思考，善于从实务中思索、提炼、抽象出理性的东西。如果说律师每一次业务的承揽是对具体问题的解决，那么每一次思考力的提高会使律师对案件的理解更准确、分析更透彻、解决更到位，会极大地提高执业能力的成长。对律师事务所和律师行业来说，其作为一个单位、组织的思考力，同样会影响其成长力。《基业长青》的作者，美国人柯林斯在对世界众多成功企业进行深入研究后发现，一个成长的公司，一个不断前进的公司，一个长生不老的公司，像人一样具有思考的能力，能形成自己独有的精神、理念和文化。这一点，对于想保持基业长青的律师和律师事务所来说，对于怀有做大做强山东律师业梦想的每一个人来说，都具有极好的借鉴意义。

——积极倡导改革创新。考量论坛研讨质量高低的标准之一，是看研讨的内容是否体现出创新精神，而研讨内容能否创新关键在律师实务和律师管理实践能否创新。创新是人类社会发展的不竭动力。理论研讨是如此，拓展业务是如此，加强管理也是如此。要做到改革创新，既有赖于厚实的理论积累，又有赖于丰富的实践积累，同时还要有科学的方法论。我们生活的世界是鲜活的，发展变化是永恒的。要学会换个角度思考问题，不要一根筋、一条道，更不能年年岁岁花相似，停留在定理、模式、惯例、传统中不能自拔！所以，律管干部和广大律师要大力弘扬改革创新精神，大胆在理论上探索创新，努力在管理上拓展思路，加强对律师业战略性、全局性问题的思考研究。要善于从实践中发现问题、提出问题和研究问题，指导律师业务不断扩展，律师管理不断规范，为全省律师业的繁荣不断注入生机与活力。

山东律师业在几代人的努力下，经过二十多年的发展，积累了经验，汇集了人才，凝聚了力量。我个人认为，目前正处在一个重要的转型期，处在跨越式发展的前夜。我们每一个律师、每一个律师管理者都有一个理想、一个目标，就是做大做强山东律师业，实现由律师大省向律师强省的跨越。我们有着美好的主观愿望，也有着较好的客观条件。国家“十一五”规划第一次明确提出要“大力发展法律服务业”，省委、省政府今年出台了《关于进一步促进服务业发展的若干意见》，国家和我省都把加快发展包括法律服务在内的服务业作为产业结构调整的重中之重，律师业有着良好的发展机遇和空间。今天，我省律师管理的领导和中坚力量汇聚一堂，在座的各位律师也都是我省律师行业的精英，是律师界学习力、思考力、成长力最强的群体，能否尽快实现我们的美好愿望和目标，更多的责任应当由我们承担，大家义不容辞、别无退路。当前和今后一段时期，围绕做大做强山东律师业，实现由律师大省向律师强省跨越的宏伟目标，我认为，至少要重点做好以下四项工作：

1. 切实提高管理效能

当前我们处于律师管理体制发生了很大变化但效果还不十分明显的特殊时期。计划经济条件下的管理体制已经不适应律师业的发展，市场经济条件下的管理体制尚在逐步建立完善，存在着老办法不管用、新办法不会用或者是用不好的问题，需要我们大家围绕着提高管理效能，不断探索转变管理职能，改革管理方式和手段。关于加强管理，本届论坛大家都发表了很好的意见，理论界有关学说也很多，但不管是哪种管理理论、学说，确保管理措施和管理手段能够真正到位，真正提高管理的效能，始终是管理科学的核心和基础。行政管理、行业管理和律师事务所自律管理构成了律师管理的主体。行政管理要强调有限管理、宏观管理，将管理重点放在行业政策、资质管理、执业监管和创造良好发展环境上，将其余的管理职能逐步让渡给律师协会行使，逐步从行政管理包揽一切过渡到凸显行业管理作用的模式。律师事务所自律性管理是全部律师管理工作中的基础，要切实加强律师事务所的一线管理地位和责任。但我想，不管是哪个层面的管理，不管是采用哪种管理理论，都要围绕“运转高效，指导有力，有利成长”的目标来加强，都要围绕提高管理效能来加强，都要围绕律师业的发展和建设这一永恒的主题来加强。希望大家围绕这一要求，不断探索、实践、总结，不断提高全省律师行业的整体管理效能。

2. 切实为律师搞好服务

服务本来就是管理的具体内容，服务是最好的管理。之所以再次强调为律师业发展提供服务，是因为律师业发展面临着众多的困难和问题。十六届六中全会再次提出要“建设服务型政府”，要“在服务中实施管理，在管理中实施服务”。各级司法行政机关律师管理部门要不折不扣地贯彻落实这一要求，切实寓管理于服务之中，把服务律师业的发展作为第一要务。省、市律师协会作为律师之家，更是要把为会员服务作为首要职责，想律师之所想，急律师之所急，解律师之所难。对律师的合理要求，要做到一“求”就灵，马上就办，能一天解决的决不拖到第二天。究竟为律师服务的切入点在哪里？我体会主要可以概括为三条，就是争取优惠政策、搭建业务平台、优化执业环境。在以上三个方面，当前还存在着一批律师反映多年的老大难问题，尽管某些问题不是司法行政机关和律师协会自身能解决的，尽管解决起来确实有难度，但也要本着先易后难、先急后缓的原则，先干起来。前不久，在省厅、省律协的不懈努力下，省政法五部门联合制定下发了《关于在在刑事诉讼中保障律师执业权利和规范律师执业行为的若干规定》，受到了律师的好评。目前，这方面的工作，省厅、省律协都要列出单子，明确任务，逐项争取解决。希望各级司法行政机关、律师协会都要行动起来，诚心诚意、尽心尽力地为律师办几件实事、办几件好事。

3. 完善律师组织形式

这既是中央司法体制和工作机制改革意见的要求，也是做大做强我省律师业的迫切要求。据法律界的专家估算，目前中国法律服务市场规模是20亿美元，以目前的发展速度看，十年后这个数字有望达到200亿美元。面对中国法律服务市场的豪华“夜宴”，国内外律师业“列强”虎视眈眈、厉兵秣马，我们山东丰富的法律服务市场也在他们的瓜分、染指目标之列。而且，我认为，他们已经开始在瓜分和吸引我省律师人才。山东律师业如何在这场豪华“夜宴”中吃得更好、吃得更饱，如何在激烈的市场竞争中分得“一杯羹”，掘得第一桶金，是突破我省律师业发展瓶颈、做大做强我省律师业的关键。根据欧美律师业发达国家和国内律师业发达省市的经验，我认为，当务之急是尽快打造一批能够提供跨地区、跨行业乃至跨国境服务的大型律师事务所“航母”，形成山东律师业的核心竞争力。国内外律师业的“航母”主要有这样几种模式：一是通过设立分所或办事处进行扩张，二是建立紧密型律师集团，三是建立松散型的律师事务所联盟。当然，以上模式各有利弊，没有最好的，只有最合适的，但都给我省律师业提供了许多值得借鉴的经验。希望我省的律师事务所能有紧迫感、责任感，认真分析、研究我省的法律服务市场需求。例如，应当考虑：针对承接日韩产业转移、建设半岛制造业基地、打造省会都市圈等发展战略，打造几个跨地区、跨行业乃至跨国境的大型律师事务所“航母”，占领我省高端法律服务市场，发挥行业先锋的拉动、辐射作用，成为做大做强山东律师业，实现由律师大省向律师强省跨越的龙头和骨干力量，进而提升整个山东律师业的竞争实力。

4. 大力培育律师行业精神

律师业经过二十多年粗放式、追求数量式的发展，已经形成了一定规模和影响，但要想成为一个规范的、成熟的行业，要更加注重内涵，更加追求质量，形成独特而多彩的文化似乎是一个重要的切入点。近年来，许多学者都不断提出论证，认为文化在形塑一个社会的政治和经济行为上是一个关键因素。同样，律师文化作为一种动力资源、心理资源，是律师行业凝聚力、感召力和生命力的体现，而行业精神则是行业文化中的精髓、核心和灵魂。毛泽东曾说过：人是要有一点精神的。这就是人之为人的特质，因为人如果没有了精神追求，就会变为行尸走肉或者赚钱机器。同样，对律师行业来说，如果不能形成行业文化和塑造行业精神，也难以做到健康、持续、又好又快地发展。对于这一点，律师行业“朝野”各界达成了高度共识，司法部今年将律师文化建设作为一项重点工作进行了部署，并将山东作为试点省份之一。我省不少律师在这方面颇有研究，有的已经出版了专著。希望今后进一步加强研究、加强建设，逐步培育、形成具有齐鲁文化深厚底蕴和山东特点的律师行业文化和精神，充分发挥文化和精神的导向功能、激励功能，引导和鼓舞山东广大律师戮力同心、同舟共济、协调步伐，为实现推动山东由律师大省向强省的跨越。

从来就没有救世主，也没有神仙皇帝，要创造山东律师业美好的未来，只有靠我们自己。昨天，大家带着问题来，带着建议来，带着思想来；今天，大家将带着激情走，带着干劲走，带着信心走。希望大家共同努力，都能为山东律师业光辉灿烂的明天贡献自己的力量。

（本文节选自 2006 年 12 月 10 日在首届山东律师论坛结束时的演讲稿）

山东律师业发展对策分析

本次论坛的主题是“和谐社会与律师业发展”，昨天以来，许多嘉宾和律师做了很好的演讲，既展现了大家的智慧与才华，又达到了相互交流、共商发展的目的。我认为，律师业发展既是和谐社会的题内应有之义，又是构建和谐社会的前提和基础。因此，发展就是硬道理。只有发展，才能算作和谐；只有发展，才能更好地服务和谐。今天在座的各位都是全省律师行业的管理干部和律师中的精英，借此机会，我想就全省律师业发展存在问题及对策谈几点意见，供大家参考、借鉴。

一、全省律师业发展存在的问题

虽然我省律师业的发展取得了巨大成就，但也存在着严重的发展“瓶颈”，面对着不少问题和困难。

1. 受制于经济社会发展状况，法律消费能力相对不足

律师业的发展与经济社会发展具有高度同步性，与市场经济的发育成熟程度具有高度关联性。中共山东省第九次党代会在肯定我省经济社会发展取得巨大成就的同时，也客观地分析了存在的问题。如人均占有经济总量的水平比较低，市场化程度不够高，服务业发展相对滞后，等等。这些外部因素导致我省与北京、广东、上海、江苏、浙江等五个律师业务收费超过 10 亿元的省市相比，法律消费能力相对偏低。表现在律师业发展上，我省律师 2006 年人均业务收费只有 9.5 万元，其中德州、滨州、菏泽三市人均不足 4 万元。而上述五省市的律师人均收费分别是 46.9 万元、25 万元、40 万元、18.2 万元和 21 万元。

2. 律师执业环境问题依然没有得到彻底改善

律师行业是受环境制约影响很大的行业,律师的执业活动受到种种限制和阻碍,就会严重地桎梏律师业发展的生机和活力。虽然近年来,我们为此不断奔走和呼吁,也收到了一些成效,但律师执业中的“三难”问题、税费负担过重、法律服务市场秩序混乱、执业成本不断攀升等严重影响律师业发展的“痼疾”尚没有得到根治。这有立法层面的问题,也有执法层面的原因。

3. 没有形成与市场经济和现代服务业发展相适应的发展理念

应该说,经过二十几年的发展,我省律师业产生了一批比较优秀的管理者,但与南方市场经济和现代服务业发达的省、市相比,具有现代市场意识的优秀经营者并不多。经营和管理的含义是不同的。管理是计划、预算、组织和控制某些活动的过程,主要职能是维护一个组织的秩序,使其有效运转。而经营则必须充分了解服务对象的潜在需求及变化,超前、主动地去开拓市场,其最高境界是摆脱和超越竞争,去创造新的市场。管理和经营缺一不可,规范的管理是基础;但仅有管理是不够的,要想在激烈的市场竞争中占有一席之地,必须善于经营。我发现省内几个发展最好的所,其主任已经不再关注日常的管理,其主要精力已经用在了律师事务所的经营上。但相当多律师事务所的主任、合伙人,还停留在传统的律师事务所发展理念上,主要精力还是用在日常管理上,没有精力去研究市场,分析市场,从细化的市场中找出自己的差异性竞争优势,以此来作为发展方向和经营重点,造成了律师事务所发展模式的雷同化。

4. 律师事务所规模化、专业化步伐不快,与日益增长的高端法律服务需求不相适应

在规模化方面,目前全省律师事务所平均人数为11.5人,有722家律师事务所执业律师人数在30人以下,占全省律师事务所总数的96.8%。当然,不是说律师事务所的规模越大越好,因为法律服务有各个层次的需求,不同规模的律师事务所有各自的生存空间。但目前大量中小律师事务所是在进行低水平的重复建设,并没有形成专业特色、差异服务和错位竞争,而是拥挤在底端法律服务市场中“自相残杀”,甚至和法律服务所在一个层次上恶性竞争。在专业化方面,虽然济南、青岛等大城市某些专业特色的律师事务所已具雏形,但真正像上海的建纬所、朱妙春所那样有影响的专业所还没有出现。这两方面的因素加上经营理念相对落后及高端业务培训、拓展不足,使我省许多律师缺乏参与大型、高端法律服务项目的实践经验。承办大型、高端业务的能力和水平难以得

到锻炼和提高，也就缺少稳定的大型、高端业务来源，形成了恶性循环，导致我省大型、高端法律服务市场被省外律师强势瓜分，同时也难以吸引、留住、用好高端业务人才。

二、推动山东律师业发展应重点抓好的几项工作

影响山东律师业发展的问题，都是前进中的问题和发展中的问题。只有发展，才能从根本上解决这些问题。近年来，有些问题已得到逐步解决，但有些经济社会发展等外部问题不是我们行业自身能解决的，所以今天主要谈五个方面的问题。

1. 继续努力解决律师执业环境问题

这是律师界反映多年的“老大难”问题，它的彻底解决有赖于整个国家经济社会的发展、法治发育完善的程度、人们思想观念的转变、政务公开的程度、公共信息的透明等各方面综合条件的改善。但这并不是说我们就无所作为了，管理机关和广大律师要有“蚂蚁啃骨头”和“愚公移山”的精神，去推动这些问题的逐步解决。去年以来，省政法五部门出台了《关于在刑事诉讼中保障律师执业权利和规范律师执业行为的若干规定》，省厅积极推动在济南市历下区开展律师税收核定征收试点工作，并正在起草有关治理整顿法律服务市场的文件。虽然这些工作的难度很大，但只要我们做了，法治文明就会前进一小步！下个月修改后的《律师法》有望出台，它对律师的会见权、阅卷权和调查取证权作出了相对细化的规定，有条件地赋予了律师法庭言论豁免和举报作证义务豁免的权利，加强了对参与诉讼活动律师的人身保障。但徒法不足以自行，可以预见，这些规定在实施过程中不可能一帆风顺，而且还受现行上位法的制约。因此，各级司法行政机关、律师协会要借律师法修改出台后的有利契机，积极争取党委政府的支持，主动与有关部门沟通协调，争取出台配套的文件，切实将律师的法定权利落到实处。

2. 切实加强高端业务的培训

这些年的演变大家都历历在目，20 世纪八九十年代，律师的素质高于法官、检察官，但由于培训工作没有法、检两家的力度大，组织得不好，随着时间的推移，律师的业务素质在三个群体中已不再占据优势。所以，要下大力气抓好培训特别是高端培训，这是关系行业兴衰、未来发展的重大战略工程，也是最基本

的“饭碗工程”。现在江、浙两省行动起来了，我省决不可懈怠，我们必须培养一批懂外语、能打美国“337”条款、反倾销、反垄断案件高端业务的律师。加强高端培训需要较大的经费，由此引出必须对现行会费分成比例进行修改。这主要基于两方面的考虑：一方面是会费要取之律师、用之律师。因此，尚未按“两结合”改革精神换届的8个市要抓紧换届，各市律协可以采取在县域设立分会或联络点、工作站的方式，通过转移支付的方式，切实把县域律师的会费用在律师身上。另一方面，会费要向省、市律师协会集中，以便于做一些促进全省律师业发展的大事，比如律师迫切要求的高端培训、新业务培训，这样可以有效地降低成本，使同样的会费花出最大的效益来。

3. 构筑行业精神，守望我们的“精神家园”

一项事业要发展，必须有精神的依靠和支撑。从事共同事业的一个群体，能不能形成自身的行业精神，有没有一个共同的理想、共同的思想基础、共同的职业操守，是决定这项事业能不能健康发展的一个重要方面。律师行业在长足发展的同时，也出现了商业化倾向严重的问题，有的律师私自收案收费，有的律师为了经济利益不惜挑词架讼、大吹大揽甚至坑害百姓，个别律师还成为司法腐败的帮凶。律师行业过去在人们心目中高尚与神圣的形象已经出现异化，许多人选择律师行业主要是基于物质上的考虑，这种精神上的贫困不得不令我们反思和深省。观念决定行为，意识决定形态。为了律师业的未来，我们必须更加注重引导律师行业围绕律师职业的属性和使命，形成共同的价值追求、职业信条、职业操守，形成根植于行业每一成员的高尚精神品质和追求，建立我们自己的“精神家园”，守住我们做律师的良知和底线。这是律师文化建设的核心，也是律师行业凝聚力、感召力和生命力的体现。

4. 继续推动律师参政议政工作不断深化

在构建和谐社会的新形势下，中央对社会新阶层的参政议政工作高度重视，要求“关心他们的诉求，引导他们有序的政治参与，采取妥当的办法将他们纳入现行的政治体制当中”。可以说，律师是社会新阶层中参政议政能力最强的一个群体，而把更多的律师吸收到人大、政协等现行政治体制的组织架构中，是目前律师参政议政的主要形式。为此，今年省厅、省律协与省委统战部联合开展了律师参政议政调研，目的是在今年年底前后换届时，把更多优秀律师推荐到各级人大、政协中去。今后一段时间，各级司法行政机关和律师协会要把这项工作摆到重要位置上，采取具体、有效的措施，加强沟通、协调、推荐力度，力争有一个比较理想的结局，并进一步研究、探索律师参政议政的途径，努力提高律师参政议政的能力，不断拓展律师参政议政的领域，以激发广大律师的政治理想，扩展其政治抱负，提高其政治责任，使广大律师更加积极、主动、自觉地担负起时代赋予的推动民主政治发展的历史使命。同时，这也会很好地提升律师行业的政治地位、社会地位，争取更多的话语权、建议权，是律师行业发展的“软实力”。

5. 继续解决好管理体制的问题

“两结合”管理体制是适应当前律师业发展状况和发展规律最好的制度安排。要加快“两结合”管理体制改革的步伐，并合理划分行政管理和行业管理的职责。但有的司法行政机关对此不够重视，动作太慢。同时，也有另外一种倾向值得我们注意，那就是社会上特别是一些学者和个别激进律师提出的“去行政化”的论调。我认为，这些人不了解中国的国情，更缺乏对我国律师业发展现状的准确把握。我们必须强调，基于我国国情和律师在国家政治、社会生活中扮演的特殊角色，律师行业有别于其他行业，加之某些律师协会行业管理发育尚不成熟，行政管理和行业管理并存具有必然性，司法行政机关依照律师法对律师协会负有监督指导职责，现阶段改进、完善“两结合”管理体制，只能在这一前提下依法有序地逐步推进，“去行政化”要不得，而且，对行业发展有百害无一利！在实际工作中，要有效防止行政管理与行业管理争权夺利、推诿扯皮甚至互相掣肘等不和谐现象的发生，做到两种管理很好地互补、衔接和协作，形成合力，实现管理效能的最大化。要打消“两结合”就是简单地分分合合的错误认识，重申“以合为魂，统筹规划，分工实施，共促发展”的工作原则。同时，要强化“管理就是服务”的先进理念，强化律师管理的基础工作，特别是要注重通过对律师业发展主要数据的统计、对比、分析，不断发现并研究解决广大律师最现实、最关心、最直接的问题，建立健全律师管理长期、稳定的工作体系与工作机制，使我们的管理工作更有针对性、实效性，推动由律师大省向律师强省跨越。

（本文节选自 2007 年 9 月 30 日在山东律师论坛结束时的讲话稿）

坚持和完善中国特色社会主义律师制度

2007年新修订的《律师法》,在理念上有进步,概念上有突破,制度上有创新。学习贯彻《律师法》,是当前和今后一个时期我省律师工作的重要任务,我们要按照修订后的《律师法》确定的制度设计,不断健全和完善中国特色社会主义律师制度。我们认为,主要涉及五个方面的内容:

一、坚持律师的职业属性

修订后的《律师法》明确了“律师以维护当事人合法权益,维护法律正确实施,维护社会公平和正义为使命”的职业属性,是一大进步和一大亮点。它更加彰显律师职业的本质属性——即律师以自己的法律知识和技能,接受当事人的委托,主要从保障公民私权利的角度,限制公权力的滥用,形成一种制约机制,通过制衡的方式,促进法律正确实施,促进司法公正,实现社会公平正义。律师职业属性是一个国家律师制度的基石,我们坚持和完善中国特色社会主义律师制度,首要的就是坚持律师的职业属性,切实保障律师依法、独立、正当地行使执业权利。但目前在司法实践中,还有不少人认为公检法机关是维护国家利益的,而把律师视为异己力量。因此,在修订后的律师法的贯彻实施过程中,我们还要为权利而斗争。耶林在《为权利而斗争》一文中曾深刻指出,为权利而斗争是权利人对自己的义务,主张权利的同时也是对社会的义务。我们要结合律师法的宣传贯彻实施,向社会传达这样两个鲜明的观点:一是律师的权利是公民权利的延伸,律师的权利就是公民的权利。二是国家设立律师制度的根本目的,是让律师以其特有的执业方式在更大范围、更高层次、特定环节上维护国家的整体利益,从而积极争取社会力量、新闻舆论对律师依法执业的尊重和支持。

二、依法保障律师执业权利

修订后的律师法对律师的会见权、阅卷权和调查取证权作出了相对细化的规定，有条件地赋予了律师法庭言论豁免和举报作证义务豁免的权利，加强了对参与诉讼活动律师的人身保障。但上述规定在立法过程中征求意见时，有关部门认为相关规定突破了现行法律的规定，提出了反对建议。在全国人大常委会审议时，争论仍然较大。因此，我们要看到对律师执业权利的保障争取到现在的程度实属不易，是律师行业为权利而斗争的结果，要倍加珍惜。另一方面也可以预见，这些规定的落实不可能一帆风顺。各级司法行政机关、律师协会要借修订后的律师法出台的有利契机，主动与有关部门沟通协调，争取出台配套的文件，切实将律师的法定权利落到实处。

三、积极构建行业精神

律师制度在我国是一个舶来品，缺乏自然生成的文化底蕴。如果不能在引进律师制度一百年、恢复律师制度近三十年之后，形成根植于中华文化土壤、具有中国特色的律师文化，就只能说：我们移植了律师制度的躯壳，但没有引入律师制度的灵魂；接受了律师职业的形式，但不能把握律师职业的精髓。今年5月，温家宝总理说："一个民族有一些关注天空的人，他们才有希望。"对于我们律师行业来说，现在也迫切需要关注我们的"天空"，这个"天空"就是找寻我们律师制度和律师职业的灵魂和精髓，构建律师的行业精神。根据律师"三个维护"的职业属性，可以从以下几个方面考虑：一是崇尚法律的法治精神。党的十七大首次提出要弘扬法治精神，律师作为职业法律工作者，是法治精神的承载者、捍卫者、传播者，应该比一般公众具有更坚定的法律信仰，并使其成为律师行业精神的首要内容。二是为权利而斗争的精神。耶林说："权利从它放弃准备斗争的瞬间也放弃了它自己。"为当事人的合法权益而斗争，为自身的合法权益而斗争，为法律至上的信仰而斗争，应该成为律师行业精神的重要内容。三是认真负责的专业精神。律师以向当事人提供法律服务为己任，要本着对法律负责、对当事人负责、对社会负责的精神，精益求精地办理好每一项法律事务。四是恪守职业道德、执业纪律的自律精神。执业纪律是律师执业行为的外在准则，是执业行为的底线。职业道德是律师执业行为的内在准则，是执业行为的最高标准。作为一个自律性很强的行业，恪守职业道德、执业纪律的自律精神应该成为律师行业精神的重要组成部分。五是讲信誉、重承诺的诚信精神。对律师行业来讲，诚信是对向当事人的承诺负责、对自己提供的法律服务后果负责的一种职业道德和执业纪律，本是自律精神的一部分。但鉴于诚信是律师业安身立命之本，因此有必要将其单独作为行业精神的组成部分。六是援助弱者、倡导公益的人文精神。援助弱者、倡导公益是律师的一项传统美德，是律师人文情怀崇高品质的具体体现，理应成为律师行业精神的组成部分。

四、不断改革完善律师管理体制

修订后的律师法，调整、改进了司法行政机关对律师和律师事务所监管职能的层级配置，强化了律师协会实行行业自律的地位和作用，调整和完善了律师事务所的组织形式，强化和改进了对律师和律师事务所执业的监督管理措施。因此，需要根据修订后的律师法，理出一个全省律师管理工作的思路和章法，形成一个基础性的管理体系和管理规范，使日常的律师管理工作有章可循，并保持稳定性、连续性，防止日常管理工作的盲目性、随意性。行政管理、行业管理和律师事务所自律管理，构成全部律师管理体系，要按照修订后的律师法从大的方面理清思路、界定职能、明确责任。

行政管理的重点是切实履行对律师、律师事务所和律师协会进行监督、指导的职责，实行有限管理、宏观管理、层级管理。一是按照十七大“加快行政管理体制改革，建设服务性政府”的要求，司法行政机关对律师行业的有限管理侧重在资质管理、市场监管和创造良好发展环境上。二是按照十七大“强化社会管理和公共服务”的政府职能界定，对律师行业进行宏观管理，通过制定发展政策和普适性规则，引导、调控律师业的发展，满足社会公众对法律服务的需求。三是按照“谁主管，谁负责”的原则进行层级管理，按照修订后的律师法要求，重新制定省、市、县三级司法行政机关的管理职责，强化市、县两级司法行政的管理职责，特别是县级司法行政机关要依法担负起对所主管的律师、律师事务所执业活动的日常监管职责。

行业管理的重点是按照修订后的律师法确定的律师协会应当履行的八项职责，切实加强律师协会的组织、教育培训、行规、惩戒、服务等五大体系建设，不断探索建立充分发挥理事会、常务理事会、秘书处、各专业、专门委员会作用的机制，更加注重调动广大律师参与行业管理的积极性，真正担负起应负的行业管理职责。

律师事务所自律管理的重点是按照修订后的律师法的要求，建立健全执业管理、利益冲突审查、收费与财务管理、投诉查处、年度考核、档案管理等制度，对律师在执业活动中遵守职业道德、执业纪律的情况进行监督。要强化律师事务所管理层的一线管理地位和责任，使其对本所每个律师的执业活动都进行有效的动态监控。

五、大力加强律师队伍建设

修订后的律师法明确和强调了律师的职责和使命，对于律师树立正确的执业观，提高律师的社会地位，充分发挥律师在社会主义法制建设中的积极作用具有重要意义。因此，要以学习贯彻律师法为契机，以十七大精神为指导，继续大力加强律师队伍建设。加强律师党建工作，是引导律师参加政治建设的有效途径，特别是全国三名律师首次当选十七大代表，在律师行业引起了强烈反响，也为律师党建工作提供了新视角和新路径。按照十七大的要求，今后将实行党代表任期制和在一些县(市、区)试行党代表常任制，选举更多的优秀律师成为各级党代表特别是县(市、区)的党代表，对扩大律师有序政治参与将是巨大鼓舞和强力推进。因此，我省律师党建工作要在现有的良好基础上，按照十七大的新精神，力争有新进展、新突破，并以律师党建工作为统领，全面带动律师队伍的思想建设、业务建设、职业道德建设，努力建设一支与自己的职业属性相符合，能够承担历史使命、时代重任和社会责任的高素质律师队伍。

(本文节选自 2007 年 11 月 23 日在全省律师“弘扬法治精神，践行法治理念”培训班上的讲话稿)

扩大律师有序政治参与的途径

——学习十七大精神的一点体会

"从各个层次、各个领域扩大公民有序政治参与"是中共十七大报告的一个亮点，它是健全社会主义民主政治，充分发挥人民民主的重要内容和途径。而现代律师职业从诞生之日起，就是民主政治的创设者、完善者、捍卫者，就担负了促进民主政治的责任和使命，律师参与民主政治生活的程度是衡量一个国家民主政治发展水平的标志。同时，在法治国家中，律师的权利是公民权利的延伸，律师是公民私权利的职业代言人和维护者。因此，总结近年来律师有序政治参与的途径和经验，并按照十七大的要求不断加强这方面的工作，对于扩大包括律师在内的全体公民的有序政治参与具有重要意义。

1. 通过加强律师行业党建工作，扩大律师有序政治参与。作为面向社会服务的法律职业群体，律师职业具有政治性强、执业联系面广、社会影响大等特点，且日益呈现出价值取向多样化、权利意识主体化、利益诉求复杂化等趋势，其政治倾向、思想观点和行为选择很容易影响到社会普通群众。如果不能够把他们中的优秀分子吸收进执政党的队伍，纳入现行政治体制中来，一些人就可能要在体制外寻找表达诉求、解决问题的途径。因此，近年来我省各级司法行政机关、律师协会始终把加强律师党建作为一项重要工作来抓，按照"司法行政机关党委（党组）领导、律师协会党组织主管、支部建在所上"的思路，全省凡是符合条件的律师事务所全部单独或联合建立了党支部，近 9000 名律师中党员占了三分之一。2007 年 6 月，省委组织部在全省新社会组织中确定了 18 家"山东省基层党建工作示范点"，律师事务所就占了 8 家。因此，加强律师党建工作，是引导律师有序参加国家政治经济社会事务的有效途径。特别是全国 3 名律师首次当选十七大代表，我省 1 名律师当选省九次党代会代表，在律师行业引起了强烈反响。按照十七大的要求，今后将实行党代表任期制和在一些县(市、区)试行党代表常任制，如果能选举更多的优秀律师成为各级党代会代表，对扩大律师乃至新社会阶层有序政治参与将是巨大鼓舞和强力推进。

2. 通过担任各级人大代表、政协委员，扩大律师有序政治参与。律师在执业过程中能够广泛接触社会各阶层人士，且由于其中立性的特点容易听到各个群体的真实声音和意见，便于了解广大人民群众最直接、最关心、最现实的利益需求。同时，拥有法定执业权利、精通法律、熟悉救济渠道的律师是职业代言人，在诉求表达、权益保障方面具有其他职业不可替代的优势，在许多法治国家，律师都是人数最多的民意代表。在当代中国，把更多的律师吸收到人大、政协等现行政治体制的组织架构中，是目前律师有序政治参与的主要形式。自2003 年换届以来，我省 172 名各级律师人大代表、政协委员共提交议案、提案和建议 805 件，被采纳或部分采纳 552 件，覆盖了政治、经济、文化、社会等各个领域。有 210 个议案、提案被评为重点议案、优秀提案。特别是就解决土地征收征用、城市建设拆迁、环境保护、企业重组改制和破产、涉法涉诉中群众反映强烈的问题建言献策，仅围绕“三农问题”就提出了“关于进一步统筹城乡发展，深层次解决‘三农’问题的建议”“关于加快农村剩余劳动力转移的建议”“农民工应受工会法保护的议案”“关于加强农民工技能培训的议案”等 40 余条议案、提案。有 7 名人大代表获得“优秀人大代表”“优秀人大地方立法理事”等称号，65 名政协委员获得优秀政协委员、优秀提案先进个人等称号。2007 年 5 月至 9 月，省司法厅、省律师协会与省委统战部联合开展了律师参政议政大型综合调研，并两次专门下发有关通知，对推荐更多的优秀律师担任人大代表、政协委员工作作出具体部署，以更好地拓展律师有序政治参与的渠道和领域。

3. 通过广泛参与立法活动，扩大律师有序政治参与。律师作为法律之师，在执业过程中能够比较全面客观地了解立法、司法、执法存在的问题，能够比较深入地从正反两方面获得立法实践经验，从而为国家和地方的立法提供较为中立、客观、有针对性的立法意见。同时，律师参与立法还可以较好地避免部门利益法律化。因此，近年来广泛参与立法活动成为律师参政议政的一种方式。我省律师先后在《公司法》《物权法》《妇女权益保障法》《劳动合同法》《未成年人保护法》《刑事诉讼法》《山东省法律援助条例》等 20 余部国家和省法律、法规的立法调研、起草、听证和修改讨论中，提出意见和建议。2004 年，青岛市人大分别委托山东德衡律师事务所和山东文康律师事务所起草了《青岛市物业管理条例（修订草案）》和《青岛市城市房地产开发经营条例（草案）》。2006 年 5 月，康桥律师事务所接受省人大委托起草《山东省消费者权益保护条例（建议稿）》，目前已经过省人大常委会的两次审议。按照十七大提出的“坚持科学立法、民主立法，完善中国特色社会主义法律体系”的要求，今后会有更多的律师参与到更多的立法活动中去，成为扩大律师有序政治参与的新领域。

4. 通过参加新阶层统战联谊活动，扩大律师有序政治参与。对一个转型中的发展中国家来说，新社会阶层往往是公民社会的中坚力量，是政治体制改革的“推动器”。因此，新社会阶层人士是党的统一战线工作新的着力点。2006 年 8 月，中央统战部牵头建立了由全国律协等行业协会参加的新社会阶层统战联席会议制度，中央统战部领导要求“关心他们的诉求，引导他们有序地政治参与，采取妥当的办法将他们纳入现行的政治体制当中”。律师可以说是新社会阶层中参政议政能力最强的群体之一。2004 年 5 月，山东省在全国率先成立了省新社会阶层党外知识分子联谊会。在这一组织中，8 名副会长中有 6 名律师，114 名理事中律师也占一半以上。成立以来，参会律师按照省委统战部的安排部署，积极参加省委、省政府召开的情况通报会、座谈会，就全省经济和社会发展等问题，深入基层调查研究，撰写了很多高质量的调查报告，许多意见和建议被采纳。同时，这项活动结合开展优秀中国特色社会主义事业建设者的评选和让适合加入民主党派的优秀律师加入民主党派，可以最大限度地把包括律师在内的新社会阶层团结在党的周围，充分发挥他们的作用，不断为实现中华民族的伟大复兴凝聚新的力量。

审视近年来包括律师在内的新社会阶层的政治参与，可以清晰地看出，他们更加关心政治问题，政治诉求不断增加，通过政治途径表达利益诉求的意愿更加强烈，而十七大提出的“扩大公民有序政治参与”有两个关键词：一个是“扩大”，这是“量”的要求；一个是“有序”，这是“质”的要求。这及时地对政治参与问题提出了明确要求，起到了“把关定向”的指导作用。在新社会组织中，律师的人数较多，管理较规范，因此，律师行业有责任站得更高，看得更远，干得更好，切实担负起历史赋予的重任，继续探索、总结出有序政治参与的成功经验，为“从各个层次、各个领域扩大公民有序政治参与”做出自己应有的贡献。

（本文原载《中国律师》2008 年第 1 期）

中国律师制度及律师的作用

律师，用中国老百姓的话来说是替人打官司的人。西方国家认为律师与法官、检察官同属法律职业共同体，但由于不具备前两者的公职身份，又称其为“准司法人员”或“在野法曹”。近代律师制度是资产阶级民主革命的产物，是民主政治和市场经济发展的结果，是一个国家司法制度的有机组成部分。

一、我国律师制度的历史沿革

西方国家的律师制度起源于古罗马帝国，它是在罗马民间出现的代理人基础上逐渐形成的，一些熟悉法律、娴于辞令的演说家接受委托出庭辩护，代理诉讼，这些人逐渐形成了一个行业，建立起辩护人团体。他们分属于各地区法庭，收取报酬，执行辩护职务，受执政官监督，形成了西方律师制度的雏形。近现代西方国家律师制度是资产阶级革命的产物。17 世纪英国资产阶级革命以后，沿用了历史上形成的所谓“二元主义”律师制度。一种律师叫“辩护律师”“法庭律师”或“大律师”，其业务是出庭辩护，在高等法院诉讼中，必须有这种资格的律师才能出庭；另一种律师叫“事务律师”“庭外律师”或“小律师”，其业务是撰写诉状，拟制合同，对当事人进行法律指导，在下级法院进行辩护等。美国 1791 年宪法修正案第 6 条规定：被告人在一切刑事诉讼中“享有法庭律师为其辩护的协助”。各州的立法也对律师的资格、职责、组织机构作出相应的规定。与此同时，法国宪法也确立了自己的律师制度。1808 年的法国刑事诉讼法典将律师制度更加系统化。其后，德国、奥地利、日本等国相继仿效法国建立了自己的律师制度。随着资本主义的发展，西方国家律师的业务范围也日臻广泛，分工越来越细，而且日益渗透到国家的政治之中，许多律师成为政治方面颇具影响力的人物，律师的地位不断提高，律师与法官、检察官同属“法律职业共同体”，又被称为“在野法曹”。目前，西方国家的律师事务所向公司化、大型化发展，律师的跨国服务日益增多。

中国古代的法律制度独具特色、源远流长，但中国出现律师和形成律师制度，却是 20 世纪初叶的事。中国近代律师制度初萌于清末变法，1906 年，清政府起草了《大清刑事、民事诉讼法》，其中作出了有关律师参与刑事、民事诉讼的规定。但由于辛亥革命的爆发，这些法律未及颁布执行，清王朝即告覆灭了。辛亥革命后，孙中山领导的南京临时政府效仿德国、日本起草了我国第一部有关律师制度的成文法草案——《律师法》草案。但因袁世凯窃国和临时政府解散，这个《律师法》草案也未能公布实行。1912 年，北洋政府公布《律师暂行章程》，中国方才有了第一部关于律师制度方面的成文立法。该章程的公布实施也标志着中国律师制度的产生和起步。

新中国的律师制度主要经历了五个阶段：

1. 初创期，从新中国成立初期至 1957 年 6 月。新中国成立伊始，政务院、司法部先后出台了一系列设立律师制度的文件。1954 年制定的宪法、法院组织法均规定被告人有权获得辩护，标志着新中国通过立法肯定了律师辩护制度，肯定了辩护权是我国公民的一项重要权利。1957 年 6 月，全国有 19 个省、市成立了律师协会，30 万人口以上的城市和中级法院所在地的县、市一般都设有法律顾问处，全国共有法律顾问处 800 多个、专职律师 2500 多人、兼职律师 300 多人。在这个时期，执业机构的名称是法律顾问处，由国家出资设立，属于事业单位，专职律师套用行政级别领取工资。

2. 停滞期，从 1957 年下半年至 1977 年。刚刚建立的律师制度在反右斗争扩大化中夭折，使我国律师制度在长达二十余年的时间内成为空白。

3. 恢复重建期，从 1978 年至 1988 年上半年。1978 年 3 月 5 日，五届全国人大通过的《中华人民共和国宪法》恢复了刑事辩护制度，1979 年颁布的刑事诉讼法、法院组织法系统规定了被告人的辩护权及律师参加辩护的活动原则，标志着我国律师制度开始恢复重建。1980 年 8 月，五届全国人大常委会第十五次会议通过了《中华人民共和国律师暂行条例》，将律师定位为“国家的法律工作者”。当时的律师由党政组织人事部门从在职国家干部中选调。1979 年 11 月，省委组织部、省编委给我省首批律师定编 309 名。这个时期，执业机构仍称为法律顾问处，全部是由国家出资设立的，属于事业单位，专职律师套用行政级别领取工资。

4. 改革发展期，从 1988 年下半年至 2000 年。在这一时期，改革贯彻始终，出台的改革措施最多，并至 2000 年我国律师组织形式基本定型。1988 年，司法部按照中央关于在政治体制改革中改变国家统包律师工作的指示精神，开始成立合作制（即集体所有制性质）律师事务所。1991 年 8 月，统一将法律顾问处改称为律师事务所。1992 年邓小平南方讲话之后，各地对律师的分配制度、律师管理体制、律师机构组织形式、国资所产权等进行了改革，大力发展“两不四自”，即不占国家编制和经费，自愿组合、自收自支、自我发展、自我约束的律师事务所，律师业得到了迅猛发展。1994 年，各地根据国务院批准的司法部《关于深化律师工作改革的方案》精神，开始设立合伙制律师事务所。1996 年 5 月，八届全国人大常委会第十九次会议通过了《律师法》，确定了新的律师制度框架，主要的改革内容有：律师不再是“吃皇粮”的国家干部，而是“为社会提供法律服务的执业人员”；突破单纯采取由国家核拨编制组建律师事务所的单一模式，形成国资所、合伙所、合作所并存的格局；改变了以往单一的行政管理模式，确定以司法行政机关行政管理和律师协会行业管理相结合的律师管理体制。2000 年，对符合条件的国资所进行了脱钩改制，改为合作制或合伙制律师事务所。除老少边穷地区外，国资所基本退出了历史舞台。

5. 繁荣发展期，从 2001 年至今。进入 21 世纪，我国加入 WTO，经济全球化和我国政治、经济、社会发展为律师业的发展创造了良好的外部环境。同时，随着律师工作改革的逐步深入，律师机构的组织形式日趋合理，符合律师业发展规律的合伙律师事务所成为主体，律师业步入了快速发展的繁荣期，涌现出了一批律师人数过百、年业务收入过亿的律师事务所。目前，全国律师事务所中最高年业务收入已超过 16 亿元，员工最多的已超过 1200 人（含 21 个分支机构）。截至 2008 年底，全国律师人数已达 156710 人、律师所 14467 家，业务收入达 283 亿余元。

二、我国律师制度的基本内容及改革

一国的律师制度，一般都包括以下五项内容。在这里，同时简要介绍一下我国律师制度改革发展的情况。

1. 准入制度。该制度也称“资格准入制度”。在初创期和恢复重建的初期，律师都是从在职国家干部中选调，不需办理律师资格和执业手续。从1981年起，律师资格由省级司法行政机关考核授予，并实行律师资格与执行职务相统一的制度，即取得资格的人员必须执行律师职务。1986年，进行了首次全国律师资格考试。1988年，司法部制定了《对取得律师资格后但不从事律师工作人员的管理规定》，要求"取得律师资格的人员欲从事律师职务，应申请领取律师工作执照"，从而正式确立了我国的律师资格与律师执业相分离的制度。2001年，实施国家统一司法考试制度，初任法官、检察官和取得律师资格必须通过俗称"天下第一难"的国家司法考试。2008年6月1日实施的《律师法》(以下称新《律师法》)确立了特许律师执业制度，这有利于吸收法律服务紧缺领域的高素质人才从事律师职业；完善了兼职律师制度，有利于吸收一批专家型法律人才兼职从事律师工作，促进律师工作与法学教育工作的有机结合。

2. 律师机构组织制度。律师机构的组织形式主要是国资、合作、合伙、个人等四种形式。在初创期和恢复重建期，律师机构的名称是"法律顾问处"，属事业单位，都是国家出资。2000年，国资所脱钩改制后，律师机构的主体由国资所变为合伙所。新《律师法》增加了个人律师所，取消了合作所，明确合伙所可以采用普通合伙或者特殊的普通合伙形式设立。两种合伙形式区别在于承担责任方式不同。特别是特殊的普通合伙形式的确立，有助于培育一批规模大、实力强、有国际竞争力的律师事务所。此外，从2002年起，司法部还进行了公司律师和公职律师试点工作。

3. 律师执业权利制度。这是律师制度的核心。律师所行使的权力不是国家权力，实际上是公民权利的一种延伸。在刑事案件中的辩护权实际上是被告人辩护权的一种延伸，在民事案件中的代理权也是公民个人权利的延伸。说到底，律师的权利在某种程度上就代表我们每个公民的权利，从这个意义上讲，律师是私权利的代表，维护律师的权利也就是维护我们自身的权利。具体来讲，律师执业权利主要分为工作权利和人身权利。工作权利是指律师在执行职务时，代理诉讼和非诉事务时拥有的权利，通常指的就是律师的会见权、阅卷权和调查取证权。人身权利是指律师在履行职务过程中，应当受到法律保护的人身权利和人格权利。

1980年的《律师暂行条例》仅用一个条款粗略规定律师的执业权利：律师有权查阅有关案件材料，向有关单位、个人调查，同在押被告人会见和通信，有关单位和个人有责任给予支持。这一条款没有包括人身权利内容。1996年的《律师法》，除对“会见权、阅卷权、调查取证权”这三大权利作了详尽规定外，还笼统规定“律师在执业活动中的人身权利不受侵犯”。三大诉讼法及其司法解释也对律师执业权利作了相应的规定。

新《律师法》对律师执业权利的修改完善，是一个非常大的亮点，备受公众及国际社会关注。(1)在会见权方面，按照《刑事诉讼法修正案》和六部委规定，律师会见犯罪嫌疑人，除涉及国家机密案件外，侦查机关应在律师提出申请48小时之内安排会见，会见时侦查机关可以派员在场。在司法实践中，侦查部门往往以涉密为由不批准律师会见或推迟安排会见；即使会见了，也往往通过派工作人员在场或监控等形式予以监视。新《律师法》提前了会见时间，简化了手续，并且规定律师会见不被监听。在侦查机关对犯罪嫌疑人第一次讯问或者采取强制措施之日起，凭律师执业证、律师事务所证明或法律援助公函，即可会见。(2)在阅卷权方面，按照原先法律规定，在司法实践中，辩护律师在审查起诉阶段一般只能查阅、复印程序性诉讼文书(如立案决定书、批准逮捕决定书等)和技术性鉴定材料，而可能证明嫌疑人无罪、罪轻等的证据(包括嫌疑人口供)无法看到。新《律师法》对此予以改进，阅卷时间明确且提前，阅卷范围扩大，即自案件审查起诉之日起，辩护律师有权查阅、摘抄和复制与案件有关的诉讼文书及案卷材料；自案件被人民法院受理之日起，有权查阅、摘抄和复制与案件有关的所有材料。(3)在调查取证权方面，原《律师法》规定，律师承办法律事务，经有关单位或者个人同意，可以向他们调查情况。新《律师法》规定，凭律师执业证书和律师事务所证明，即可自行调查取证，没有附加经有关单位和个人同意或有关国家机关批准的条件。(4)在人身权利方面，增添了具体内容：律师在法庭上发表的代理、辩护意见不受法律追究，但危害国家安全、恶意诽谤他人、严重扰乱法庭秩序的言论除外；律师在参与诉讼活动中因涉嫌犯罪被依法拘留、逮捕的，拘留、逮捕机关应当在拘留、逮捕实施后的24小时之内通知该律师的家属、所在的律师所及律师协会。

4. 律师的执业禁止及惩戒制度。1996年制定的《律师法》明确了律师的6项执业禁止行为。新《律师法》对其进行了细化、修改、补充，共8项。(1)私自接受委托、收取费用，接受委托人的财物或者其他利益；(2)利用提供法律服务的便利谋取当事人争议的权益；(3)接受对方当事人的财物或者其他利益，与对方当事人或者第三人恶意串通，侵害委托人的权益；(4)违反规定会见法官、检察官、仲裁员以及其他有关工作人员；(5)向法官、检察官、仲裁员以及其他有关工作人员行贿,介绍贿赂或者指使、诱导当事人行贿,或者以其他不正当方式影响法官、检察官、仲裁员以及其他工作人员依法办理案件;(6)故意提供虚假证据或者威胁、利诱他人提供虚假证据,妨碍对方当事人合法取得证据;(7)煽动、教唆当事人采取扰乱公共秩序、危害公共安全等非法手段解决争议;(8)扰乱法庭、仲裁庭秩序,干扰诉讼、仲裁活动的正常进行。律师实施了执业禁止行为,都被界定为违法行为,都要承担相应的法律责任,可给予行业惩戒或行政处罚。对律师的行政处罚包括警告、罚款、停止执业、没收违法所得和吊销律师执业证书;对律师事务所的行政处罚包括警告、罚款、停业整顿、没收违法所得和吊销律师事务所执业证书。除对律师、律师事务所吊证处罚权由省级司法行政部门行使外,其他行政处罚权全部由市级司法行政部门行使,县级司法行政部门没有这些行政处罚的权力。律协的行业处分有四种:训诫、通报批评、公开谴责、取消会员资格。省级律师协会可以行使所有种类的行业处分,市级律师协会行使除取消会员资格之外的其他三种行业处分权。

5. 律师管理制度。在初创期和恢复重建的初期,实行司法行政机关单一的行政管理;1986 年全国律协的成立,标志着司法行政机关为主、律师协会为辅的律师管理体制形成;1993 年,根据司法部有关改革方案的要求,逐步形成了司法行政机关宏观指导下的律师协会行业管理体制;1996 年的《律师法》确定实行行政管理和行业管理相结合的律师管理体制;新《律师法》肯定了这种“两结合”的律师管理体制,对律师协会的职责作了补充、完善,更加明确、细化了司法行政机关对律师和律师事务所的监督、指导职责。

三、律师及律师制度的作用

纵观古今中外律师制度的发展,律师及律师制度的作用主要体现在以下六个方面。

1. 促进司法公正。律师制度是一国司法制度的有机组成部分,是权力制衡机制的一项重要设计。律师的执业过程,实际上是对司法机关执法监督、制约的过程,特别是在刑事诉讼中,与侦查方法多样、力量强大的国家追诉机关相比,犯罪嫌疑人、被告人处于严重不对称的弱势地位。因此,国家必须设立律师制度以大致实现控辩力量的均衡,由律师为犯罪嫌疑人、被告人提供帮助、辩护,并来制衡司法权,防止权力被滥用。现实中,不管是陈良宇、杜世成、段义和等权倾一时的权贵，还是褚时健、周正毅以及"上海社保案"中那些富甲一方的富豪，在强大的司法体制下都是弱者。当你面临司法调查时，都需要律师为你提供帮助，为你辩护。司法界有句名言：对一个人的不公正审判，是对所有人的威胁。因为不管是草根阶层还是达官贵人，都有遭到不公正审判的潜在可能。在没有律师帮助的情况下，受到不公正审判的危险更大。

中国文化博大精深，但缺少法治的文化传统。按照法治的要求，刑事诉讼应坚持"打击与保护并重"和"未经法院判决不为罪"的原则，但在我们的现实生活中，一个人一旦面临司法调查，也就意味着在政治上步入颓势，很多人会把你当作"坏人"看待，没有律师的帮助将处于极度无助的状态之中。

现阶段由于网络技术及传媒的发达，许多案件引起社会的广泛关注和热议，有的甚至在司法机关审理之前，社会公众及新闻媒体已经深度参与，民意的介入影响一些案件的诉讼与判决成为一种流行的趋势。如贵州习水嫖宿幼女案、湖北巴东女服务员邓玉娇刺死官员案件、杭州胡斌飙车案、深圳机场清洁女工梁丽案。这些案件在罪与非罪、此罪与彼罪之间都存在较大的分歧。特别是邓玉娇案，就被认为是警方仓促"迎合舆论"改为"防卫过当"的。目前，该案又引发了新一轮的舆论热议。我认为，汹涌的民意是一把双刃剑：一方面民意压力对于了解事件真相和审判公正发挥着特殊而重要的作用，甚至成为推动法治进步的力量，如前几年孙志刚事件终结了收容遣送制度；另一方面缺乏法律理性和专业精神的"全民法官"，可能仅根据警方初步通报或媒体初步披露的不完整事实，在缺乏了解经证据链条证明了的事实的前提下，作出了"道德审判""媒体审判"。而我们都知道，在诉讼活动中，没有证据证实，即使是客观发生的事实，也只能推定为没有发生。因此，这些自认为具有道义上优势的民意，往往损害了"未经法院判决不为罪"和"审判独立"这些最基本的司法原则。在某些情况下，好心办了坏事，反而损害了司法公正。因此，我认为，还是要借鉴美国等西方成熟法治国家的经验，代表民意的媒体对案件的报道要有一个界限。回归司法、真正按司法规律本身进行诉讼活动，才是确保司法公正唯一途径。而按照司法规律本身进行诉讼活动，就要充分发挥律师的作用，通过律师制度的制衡作用保障司法活动按照自身规律运行。包括媒体在内的其他方式的司法监督如果超越了适当的界限，甚至越俎代庖对个案"下判"也是一种不当的司法干预。受损害的不仅是司法权威，还包括法治的社会基础，最终受害者肯定是社会大众。

2. 维护、保障人权。人权与民主一样，都是好东西，是整个世界在漫长的历史进程中共同形成的文明成果，也是人类共同追求的普世价值。我国于 2004 年将“国家尊重和保障人权”入宪，中共十七大首次将其写入党章。

律师制度涉及人权保护。根据联合国《关于律师作用的基本原则》和《世界人权宣言》《公民权利和政治权利国际盟约》等国际人权文件规定，要“充分保护人人都享有的人权和基本自由，无论是经济、社会和文化权利或是公民权利和政治权利，要求所有人都能有效地得到独立的法律专业人员所提供的法律服务”。因此，让所有人能够有效地得到律师等专业人员提供的法律服务，是世界范围内人权保护的一项重要内容。特别是在刑事辩护工作中，无论经济状况如何，国家都有义务保障犯罪嫌疑人、被告人得到有效、及时的律师服务。在中国，由于公权观念长期占主导地位，缺乏对公民私权利应有的尊重和保护，导致在现实生活中公权力侵犯民众基本权利的事件不断发生。因此，需要律师为他们提供法律帮助，特别是为那些处于社会最底层的弱势群体、困难群体和受到司法调查的人提供法律服务，努力达到最低的国际人权保护标准。

3. 化解矛盾，维护稳定。律师除了参与诉讼而化解矛盾纠纷之外，还可以通过非诉讼，如仲裁、诉前调解、庭外和解、居中调解等多种方式，引导当事人消除矛盾纷争，减少和消弭利益冲突与摩擦。同时，由于律师地位中立，具有专业知识，非诉讼调解处理矛盾纠纷的成功率较高。特别是在信访案件中，信访人的认可程度比较高，在协助各级信访部门处理、化解涉法信访案件方面，可以起到独特的作用。另外，在处理重大敏感刑事案件、群体性事件中，通过及时与办案律师进行沟通，为其规范执业创造条件，则可以进而做好犯罪嫌疑人、被告人和涉及群众的相关工作，化解矛盾纠纷，维护社会稳定。

4. 推动依法执政和依法行政。律师推动依法执政，主要通过担任党委、政府法律顾问的形式来完成，他们以法律顾问的身份，参与党委政府重大决策事项、重大经济项目、重大涉法事件等的研究处理，并提供法律意见，促进党委政府依法执政、依法行政。在当前刑事犯罪高发、社会矛盾凸显的时期，许多领导都很善于使用律师，发挥律师的专长为己所用。2008 年，我省党政机关聘请律师担任常年法律顾问的数量已经达到 1452 个。省政府聘请了一名律师作为参事，直接为省政府提供法律服务，淄博市政府和市委政法委聘请律师担任法律顾问，许多地方政府开始探索政府购买法律服务的方式。2007 年，枣庄市政府举行法律顾问聘任仪式，聘请了三位律师为市政府担任法律顾问，枣庄市委副书记、市长陈伟为他们颁发了聘书。这在枣庄历史上是第一次。还有一位执业律师被直接任命为台儿庄区副区长。之所以如此，是因为近年来枣庄市委、市府充分感受到律师在解决当地热点、难点问题中的作用，对律师的工作给予了充分肯定。山东省、浙江省和其他众多省份，都实行了党政领导信访接待、下访律师陪同制度(有些是无偿的)。2007年在省委组织的化解涉法涉诉重信重访案件评查督导工作中，五个工作组都有律师全程参与，共督导处理重信重访案件640件，得到省委有关领导和相关部门的高度评价。另外，律师通过在行政诉讼中为政府和相对人代理的方式，使公权力与私权利两者相互博弈、制衡，达到一种均衡状态，化解行政管理矛盾纠纷，引导管理者与被管理者走向和解、和谐，间接地促进了政府依法执政。

2004年3月，国务院在工作报告中首次提出“建设法治政府”，而且很快推出《全面推进依法行政实施纲要》，给建设法治政府定下“十年期限”。2008年5月12日，国务院发布了《关于加强市县政府依法行政的决定》。市、县两级政府在我国政权体系中具有十分重要的地位，处在政府工作的第一线，是国家法律法规和政策的重要执行者。在实际工作中，直接涉及人民群众具体利益的行政行为大多数由市、县政府作出，各种社会矛盾和纠纷大多数发生在基层，并需要市县政府处理和化解。国务院法制办2007年的全国行政复议案件统计显示，85.77%的被申请人是基层行政机关，包括县、乡两级政府和市、县两级政府部门。各级政府无论是重大行政决策的事前听取意见、事中进行审查、事后进行评估，还是出台规范性文件或者从事具体行政行为，很多事情都需要律师从法律角度进行论证分析。律师受过专业法律培训，熟悉法律、法规和有关政策，熟悉依法治理的程序和手段，能够熟练运用法律手段解决各种社会问题，是推进依法治理进程中一支业务素质高、表现积极活跃的生力军。能够充分利用好这支力量，对推动本级政府依法行政的作用一定会非常明显。

5. 促进市场主体依法经营。吴敬琏在其《呼唤法治的市场经济》一书中指出，全世界搞市场经济的国家很多，但真正走上健康发展道路的却寥寥无几。市场经济也有好坏之分，而好的市场经济是“法治的经济”。律师是法治经济的“促进者”“润滑剂”和“保护神”，通过诉讼或非诉讼的方式，可以帮助市场主体依法从事经济活动，依法调整和规范经济关系，预防、减少和化解经济纠纷，降低市场主体的交易成本和交易风险，提高资源的流转、配置效率，促进经济活动有序进行，进而为建设完备的市场经济体制发挥作用。

6. 传播法治,推动民主政治发展。律师、法治与民主政治之间具有递进关系,没有律师就没有法治,没有法治就没有民主政治。

从西方近代律师制度的历史看,律师始终是民主政治的创设者、完善者、捍卫者。美国著名律师、政治家威尔逊这样描述律师在美国政治制度初创时期的作用:"律师创立了州政府和联邦政府的结构。建国初期,律师主宰了所有较大的政治进程。每一个公共政策问题似乎或早或晚都将演化为法律问题,对此,必须有训练有素的律师提供法律咨询,公共生活构成了律师的舞台。"

从新中国成立之初的情况看,首届 180 名全国政协委员中有 9 位曾是颇负盛名的律师(董比武、沈钧儒、史良、沙千里、周新民、潘震亚、章士钊、江庸、陈瑾昆),他们参与了共同纲领草案(起临时宪法的作用)、政府组织法草案、政协组织法草案的起草工作,为共和国民主政治、法制建设做出了不可磨灭的贡献(当时全国政协代行全国人大职权)。

从广泛意义上讲,法治本身就是民主政治的组成部分,而律师制度则是法治的一项重要内容。律师通过执业、讲座、义务咨询、普法宣传等方式,扮演法治传播者、弘扬者的角色。同时,律师长期参与诉讼案件的处理,具有更多权力制衡、人权保护理念和挑战性思维,当他们在解决了温饱特别是步入小康之后,其政治参与的热情会日益高涨。目前,律师政治参与的主要方式有:(1)担任人大代表、政协委员、党代表;(2)参与立法、修法;(3)以法律顾问身份适度参与依法决策;(4)协助依法行政;(5)化解信访案件;(6)参加新社会阶层知识分子联谊会等。

总之,中国律师业,与法治一起成长。我们回望改革开放三十多年的辉煌成就,感慨法治中国三十多年的沧桑巨变。我们发现,中国律师业三十多年的发展,与一个崛起的大国命运息息相通,与一个成长中的法治中国血脉相连。从辩护律师走向审判"四人帮"的法庭开始,中国律师在法治中国三十多年的里程碑上留下了自己的印迹,见证并参与了中国法治的成长。江平教授认为,律师兴,法治兴;法治兴,国家兴。律师制度是衡量一个国家民主法治进程的标尺,是一个国家民主法治兴衰的晴雨表。关注、关心、支持律师工作,就是关注、关心、支持我们自己;保障、维护律师的权利,就是保障、维护我们自己的权利,就是捍卫我们共同的法治文明家园!

[本文节选自 2008 年 6 月 28 日在省委组织部委托举办的分管副县(市、区)长专题培训班上的授课提纲]

坚持党对律师工作的领导
确保律师工作正确方向

在中央政法委专题研讨班之后，司法部举办这次全国律师培训班，充分体现了对律师工作的高度重视，也反映了律师工作的极端重要性。吴部长的重要讲话，立意高远，内涵丰富。它首先是一个关于律师工作的政治宣言，贯彻、体现了党的十七大和胡锦涛总书记重要讲话精神。其次，它又深刻阐述了事关律师工作方向性、全局性、根本性、战略性的一系列重大理论和实践问题，为律师工作的发展指明了前进的方向。根据培训班的安排，结合山东实际，就“如何理解、实现党对律师工作的领导，确保律师工作正确的发展方向”，谈一下自己的认识和体会。

律师制度是我国的一项重要司法制度，律师事业是中国特色社会主义事业的重要组成部分。坚持党对律师工作的领导，确保律师工作正确发展方向，事关律师业兴衰。在实际工作中，我们必须正确认识律师工作的特点，顺应律师制度改革和管理手段的新变化，把握规律，因势利导，推动律师工作沿着正确的方向健康发展。

一、强化政治引导，实现对党的理论在政治上、思想上和情感上的高度认同

中国特色社会主义，既是马克思主义中国化的最新理论体系，又是一种信念、一面旗帜和一种社会制度，我国改革开放三十多年来所取得的一切伟大成就，无不是在这一理论、信念、旗帜的指导下所取得的。回顾律师制度恢复重建

三十多年的发展历程，也须臾离不开这一理论、信念、旗帜的指导。

因此，坚持党对律师工作的领导，确保律师工作正确的发展方向，必须用这一理论、信念、旗帜武装广大律师的头脑，实现政治上、思想上和情感上的高度认同。

在实际工作中，必须强化政治引导，采取具体有效的措施，始终坚持中国特色社会主义理论在律师工作中的指导地位，用马克思主义中国化的最新成果教育广大律师，指导律师工作；把中国特色社会主义理论纳入律师培训、考核体系之中，使特色理论真正入脑入心，坚定广大律师的社会主义信念；强调围绕中心、服务大局，坚持把律师工作纳入经济社会发展大局来谋划、来推动，促使律师在服务经济社会发展的同时，获得更为广阔的发展空间，实现自身的良好发展；要通过会议、文件和系统内的组织体系，让广大律师经常听到党委政府及司法行政机关的声音，实现律师工作与党委政府工作的合拍同步，确保党的路线方针政策在律师工作中得到不折不扣的贯彻落实。

二、加强律师党建工作，实现组织、教育、管理和监督全覆盖

加强和改进律师行业党建工作，是党对律师工作领导的最直接体现。在构建和谐社会的新形势下，加强和改进律师行业党建工作，对于贯彻落实中央关于加强社会新阶层党建工作一系列部署，实现党的理论和党的主张的全覆盖，确保党对律师工作的领导和律师行业正确的发展方向，具有十分重要的作用；同时，对于增强党的阶级基础，巩固党的执政地位，建设高素质的律师队伍，充分发挥律师职能作用，也具有重要意义。

近年来，我们抓住律师党建工作不放松，按照边探索实践、边总结深化的思路，重点推动三项工作，取得了明显成效。(1)坚持支部建在所上，律师行业党的组织体系基本建立。至 2008 年 6 月底，已实行“两结合”管理的省、市律协全部建立了党组织，占律师总数 33.7%的 3135 名律师党员都纳入党组织管理之中；802 家律师事务所单独或联合成立了 428 个党支部，119 家将党员组织关系转入主管司法局或律协党组织，没有党员的律师事务所全部选派了党的工作指导员或联络员，基本实现了党对律师队伍组织和工作的全覆盖。(2)坚持抓制度建设，律师行业党建工作逐步规范化。厅党委和省律协党委先后出台了《关于加强全省律师行业党建工作的意见》《关于对党员律师进行全覆盖教育管理

和监督的意见》等文件，各级各单位也结合实际制定制度，形成了较为完整的党建工作制度体系，各项工作趋于规范化，八家律师所被省委组织部确定为“山东省基层党建工作示范点”，占全省新社会组织示范点的44%。(3)坚持思想教育为主，律师行业党的作风建设不断增强。在律师党员中重点开展职业宗旨教育、形势政策教育、法治教育和诚信执业教育活动，坚持律师党建工作与律师文化建设相结合、与律师业行风建设相结合、与开展各项主题实践活动相结合，增强了党建工作的针对性和实效性。

律师行业党的建设是一项长期的系统工程，是统揽律师工作全局的总抓手。律师行业发展的新情况、新变化，要求我们必须进一步探索律师行业党建工作的新机制：一是要适度增加党员律师数量，提高党员律师比例；二是加强对律师党员的教育管理，坚持不懈地提高政治素质，使之真正成为牢记宗旨、心系群众和带动一片的先进分子；三是继续推进律师事务所党组织建设，扩大组织覆盖，创新活动方式，充分发挥党支部推动发展、服务群众、凝聚人心、促进和谐的作用，以党的组织建设带动其他建设。

三、推动律师参政议政，努力增强律师在政治上的归属感

律师参政议政是律师行业走向成熟的重要标志。律师执业领域广泛、了解群众、掌握社情，不仅能把人民群众的利益诉求在民主和法治的框架下充分表达出来，还可以发挥党和政府联系、沟通人民群众的桥梁纽带作用。律师参政议政的天然优势和独特作用，以及政治建设的广泛性、社会性、法律性特征，决定了必须有律师的积极参与。特别是在部分律师走向富裕之后，在当前律师参政议政空间较为狭窄、渠道不算畅通的情况下，培养、保护和弘扬律师的政治参与热情，推动以律师担任人大代表、政协委员为重点的参政议政工作，是增强律师政治归属感、实现党对律师工作领导的重要途径。

近年来，按照中央提出的“关心他们的诉求，引导他们有序的政治参与，采取妥当的办法将他们纳入现行的政治体制当中”的要求，我们将为律师参政议政搭建平台作为一项重要工作来抓。特别是抓住“两会”换届的有利时机，积极与人大、政协及组织、统战部门汇报协调，推荐优秀律师担任各级人大代表、政协委员，取得了突破性进展。2008年，我省共有303名律师当选，比上届(171人)增加了77.2%，律师代表、委员绝对数居全国第一，由换届以前的占律师比

例不到2%提高到了3.5%。

从当前政治建设的目标和要求来看，推动律师参政议政应不断拓宽渠道和领域，尤其是要继续搞好优秀律师进入人大、政协的推荐力度和推动政府法律顾问工作，努力使律师参政议政向参与决策延伸。

四、构筑创优及表彰宣传工作机制，倡导、弘扬行业新风和符合律师行业特点的核心价值

律师行业的核心价值体系是社会主义核心价值体系的重要组成部分；构筑符合律师行业特点的核心价值体系，是坚持党对律师工作领导的重要导向。因此，如何在工作中通过具体的工作步骤，倡导、生成以“坚持信念，崇尚法治，爱岗敬业，诚实守信，团结奋斗，健康向上，关爱社会，乐于奉献”为精神的行业价值体系，并通过教育和引导使之转化为全体律师的自觉追求和精神动力，是一个值得研究和思考的问题。

在工作中，我们坚持从实际出发，以构筑律师争先创优及表彰宣传机制为重点，大力树立律师工作典型，倡导行业新风，引导律师行业不断形成积极向上、奋发有为的行业风尚。一是我们在全国、全省双优评选的基础上，与工青妇残等系统联合表彰维护职工权益律师、优秀青年律师、优秀女律师和维护残疾人权益律师，并将律师纳入司法行政机关表彰范围，形成左右相连、上下衔接、项目适度的创优体系。二是以关心弱势群体、关注民生、关注公益为指向，建立相对科学、合理的律师事务所和律师评价标准、机制。例如，在本次全国优秀律师事务所和优秀律师推荐工作中，我们就增加了对向四川灾区捐款情况的考察。三是设定公平公道的评选创优程序，真正把在业内有影响、社会形象好的律师事务所和律师推选出来，并成为广大律师学习、效仿、追赶的榜样。四是加大以评选出的先进律师事务所和律师为重点的宣传力度，扩大律师工作的社会影响，提升律师社会形象和公信力，增强全行业的执业尊荣感。五是认真查处投诉案件，严肃处理违规律师，正本清源，以弘扬正气和有效维护行业整体利益。

五、服务律师执业，增强广大律师的向心力和凝聚力

党的领导不是空洞的、抽象的，而是实际的、具体的，立党为公、执政为民体

现在具体的为民谋福祉之中。为人民服务是党的宗旨，党对律师工作的领导必须尽显这一特征。我们必须深刻领会吴部长对管理、服务关系的论述，牢固树立“管理就是服务”的理念，明确律师管理“服务律师，推动法治”的工作定位，积极为广大律师执业提供周到、及时的服务。

近年来，我们始终坚持把“管理就是服务”的理念贯彻于律师工作的全过程，在具体工作中，想律师之所想，急律师之所急，做律师之所需。我们重点采取了六项措施：一是优化律师执业环境。及时与省法院、省检察院、省公安厅、省安全厅联合出台意见、规定，保障律师执业权利，规范律师执业行为，努力推动律师执业环境的改善。二是积极争取优惠政策，加大与税务部门的沟通协调力度，推行核定征收，降低税率。三是为律师参政议政搭建平台，保护、弘扬律师参政议政的热情。四是搞好高端业务培训，为律师服务经济建设和创收创造良好条件。我们采取省律协、市律协、律师事务所和个人费用分担机制，于6月份首次把24名优秀律师派往美国进行反倾销等涉外业务培训。五是为律师拓展业务创造有利条件。先后与省发改委、省国资委、省证监办、省外经贸厅、省公安厅、省侨办等部门，就律师参与国企改制、公司上市、对外开放法律服务、律师代理劳动教养案件、侨资企业法律服务等进行多方协调，达成共识，形成意见，联合发文，为律师开展业务提供有效帮助。六是由下放年检向强化考核转变，简化工作程序，改善管理方式，不断提高律师管理质量与效率。

总之，实践已经充分证明，把党对律师工作的领导不仅体现在贯彻党的政治主张和党的组织覆盖上，而且具体体现在为律师事业发展服务、为律师服务的具体过程中，才能增强广大律师的向心力和凝聚力，才能使党对律师工作的领导更加巩固、坚强和有力。

（本文系2008年7月20日在司法部大学习大讨论培训班上的发言稿）

吃透国情　把握规律　坚守律师工作原则

科学发展观是立足于社会主义初级阶段基本国情，总结我国发展实践，借鉴国外发展经验，适应新的发展要求的科学理论，是发展中国特色社会主义必须坚持和贯彻的重大战略思想，也是指导律师业发展的重大战略思想，因此必须将科学发展观贯彻落实到律师工作的各个方面，坚持并不断完善中国特色社会主义律师制度，彰显律师职能作用。

党的十七大报告高度概括了进入新世纪新阶段我国发展的一系列阶段性特征，强调这些特征是社会主义初级阶段基本国情的具体表现。这个基本判断是新时期各项工作的基本出发点，也是思考律师制度及律师工作的基本出发点。世界及中国法治发展的历史告诫我们：(1)国情不同，决定了国家不同的司法制度。律师制度是司法制度的重要组成部分，属于上层建筑，它是由一国的经济基础及与之相适应的社会、文化发展水平所决定的。从这个意义上讲，没有抽象的律师制度，只有具体国家中具体社会条件下的律师制度。律师制度的设计和安排不能超出经济、政治和文化所提供的社会条件，不能超越当时的历史阶段和基本国情。(2)不同国度的律师制度不能简单比较优劣，只能放在具体的国情、文化传统、政治体制中去思考、去评判。“橘生淮南则为橘，生于淮北则为枳。”法治的生成与完善需要适宜的社会土壤，在这种土壤尚不成熟之时，照抄照搬别国的制度，就会水土不服，欲速则不达。因此，从这个意义上讲，律师制度只有最适合的，没有最好的。(3)律师制度的进步完善是一个复杂、渐进的过程。我国律师制度恢复重建以来，分别与计划经济、市场经济和经济全球化的发展阶段相适应，进行了不同的制度设计和安排，适应了不同时期的社会发展状况。(4)我国律师制度最大限度地适应了中国本土化需求，必将随着法治的进步得到不断发展与完善。修订后的《律师法》在系统总结律师工作改革发展成果的基础上，对律师制度作了许多新的制度设计与安排，最大限度地吸收了中国法治建设所取得的成果，回应了当今中国经济社会发展的最新需求，借鉴了西方国家法治建设的有益经验。我们坚信，中国律师制度必将随着经济社会发展和法治的文明进步而不断发展与完善。

总结律师制度恢复重建三十年来的历史经验，推动律师业科学发展，必须在律师工作中牢牢把握以下五项原则：

一、坚持中国特色社会主义的方向

中国特色社会主义，既是马克思主义中国化的最新理论体系，又是一种信念、一面旗帜。我国改革开放三十年来所取得的一切伟大成就，无不是在这一理论、信念、旗帜的指导下所取得的。律师工作坚持中国特色社会主义的方向，根本在于坚持正确的政治方向。胡锦涛总书记指出，坚持正确政治方向，关系政法工作的成败。政治方向同样关系律师业的成败兴衰。律师工作实践充分说明，律师工作如果在政治上发生问题，必将对律师队伍的形象和律师业发展造成重创。同时，政治方向问题不是空洞的，而是具体的。首先，要求我们要增强政治敏锐性和政治鉴别力，善于从政治上看待和处理问题。一个优秀的律师必须在政治上成熟。确保在政治上不犯错误，是依法执业的前提，也是事业发展的基础。其次，要严格遵守政治纪律，在执业过程中始终绷紧政治这根弦，坚决不碰政治上的“高压线”——决不允许发表攻击党和政府的言论；决不允许组织或参与非法组织及其活动；决不允许在执业活动中挑辞架讼，唆使、诱导当事人上访、闹事。要严格遵守办理重大、敏感、群体性法律事务的有关规定，律师管理机关和律师事务所要始终做到“耳聪目明”，确保及时掌握律师办理上述重大法律事务的相关信息。当前，要特别注意依法办理好涉及“问题奶粉事件”的法律事务，努力实现法律效果、社会效果与政治效果的有机统一。最后，要管好自己的“嘴”与“腿”。在互联网及其他媒体发表言论和参加社会活动，要对自己负责、对行业负责、对国家负责，防止不慎言行被境内外敌对势力所利用。

二、坚持党对律师工作的领导

确保律师工作正确的方向，关键在于坚持党对律师工作的领导。我国宪法规定了中国共产党在中国特色社会主义事业中的领导地位，这是在律师工作中坚持党的领导的最根本依据。因此，坚持党对律师工作的领导，不仅是一个政治问题，也是一个法律问题。党对律师业的领导，主要表现并非对某个律师、律师执业机构和某一法律事务的具体领导，而是党的领导政策和方略通过司法行政对律师业的管理途径发挥指导作用；通过建立在律师协会、律师执业机构的党组织对律师业发展方向、律师执业机构管理发挥作用；具有党员身份的律师，通过高尚的行为规范展示党员的精神风貌来发挥党员的模范带头作用。在律师行业始终坚持党的领导，对于增强党对律师行业的领导力、号召力和影响力，坚持用党的路线、方针、政策占领律师工作阵地，保证律师业沿着正确方向健康发展，具有极其重要的意义。

三、坚持宪法法律至上

胡锦涛总书记在全国政法工作会议代表和全国大法官、大检察官座谈会上指出，要始终坚持党的事业至上、人民利益至上、宪法法律至上。对广大律师来说，核心是坚持宪法法律至上。拥护宪法是申请律师执业的首要条件，律师以法为业，首先要牢固树立忠于宪法的观念，自觉维护宪法确立的社会主义制度，自觉维护宪法确立的我国国体和政体，拥护党的领导，切实保障宪法的贯彻实施。由于法律服务往往涉及一个国家的政治、社会问题，不只是一种简单的商业服务活动，律师执业除了实现物质利益之外，还要维护当事人合法权益，维护法律正确实施，维护社会公平正义。超越宪法法律界限的执业行为，会给律师个人和整个律师业带来致命伤害，也是任何国家都不允许的。总之，律师不仅是法律人、经济人，还是政治人、社会人，必须在考虑法律服务成本与经济效益的同时，切实履行“三维护”的职业使命。

四、坚持解放思想、改革创新

2008 年是改革开放三十周年，也是律师制度恢复重建三十周年。回顾改革开放三十年的伟大成就，回顾三十年法治建设的巨大进步，回顾律师业三十年的辉煌业绩，我们发现，律师制度恢复重建三十年的历史就是一部改革史。它与国家改革的每一个重要进程、重大举措高度契合、息息相通、血脉相连，改革开放为中国律师业恢复、发展提供了历史机遇。三十年来，中国律师业与法治一起成长，与社会一起进步，与国家一起发展，靠的就是不断解放思想、改革创新。从计划经济下的艰难起步，到市场经济中的勇立潮头，再到经济全球化条件下参与国际合作与竞争，改革创新的步伐伴随着律师业发展壮大的每一个历程。今天，修订后的《律师法》又启动了新一轮律师制度的改革，需要我们进一步解放思想，并在法治实践中不断加以推动，努力为律师业发展注入新的生机与活力。

五、坚持司法行政机关的监督、指导

《律师法》规定，司法行政部门对律师、律师所、律师协会负有监督、指导职责，这是适合中国国情和当前律师业发展状况的法律制度安排。我国律师制度生成和演进是由特殊的发展路径形成的。西方国家是先有了律师这个职业，在发展过程中，律师为了自身更好地生存、发展，组建了律师协会，然后才有政府对其进行不同程度的管理。而我国的情况恰恰相反，由政府“催生”了律师制度，才有了律师这个职业，并由政府主导推进律师协会的发育。从新中国成立以来律师制度建立、夭折到之后的恢复重建和发展壮大的过程，我们可以充分看到行政力量在其中不可替代的主导作用。但在现实生活中，总有个别律师看不清形势，不明白其中的道理，甚至发表一些蛊惑人心的言论。说句实在话，如果在目前没有司法行政机关的监督、指导，我们的律师队伍只能是一盘散沙。当前，行业管理仍处于初级阶段，许多律师协会管理作用跟进不足，相关部门和社会各界对协会认可度不高。在实际工作中，没有司法行政机关作“靠山”，单靠律师协会去与有关部门协商、解决制约律师业发展中的问题，往往是举步维艰、四处碰壁。尽管律师管理体制总的改革方向是部分行政管理权向行业管理让渡，司法行政机关的管理越来越间接、有限、宏观，行业管理的作用越来越大，但这要有一个渐进的过程，改革、完善“两结合”管理体制，要逐步推进，操之过急对律师业发展有百害而无一利！

（本文节选自2008年10月13日在全省律师专题培训班暨省律协六届理事会第六次会议上的讲话稿）

对律师业发展经验、原则的总结

2009年，既是山东司法行政恢复重建三十周年，又是中国律师制度恢复重建三十周年。三十年来，山东律师业如同全国一样，经历了天翻地覆的深刻变革，走过了恢复重建、体制改革的光辉历程，步入了繁荣发展的全新时期。三十年来，在省委、省政府的坚强领导下，在司法行政机关的直接推动下，山东律师不负时代重托，勇挑历史重担，造就了山东律师业沧海桑田的历史巨变，描绘了山东律师业波澜壮阔的历史画卷。

三十年的激荡与磨砺，三十年的探索与奋斗，山东律师业与法治一起成长，与社会一起进步，与国家一起发展，取得了令人骄傲的业绩，也积淀了许许多多成功的经验，为在新的历史起点上实现山东律师业的健康快速发展打下了坚实的基础。

历史的经验值得注意。三十年的发展历程，给予我们很多启示。回望三十年律师业成长轨迹，我们认为，要在三十年的基础上再创山东律师业的辉煌，必须把握好以下五条基本准则：

一、准确领会并时刻牢记中国律师的职业属性

三十年来，律师的职业属性有过三次不同的界定。新《律师法》在规定律师是"依法取得执业证书，接受委托或者指定，为当事人提供法律服务的执业人员"的同时，赋予律师"三维护"的职业使命。这成为中国律师职业本质属性的最新、最科学的概括。因此，作为中国特色社会主义法律工作者的律师，必须拥护宪法、拥护社会主义制度、拥护党的领导，这是律师事业正确发展的重要政治保障。在中国共产党执政的社会主义中国，广大律师只有准确领会并时刻牢记

中国特色社会主义法律工作者的本质属性，始终把律师事业与党和人民的事业紧密联系在一起，把个人的前途命运与国家的前途命运紧密联系在一起，把实现个人价值与推动中国特色社会主义事业发展紧密联系起来，才能确保律师事业发展的正确方向，才能有所作为，才能成就应有的政治、法律和社会地位。

二、坚持围绕中心、服务大局的原则

律师业的发展与国家经济社会的发展具有高度的关联性。三十年来，全省律师自觉把律师业的发展融入全省经济社会发展之中，坚持围绕中心、服务大局的原则，紧跟时代发展的步伐，在服务全省经济社会发展中寻求自我发展的广阔空间和领域，实现了山东律师业自身的飞速发展。站在新的历史起点上，我们要继续坚持这一原则，努力增强中心意识、大局意识，始终与时代同呼吸、共命运，准确把握服务发展与自身发展的关系，抓住切入点，找准着力点，积极介入经济社会发展主战场，不断在服务经济文化强省建设中再创新业绩，实现新发展。

三、坚持以推动中国法治进步为己任

三十年来，在法制的废墟上，律师从办理诉讼案件起步，不断推动着诉讼制度和司法制度的进步。尽管经历过太多的艰辛、波折，但依然怀揣着法治梦想，痴心不改，执着顽强，无怨无悔。这一梦想始终激励着大家以推动中国法治进步为己任。这是因为，律师业的兴衰与法治的进步息息相关、血脉相连，法治兴则律师兴；这是因为，大家不会仅把当律师作为养家糊口、安身立命的职业，而是将其视为推动中国法治进步的一项伟大事业；这是因为，从选择律师职业的那一天起，就坚信法治的力量，关注法治的发展，参与法治的建设。今后，我们依然要以推动中国法治进步为首要任务，为实现法治国家的梦想而矢志不渝、执着前行、百折不回。

四、建设一支高素质的法律职业家队伍

“法律必须被信仰，否则就形同虚设。”律师作为法律职业家，必须保持对法

律的信仰。郭道晖教授曾撰文提出，法律职业群体应是社会的良心和脊梁，法学家、律师、法官要承担历史、社会和道义上的责任。在当前的社会环境下，我们要把对法律的信仰，作为律师职业价值的核心理念，作为律师行业精神的重要内容，并将其内化于心，体现在政治素质、业务素质、职业道德素质之中，体现在每一次执业活动当中。唯有如此，才能担当起社会的良心和脊梁，勇于承担社会责任；才能坚守底线，在与司法人员的交往中讲气节，重品行，有操守；才能铁肩担道义，承担起“三维护”的律师职业使命；才能赢得人民群众和法律职业共同体的信赖和尊重，为律师业的发展奠定坚实的社会基础。同时，在我们这个法治传统稀缺的国家，只有包括律师在内的法律职业家深怀对法律的信仰，才能为全社会树立榜样，带动和影响整个社会对法律的信仰，使法律成为公众的信念，国家的长治久安和法治建设才有坚实的基础。

五、坚持解放思想、改革创新

律师制度恢复重建三十年的历史就是一部改革史，解放思想、改革创新的步伐伴随着山东律师业发展壮大的全部历程。改革未有穷期，我们尚在路上。今天，修订后的《律师法》又确定了许多制度层面的改革创新，飞速发展的世情、国情也会不断提出新的课题。我们要进一步解放思想，改革创新，永不僵化，永不停滞，并在工作实践中不断完善律师制度，不断优化律师执业环境，不断健全管理工作体制机制，努力为山东律师业发展注入新的生机与动力。

本次论坛以“新形势、新机遇、新发展”为主题，目的就是认清形势，抓住机遇，承前启后，继往开来，谋划山东律师业的新发展，共创山东律师业美好明天。希望所有出席论坛的同志们，秉承往届论坛的优良传统，解放思想，畅所欲言，集思广益，建言献策，共商山东律师业发展大计。同时，本次论坛在总结以往经验的基础上，对内容和形式做了必要的改革创新：只分板块，不设分论坛，将刑辩业务高级研修班纳入律师论坛之中，以期对刑事业务有更加深入的研讨、推动。因为我们认为，在强调大力拓展非诉讼等新兴业务的同时，不能放松我们的传统业务。诉讼业务特别是刑事诉讼业务，在捍卫司法人权、维护公平正义方面具有不可替代的作用，是律师制度赖以产生、存在和发展的“看家”业务，是律师的主业，同样需要大力拓展。我们之所以反对律师事务所及律师是社会中介组织及中介人员的表述，就在于律师办理诉讼业务，是“在野法曹”！

本次刑辩业务高级研修班得到了北京大学法学院及陈瑞华教授的大力支持和帮助，陈瑞华教授以及全国知名的刑辩专家还将为大家授课，在此，特别向北京大学法学院和陈瑞华教授表达诚挚的谢意！

最后，预祝 2009 山东律师论坛暨刑辩业务高级研修班圆满成功！

谢谢大家！

（本文系 2009 年 12 月 11 日在山东律师论坛开幕式上的致辞）

对律师管理服务工作的再思考

律师管理涵盖了行政管理、行业管理和律师事务所管理三项内容。三项管理既相互联系、相得益彰，又相对独立、各负其责。根据律师行业发展的规律与特点，联系我们律师管理的现状，各项管理不同的侧重点在于以下几方面：

一、优化改善行政管理

按照党的十六大以来党和国家对转变政府职能的一系列要求，律师管理体制总的改革方向是部分行政管理权向律师协会让渡，司法行政机关的管理越来越间接、有限、宏观，行业管理的作用越来越大，但这要有一个渐进的过程。目前，按照《律师法》的职能分配，行政管理仍占主导地位。这主要是由中国社会主义初级阶段的特殊国情和律师业的发展现状所决定的。在中国，行业组织的发育仍不成熟，社会公众对行业组织的认可度不高，人们还是相信政府的权威，还是习惯于有事找政府，许多事业的发展离不开政府的强力推进。对律师行业来说，由于门槛过低，造成队伍数量越来越庞大、素质参差不齐，管理的难度越来越大。因此，省、市、县三级司法行政机关，要根据《律师法》确定的各自管理职责，转变管理观念，本着既不缺位，也不越位、错位的原则，优化、改善行政管理。

1. 加强对律师业发展的宏观指导。主要包括：在政治问题上把关定向，确保律师业正确的发展方向；根据律师业发展的规律和特点，推动、指导律师行业党建工作；根据国家和当地国民经济和社会发展的规划以及服务业发展的整体规划，制定律师业中长期发展规划；根据发展规划和律师业发展状况，制定、实施有关发展战略；通过提供信息、搭建平台等方式，组织、引导律师为经济发展服务，如参与国企改制，为新农村建设服务，为经济平稳较快发展服务，等等。

2. 做好资质管理工作。依照《律师法》规定的许可条件，做好申请律师执业人员及律师事务所执业申请的审核工作，是保障律师队伍素质的第一道关口。这方面的工作要掌握两条原则：一是从严审核，与律师协会的实习人员管理工作相衔接，严格执行行政许可的条件和程序，严把“入口”，确保进入律师行业从业人员的政治、业务素质和品行良好。二是对符合条件的，按照法定时限办结。《律师法》要求，设区的市的司法行政机关对申请律师执业和对设立律师事务所的申请，应当自受理之日起二十日内予以审查，并将审查意见和申请材料报省厅，但有些地方两三个月材料才能报省厅。通过这次培训，希望行政管理干部认真学习、熟练掌握批所办证的程序和条件，切实提高工作效率。

3. 做好执业监管工作。《律师法》调整、改进了司法行政机关对律师和律师事务所监管职能的层级配置，赋予了县级司法行政部门对律师、律师事务所的日常监管职责和行政处罚建议权，明确了设区的市级司法行政部门对律师事务所进行年度执业情况考核，将吊销执业证书之外的其他行政处罚权全部赋予设区的市级司法行政部门。现在有些地方的管理机关认为管理手段弱化，律师不好管，存在为难发愁情绪，这种认识是错误的。年度考核和行政处罚，就是两种行之有效的管理手段，它既是司法行政机关的重要权力，也是必须履行好的重要职责。要用好年度考核权，司法部正在制定律师事务所和律师执业考核办法，省厅建议司法部吸收年检注册中行之有效的经验，进一步简化程序，使考核的内容、方式、程序更具有可操作性。特别是对考核不合格的律师事务所和律师如何处理要有明确规定，以确保“考核”作为监管手段的实际效用。一旦考核办法出台实施，一开始就要“严起来”“硬起来”，树立考核工作的权威。要进一步畅通投诉渠道，及时发现律师违法违纪的线索，对投诉的问题及时认真进行调查、核实、取证。不能久拖不决，也不能大事化小、小事化了。对查实了的违法违规律师和律师事务所，要依照各级的权限，从严处罚，决不姑息，以有效维护整个行业的利益。而在实际工作中，往往只对律师因故意犯罪受到刑事处罚的，才予以吊销执业证书。但安徽省对行贿法官但未受刑事处罚的几名律师吊销了执业证书，在业内起到了极大的警示作用。因此，各级司法行政机关要本着对法律负责、对行业负责的态度，切实负起监管责任，对那些违反了《律师法》中九种行为的，只要是情节严重，即使是没有受到刑事处罚，也可以依法据情吊销其执照，真正使“出口”畅通。

4. 切实为律师业发展搞好服务。这里面许多工作是司法行政机关与律师协会配合进行的。行政主导的主要有以下几种形式：一是积极争取优惠政策。2008年以来，我省在“税”“费”“人”三个方面取得突破。在反复调研、沟通、协商的基础上，与省地税局联合出台了《关于加强律师行业个人所得税征收管理工作的通知》，为推行律师行业核定征收、降低税负提供了政策依据，据测算将为全行业减轻税负5000万元。但目前有的市对这项政策落实不好，希望有关市司法局加强与税务部门协调，把这件惠及广大律师的好事办好；与省物价局联合出台了《收费管理实施办法》和《收费标准》，彻底解决了几年来律师反应强烈、影响律师业发展的一个大问题，据测算能为全行业增收1亿元；争取省人事厅将律师列入全省服务业高级人才培训计划，首次利用财政资金对律师涉外高端培训提供资助。二是优化律师执业环境。上半年，省厅与省法院、检察院、公安厅、看守所等单位召开座谈会，就贯彻《律师法》、依法保障律师行使执业权利进行沟通协商，并将律师反映强烈的问题写进了山东省律师工作调研报告，向司法部报告。济南市也积极采取措施，改善律师执业条件。淄博市的工作正在调研、论证之中。其他方面服务律师的方式还有积极推动参政议政工作，为律师拓展业务搭建服务平台，做好评先创优和宣传工作，等等。

二、强化律师协会行业管理

行业管理职能不断强化是一个发展趋势，司法行政机关要积极推进“两结合”管理体制改革，要放权让利，积极支持律师协会提高行业管理能力。一方面，司法行政机关对律师协会的监督、指导主要是在一些大的事情上。对一些日常的、正常的工作，该由协会决定的就由协会决定，司法行政机关要放权、放手、放心。另一方面，作为协会自身也要自觉地接受司法行政机关的监督、指导。由于律师管理的许多工作很难截然分开，所以必须加强行政与协会之间的联系、沟通、协商。在涉及行业发展的重大问题、重要活动、人事安排上，协会要主动向司法行政机关汇报，该需要通过司法行政机关党委研究决定程序的，必须通过。司法行政机关则要主动听取协会的意见，尊重他们的行业选择与安排。就我省来说，强化行业管理要重点做好以下五项工作。

1. 加强律师协会的组织体系建设。目前，我国实行全国、省、市三级律师协会管理架构，市级律协承担许多具体的行业管理任务，组织机构不健全，许多工作没法开展。因此，还没有按照“两结合”管理体制换届选举的七个市，要抓紧筹备，尽快完成。省厅将按照《律师管理工作考核办法》，对各市进行考核。在换届时，要真正把那些关心行业发展、热心律师事业、甘心为律师服务的优秀律师推上协会的领导岗位。已经按“两结合”管理体制成立的律师协会，要按照职能定位清晰、规章制度健全、运转高效有力的要求，不断改进、完善组织体系建设。

2. 健全完善律师协会工作机制。为使律师协会有效地履行各项职责，必须不断健全完善代表大会、理事会、常务理事会等各项工作机制。律师协会与司法行政机关实现人、财、物分离后，不仅只是有权、有钱，更重要的是要承担责任。为增强理事、常务理事的责任感，应淘汰那些“只要名利不做奉献”的“挂名”人员，建议建立常务理事以上领导层述职制度，建立理事参加有关会议和活动考勤制度，促使他们在其位谋其政，更好地履行义务、承担责任，为广大律师服好务。

3. 加强行业规范建设，健全行业自律机制。紧紧围绕加强行业自律管理这个主题，根据全国律协的有关行业规范，借鉴北京、上海等协会管理较成熟省市的经验，建立起一整套符合我省律师业实际的行业规范体系，覆盖律师行业管理的各个环节、各个层面。要充分发挥各专业委员会的作用，对一些全国律协尚未制定的新兴业务制定业务指引和执业规范。要充分发挥战略委员会、律师事务所管理委员会的作用，对行业发展问题制定规划、战略，对一些律师事务所关心、急需的核心管理问题，如分配机制问题和青年律师成长问题，可组织专门力量进行调研、研讨，提供指引和范本。

4. 加强培训工作。以加强高端培训为突破口，努力提高律师队伍的业务素质。高端业务不足是影响我省律师业发展的瓶颈。虽然我省律师办理的业务总量一直居全国前列，但业务总收入一直位居第六，与前五名的省市相比法律服务的附加值不高。因此，要根据我省经济社会发展和市场需求，积极开展律师培训工作，特别是强化新兴、前沿、高端业务的培训，努力提高律师的服务能力和层次。“授之以鱼不如授之以渔。”加强培训工作，不仅是最基本的“饭碗工程”，也是拓展业务领域、突破发展瓶颈、实现由律师业大省向强省转变的有效措施，必须按照“高层次、高起点、高标准”的原则，通过专门培训、理论研讨、境外深造、网上远程授课等多种形式，不断提高培训的覆盖面、针对性和实效性。

5. 积极为广大会员服好务。律师协会是“律师之家”，为会员提供服务是责无旁贷的首要职责。要敞开胸怀、畅通渠道，认真听取广大律师的意见、建议和执业过程中遇到的各种困难，积极与司法行政及公、检、法等部门沟通协调，与法官协会、检察官协会建立正常的会商机制，反映律师诉求，维护合法权益，捍卫行业利益；要建立关怀、帮扶机制，对青年律师、老律师、生活困难律师在精神上、经济上给予适当的帮助和照顾；要关心会员福利，活跃文体生活，培养健康向上的律师文化，增强会员认知感和行业凝聚力；要加强律师宣传工作，不断扩大律师行业的社会影响，树立良好的社会形象。

三、夯实律师事务所基础性管理

律师事务所作为律师的执业机构，是律师履行职责、服务社会的组织者，是律师最直接的管理者，是一切律师管理工作的落脚点和着力点。因此，律师事务所内部管理是整个律师管理体系中最基础、最重要的一环，也是管理工作的第一道关口。它在整个律师管理体系中起着重要的基础性作用，承担着把行政、行业管理的意见和措施落到实处的重任。我们必须高度重视和充分发挥律师事务所的管理作用，把加强律师事务所管理重要性的认识提高到推动律师事业发展的战略高度上来，采取积极措施，夯实律师事务所基础性的管理工作。根据目前我省律师事务所的现状应着重抓好以下三个方面的工作。

1. 强化律师事务所合伙人和管理层的监管责任。合伙人和管理层要按照《律师法》的规定，对本所律师在执业活动中遵守职业道德、执业纪律的情况进行监督，对本所律师的执业情况进行考核，并向设区的市的司法行政机关提交本所的年度执业情况报告和律师执业考核结果。对于对本所律师疏于管理、造成严重后果的，司法行政机关要按照《律师法》第五十条的有关规定给予律师事务所行政处罚；对于律师事务所因违反第五十条的规定受到行政处罚的，对其负责人视情节轻重，依法给予警告或者处 2 万元以下的罚款。

2. 重点抓好律师事务所管理的制度建设。每个律师事务所都要按照《律师法》的要求，建立健全执业管理、利益冲突审查、收费与财务管理、投诉查处、年度考核、档案管理等一套比较完整有效的管理制度。但更重要的是抓好制度执行和责任落实。要明晰合伙人在管理上的职责分工，形成合伙人参与管理的责任机制、管理机制和监督、约束机制。规模较大的所要成立管理委员会或类似机构，负责制度的落实执行。规模较小的合伙所更要确定一人进行统一管理，避免由于“名为合伙，实为单干”而造成的管理混乱甚至管理缺失现象。

3. 加强对律师事务所的分类指导。各级司法行政机关和律师协会要根据律师事务所的性质、规模、管理模式、业务领域等因素，认真分析和总结其中的共性和个性问题，提出有针对性的指导意见。对于规模大、基础好、管理规范的律师事务所应指导其进一步上层次、上水平，做大做强，并对其优秀的管理经验加以推广；对新成立的或者是基础薄弱、管理松散的律师事务所，要帮助其查找问题和原因，指导、引导其根据自身实际和特点，建立有效的管理机制。司法行政机关和律师协会要指导、引导律师事务所创新管理机制，组织那些有管理创新意愿的律师事务所，走出去学习先进经验，提高我省律师事务所管理水平。

四、进一步加强律师管理队伍建设

行政管理、行业管理和律师事务所管理，构成了中国特色的律师管理模式，这三个层次管理者的水平在相当程度上决定着律师管理的成效。因此，建设一支高素质的律师管理队伍，对于做好律师工作，推进律师业发展至关重要。

要根据律师业飞速发展的实际，健全完善律师管理机构，重点是配齐、配强包括律协秘书长在内的行政管理干部。目前，市、县两级司法行政机关律师管理力量严重不足。脱钩改制以后，律师队伍不断增加，律师管理人员反而有所减少，17 个市和 144 个县级司法局目前仅有 292 名专兼职律师管理人员，有的还要兼管公证、司法鉴定管理工作，面对日益加重的管理职责，显然难以胜任。因此，要以贯彻落实《律师法》为契机，抓紧充实配强县(市、区)司法行政机关律师管理工作人员，使他们能够承担日常监管职责。要加强对协会领导层和律师事务所管理层的培训工作，省、市两级每年都要搞一次轮训，使他们尽快成为管理方面的“行家里手”。要大兴学习之风，律师行业是一个知识密集型的行业，知识更新很快，新情况、新问题很多，这就要求管理干部一定要自觉学习、勤奋学习、终身学习。希望大家养成学习的习惯，少一些应酬，多读书，多上网，多思考，不断提升自己的精神境界和能力素质，更好地适应律师管理工作的需要。

（本文节选自 2009 年 7 月 30 日在全省律师事务所负责人暨律师管理干部培训班上的讲话稿）

对中国律师制度的讨论

任何国家的律师制度都不是尽善尽美的，特别是在我国，律师制度是一个舶来品，既缺乏法治传统和文化底蕴，又受到现阶段法治发展状况的制约，存在不少缺陷和问题，我认为主要表现在四个方面：

一、律师行业准入门槛过低或者不合理

按照《律师法》的规定，任何公民凡符合法定条件均可以申请律师执业。由于法定条件过于原则，造成行业准入门槛过低。

一是允许非法律专业的毕业生报考。这部分人缺乏系统的法治理念、法律思维和法律技能的训练，特别是此类人员一旦通过考试后又没有进行系统法律培训的相关制度规定。

二是近年来法学院（系）迅速扩建，教学水平良莠不齐，加上允许未经实习的大三学生报考，使许多缺乏过硬法学理论与实务功底，但善于应对考试的考生“过关”。

三是对实习人员品行的考核缺乏可以量化的指标和可以操作的方法，造成实际上只要通过国家司法考试，在律师事务所实习一年就能成为执业律师的状况。

以上三个方面的原因使律师队伍来源复杂，很难保证新执业律师的政治、业务、职业道德素质。

二、律师制度与法官、检察官、公务员制度不衔接、不配套

在法治成熟的国家，法官、检察官、律师被称为“法律职业共同体”。他们在

同一平台上，按照共同的法律规则，进行理性的交涉、协商和对话，共同维持着司法的规范秩序，完成司法活动的全过程。在英美法系国家，法官的选任采取的是律师资历前置模式；在大陆法系国家，法官的选任采取的是司法考试加法曹培训模式。但不论哪种模式，从优秀律师中选拔法官、检察官是一种制度性安排和常态。我国于 2001 年实行国家统一司法考试制度，初任法官、检察官和担任律师都必须通过统一司法考试，这为“法律职业共同体”的建立奠定了基础。但是，由于与现有干部人事制度、法官制度、检察官制度不衔接、不配套，甚至制度之间相互抵触，使“法律职业共同体”的建立成为非常困难的事情。其主要原因：一是通过司法考试的人进入法院、检察院，还要通过国家公务员考试，无形之中使得国家司法考试被国家公务员考试架空了。所以，当前司法体制改革的一项主要内容就是司法考试与公务员考试衔接问题。二是法院院长、副院长和检察院检察长、副检察长仍可以从其他国家机关的干部中予以选任和调入，并不需要通过司法考试，这样不同职业的人从事同样的工作，无法形成“法律职业共同体”。三是律师职业流动缺乏制度性的安排，无法找到职业生涯的其他出路，堵死了律师进一步向上流动特别是担任检察官、法官的通道。

上述制度安排上的缺失，导致辩护律师与检察官、警察在诉讼利益的对立中走向歧视和冲突，而无法将诉讼控制在理性的范围之内；无法使辩护律师与法官形成良性互动，辩护权、代理权与裁判权也就丧失了进行理性交流的机会，辩护方的声音和观点不易被法官所接受、采纳。而最终导致的结果就是司法秩序的混乱和司法体系的粗放，也就无法实现文明法治的理想状态。

三、律师法定执业权利缺少法律救济渠道

法学界有句名言：“权利无救济不成其为权利。”为保障律师依法执业，修订后的《律师法》针对会见难、阅卷难、取证难等问题，补充完善了有关律师执业权利的规定。但是，诉讼法特别是《刑事诉讼法》有关条款并未作相应修改。尽管全国人大法工委在对全国政协十一届一次会议第 1524 号提案的答复中，明确答复“应按修订后的《律师法》的规定执行”，可是不少地方的公、检、法机关仍以《刑事诉讼法》的效力高于《律师法》、未见到上级文件为由，在实际工作中限制律师执业权利的行使。现实生活中阻碍和监视律师会见、限制律师阅卷、律师取证受阻得不到应有的救济、律师执业中的人身权利得不到应有的保护、利用

职权对律师打击报复等问题时有发生。究其原因，除了法律之间的冲突和缺乏权威解释之外，主要是立法中缺少权利实现的救济渠道，也缺乏相关司法机关妨碍律师权利行使、违背其应尽义务时应该受到惩戒的规定。这不仅妨碍律师依法执业，而且严重影响国家法制的形象和权威。

四、律师行业精神尚待生成

我国是一个缺少法治传统的国家，人治和礼治观念根深蒂固。同时，由于司法体制及律师制度没有关于“法律职业共同体”的设计，在立法上存在缺陷，使我们丧失了构建“法律职业共同体制度”的基础，律师在司法体系中无法摆脱弱势群体的尴尬地位。由于这种地位上的不平等，最终导致律师行业精神的矮化、弱化。原首席大法官、最高人民法院院长肖扬同志曾经讲过：“每一起法官腐败案件的背后，都有律师的身影。”而真正导致这种结果的深层次原因在于体制。在法官与律师的关系当中，法官是主导方，是关系的主要方面。法官制度及现实中存在的问题，会在很大程度上传导给律师。

［本文节选自 2009 年 6 月 26 日在省委组织部委托举办的分管副县（市、区）长专题培训班上的授课提纲］

对全省律师业发展的思考及律师业前瞻性分析

律师业的发展与经济社会发展具有高度同步性，与市场经济的发育成熟程度具有高度关联性。据中国社科院 2008 年《中国省域竞争力蓝皮书(2006～2007)》发布的数据，我省在全国省域经济综合竞争力排名中居第六位(上海、北京、广东、江苏、浙江居前五位)。我省律师业发展的状况与我省经济社会发展状况是基本一致的，与在全国所处位置也是相吻合的。如果单纯按照 2008 年业务总量(第二)、律师人数(第四)、机构数量(第五)、业务收费(第六)四项指标平均位次，山东律师业在全国排名应该是第四位。但如果按照业务收费总量和人均业务收费来看，我省律师业综合实力排名应该是第六位，排北京、上海、广东、浙江、江苏之后。2008 年，北京、上海、广东、浙江、江苏、山东业务收费总额分别是 73.4 亿元、47.1 亿元、37.1 亿元、22.4 亿元、20.8 亿元、9.97 亿元，人均业务收费分别是 40.3 亿元、50.8 亿元、23.2 亿元、33.8 亿元、23.2 亿元、11 万元，差距之大触目惊心。

上述数据充分说明，我省的经济活跃、繁荣程度和综合竞争力不如江、浙两省，我省法律服务业发展也差于江、浙两省。与前五位的省份相比，山东律师的经济生存状况太差。因此，我们提出的口号是：赶超江浙，实现由律师大省向律师强省的跨越。

一、对推动我省律师业发展措施的思考

在管理工作中，我们主要采取了三个方面的推动发展措施：

1. 制定一个好的发展战略与规划

遵循律师业发展的规律，结合山东律师业发展现状，我们研究制定了山东

省律师业发展战略与规划。主要有六项内容：

(1)人才战略。事业成败，关键在人。谁拥有了人才，谁就拥有了未来。律师业作为智力、知识密集型的行业，人的因素在发展中的作用更大。因此，我们强调，要紧紧抓住培养、吸引、用好人才三个环节，通过制定落实优惠政策、改善执业环境、加大培训力度等措施，努力使我省律师人才总量有较大增加，配置更趋合理，特别要做好吸引、用好高学历和“海归”律师的工作。2008 年 6 月，我省选拔首批 24 名律师，赴美进行为期 70 天的反倾销培训，开拓培养高端业务人才的新途径。2008 年，经过省司法厅的积极争取，将律师纳入我省服务业高级人才培训计划中，首次争取到了财政资金资助律师培训。5 月份已组织 80 多名律师在国内先期进行了国际贸易争端业务培训，下半年将从中选拔部分律师和律师管理干部到香港进行国际贸易争端培训。

(2)规模化战略。规模化不单单是对律师事务所律师数量的要求，重要的是科学地配置人力资源，发挥出团队优势、规模效应。能够提供综合性配套法律服务，在法律服务市场具有一定的影响力、辐射力。有些大公司境外上市业务一次需要几十个律师提供配套服务，没有一定的规模根本无法胜任。因此，我们顺应律师业规模发展的趋势，走规模化发展之路，提出到 2010 年，全省建设 50 个规模强所，并组建 2 家律师集团、2 家综合性紧密型的律师联盟。

(3)专业化战略。人类发展的历史充分证明，经济越发展，社会分工越细致。对于律师业来讲，不能继续重复“万金油”服务的模式，必须走专业化发展之路。为此，我们提出到 2010 年全省要建设 100 个专业强所，特别要围绕经济社会发展的重点和全省经济发展的总体布局，结合各地优势，引导组建一些知识产权保护、金融投资、房地产、涉外等专业律师事务所。同时，鼓励律师事务所在相关业务领域，组建专业律师联盟。

(4)国际化战略。按照中央和省委提出的“把‘引进来’和‘走出去’更好结合起来”的要求，我们致力于推动法律服务国际化发展。所谓国际化，有四个方面的含义：一是服务客户(对象)的国际化，二是服务地域的国际化，三是服务人员的国际化，四是业务合作的国际化。在上述四个方面中，以服务客户(对象)的国际化最为重要。2008 年，我省实现进出口总额 1581.4 亿美元，有 142 家世界 500 强企业在山东投资发展。我省“走出去”的企业也越来越多，仅 2008 年新批境外企业(机构)就达 247 家。因此，我们强调，在为涉外客户搞好服务的同时，更要为“走出去”的企业搞好服务；加强与有关国家和地区律师界的交流与合作，鼓励到国外、境外设立分支机构，鼓励与国外、境外律师机构加强业务合作，鼓励高层次"海归"加盟我省律师事务所。采取各种措施，支持我省律师出国培训，尽快提高我省律师办理国际化业务的能力。

(5)品牌化战略。品牌就是力量，品牌就是效益。如果说专业化是做精、规模化是做大，那么品牌化就是做强，做精、做大是手段，做强才是最终目的。所以，在律师业发展问题上，多年来，省司法厅一直把品牌化作为山东律师业由大变强的重要战略对待，注重培育、发现典型，开展争先创优活动，努力搞好律师事务所及律师的推介、宣传活动，一批在省内外有较大影响的律师事务所和知名律师正在成为山东律师业发展的标志性品牌。例如，德衡、众成仁和律师集团，琴岛、康桥、齐鲁、舜翔、平正大、舜天、清泰等律师事务所，杨伟程、高明芹、栾少湖、王广仁、李晓明、苏波、蔡忠杰等大律师，都已斐名省内外。

(6)信息化战略。在一个信息技术日新月异的时代，以计算机网络为核心的信息技术给许多行业都提供了前所未有的发展机会和发展潜力。律师行业也不例外。多年来，不论是律师管理机关还是律师事务所，都把信息化放在战略的高度来重新审视。对管理机关来说，注重利用信息化手段改进管理、提高效率、加强沟通、完善服务，及时将律师需要的信息传达给他们。对律师事务所来说，逐步实现了律师事务所的信息、业务、财务、管理、客户等方面的数字化管理和"无纸化"办公，促进律师业又好又快发展。

2. 建立一套有效的管理制度及工作套路

律师管理，属于行政管理的范畴。但与一般行政管理有所不同的是，实行行政管理和行业管理"两结合"的管理体制，而且这项管理难度较高、艺术性更强。所谓难度较高，在于律师的职业属性具有高度自治、独立的特点，律师属于社会精英群体。同时律师事务所在成为市场主体之后，律师事务所的人、财、物均不属行政管理的范畴。所谓艺术性更强，在于如何能够在管理手段弱化的情况下实现有效的管理。基于上述认识，多年来，我们遵循律师业发展规律特点，一直致力于建立健全一套有效的管理制度及工作套路。主要包括三个方面的内容：

(1)加强宏观引导，确保律师工作的正确方向。律师工作必须坚持中国特色社会主义发展方向与道路，必须确保律师在政治上不出现问题；否则不仅会给整个律师业发展带来重创，而且也会给党委政府添乱。因此，我们始终注意把握律师业发展的政治方向问题，并特别强调，律师在办理群体性事件、重大敏感案件中，不能发生不符合律师职责和社会稳定大局要求的行为。律师办理诉讼案件特别是刑事案件时，既要对当事人负责，更要对法律负责，决不允许发生为维护当事人不当利益而作伪证、行贿法官等违法行为。教育律师学会自我保护，坚持依法、规范执业。主要出台了四个文件，建立四项制度，一是《关于律师事务所办理重大法律事务的监督指导意见（试行）》，二是《山东省律师参与涉法信访工作规则（试行）》，三是《关于对党员律师进行全覆盖教育、管理和监督的意见》，四是投诉案件查处制度。

（2）松绑、放权、搞活、规范，清除发展的制度性障碍。竞争越充分，发展越繁荣。但竞争必须规范、有序，才能保证又好又快发展。因此，在管理工作中，必须认真贯彻落实《律师法》相关规定，在确保规范发展的同时，努力清除工作制度层面存在的发展障碍。省司法厅出台了《关于律师管理工作和律师业发展若干问题的意见》，对现行的律师管理政策、体制进行改革；放宽律师执业机构的设立条件，提倡组建律师集团和律师联盟，鼓励律师机构之间加强业务合作；简便审批程序，下放管理权限，提高工作效率，促进山东律师业加快发展。

（3）分清职能、明确责任，强化行业管理和律师事务所自律管理。律师协会是行业协会发育中相对完善、成熟的协会之一。根据中央和省里加强社会建设的需求，我们正在逐步从体制上解决以行政管理代替行业管理、行政管理和行业管理不分的问题。目前，我省已有九个市按照“两结合”管理体制改革的要求，单独设立了律师协会，是全国省辖市中单独设立律师协会最多的省份。在理清职能、明确责任的基础上，充分发挥律师协会会长、常务理事会、理事会和秘书处作用，并努力与行政管理形成“以合为魂，统筹规划，分工实施，共促发展”的工作运行机制。同时，规范律师事务所自律管理，强化律师事务所自律管理的基础性地位。通过建立健全执业管理、利益冲突审查、收费与财务管理、投诉查处、年度考核、档案管理等一系列制度，实现律师事务所对律师在执业活动中遵守职业道德、执业纪律情况进行动态监控。

3. 强化“管理就是服务”的理念，切实为律师执业搞好服务

具体有以下六项措施：

（1）积极争取优惠政策。2008 年以来，在与税务部门反复调研、沟通、协商的基础上，省司法厅与省地税局联合出台了《关于加强律师行业个人所得税征收管理工作的通知》，为推行律师行业核定征税工作、降低税负提供了政策依据，从根本上解决了多年来律师反映强烈、影响律师业发展的税费问题。省司

法厅与省公安厅协调，联合出台了《关于律师查询公民户籍登记资料有关问题的通知》，为律师开展业务提供了便利，在解决困扰律师多年的调查取证难问题上取得突破。与省物价局联合出台了适应我省经济社会发展实际、人民群众承受能力和律师业可持续发展状况的律师服务收费管理办法和收费标准。

(2)优化律师执业环境。与省法院、省检察院、省公安厅、省安全厅联合出台意见、规定，保障律师执业权利，规范律师执业行为，不断改善律师的执业环境。对于侵害律师执业权利的问题，组织各级司法行政机关、律师协会按照这些意见、规定，积极与有关部门沟通协调，全力维护律师的合法权益。

(3)推动参政议政工作。积极争取党委及统战部门、人大、政协支持，培养、推荐更多的优秀律师担任各级人大代表和政协委员，进入社会新阶层知识分子联谊会担任职务。

(4)搞好高端业务培训。根据经济的发展和市场的需求，积极开展律师培训工作，特别是强化前沿、高端业务的培训，努力提高律师的执业技能。

(5)搭建业务平台。积极与国资委、侨办、外经贸部门沟通，共同组建国企改制律师库、山东省为侨资企业服务法律顾问团和反倾销律师备用名单，与省公安厅联合出台了《律师代理劳动教养案件试行办法》，积极争取各级法院支持，把更多的律师事务所纳入企业破产管理人名册。

(6)健全争先创优及表彰、宣传工作机制。与工、青、妇、残联合开展优秀律师、优秀律师事务所评选，并把律师纳入司法行政总体表彰体系，逐步健全创优、表彰及宣传工作机制，总结先进典型经验，扩大律师社会知名度。

二、未来律师业发展的前瞻性分析

2008年，第七次全国律师代表大会提出，律师要做中国特色社会主义的法律工作者，做经济社会又好又快发展的服务者，做当事人合法权益的维护者，做社会公平正义的保障者，做社会和谐稳定的促进者。2009年以来，司法部安排包括我省在内的八个省市进行了认真调研，将在对各省市调研材料汇总的基础上，制定出台进一步加强律师工作的意见。另外，根据《中央政法委关于深化司法体制和工作机制改革若干问题的意见》和中央办公厅、国务院办公厅有关改革的分工方案，由司法部牵头的改革任务共两项：一是改革和完善律师制度，二是改革和完善司法考试制度。

党和国家如此重视律师工作不是偶然的，需要我们放在治国理政方式的大背景下来考量。

经过三十年的改革开放，我国经济社会获得空前发展，综合国力显著提升，人民群众生活显著改善。但是伴随经济结构、利益关系、社会结构、思想观念等方面的深刻调整、高度分化，为达到社会整合的目的，治国理政的方式也要作出相应的调整，这个调整就是从人治走向法治。法治是中国社会转型、社会治理结构和治理方式转化的必然选择，而实现法治必然要强化司法在国家和社会治理中的作用。从世界上成熟的法治国家看，法治社会是司法作用高度凸显的社会。而任何一个司法作用凸显的国家，都不是法官很强、检察官很强而律师很弱的，因为那样会使司法的质量大打折扣，使法治的质量大打折扣，使公众对法治的信仰大打折扣，进而动摇依法治国的根基。一个国家法治的水平与律师的地位是成正比的，律师制度是衡量一个国家民主法治进程的标尺，是一个国家民主法治兴衰的晴雨表。

我们可以预见，未来一段时间律师业仍是一个快速发展的时期，主要有三个原因：一是随着中国依法治国进程的推进，司法体制和工作机制改革的落实和 2010 年中国特色社会主义法律体系的形成，作为司法制度重要组成部分的律师制度，必将不断健全完善，发挥更大的作用。二是国际经验表明，人均 GDP 超过 1000 美元之后，服务业将处于加速发展的转折点。三是我国仍处于人民内部矛盾凸显、刑事犯罪高发的时期，各类诉讼案件居高不下，2008 年全国各级法院受理各类案件数量首次超过千万件。基于以上三种因素，而立之年的中国律师业，是一个新兴的、朝阳的、前途光明的行业，还有很大的发展空间和用武之地。未来中国律师业的发展将呈现以下几种趋势：

一是多元化的发展趋势。未来一个时期，法律服务多层次、多角度、多领域的需求将不断增加。既有面向经济全球化的高端法律服务需求，也有面向社区、面向基层普通百姓的法律消费需求，将拉动不同层次、不同领域律师业务的拓展。

二是专业化的发展趋势。多元化发展的趋势和竞争日趋激烈的法律服务市，必将推动律师业的专业分工进一步细化，生存的压力将促进律师事务所根据市场需求，合理确定专业定位，发展专业特色。

三是规模化发展的趋势。新《律师法》规定特殊的普通合伙事务所类似于有限合伙，有利于降低合伙人的执业风险，对律师事务所做大具有积极的促进作用。相信今后一段时期，英美等国那种 LLP 形式的大型律师“航母”将不断出现。

四是国际化的发展趋势。随着经济全球化的趋势不断加剧和中国国际地位的不断提高，中外律师和律师业务的交流、合作会不断加强，大城市和经济发达地区的律师事务所的国际业务会有较大增长，会有更多的律师事务所“走出去”，实现更高层次的发展。

五是规范化发展的趋势。律师业经过三十年粗放式、追求数量式的发展，已经形成了一定规模和影响。要想进一步发展，必须更加注重内涵，更加追求质量。因此，行政管理、行业管理和律师事务所的管理，都将从粗放向精细化、规范化方向发展。

［本文节选自 2009 年 6 月 26 日在全省分管副县（市、区）长培训班上的授课提纲］

论中国律师的概念及其属性

律师是什么？这是律师制度的首要或者核心问题。在世界范围内，不同法系、不同国家对律师的概念并没有一个统一的定义，学界对律师概念的表述和对律师属性的认识也是见仁见智。下面，我结合本人学习思考和工作实践，从三部《律师法》变迁、我国辞书和教科书表述、我国台湾及国外对律师的定义、中央文件和中央领导人对律师的表述四个方面作一考察，谈一下对中国律师概念及其属性的理解认识。

一、我国三部《律师法》对律师表述的变迁

1980 年颁布的《律师暂行条例》规定："律师是国家法律工作者，其任务是对国家机关、企业事业单位、社会团体、人民公社和公民提供法律帮助，以维护法律的正确实施；维护国家、集体的利益和公民的合法权益。"强调了"律师是国家的法律工作者"，律师具有公职身份，是"吃皇粮"的国家干部。

1996 年颁布的《律师法》规定，律师"是依法取得律师执业证书，为社会提供法律服务的执业人员"。与《暂行条例》相比，《律师法》强调了"律师是社会的法律服务执业人员"。主要变化有：律师不再是"吃皇粮"的国家干部，而是"为社会提供法律服务的执业人员"。律师及律师机构逐渐与国家机关、事业单位相分离，走向了社会。

2008 年 6 月实施的新《律师法》在规定"律师是依法取得律师执业证书，接受委托或者指定，为当事人提供法律服务的执业人员"的同时，增加了律师"应当维护当事人合法权益，维护法律正确实施，维护社会公平和正义"。这通常被认为是对律师职业使命的规定，并被认为是新《律师法》关于律师概念表述的最大变化。

二、我国一些辞书和教科书关于律师的表述

1.《法学词典》的解释是:“受当事人委托或法院指定,协助当事人进行诉讼或处理其他法律事务的专业人员。”

2.《中国大百科全书》法学卷的解释是:“律师是指受国家机关、企业、团体或个人的委托,或者法院的指定,协助处理法律事务或代理当事人进行诉讼的法律专业人员。”

3. 陈卫东主编、中国政法大学2006年出版的《中国律师学》将律师定义为“自由法律职业者”。

这三种有代表性的表述共同强调了律师的专业性、自由性。

三、国外及我国台湾地区对律师的定义

1.《德国律师法》规定:“律师在司法中是独立的个体。”

2.《法国律师法》规定:“律师,为司法佐理人员。”

3.《加拿大律师法》规定:“律师属于司法辅助人员系列。”

4.《欧盟律师职业操守法规》规定:“律师是法律和司法中不可缺少的角色,他有责任捍卫法律和自由。”

5.《美国律师职业行为示范规则》规定:“律师作为法律职业群体的一员,是委托人的代理人、法律制度的执行者和对于正义负有特殊责任的国民。”

6. 日本称律师为“在野法曹”。

7. 我国台湾地区《律师法》规定,律师“以保障人权、实现社会正义及促进民主法治为使命”。

这些表述,强调了律师在司法体系中的独特地位,还强调律师对正义、法律实施的特殊社会责任。

四、中央文件和中央领导人对律师的表述

2008年10月,第七次全国律师代表大会提出,律师要做中国特色社会主义法律工作者,做经济社会又好又快发展的服务者,做当事人合法权益的维护者,

做社会公平正义的保障者，做社会和谐稳定的促进者。特别是律师是“中国特色社会主义法律工作者”的提法，被作为对律师政治属性的权威表述。2010年9月，经中央政治局常委会研究同意，中央办公厅、国务院办公厅转发了《司法部关于进一步加强和改进律师工作的意见》（中办发[2010]30号），《意见》明确指出，我国律师制度是中国特色社会主义司法制度的重要组成部分，律师是中国特色社会主义法律工作者，律师队伍是落实依法治国基本方略、建设社会主义法治国家的重要力量。

五、我对中国律师概念、属性的理解认识

我个人认为，1996年的《律师法》对律师角色的定位有点矫枉过正，主要表现在：更多地强调、夸大了律师的民间性，而对律师的职业属性、职业使命较少涉及。主要原因在于：(1)部分学者的推波助澜；(2)一些律师的离心力太大；(3)有些司法行政机关缺乏正确的引导。

导致实践中乱象丛生的原因：(1)“个体户”“自由职业者”“社会中介组织及人员”的提法铺天盖地。(2)不强调社会责任而过度强调市场化、商业化。(3)人心散了，包括律师在内的部分司法行政系统缺乏对律师角色的正确认知。

因此，新《律师法》增加了对律师职责使命的规定，在很大程度上弥补了1996年《律师法》的不足。但是，我个人认为，新律师法对律师的定位仍然存在问题：

一是定位不到位。从现有规定看不出律师在司法体系中的地位和作用，虽然在西方，“法律职业共同体”的表述并不一定出现在有关国家的律师法中，但从法律规定和相关规范性文件中，可以解读出这一制度框架。上述德国、法国、加拿大、欧盟、美国、日本对律师的界定都反映了律师在司法体系中的地位：为法律职业的重要成员。再比如，意大利不仅把律师与检察官的职业性质视为相同，制定实施一体化的《意大利律师和检察官法》，而且在任职资格上对律师的要求还要高于检察官。律师必须是在具备检察官任职资格的基础上，已经从事检察官工作若干年以上才可以注册为律师。还有，我国台湾地区律师法规定，曾任法官、检察官者，在参加律师资格考试时以“检核”的方式通过，不必像一般人那样必须考试及格并经训练合格。

二是对律师职业的公益性缺乏更清晰的界定。律师职业具有较强的公益

性，这是因为以下原因：

(1)法律服务属于公共物品，具有公益性质。中世纪意大利经院哲学家和神学家阿奎纳(约 1225～1274 年)曾说，法律的目的是公共福利。台湾学者姜世明在《法律伦理学》一书中指出：所谓律师的公益性，是指律师不仅要对委托人的利益负责，而且对“公益之促进负责”，不能仅以私利之汲取为主要目的。台湾理律法律事务所执行合伙人陈长文在《法律人，你为什么不争气?》一书中指出：法律人必须体认自己的特殊位置与特别的公益责任。美国律师协会在《律师职业行为示范规则》的前言中多达十处提到了律师的公共性，并把律师定位为具有公共服务理想的公共公民。这一点在大陆法系国家也毫无二致，《德国联邦律师条例》将律师职责界定为“其工作为非工商业”。联合国《关于律师作用的基本原则》也认为，律师制度的一个重要作用就是“向一切需要他们的人提供法律服务以及与政府和其他机构合作进一步推进正义和公共利益的目标”。

(2)律师服务的公益性也由律师服务的垄断性所决定。国家通过特殊的制度安排，例如通过规定律师强制代理制度所产生的业务垄断权来保障律师的收益，实际上可以视为是对律师公益服务的一种补偿。在律师所获得的这些职业利益的背后，是国家这双“看不见的手”通过授权性的制度安排，通过律师间接地实现国家为社会提供“法律服务公共物品”的目的。

(3)国家、社会、市场、公民四者关系。现代民主成熟社会，社会建设不套用市场规则，社会与市场是有边界的。

(4)律师、医师、牧师、公证员之比较。这些职业化的工作，均具有较强的公益性，不以营利为主要目的。学者季卫东认为：对于从事律师、医生以及牧师等职业的人来说，最根本的价值是为公众利益服务的精神，其职业义务的内容尤其强调利他主义和伦理性。

因此，虽然我国于 2001 年修改了《法官法》《检察官法》和《律师法》，实行统一司法考试制度，初任法官、检察官和担任律师都必须通过统一司法考试，这为“法律职业共同体”的建立奠定了基本的前提，但是新律师法在上述两个方面的不足，导致以下一些弊端的出现：

(1)法律职业共同体的建立成为非常困难的事情。①有些上级司法机关会通过挂职(空挂)等手段违法任命法官、检察官等，他们并不需要通过司法考试。②法律职业共同体之间缺乏互通性，向前、向后都无法流动。

(2)没有制度的激励作用,极大地影响了律师的进取心和对未来的良好预期。律师职业流动缺乏制度性的安排。律师一旦成为终生执业,就无法找到职业生涯的其他出路,堵死了律师进一步向上流动特别是担任检察官、法官的通道。

(3)导致法官、检察官、律师三类人员无法理性开展诉讼活动。他们之间相互限制、对立、贬损,甚至无良人员沆瀣一气!

(4)新律师法对法律职业公益属性及相关制度安排的缺失,导致律师行业过度强调商业化、市场化。

综上所述,如果就我国律师概念及属性做一个简答题的话,律师是中国特色社会主义法律工作者。律师是依法取得律师执业证书,接受委托或者指定,为当事人提供法律服务的执业人员。律师"应当维护当事人合法权益,维护法律正确实施,维护社会公平和正义"。

如果做一个论述题的话,我国律师具有以下属性:

(1)从法律属性讲,律师是法律职业者,以法律为业,属"在野法曹"。他们依法独立自由执业,并与法官、检察官一起构成"法律职业共同体"。

(2)从社会属性讲,律师是新社会组织成员,角色在民间、在社会,不行使国家公共权力;同时,律师职业的社会属性决定了其具有较强的公益性,即律师职业负有提供公共物品、公益服务的义务、职责,不以营利为主要目的。

(3)从经济属性讲,律师提供的是有偿服务,具有一定的商业属性,但不以营利为目的,因此属于现代服务业的范畴。公益性强调的是不以营利为主要目的,但并不排斥律师服务的收费。即使从纯粹功利的角度考虑问题,律师也需要在维护法律尊严的前提下获得赖以生存的报酬。目前,法学界和律师界比较主流的观点是:承认律师服务具有一定的商业性(不然无法解释目前各国律师行业比较普遍存在的广告这一典型的商业行为,许多国家对律师做广告经过了一个从禁止到放开的过程,比如美国在20世纪70年代仍然禁止律师做广告,但之后逐步解禁),但否认商业化(在实际操作中有时很难掌握,就像有些公立的医院、学校放弃了公益性而"一切向钱看"受到整个社会的诟病一样,律师行业的商业化倾向也是社会对律师行业负面评价主要原因之一)。如果我们再不旗帜鲜明地承认和倡导律师的公益性,商业化倾向会更加泛滥。

此外,自第七次全国律师代表大会和中办发[2010]30号文件提出关于"律师是中国特色社会主义法律工作者"的提法以来,不少学者和律师实务界人士指出，中国律师具有政治属性，或称中国律师的本质属性。理由是：

(1)强调律师的政治属性，与党的政策主张相吻合。律师的政治属性集中体现了党和政府对律师在政治上的要求，也是党和政府在政治上对律师及其属性的定位。

(2)律师的政治属性是律师在政治、国家体制中的性质。一国律师及律师制度必须与国家政治制度、国家性质相适应。在不同性质的国家里，律师属性是有区别的。由我国政治制度和国家性质所决定，我国律师有着不同于西方国家的属性。

(3)从实用主义、功利主义的角度讲，强调律师的政治属性，可以提升律师地位，改善律师形象。由于律师与公、检、法人员相比，越来越游离于体制之外，日益被边缘化，党和国家提出“律师是中国特色社会主义法律工作者”，其背景或者说出发点是通过这一定位，将律师拉回到体制内，提升律师的地位，是对律师的关心和爱护。如果说律师在西方法治国家是一个最大的治国理政人才群体，那么在当代中国，越来越多的党政领导也把律师队伍放在党和政府重要执政资源的高度来认识、来对待。

(4)强调律师的政治属性，可以有效预防律师在实践中出现偏差和问题。我个人认为，在中国国情下强调律师具有政治属性有一定道理，但这个问题还有待进一步研究、探讨。

（本文节选自 2011 年 7 月 19 日在实习律师岗前培训班上的讲课提纲）

我国现行律师管理制度的基本构架

不同的历史阶段出现过新旧两部律师法，对“两结合”管理体制管理职能的配置是不同的，就新律师法而言，其基本架构及主要内容如下所述：

一、司法行政机关的行政管理

司法行政机关作为国家机关，代表国家依法对律师、律师事务所和律师协会进行监督、指导。在我国，行政管理在整个管理体制中仍处于主导作用。根据律师法和部颁规章，行政管理主要包括以下六项内容：

1. 司法考试

资格的取得是办理执业许可的必不可少的条件。不论是2001年之前的律师资格还是之后的司法资格，其考试组织和颁发资格证书均由司法行政机关负责。国家每年都要投入大量的人力、物力、财力，这也可以视为是政府对律师行业的一种隐形扶持。因为在一些国家，律师资格考试的组织是由律师协会或其他组织承担的。例如，在美国，律师资格考试的具体事宜，由州的考试委员会组织实施，考试委员会的成员由州的最高法院指定权威的法官和律师若干人组成，具体负责出题、监考与评分事宜。在英国，律师分为出庭律师(也叫“大律师”)、事务律师(也叫“初级律师”)。出庭律师资格考试由四大律师学院委托法学教育评议会组织实施。事务律师的考试由律师协会主持。

2. 行政许可

行政许可包括对律师事务所设立和律师执业两个方面的许可，也就是通常所说的批所办证。根据律师法和有关部颁规章规定，申请设立律师事务所和申请律师执业的，应当向设区的市或者直辖市的区人民政府司法行政部门提出申请，受理申请的部门应当自受理之日起 20 日内予以审查，并将审查意见和全部申请材料报送省级司法行政部门。在审查的过程中，可以征求拟设立律师事务所所在地县级司法行政机关的意见或委托县级司法行政机关对有关情况进行核实。省级司法行政部门应当自收到报送材料之日起 10 日内予以审核，作出是否准予设立（执业）的决定。通俗地说，就是在座的各位如果要取得律师执业证或者是今后要成立律师事务所，要向所在的大市司法局递交有关材料，但他们只有初步审查权，最终的审批权由省司法厅行使。

3. 对律师事务所的年度检查考核

对律师事务所的年度检查考核是指司法行政机关对律师事务所上一年度的执业和管理情况进行检查考核，对其执业和管理状况作出评价。主要内容包括：(1)律师队伍建设情况；(2)业务活动开展情况；(3)律师执业表现情况；(4)内部管理情况；(5)受行政奖惩、行业奖惩情况；(6)履行律师协会义务情况；(7)省级司法行政机关根据需要认为应当检查考核的其他事项。

司法行政机关对律师事务所年度检查考核职责的划分是：省级司法行政机关负责指导、监督，设区的市级司法行政机关负责组织实施，县级司法行政机关负责年度检查考核的初审工作。

4. 行政处罚

根据新《律师法》第四十七、四十八、四十九条的规定，律师因违规执业，可能面临警告、罚款（最高 5 万元）、停止执业（最长时间 1 年）、没收违法所得、吊销律师执业证书等五种行政处罚。与 1996 年的《律师法》相比，除对律师、律师事务所吊证处罚权由省级司法行政部门行使外，其他行政处罚权全部由市级司法行政部门行使。

对行政处罚不服的，可申请行政复议或向人民法院提起诉讼。

5. 日常监督管理

新《律师法》将对律师、律师事务所的日常监督管理权赋予了县级司法行政机关。县级司法行政机关在日常监管过程中，发现律师事务所、律师存在问题的，应当对律师事务所负责人或者有关律师进行警示谈话，责令改正，并对其整改情况进行监督；对律师事务所、律师的违法行为认为依法应当给予行政处罚的，应当向上一级司法行政机关提出处罚建议；认为需要给予行业惩戒的，移送律师协会处理。

6. 行政指导

行政指导,是行政主体为了实现特定的行政目的,采用非强制性手段以谋求行政相对人为或不为某种行为的一类新型行政活动方式。在现代市场经济和民主法治建设不断推进的背景下,行政指导广泛渗透到行政管理的各个领域,标志着政府的行政模式由传统的规制模式向服务模式的转变。概括实践经验和体会,主要有以下方式:

(1)制定宏观政策。主要包括:在政治问题上把关定向,确保律师业正确的发展方向;根据国家和当地国民经济和社会发展的规划,根据服务业发展的整体规划,制定律师业中长期发展规划;根据发展规划和律师业发展状况,制定、实施有关发展战略,如我省提出并采取具体措施实施的人才战略、规模化战略、专业化战略、品牌化战略、国际化战略、信息化战略等;中央办公厅、国务院办公厅转发《司法部关于进一步加强和改进律师工作的意见》(中办发[2010]30 号)之后,我们结合我省实际和广大律师反映最迫切、最强烈的若干重大问题,起草了《省司法厅关于贯彻中办发[2010]30 号文件进一步加强和改进律师工作的意见》。2011 年 6 月 2 日,省委办公厅、省政府办公厅转发了该《意见》(鲁办发[2011]14 号)。该《意见》对进一步改革完善律师管理机制,加强律师执业权益保障,建立律师工作经费保障制度,完善律师行业财税、劳动用工和社会保障政策,建立健全律师人才培养选用机制,为律师业发展搭建平台等方面提出了一系列政策保障和扶持措施。

(2)搭建业务平台。政府搭台,协会唱戏。近年来,省司法厅加强与省发展改革委、国资委、商务厅、"蓝办"、"黄办"等有关政府部门沟通协调,建立了相关专业律师人才库或专项服务团队,组织、指导省内优秀律师事务所和律师为我省重点发展战略、重大工程、重点项目、大中型骨干企业提供专项法律服务。

另外,参与涉法信访、法律顾问全覆盖等等,都具有平台的意味。

①推动律师参政议政。如近年来,省厅高度关注律师的政治诉求,尽可能多地推荐律师担任人大代表、政协委员、党代表,积极支持律师参政议政。在 2008 年各级换届选举中以及换届选举后,经过省司法厅和各级司法行政机关、律师的共同努力,全省共有 307 名律师担任各级人大代表、政协委员,数量居全国第一位。同时,各级司法行政机关加强与有关部门的联系协调,推荐律师担任各级政府、法院、检察院等国家机关的参事、法律顾问、人民监督员等,进一步拓宽和畅通律师政治参与渠道;引导非中共党员律师通过参加民主党派、新阶

层党外知识分子联谊会等多种途径主张、反映自己的政治诉求和利益诉求。

②指导、协调大要案。省司法厅制定了《关于律师事务所办理重大法律事务的监督指导意见(试行)》,建立了报告、备案、集体讨论等制度,依法履行对律师、律师事务所的监督、指导职责,在各级政法委统一安排下,对律师代理重大、敏感、群体性案件进行指导、协调工作,既可以有效预防律师在工作出现失误、偏差,又避免律师与司法工作人员发生不当冲突,更为律师依法独立执业创造便利条件,努力实现法律效果与社会效果、政治效果的统一。关于对大要案的指导、协调,有的媒体和部分律师有不同意见,认为干预了律师的独立办案,有些基层司法行政机关在理解、执行上也出现了偏差,但我们建立这项制度的初衷是为了保护律师,避免出现类似"李庄案"这样的情况,从省厅这些年指导、协调的多起大要案的情况看,都取得了很好的效果。

③指导律师党建工作。近年来,根据中央的要求和部署,各地都把加强包括律师行业在内的新社会组织、新经济组织党的建设工作作为一项重要任务。中办发[2010]30号文件明确要求:"各级司法行政机关、各地律师协会要把推进律师行业党的建设作为重大政治任务,列入重要工作议程,切实加强组织领导。"因此,大力加强律师行业党的建设工作,是中央文件赋予是各级司法行政机关一项重要的职责,从宽泛的意义上讲,也属于行政指导的范围。

二、律师协会的行业管理

律师协会是社会团体法人,是律师的自律性组织,在行政法律关系中有着双重身份。一方面,它与一般公民、法人或其他组织一样处于行政相对人的地位,必须接受政府的管理和监督;另一方面,它又与政府机构一样处于行政主体地位,行使部分公共管理权力,对律师和律师事务所进行行业管理。根据律师法的规定,律师协会行业管理主要包括以下八项内容:

1. 保障律师依法执业,维护律师的合法权益

这是律师协会的首要职责,也是包括律师协会在内所有行业组织产生、存在的原因、理由。作为一个主要靠会员提供会费赖以生存的行业组织,保障会员依法执业、维护会员的合法权益、捍卫行业整体利益是责无旁贷的义务。

2. 总结、交流律师工作经验

律师协会通过总结研究律师事务所管理和律师执业过程中遇到的问题和

困难，归纳、总结律师事务所管理和律师执业过程中成功的经验和做法，将其上升为对全体律师事务所和全体律师具有普遍指导意义的经验，通过会议、刊物、网站、参观访问、实地考察等各种有效形成，促进律师事务所之间、律师之间的工作交流，取长补短，共同提高，进而促进整个行业的发展。

3. 制定行业规范和惩戒规则

主要包括这样几项内容：(1)制定行业管理规范，根据行业发展的要求，健全完善行业管理规则，覆盖行业管理的各个环节、各个层面，规范管理行为，保障公平竞争，维护行业秩序，树立管理权威。(2)制定执业规范和业务指引，健全完善各类具体的执业行为规范、主要业务指引规范以及配套文本格式，规范律师执业行为。(3)制定对律师事务所、律师违规行为的受理、立案、调查、听证、处分、执行等工作程序和规则，使对违反行业规范的律师、律师事务所的惩戒有章可循。

4. 组织律师业务培训和职业道德、执业纪律教育，对律师的执业活动进行考核

根据社会对法律服务不断增长的新要求，组织对新颁布法律法规以及新兴、高端法律业务和职业道德执业纪律的培训，是律师协会的一项重要职责。自 2008 年以来，根据涉外法律服务的需要和广大律师的迫切要求，我省先后选派律师到美国、香港进行涉外业务培训。目前，省律师协会又在积极配合省人力资源和社会保障厅、省商务厅、省司法厅开始实施“百名应对国际贸易摩擦高端法律服务人才培训工程”。对律师执业活动进行年度考核是新律师法增加的职能，是指律师协会在律师事务所对本所律师执业活动进行考核的基础上，对律师的执业表现作出评价，并将考核结果报司法行政机关备案，记入律师执业档案。对律师的考核由设区的市级律师协会和直辖市律师协会负责组织实施，省级律师协会指导、监督本区域的律师执业年度考核工作。

5. 组织管理申请律师执业人员的实习活动，对实习人员进行考核

这项工作原来是司法行政机关的职能，新律师法将这一职能赋予了律师协会。在座的各位这次培训之后，还需经所在市律师协会对大家的政治素质、道德品行、业务素质、遵守职业道德和实习纪律等方面进行考核。市律师协会出具的考核合格意见，是实习人员符合申请律师执业条件的有效证明文件。

2006 年，全国律协发布了《申请律师执业人员实习管理规则(试行)》，因对品行良好缺乏量化考核条件受到批评。2010 年 8 月 1 日，全国律师协会修改后

的《申请律师执业人员实习管理规则》颁布施行，确立了六种“不宜从事律师职业的不良品行”的情形。

6. 对律师、律师事务所实施奖励和惩戒

对做出突出贡献的律师、律师事务所进行表彰奖励，对违反职业道德执业纪律，损害当事人合法权益的律师、律师事务所进行惩戒，也是律师协会的重要职能。律师协会对会员的行业处分种类有：(1)训诫；(2)通报批评；(3)公开谴责；(4)取消会员资格。

7. 受理对律师的投诉或者举报，调解律师执业活动中发生的纠纷，受理律师的申诉

受理投诉和举报很好理解，不再赘述。在律师执业过程中，律师与律师之间、律师和律师事务所之间难免发生纠纷。因此，妥善处理纠纷，防止矛盾激化，维护律师依法执业的正常秩序，是律师协会担负的重要职责。

8. 法律、行政法规、规章以及律师协会章程规定的其他职责

这项规定为兜底性内容，以弥补前面列举的七项职能可能存在的缺漏。同时，也为今后随着形势的变化和律师业的发展而通过不同形式赋予律师协会新的职能预留了空间。

（本文节选自 2011 年 7 月 19 日在实习律师岗前培训班上的讲课提纲）

青年律师是山东律师业的未来

青年律师是山东律师业的未来。但青年律师新入行最大的困难是“四缺”：缺经验，缺人脉，缺案源，缺良师。

万事开头难，这是任何行业都面临的普遍问题。大家一定要相信：人生不会总是爬坡的。只要坚持、坚守，总会走上坦途。因此，就青年律师，我想谈几点认识、体会：

1. 要坚信律师是一个神圣的职业

我对人生的思考——创造财富，治国理政。郭道晖教授曾撰文提出，法律职业群体应是社会的良心和脊梁，法学家、律师、法官要承担历史、社会和道义上的责任。律师与会计师、审计师等其他专业人员的明显不同之处在于，律师是法治的承载者、捍卫者、传播者，律师在西方法治国家是一个最大的治国理政人才群体。在当代中国，越来越多的党政领导也把律师队伍放在党和政府重要执政资源的高度来认识、来对待。法律是治国理政之术，我们学习了法律，选择以法律为职业，就应该志存高远、胸怀大志，将追求真理、承担责任作为法律人神圣使命，而不仅仅将其作为养家糊口的普通职业。

2. 要注重品行、坚持职业操守

做律师，先做人。高尚的品行和良好的职业操守，是律师安身立业之本，也是谋求成长、发展之基。希望新一代的年轻律师讲气节、重品行、有操守，保持职业尊严和品位，守住作为职业共同体的精神家园，保持对法律的高度信仰，以推动中国法治进步为己任，不偷税，不勾兑，不行贿。

3. 要让学习成为一种习惯

古人云：不学则无术。学指学识、学问，术指技术、智术。律师作为一个“师”，应具备“传道、授业、解惑”的学识、学问。作为一个专业人才，要靠专业技术为社会提供法律服务。要既有学，又有术。希望大家把学习和执业很好地结合起来，把执业的过程看作是学习的过程，不断学习，更新作为律师应当具备的政治、法律、经济、科技等一切有用的知识。目前，不少律师整天忙业务、忙应酬、忙挣钱，对原有的知识储备在进行掠夺性的透支。在一个知识经济时代，坐吃山空不仅可以说是短视的，而且简直可称之谓愚蠢！坐吃山空终有一天你会失去挣钱的本钱。所以，强调大家要终身学习，不是一个空洞的口号，而是你们今后在竞争激烈的市场中赢得生存的必备条件。希望你们在今后的执业生涯中，把学习作为一种境界、一种使命、一种追求、一种习惯，做到学习工作化、工作学习化。

年轻律师除学习专业知识外，要多学一下写作、机关规则程序、礼仪风纪、说话技巧等。

4. 要树立正确的群众观、金钱观

在中国，对于执政党来说，脱离群众是最大的危险。而作为一个与社会各阶层群众密切接触的职业，只有扑下身子、踏踏实实地为老百姓办实事、解难事，人民群众才能认可你，你今后的职业生涯才能有坚实的群众基础、社会基础。作为一个青年律师，面临的最大的困难可能是案源不足。关于如何拓展案源，目前有许多营销方面的理论，但是我觉得有句老话不能忘——“金杯银杯不如老百姓的口碑”，为老百姓办好每一个案子是最好的营销手段。赚钱不能直奔“钱”，要迂回。(1)想赚钱，必须有好的口碑、知名度。(2)多关心公益，多办法律援助案件。当前，有许多社会贫弱群众在遇到困难时需要我们律师在法律上施以援手，希望年轻律师树立助人就是助己的观念，在帮助社会贫弱群众中体会、实现自己的价值。这样不仅会有助于树立良好的职业声誉、逐步积累良好的人脉资源，也会逐渐带来经济上的回报。如果你一门心思钻进钱眼里，心中自然就没有群众，结果是既赚不到钱，也得不到群众的认可。所以，我在律师行业提出了一个观点，要倡导和宣传中国律师是“人民律师”，而慎谈律师是“自由职业者”。强调律师来自于人民、为了人民、服务于人民，叫响“人民律师为人民”的口号，这是基于中国的国情，基于中国律师是中国特色社会主义法律工作者定位得出的结论。它能得到党政领导和广大人民群众的高度认同。因为同中性的“社会中介人员”和有百害而无一利的“自由职业者”的称谓相比，它充满了感情、充满了温暖、充满了亲切，有助于树立律师在党政领导和广大人民群众中的社会地位和良好形象，希望大家要牢记在心。

5. 要确立自己在政治上成长的目标、路径

要成为一个成功的大律师，除了在业务上有所建树、职业操守上没有瑕疵之外，政治上也要立得住。各位“准律师”在职业生涯的开始阶段就要规划、明确自己在政治上成长的目标，具体有这么几条路径：

(1)根据自己的情况，加入中国共产党或其他民主党派，实现有序政治参与。

(2)通过担任各级党代表、人大代表、政协委员参政议政，是目前律师在政治上成长一个重要方式。

(3)进入各级律师协会理事会、常务理事会或各专门、专业委员会，通过在行业管理中发挥和展现自己的智慧和作用，提高自己在律师行业中的影响。

(4)根据中办发[2010]30 号文件和鲁办发[2011]14 号文件精神，今后将加大从律师中选拔法官、检察官的力度，鼓励符合条件的优秀律师通过公开选拔、公务员录用考试等途径进入党政机关，这也是律师在政治上成长的一条路径。

最后，根据我对人生、工作和生活的感悟和对律师职业的思考，我愿意把十六个字装到各位“准律师”的心坎里：服务他人，快乐自己；追求卓越，拒绝平庸。

(本文节选自 2011 年 7 月 19 日在实习律师岗前培训班上的讲课提纲)

关于律师行业自律、自治问题的思考

通俗地理解,“自律”属于自我约束;“自治”就是“自我治理、管理”。在中国的语境下谈“自治”,在法律制度上的体现主要是民族区域自治制度,而在法律文件中的体现,主要是民族自治地方制定的各种自治条例。此外,我国1982年修订颁布的《宪法》第111条规定:“村民委员会是基层群众自治性组织。”“村民自治”的提法开始陆续有人提及。自2009年6月开始,有关方面就积极推动修订《村民委员会组织法》并希望将其命名为《村民自治法》,直到目前尚无实质性进展。可见,“自治”这一概念在我们国家是不被广泛认可的。

关于律师行业的自治问题,是一个敏感话题。我国《律师法》规定,律师协会是社会团体法人,是律师的自律性组织,回避了“自治”的概念。在学界,有些学者极力主张“自治”。例如,清华大学学者高鸿钧2004年在题为《走向职业自治》的文章中提出:“在现代的法治国家中,通常都存在发达的民间组织和自治的职业团体,而律师协会是典型的民间组织和自治的职业团体。”因此,当前中国“政府就应该从律师业的管理中撤出了,从而使它成为一个独立的民间组织和自治的职业团体”。北京大学法学院教授张千帆在2010年3月22日接受《经济观察报》访谈时甚至说:“哪天律师不再是政府部门管制之下的附庸,中国就离法治社会不远了。”而实际工作中,相当数量的律师认可“自治”,可司法行政机关却始终不使用“自治”这一概念。但是,律师行业自律、自治问题是律师管理工作不可回避也必须高度重视的问题。我结合对西方法治发达国家及我国台湾地区的律师自治模式的学习考察,谈一下对我国律师行业自律、自治问题的几点思考和认识。

一、对西方法治发达国家及我国台湾地区律师行业自治问题的考察

目前,不少学者和律师极力推崇西方法治发达国家及我国台湾地区的律师自治模式,但对于西方法治发达国家及我国台湾地区律师自治究竟是一种什么状态,却不去考察、研究。“没有调查,就没有发言权。”就像“律师”是一个“舶来品”一样,“自治”在中国也属于“舶来品”。因此,谈律师行业“自治”问题必须追根溯源,研究西方法治发达国家及我国台湾地区的律师自治模式。那么,西方法治发达国家及我国台湾地区的律师自治究竟是怎样的呢?

1. 大陆法系的“行政监督模式”——以德国、法国为代表

德国是大陆法系中律师业最发达的国家。

(1)在执业准入方面:申请律师资格,须向州司法行政机关提出,由州司法行政机关按照法定条件和程序予以审查并作出决定。执业审批(书面材料)审查由司法行政部门负责,并向所在地律师协会调取执业人鉴定书。律师协会逾期不提供的,司法行政部门可推定为无不同意见。凡是符合法律规定的,司法行政部门必须授予申请人律师资格。申请人对律师协会提供的鉴定书或司法行政机关不授予律师资格的决定不服的,可以向法院提起诉讼。取得律师资格后,申请人必须向拟执业地的法院申请注册,经法院审核同意后,在法院进行宣誓,并在法院的注册律师名录上登录、颁发执业许可证。

(2)在惩戒方面:主要由专门设立的律师纪律惩戒法庭负责。除了训诫以外,无论是律师协会还是它的执行委员会,都无权对律师给予其他的纪律惩戒处分。纪律惩戒法庭分三级。初级律师惩戒法庭是名誉法庭,它由三名经司法部长任命的律师组成。要求对违纪律师给予的惩戒处分的起诉、上诉只能由检察官提起。名誉法庭可以对违纪律师给予的惩戒处分有警告、训诫、处以 1 万马克以下的罚款和除名。名誉法庭之上是名誉上诉法庭。管理范围通常是一个州纪律惩戒法庭的最高审级是联邦法院,其上诉裁决由一个专门委员会作出,该委员会由四名联邦法院法官和三名陪审律师组成。委员会主席由法官(通常是联邦司法法院院长)担任。

(3)在出口方面:司法行政部门具有撤销律师资格的权力。但撤销律师资格的法定事由有待进一步考证。

(4)对律师协会的监督、指导方面:德国的律师组织包括联邦律师协会和各州律师协会。联邦律师协会由各州律师协会共同组成。该协会属于公法团体,受联邦司法部长的直接指导和监督。州律师协会设在州高等法院,也属于公法团体,受州司法行政机关的指导和监督。

法国的行政监督模式:

(1)在执业准入方面:律师资格考试委员会由一位法学教授、一位法官和三名律师组成,由法学教授任主任。考试合格后申请人必须向他准备加入的律师协会秘书处提出申请,律师协会理事会在作出决定后八天内通知申请人和上诉法院的检察长,申请人需到上诉法院进行宣誓。在最高法院执行职务的律师必须经过最高法院评议会特别考试合格,并由政府任命。

(2)在惩戒方面:律师协会作为自治团体对会员拥有惩戒权,具体由律师协会理事会组成惩戒委员会予以处理。律师协会会长或上诉法院的检察长可以不通过律师调查委员会,直接提请律师纲纪委员会审理律师违纪案件。上诉法院的检察长认为处罚不当的,可以提起诉讼。

(3)对律师协会的监督、指导方面:律师协会经司法行政部门批准后设立,并接受司法行政部门的监督和指导。律师协会具有独立的法人地位,享有一定的批准律师资格,以及对律师实行纪律惩戒的权力。但必要时,政府部门可以对律师协会作出的关于律师资格的决定进行审查。

在德国、法国,司法行政部门对律师协会监督、指导,主要职责是监督律师协会遵守法律和规章,特别是履行其职责的情况。具体措施是:

(1)律师协会应将律师全体会员大会的选举结果和作出的决议向司法行政部门报告。

(2)律师协会修改章程、制定律师行为规范及其他规范性文件须报司法行政部门备案。

(3)律师协会每年要向司法行政部门提交年度工作报告。对于律师协会提交的文件,司法行政部门应在法律规定的期限内予以答复,司法行政部门不同意时,律师协会可以向法院提起诉讼。

(4)司法行政部门认为律师协会的选举或作出的决议违反法律或章程,可提请法院判决选举或决议无效。当然,司法行政部门在下发文件和决定时,必须征求律师协会的意见。

大陆法系的律师自治模式有以下几个特点:①公权力存在的领域是比较大

的。②对于律师事务所和律师的正常业务，公权力不干预，已进入较高程度的自治状态。③公权力以司法行政部门行使为主。

2. 英美法系的“司法监管模式”——以美国、英国为代表

美国是世界上律师业最发达的国家，其司法监管模式如下：

(1)在执业准入方面：美国律师取得从业资格有三个条件，即学历、资格考试和品行三方面。律协主要负责报名者申请、登记，负责组织律师资格考试、批卷、录取等，还负责对申请者道德品质的考查等。批准律师从业的大部分工作由律师协会去做，但最关键的一关却在法院。律师资格的执照由法院颁发，而且取得律师资格的人必须在州法院宣誓效忠于美国宪法方能开业，两年内不在法院履行宣誓仪式，资格自动失效。

(2)在惩戒方面：由律协惩戒委员会和法院共同实施。法院负责颁发律师执照、决定违纪律师的惩戒种类，但批准律师开业和惩戒的大量具体工作都由州律师协会承担。对律师的惩戒一般都是由州高等法院来裁决实施。但无论是州律师协会还是州司法机关，都不能单独决定对某个律师资格的授予或对某个违纪律师的处罚。如果律师对协会的处罚不服，可以向法院起诉。

(3)对律师协会的监督、指导方面：美国对律师的管理是通过律师协会和法院的共同运作来实现的，律师协会与司法机关之间是一种分工合作、相互制约的关系。这种行业管理与司法监督模式主要源于英国法院管理律师的传统，具有以下几个显著特征：第一，以律师协会的行业管理为主，联邦政府的司法行政部门(如司法部)并不直接管理律师。第二，法院拥有对律师行业的监管权。美国法院一直认为，它对律师的监管包括了从批准予以开业到取消资格为止的一切事务，即享有如下权力：“颁布官方律师法规，批准律师开业，取消律师资格或其他惩戒，权威地解释法规，限制非律师在法律领域内从业、未经法定程序无权开业，与律师协会结合使律师具有良好行为以保证法律实施，强制律师必须支持法院的监督管理活动等。”[①]第三，美国律师管理体制是一种相互制衡的体制。一方面，律协监督管理律师，律师则通过法院反过来监督律协；另一方面，法院监督管理律师、律协，而律协、律师又通过上诉权、选举权等来监督法院。

英国的司法监管模式：

(1)在执业准入方面：英国实行律师制度二元制。律师分为初级律师(又称

① 石毅主编：《中外律师制度综观》，群众出版社2000年版，第328页。

“事务律师”“小律师”)与专门律师(又称“出庭律师”“大律师”)。他们各有不同的资格取得方式,不能互相替代转化。专门律师含有名誉公职的性质,必须在四大律师学院入学,参加一定次数的晚餐会,按规定参加由四大律师学院委托法学教育评议会组织的律师资格考试,才能由自己所属的学院正式授予律师资格。若想执业,还须在专门律师事务所见习一年。要成为初级律师,必须登记作为律师协会的进修生。在从事实际业务的初级律师指导下进修业务,在有关的法律学校接受培训及参加考试合格。

(2)在惩戒方面:专门律师的惩戒由“新评议会”的纪律惩戒法庭进行。“新评议会”的成员包括检察总长、副检察总长、法学教育委员会会长、律师学院代表、律师代表等。对于违反职业道德的初级律师,可由初级律师纪律惩戒法庭或法院予以惩戒。高等法院对初级律师也有惩戒权。

(3)出口方面:高等法院可以将违反职业道德的初级律师作出除名或中止其开业的处罚。

(4)对律师协会的监督、指导方面:专门律师团体包括律师学院、旧评议会(专门律师评议会)、新评议会(专门律师公会评议会),初级律师的主要团体是初级律师协会,它设有若干委员会。

英美法系律师自治模式具有以下特点:①公权力的痕迹相对较轻。②律师自治程度要高于大陆法系。③公权力的行使更多由司法审判机关掌握。

3. 我国台湾地区“行政监督”+“司法监管”的模式

我国台湾地区的律师制度与英美法系、大陆法系及我国大陆地区都有较大的差异。我国台湾地区现行律师法是1992年11月修订的,它源于1941年1月国民政府在大陆地区所公布的律师法,历经数次修订。

(1)在执业准入方面:我国台湾地区律师资格的取得分考试和检核两种途径。已取得律师资格,在正式开始律师业务之前,必须向地方法院及其直接上级高等法院或分院声请登录;高等法院分院、地方法院,应将登录之律师陈报高等法院;“高等法院检察署”按月转报“法务部”。

(2)在惩戒方面:我国台湾地区律师的惩戒机关分别为律师惩戒委员会和律师惩戒复审委员会,前者由高等法院法官三人、“高等法院检察署”检察官一人及律师五人组成,后者由高等法院法官四人、“高等法院检察署”检察官二人、律师五人及学者二人组成。对律师的惩戒处分包括警告、申诫、停止执行职务二年以下、除名四种。对律师的惩戒,由高等法院或其分院或“地方法院检察署”依职权送请律师惩戒委员会处理。因律师办理商标、专利、工商登记、土地登记等业务应受惩戒的，由主管机关直接送请律师惩戒委员会处理。对地方律师公会违反法令或律师公会章程的行为，由台湾“社会行政主管机关”对其实行警告、撤销其决议、整理或解散的处分，“地方法院检察署或其上级法院检察署”也有权决定实施。

(3)对律师协会的监督、指导方面：我国台湾地区的律师自治组织为律师公会，其主管机关为社会行政主管机关、“法务部”及所在地“地方法院检察署”。律师公会不是独立的，其一切活动都离不开台湾社会行政主管机关和“法务部”及所在地“地方法院检察署”的监督。律师公会订立章程、举行会议、订立律师伦理规范等行为，都要向上述部门备案、备查或陈报。

台湾地区的律师自治模式有以下特点：①融合了大陆法系、英美法系两种自治模式，是两种模式的混合体。②公权力存在的痕迹非常明显，在一定程度上甚至高于大陆法系。律师在准入、惩戒及律师公会的大部分活动，都或多或少地受到社会行政主管机关和“法务部”及所在地“地方法院检察署”的监督、指导。③公权力的行使由社会行政主管机关、“法务部”及所在地“地方法院检察署”共同行使。

二、通过对西方法治发达国家和我国台湾地区律师行业自治问题考察后得出的几个结论

1. 西方法治发达国家及我国台湾地区律师行业已经实现了高度自治，律师行业的主要事务由律师协会管理，不论是大陆法系还是英美法系都是普遍的做法。

2. 世界上律师行业除日本之外没有绝对意义上的完全自治，其中都有国家公权力的存在，只是公权力的行使主体、存在的程度有所不同而已。特别是在资格的取得、对违规行为的惩戒方面，国家公权力并没有完全退出，其法理学基础在于必须由国家公权力来有效平衡社会公共利益与律师行业、个人利益之间的关系。即使在律师业最发达的美国，其法院一直认为，它对律师的监管包括了从批准予以开业到取消资格为止的一切事务。

3. 律师自治模式在不同国家是有差异的。律师行业自治离不开一个国家的政治、经济、社会条件以及法律、文化传统的支撑。英美法系、大陆法系的不同特点，以及我国台湾地区与英美法系、大陆法系的区别，都反映了各国和地区在历史传统、社会条件和司法体制方面的差别。

三、对中国律师行业的自律、自治问题的四点思考

西方法治发达国家和台湾地区律师行业自治模式，至少给我们以下四点启示：

1. 律师行业逐步走向高度自治是一个必然的趋势

实施善治，构建政府与公民、市场和社会之间良性互动关系既是国家治理的必然选择，又是现代文明、法治社会的必由之路。政府不能包揽一切，善用社会组织协调社会关系是加强和创新社会管理的题中之义。加强社会管理要实现善治的结果，政府必然要逐步还权于民、放权于社会，摒弃对社会组织曾有的排斥和戒备心理，珍惜民间社会组织参与社会管理的热情。由"官治"走向"官民共治"，由"管理"走向"治理"是一个必然的历史趋势。正是在这一大的历史潮流下，我认为，我国律师行业逐步走向高度自治是一个必然的趋势。我们自应遵循律师业发展规律，但我们无法预言什么时候能够达到西方法治发达国家的自治程度。

2. 自律是较低程度的自治，对自治问题不需要刻意回避

中国的律师制度历史短暂，从新中国成立初期算起不过六十余年，从恢复重建算起不过三十余年。而具有现代意义的律师制度，应该从2000年开始的脱钩改制算起，假如这样计算，真正的历史不过十余年，还处在成长、发展的初级阶段。现阶段社会各界包括一些党政机关对律师协会的认可程度还较低，单靠律师协会出面去协调一些工作、解决一些难题往往四处碰壁。比如律师维权是《律师法》规定律师协会的八项职责之首，但从包括枣庄律师在内的一些维权案件看，要想取得好的结果，还是需要司法行政机关出面协调政法委及公检法机关。我认为，自治是行业自律性管理程度达到较高水平的一种状态。2011年"两会"期间，吴邦国委员长宣布，中国特色社会主义法律体系已经形成。司法部部长吴爱英在一次讲话中指出，以律师法为核心的律师管理体系已经形成。因此，对律师行业的自治问题我们没有必要刻意回避。未来之路，司法行政将管得越来越少，协会职能将越来越强，总有一天会达到很高程度的自治。但是，目前我们尚没有能力预见中国律师行业实现较高程度的自治会在什么时候。当前，我们与其空喊、乱说一些激进的口号，不如脚踏实地，立足中国国情，解决好当下的现实困难与问题，以有效探寻并逐步走上律师组织自治的道路。

3. 积极培育协会发育成长，实现由自律到自治的转变

(1)要提高律师协会的自组织能力，应该从眼前能够通过努力办得到的事情着手，从一点一滴、实实在在地不断提高行业自律管理能力做起，增强广大律师的自治意识，健全完善律师协会管理体制，从练好内功做起，强身健体。

(2)按照加强和创新社会管理的要求，司法行政机关要依法管理，把工作重点放在依法监管和宏观指导、把握方向、创造良好执业环境上。要放心、放手、放权，使律师协会拥有独立人、财、物方面的权利，包括在换届选举中推进民主进程。对协会内部自律管理事务，坚持凡是行业能够自我管理的领域，公权力就不再进入，就应该让行业实施自我管理。让它们尽快成长、成熟，使它们在社会建设和社会管理中发挥更大的作用，适应社会转型及社会管理体制改革创新的大局和大势。

(3)积极推动《律师法》的修改，加强律师协会行业管理的权重，明确行业自治的概念或者是方向。但在《律师法》修改之前，要对自治的问题有序表达。

4. 即使中国律师实现了自治，公权力也不可能完全退出律师管理领域，特别是在准入、惩戒方面

我国律师制度生成和演进是由特殊的发展路径形成的。西方国家是先有了律师这个职业，在发展过程中，律师为了自身更好地生存、发展，组建了律师协会，然后才有政府对其进行不同程度的管理。而我国的情况恰恰相反，由政府“催生”了律师制度，才有了律师这个职业，并由政府主导推进律师协会的发育。从新中国成立以来律师制度建立、夭折到之后的恢复重建和发展壮大的过程，我们可以充分看到行政力量在其中不可替代的主导作用。《律师法》规定，司法行政部门对律师、律师所、律师协会负有监督、指导职责，这是适合中国国情和当前律师业发展状况的法律制度安排。未来中国律师即使实现了高度自治，公权力对于律师行业的监督、指导依然会存在，但其模式、表现方式如何变化、改革，我们无法预料。

(本文节选自 2011 年 8 月 31 日在山东省律师事务所党支部书记专题培训班上的讲课提纲)

律师应当重点把握的五个问题

律师是一种专业性很强的职业。如何做好律师？这是每一名从事律师职业者无法回避且需要深思的问题。根据我近几年对律师工作的一些思考，结合山东律师管理工作实践，就律师应当重点把握的五个问题，谈几点认识和体会。

一、律师要做政治上的明白人

1. 律师为什么必须做政治上的明白人，这需要从以下几方面来考虑：

首先，从律师制度的起源看。律师制度是近现代民主政治发展的产物。民主政治是多数人的规则之治。律师参与诉讼活动，从某种意义上说，就是一种由国家认可的、允许发表不同意见和主张的活动。律师是职业代言人，在民主法治国家，律师往往是担任民意代表最多的一个群体。

其次，从政治与法律的关系看。法律不是政治，但法律与政治有着紧密的联系，法律是为国家、政治服务的。从政治体制和国家体制的层面看，法律摆脱不了被工具化状态。而律师作为法律人，都是存在于一定的政治体制、国家体制之内的，永远无法摆脱与政治的关系。

再次，从党和国家对律师在政治上的要求看。2008 年 10 月，第七次全国律师代表大会提出，律师要做中国特色社会主义法律工作者，做经济社会又好又快发展的服务者，做当事人合法权益的维护者，做社会公平正义的保障者，做社会和谐稳定的促进者。特别是律师是中国特色社会主义法律工作者的提法，被作为对律师政治属性的权威表述。2010 年 9 月，经中央政治局常委会研究同意，中央办公厅、国务院办公厅转发了《司法部关于进一步加强和改进律师工作的意见》，也就是(中办发[2010]30 号)文件。文件明确指出：我国律师制度是中国特色社会主义司法制度的重要组成部分，律师是中国特色社会主义法律工作者，律师队伍是落实依法治国基本方略、建设社会主义法治国家的重要力量。这是中央在政治上对律师及其职业属性的定位。作为一名中国特色社会主义法律工作者必须是政治上的明白人。

最后，从律师、律师业的成长来看。一个成功的大律师必须在政治上成熟，在政治上的大是大非面前做到头脑十分清醒、立场十分坚定、态度十分明确，确保在政治上不犯错误。而对律师行业来说，不管是律师协会的领导层还是律师事务所党支部书记，必须是政治上的明白人，才能保证整个行业沿着正确的方向发展。

2. 律师要成为政治上的明白人，需要做到以下几点：

一是要了解并认同党的基本理论、基本主张。要大致了解执政党的基本理论、基本主张，并努力在思想上、情感上给予高度认同。特别是要加强对中国特色社会主义理论体系的深入学习，掌握其主要的理论观点、理论主张，用以充实、武装自己的头脑。

二是要基本掌握党和国家关于当前政治、经济、社会建设的重要政策及重大部署。根据不同历史时期的政治、经济、社会发展状况，党和国家会调整、制定不同的路线、方针、政策，律师要自觉地学习、掌握这些路线、方针、政策，熟悉世情、国情、党情。当前，要特别注意学习胡锦涛总书记及中央、省委有关加强和创新社会管理的有关重要讲话和重大部署；学习胡锦涛总书记“七一”重要讲话精神。

三是要严格依照宪法和法律开展律师工作和律师协会工作。宪法和法律是党的主张的固定化、法治化，律师作为法律人要把严格守法、依法办事作为责任、作为底线。

四是对重大、群体性、敏感案件要注意从政治的视角审视，避免政治风险，防止在政治上出现偏差。

五是要学会有序地进行政治表达。在民主法治的社会，再强烈的利益诉求、政治诉求，也要通过理性、平和的方式和法定的渠道表达，不能通过互联网等形式，以组织串联、签名结盟等形式就某些案件向党委政府施压或者是将法律问题政治化。

六是要通过现有的主渠道，介入政治生活。通过担任各级党代表、人大代表、政协委员参政议政，是目前律师在政治上成长的一个重要方式。律师要抓住各级换届的有利时机，充分利用中办发[2010]30号文件和鲁办发[2011]14

号文件提供的政策依据，与当地有关部门和司法行政机关沟通协调，及早工作，积极争取担任党代表、人大代表、政协委员。

二、律师要在服务大局中寻找自己的发展空间

1. 律师为什么要服务大局，这需要弄清楚以下几点：

第一，律师业的发展与国家经济社会的发展具有高度的关联性。只有为大局服好务，律师才能有作为、有地位、有影响。

第二，只有了解大局、服务大局，才能从中找到自己的发展空间，才能把握市场、把握商机、把握自身事业发展的战略方向和布局，事半功倍地拓展自己的发展空间。

第三，多年来的实践也充分证明，那些国内、省内成功的大律师事务所，其带头人都是政治意识、大局意识和战略眼光很强的人，站得高，看得远，悟得透，能很好地根据不同时期党和国家的工作重点，把服务大局与律师事务所的业务开展、市场拓展紧密结合起来，借势借力赢得自身事业的发展。

2. 大局是什么。所谓“大局”，就是党和国家以及各级党委政府在一段时间的中心工作和重点工作。

3. 律师为大局服好务要把握好以下三点：

(1)要了解大局。要注意学习每年各级政府的工作报告、经济工作会议、政法工作会议精神；学习党和国家领导人以及当地党委政府负责同志重要讲话精神；学习国民经济和社会发展的总体规划等等，这些都是很好地了解大局的途径。

(2)要结合工作实际思考，寻找切入的途径和渠道。在了解大局的前提下，要根据自身的特点，比如所在律师事务所的规模、业务特长、人才结构、服务模式等，制定切实可行的方案，找准切入点、着力点，这样才能取得好的效果。这方面我省德衡、众成等许多优秀律师事务所都有成功的经验，中央电视台对他们的做法都进行了报道。

(3)要服务好当前我省的大局。一是要围绕经济发展转方式、调结构，服务经济平稳较快发展，特别是服务蓝黄两大国家战略和应对国际贸易摩擦。实施蓝黄两大国家发展战略是省委、省政府的中心工作，同时，我省是对外贸易大省，是贸易摩擦的“重灾区”。去年以来，围绕这三项重点工作，我们分别成立了三个服务团，各市也相应地成立一些律师专业团队，重点抓了宣传推介和人才

培训等工作，但不能停留在表面上，要深入进去，以两大战略实施中的招商引资、投融资、重大工程、重大项目和办理反倾销、反补贴案件等为突破口、切入点，在办理具体法律事务上取得实实在在的进展、成效并注意及时向省厅报告有关工作情况。二是要加强和创新社会管理。律师在加强和创新社会管理中具有不可替代的专业优势和职能作用。特别是要积极参与维护群众权益机制建设。胡锦涛总书记强调，进一步完善党和政府主导的维护群众权益机制，形成科学有效的利益协调机制、诉求表达机制、矛盾调处机制、权益保障机制。律师拥有法定执业权利，精通法律，熟悉救济渠道，可以全方位地接受当事人的委托，通过咨询、代书、仲裁、调解、诉讼与非诉讼等多种形式在四项机制中发挥重要职能作用，切实维护群众的合法权益。

三、律师要真心实意地为老百姓服务

1. 律师要真心实意地为老百姓服务，这需要做到以下几点：

(1)当前我国处于经济转轨、社会转型时期，社会矛盾凸显，刑事犯罪高发，各种社会矛盾“碰头”“叠加”，社会矛盾的关联性、聚合性、突发性、对抗性增强，不稳定、不确定、不可预测的隐性因素增加，特别是基层干群关系紧张，往往一点小事处置不当就可能引发影响社会和谐稳定的事件。因此，中央特别强调要牢固树立群众观点，努力做好服务群众的各项工作。作为律师，应当响应党中央的号召，做好人民群众的法律服务工作，努力化解社会矛盾，维护社会和谐稳定，这是义不容辞的责任。

(2)人类之所以创设律师制度，一个主要目的就是通过律师接受公民的委托，代表私权利来约束强大公权力的滥用。不可否认，近年来造成干群关系紧张，甚至是引发一些影响社会稳定的群体性事件，许多情况下是因为少数公权力的拥有者不能正确、正当地行使人民赋予的权力为人民谋福祉，反而屡屡侵犯老百姓特别是弱势群众的权利和利益。而利益受到侵害者往往是农民、农民工、下岗工人等弱势群体，而他们往往最不了解自己在法律上有哪些权利、通过什么程序保护自己的权利，这就是律师的使命和作用所在。因此，我认为，从律师制度设立的初衷看，律师的重要使命和作用，就是侧重于作为各个弱势群体的代言人，为维护弱势群体的合法权益而斗争。

(3)律师只有植根于普通老百姓之中，还原律师制度作为私权利代言人的初衷，律师才能从人民群众的支持中获取力量之源，也才能获得相应的物质报酬。因为赚钱不能直奔“钱”，要迂回。想赚钱，必须有好的口碑、知名度。如果你一门心思钻进钱眼里，心中自然就没有群众，结果是既赚不到钱，也得不到群众的认可。我觉得在任何服务大众的行业，有句老话不能忘——“金杯银杯不如老百姓的口碑”，为老百姓办好每一个案子是最好的营销手段。

2. 律师为老百姓服好务，要重点把握好以下几个问题：

一是要高度重视发展诉讼业务，这是律师的看家本领、发家本领，决不能丢，绝不能轻视。特别是《刑事诉讼法》修改后，要在第一时间开展培训，并以此为契机，努力提高刑事案件的辩护率，努力提高刑事案件的辩护质量。

二是要进一步关注民生、捍卫民权、服务民众，特别是注意维护那些处于社会最底层的弱势群体、困难群体的权益。要多办法律援助案件，特别是大律师要带头行动，发挥示范、导向作用，努力提高法律援助质量，健全法律援助便民服务长效机制，努力实现应援尽援、能援多援，让更多的有理无钱的老百姓尽享法治阳光和社会关爱。

三是要引导青年律师往基层走、往农村走、往社区走，在与底层老百姓的接触中，经风雨，见世面，长见识，练本事。当前在推广法律顾问全覆盖工作中，许多地方实行“一村一律师”制度，律师的缺口很大，这为年轻律师带来了发展机遇，有效破解了他们的执业之初案源不足的难题，更重要的是会使他们得到很好的锻炼提高，加深对基层群众的情感，增强社会责任感。

四、要构建科学的律师管理工作体系

律师管理体系包括行政管理、行业管理和律师事务所管理三个部分。我们要正确对待、认识西方的律师自治，把握律师业发展规律，尊重律师业发展的趋势，构筑科学的律师管理工作体系。

1. 要优化行政管理，就要认真做好以下几项工作：

一是要依法管理。①司法行政机关要勤勉尽责，把律师法和部颁规章赋予对律师、律师事务所和律师协会的监督、指导职责履行到位。依法管理很重要的一点是省、市、县三级司法行政机关要履行好各自的管理职责，特别是县级司法行政机关的管理要有规矩、有章法，不能该管的不管，不该管的乱管，做到“管好自己的人，看好自己的门，办好自己的事”。②要改变目前对违法违规律师、律师事务所处罚“失之于宽，失之于软”的状况，2011 年上半年全省没有一起对律师、律师事务所的行政处罚，应该说不是一个正常现象，下一步省厅要加强对市局的监督、考核，督促加大对违法违规律师、律师事务所的行政处罚力度，以有效维护行业整体利益。

二是要寓管理于服务当中。牢固树立“管理就是服务”的理念，寓管理于服务之中，本着既不缺位，也不越位、错位的原则，优化、改善行政管理工作。认真贯彻中办发[2010]30 号文件和鲁办发[2011]14 号文件有关精神，通过落实优惠扶持政策、优化执业环境、搭建服务平台、合理设计载体、推动参政议政等方式，推动管理工作创新发展。

三是要提升管理人员素质。按照中办发[2010]30 号文件和鲁办发[2011]14 号文件的要求，配齐、配强管理干部，并大力加强对管理干部应知应会管理知识、技能的培训，下半年举办律师管理干部培训班，不断提升管理者的工作能力，努力培养一批管理工作的有心人、明白人，使管理干部真正成为行家里手，彻底改变不会管、不愿管、不敢管的被动局面。

2. 要强化、“硬化”行业管理，就要履行好以下几项职能：

一是按照中央发挥好社会组织在社会管理中的作用，积极培育、扶持社会组织的发育、成长的要求，坚定不移地推进“两结合”管理体制改革，强化行业管理的地位和作用。司法行政机关要少管，放权、放手、放心，积极支持协会提高行业自律和自治能力。司法行政机关要把工作重点放在依法监管和宏观指导、把握方向、创造良好执业环境上。

二是对协会内部自律管理事务，坚持凡是行业能够自我管理的领域，公权力就不再进入，就应该让行业实施自我管理，让它们尽快成长、成熟，逐步从行业自律管理向行业自治管理过渡，使律师协会在社会建设和社会管理中发挥更大的作用，适应社会转型及社会管理体制改革创新的大局和大势。

三是要“硬化”行业管理。所谓“硬化”包括两个方面：①协会工作不能光服务，尽管这很重要，但也要强调管理，不能“一手硬一手软”，对违法违规的律师、律师事务所要行使好行业惩戒的权力，对构成行政处罚的案件要及时移交司法行政机关。②要很好地研究解决把律师协会的触角延伸到县域的问题，加强对县域律师的行业管理。

3. 要形成两种管理的合力，认真做好工作。要科学设置省律协党委的职责范围；要明确司法行政对协会监督、指导的范围与方法。律师协会要主动接受司法行政的监督、指导，在涉及行业发展的重大问题、重要活动、人事安排上，主动向司法行政机关汇报。需要通过司法行政机关党委研究决定程序的，必须通过。司法行政机关则要主动听取协会的意见，尊重他们的行业选择与安排。要着力构建“重大决策会商、重大情况沟通、重大信息共享”的工作机制。总之，两种管理要流畅、和谐，不能像有些省、市那样内耗、呛茬，互相拆台，频频出故事、出事故。

4. 要夯实律师事务所管理基础，加强内部管理。律师事务所内部管理是整个律师管理体系中最基础、最重要的一环，也是管理工作的第一道关口，它在整个律师管理体系中起着重要的基础性作用，承担着把行政、行业管理的意见和措施落到实处的重任。新律师法实施后，个人律师事务所大量设立，加上大量的三五个人的小所，加强对他们的管理是目前律师管理工作中亟待解决的课题，因为目前老百姓投诉最多、出问题最多的都是这部分律师事务所。加强对这部分律师事务所特别是个人所管理的指导，解决管理不善甚至没有管理的问题，是夯实律师事务所管理基础的基础。

五、要积极构筑并守望自己的精神家园

我个人认为，律师什么时候构筑了自己的精神家园，律师协会自治管理的条件就成熟了，我们也就真正步入了法治国家的行列。

温家宝总理说：“一个民族有一些关注天空的人，他们才有希望。”对于我们律师行业来说，现在也迫切需要有一些有识之士关注我们的“天空”，这个“天空”就是找寻我们律师制度和律师职业的灵魂和精髓，构筑律师的精神家园，它应该包括律师行业精神、律师文化、律师伦理、法律人的底线等内容。

一是要不断强化自我角色认知。作为律师，要经常反思“我是谁”，特别是对律师的政治要求、公益性、“在野法曹”和职业责任使命等内容，要不断强化自我角色的认知能力与水平，避免自我迷失，更要避免集体无意识。

二是要努力把法律作为一种信仰。“法律必须被信仰，否则就形同虚设。”律师作为法律职业家，必须保持对法律的信仰，必须保持对公平正义的信仰。法律职业群体应是社会的良心和脊梁，法学家、律师、法官要承担历史、社会和道义上的责任。在当前的社会环境下，我们要把对法律的坚定信仰、对公平正义的不懈追求，作为律师职业价值的核心理念，作为律师行业精神的重要内容，

内化于心,外践于行,体现在每一次执业活动当中。要依法执业、依法运作法律,而不能信人不信法,将法律当作橡皮泥,玩弄于股掌之中。

三是要始终以推动法治进步为己任。律师的主战场在于维权、在于诉讼。因此,诉讼这一律师的看家本领决不能丢、决不能轻视。要更多地关注社会弱势群体权益的保障。尽管追求正义的道路和法治进步的道路并不平坦,有着太多的艰辛、波折,但我们必须始终怀揣法治的梦想,并要痴心不改,执着前行。如果法律人没有了法治的梦想,我们为之追求的法治还有什么指望?! 特别是那些功成名就的大律师更不能仅把当律师作为养家糊口、安身立命的职业,而是将其视为推动法治进步的一项神圣事业去对待,承担更多推动法治进步的责任。

四是要构建本土化的律师伦理规范。在西方法治国家,律师伦理已成为一个独立的学科,著述颇丰。近几年,我国台湾地区研究律师伦理的学者、律师在增多,而且已将律师伦理列入律师考试的科目。台湾的律师伦理除了包括律师执业过程中应当遵守的纪律,如律师与司法机关、与委托人、与律师同行等的纪律要求外,还包括深深植根中华文化深处的风纪纲常、修身养性、人文情怀等内容。比如,律师应谨言慎行,以符合律师职业之品位与尊严;律师应体认律师职务为公共职务,于执行职务时,应兼顾当事人合法权益及公共利益;律师执行职务,应基于诚信、公平、理性及良知;律师应参与法律扶助、平民法律服务或从事其他社会公益活动,以普及法律服务,等等。我国台湾地区把律师不能只为富人服务、要为社会上的穷人尽义务作为律师行业的一种社会责任,将援助弱者、倡导公益上升为伦理规范的高度。这种做法非常值得我们借鉴。因此,律师协会要致力于本土化律师伦理规范的构建,为规范律师执业提供蓝本。

五是要守住法律人的底线。尽管在当前的司法环境下,律师是被动的一方,人民群众对司法不公、司法腐败的不满主要不是针对律师的,律师左右不了外部的环境。但律师作为法律人、作为司法活动的参与者,也有责任维护法律职业共同体的声誉,维护法律人的良好形象,共同维护司法公正。作为律师,应当时刻扪心自问、自省自重、洁身自好,牢记法律人的本分和良心,守住法律人的底线。它应当包括:恪守律师职业道德、执业纪律;讲气节,重品行,有操守,保持职业尊严和品位;讲信誉,重诚信,尽职尽责地为当事人服务,不挣昧心钱、黑心钱;不做伪证,不偷税,不勾兑,不行贿,不要因违反《刑法》第306条而被判刑。

(本文节选自2011年8月31日在全省律师事务所党支部书记专题培训班上的讲课提纲)

群众工作中的律师职能优势

律师行业特有的职能作用，使其做群众工作具有独特的三种优势：

1. 专业性优势。中央要求形成科学有效的利益协调机制、诉求表达机制、矛盾调处机制、权益保障机制。拥有法定执业权利、精通法律、熟悉救济渠道的律师，可以全方位接受群众的委托，通过咨询、代书、调解、仲裁、诉讼与非诉讼等多种形式在四项机制中发挥职能作用，维护群众合法权益。

2. 民间性优势。律师来自"民间"，在执业过程中又广泛接触社会各阶层群众，其触角深入到社会的方方面面。"春江水暖鸭先知。"律师的民间性优势可以使其较早、较好地了解、掌握群众的诉求。

3. 中立性优势。律师作为非国家公职人员，其中立性身份使他们在协调社会关系、疏导群众情绪、处理矛盾纠纷时，往往比处于矛盾纠纷中的国家公职人员更具有中立性、客观性，在某些事件、案件中，其身份、观点、建议可能更容易被群众所接受、信服。

从实践角度看，有以下几种规律性做法值得总结：

一、搭建服务基层群众的新平台、新载体

为顺应基层群众对法律服务不断增长的需求，有的地市在推进"一村一律师"工作的基础上，逐步推进法律顾问全覆盖工程，建立、完善党委政府主导、司法行政部门具体负责、相关部门协同的法律顾问工作机制，搭建律师服务基层群众新平台；有的地市建立"律师会客厅"，探索通过"政府花钱买服务，法律顾问尽义务，群众免费享服务"的方式，为社区群众提供义务法律服务；有的地市则通过在社区设立"党员律师茶座"，以喝茶聊天的形式，义务解答社区群众的

法律咨询，调解邻里之间涉法纠纷。

二、组织、引导律师参与构建多元化矛盾纠纷解决机制

根据更多采用调解方法化解社会矛盾的要求，积极组织、引导律师组建或参加各类专业性、行业性调解组织，如律师作为调解员参加医疗纠纷、交通事故处理等调解组织，凭借自身的中立地位和专业优势，使调解结果更易于被群众所接受。

三、组织、引导律师参与涉法信访工作

全省共组建了168个律师信访团，定期在省、市、县三级党委、人大、政府信访部门协助处理涉法涉诉信访。参加接访的律师发挥专业优势，向上访群众分析案件的利害关系、利弊得失、是非责任，既讲法理，也讲道理，还讲情理，引导上访群众依法理性解决问题，对符合条件的群众提供法律援助。

四、发挥律师代表、委员作用，广泛反映社情民意

律师在执业过程中能够广泛接触社会各阶层人士，容易听到各个群体的真实声音和意见，特别是在土地征收征用、城市建设拆迁、环境保护、企业重组改制和破产、涉法涉诉等问题引发的群体性事件或案件中，一方当事人往往是基层群众甚至是弱势群体，律师在为他们维权过程中可以很好地了解到基层群众最直接、最关心、最现实的诉求。

（本文原载于2012年9月23日《大众日报》）

法治是最大的政治

——学习十八大关于法治论述的几点体会

党的十八大对当前和今后一个时期党和国家事业发展作出了全面部署，为律师工作指明了方向，为彰显律师职能作用提供了广阔的舞台和发展空间。从党的十八大到纪念现行宪法公布施行三十周年，再到中共中央政治局第四次集体学习，法治已成为中国政治话语体系中的关键词。在律师行业学习贯彻十八大精神，必须认真研究法治发展的规律，把握精髓，吃透精神，提振信心，并努力找准工作结合点，充分彰显职能优势，更加有效地推动律师业又好又快发展。

根据对十八大精神以及有关法治论述的学习思考，特别是根据新一届中央领导集体释放的政治信号，有几个问题值得关注：

一、宪法是最好的顶层设计

宪法是关于国体政体和公权与民权的根本大法。我国1982年宪法可以成为政治体制改革最好的"顶层设计"。落实宪法，推进宪政也是推进政治体制改革的可行路径。这是因为：第一，现行宪法的精神内核符合宪政和政改的要求。宪政的精神内核就是限制公权、保障民权。中国现行1982宪法制定时，曾广泛参考世界各国宪法，几次修宪更将依法治国、保障人权、保护私有财产写进宪法，如何实现国家机构的依宪运行和保障民权落实，宪法均具有良好的总体设计。第二，1982年宪法吸收了人类政治文明的积极成果，总体上和在大方向上以及内容上符合人类社会政治文明发展的基本经验和普遍规律。第三，以现行宪法作为"顶层设计"可以获得普遍认同。现行宪法是在邓小平、叶剑英、彭真、胡耀邦等老一辈革命家的领导之下制定的，是创建共和国的老一辈革命家的集体意志，党的各级组织和个人没有理由不遵循邓小平等老一辈革命家的遗愿，遵从宪法，落实宪法。从民间角度看，现行宪法颁布之前较好地征求了民意，顺应了民众的要求，具有广泛的群众支持。因此，不必再去旁求什么“顶层设计”，现行宪法就是最好的“顶层设计”，没有什么比现行宪法更具有共识和凝聚人心的力量。落实宪法，推进宪政，能够成为各方都能接受而且前途光明的改革共识。

习近平总书记讲话指出：“宪法的生命在于实施，宪法的权威也在于实施。”因此，实施宪法，避免宪法被“空置”至关重要。律师以法为业，应该是宪法实施的积极推动者，要积极为宪法实施建言献策。同时作为律师，要牢固树立忠于宪法的观念，增强对中国特色社会主义的道路自信、理论自信和制度自信，坚持宪法法律至上，自觉维护宪法确立的社会主义制度，自觉维护宪法确立的我国国体和政体，拥护党的领导，努力推动宪法在律师行业得到维护与实施。

二、法治是最大的政治

法治是政治文明的重要标志，也是构成政治文明的核心要素。在现代社会，一个国家的政治文明必然首推法治文明，一个民族的精神必然首推法治精神。法治兴则中国兴，法治强则中国强。未来中国政治走的必然是一条依法治国之路。律师作为法律人，最大的政治是服务法治、维护法治。

在法治国家，律师不止是一个维护当事人利益的群体，更是一个执政、参政、议政的政治群体。律师除了维护当事人合法权利，更要在党和国家更高的政治舞台去发挥作用。在2000年的中国律师论坛上，著名法学家江平教授作了《21世纪中国律师走向政治》的精彩演讲，向律师界发出了诚挚的呼吁：走向政治！他认为，参与政治生活、谋求政治品质的改善，是新世纪赋予中国律师的历史使命，希望我们出现更多的政治家型的律师。各级律管部门和律协要把积极推荐优秀律师担任各级党代表、人大代表、政协委员作为制度确立下来，大力支持他们参政议政、建言献策。要认真总结滨州法律顾问全覆盖经验，积极推荐优秀律师担任各级党委、政府的法律顾问或到有关司法部门、政府部门任职，积极开展律师挂职锻炼试点工作，让事实说话，为打通司考与公考、律师职业与法官、检察官及公务员流动体制障碍多提供建设性意见、建议，努力拓宽和畅通律师政治参与的渠道。

三、法治是治国理政的基本方式

党的十八大报告在论述全面推进“依法治国”这一方略时，作出了“法治是治国理政的基本方式”的新论断。这对中国发展而言，是一种巨大转变和进步，表明了党中央全面推进依法治国方略的鲜明态度和坚定决心。它无疑将影响未来五年乃至更为久远的国家命运，对于保持国家长治久安意义非常重大。要让法治真正成为治国理政的基本方式，就需要执政者要时刻用法律标尺来考量自己的行为，用“法治思维”和“法治方式”来治国理政。

律师是法治的承载者、捍卫者、传播者，随着时间的推移，越来越多的高层党政领导定会把律师队伍放在党和政府重要执政资源的高度来认识、来对待。律师行业在辅助领导干部运用法治思维和法治方式决策，避免和降低法律及政治风险方面具有无可比拟的优势。实践中，至少可以有以下四种参与方式：在立法和规范性文件制定过程中进行法律上的把关；积极参与公众权益维护及社会稳定风险评估机制工作；对重大决策、重大建设工程和项目涉及的法律问题出具法律意见；为党委政府日常工作的涉法问题提供咨询意见。我们要采用更多渠道和方式，为国家治理和社会管理建言献策，为党政机关及领导当好法律参谋，促进党政机关依法办事，有效避免决策的盲目性和随意性。

四、法治的生命在于实践

美国大法官霍姆斯有句名言：“法律的生命不在于逻辑，而在于经验。”法律是一门实践的学问，重在贯彻实施，重在遵法、执法、司法。有法不依，无异于“图财害命”；执法不严，等同于姑息养奸。律师既是“流动的法治宣传员”，更是实践者、实干家。全省律师行业深入学习贯彻十八大精神，就要在做好结合文章上下功夫，同律师行业业务开展、市场拓展、事业发展紧密结合起来，从十八大报告中找市场、找机遇、找发展、找律师工作的切入点和结合点，使律师工作在服务大局中，寻找更为宽阔的成长空间，推动行业的健康、快速发展，并让法律在一次次服务中渗透到经济社会生活的方方面面，积极维护法治权威，促进社会公平正义。

（本文节选自 2013 年 3 月 16 日在省律协七届理事会上的发言提纲）

推进律师行业管理服务工作的体会

这次培训班，是践行党的群众路线、切实转变作风、进一步提高服务基层服务群众能力的一项具体举措。主要任务除了学习培训之外，更重要的是研究、部署和推进行业管理工作。目前，全省 17 市全部按照“两结合”要求完成了协会换届，是除直辖市以外全国唯一省份，标志着我省律师管理体制改革真正迈上了一个新台阶、步入了一个新阶段。在这样一个关键节点上召开全省行业管理工作推进会，对继续深化“两结合”管理体制改革、进一步完善行业管理体系、促进全省律师业在新的起点上继续创新发展，具有重大而特殊的意义。

同时，这次活动采取看、听、议、讲的方式进行，很有特色。一天多来，大家先后到济南、淄博、东营参观学习，听取了三市的经验介绍，今天下午各市分管局长进行了发言，发表了很多真知灼见。应当说，济南、淄博、东营三个市“两结合”律师管理体制起步较早，尤其是近些年，在工作创新、机制创新等方面力度较大，初步形成了既符合实际又各具特色的行业管理模式。总结三市的做法，并结合多年来我省推进“两结合”管理工作的实践与思考，我认为至少有以下四条经验值得总结：一是必须尊重律师协会的独立地位。司法行政机关要真正解放思想，切实放心放手放权，支持协会大胆开展工作，有效调动协会自身的积极性主动性创造性，不断激发行业发展的内生动力。二是必须选好行业管理带头人。一个好的领导班子尤其是一个好会长，对协会工作至关重要。要不断规范、完善举荐程序，确保将热心行业工作、具有较强奉献精神和服务意识、管理本领高的律师选进领导机构，不断为协会工作注入新的活力。三是必须持之以恒抓好自身建设。“打铁还需自身硬”，协会自身建设是有效履职的前提和基础。要积极探索适合行业特点、有别于行政的工作模式，科学构建协会组织体系，健全完善工作机制，不断提升行业管理服务效能。四是必须坚持以作为谋地位权威。作为是协会工作的生命线，协会要赢得威信、谋得地位，就必须在破解行业发展难题、维护律师合法权益、加强行业管理服务、团结凝聚律师队伍等方面有所作为。这四点经验是多年来全省律师工作实践的结晶，也是在新的历史起点上深入推进“两结合”管理工作的重要法宝，必须始终坚持并不断完善和发扬。

在新的形势下，对深入推进律师管理特别是行业管理工作，我有五点体会。

一、司法行政机关依法履职问题

《律师法》第四条规定：“司法行政部门依照本法对律师、律师事务所和律师协会进行监督、指导。”因此，司法行政机关负有对律师、律师事务所和律师协会监督、指导的法定职责。在当前的“两结合”律师管理体制中，行政管理仍将占据主导地位，这主要是由中国社会主义初级阶段的特殊国情和律师业的发展现状所决定的。一方面，我国律师制度生成和演进是由特殊的发展路径形成的。西方国家是先有了律师职业，在发展过程中，律师为了自身更好地生存、发展，组建了律师协会，然后才有政府或司法机关对其进行不同程度的管理。而我国的情况恰恰相反，由政府“催生”了律师制度，才有了律师这个职业，并由政府主导推进律师协会的发育。另一方面，我国律师行业协会的发育仍处于初级阶段，许多律师协会管理作用跟进不足，相关部门和社会各界对协会认可度不高。在实际工作中，没有司法行政机关作“靠山”，单靠律师协会去与有关部门协商、解决制约律师业发展中的问题，往往是举步维艰、困难重重。因此，在今后乃至较长一段时间内，行政管理仍将占据主导地位。

司法行政机关要依法履行好监督指导职责，至少应注意把握以下四点：

一是要提高律管干部自身素质。律师工作所特有的政治性、法律性、专业性强的特点，要求律管干部必须具有较强的政治意识和法律素养，准确把握律师工作发展的规律与特点，熟悉律师管理的业务规范和原则要求。因此，要配齐配强律管干部，把最好、最放心的同志放在律师管理岗位上，确保“事有人做，责有人负”；尽量选配法律政策水平较高、具有一定专业素质的干部从事律管工作，努力选拔和培养一批管理工作的有心人、明白人。在此，我们倡导要将通过司法考试作为担任律管干部的一项重要条件。

二是要依法监管，真正做到管理到位不缺位。根据律师法和部颁规章，行政管理监督职能主要体现在行政许可和资质管理、对律师事务所的年度检查考核、行政处罚、对律师和律师事务所的日常监督管理、对律师协会的监督指导五个方面。要做到依法监管，就要克服管理工作的随意性，特别是在批所办证方面不能滥设门槛，要坚决克服审批效率低下、补充材料不能一次性告知等问题，改进工作作风，提升管理效能；在投诉查处方面不能久拖不查或查而不处，要应查必查、当罚则罚，坚决纠正行业不正之风，加强行风建设，树立管理权威。

三是要充分发挥行政指导在律师管理中的作用。律师管理中的行政指导主要体现在宏观领域，大致包括：根据律师业发展的规律和特点，推动、指导律师行业党建工作；根据国家、当地国民经济和社会发展的规划以及服务业发展的整体规划，制定律师业中长期发展规划；根据发展规划和律师业发展状况，制定、实施有关发展战略及政策；组织、指导律师为大局服务，为党委政府的中心工作服务；推动律师参政议政工作，引导律师更多地投身于政治、社会生活；指导、协调大要案，加强对律师和律师事务所办理重大敏感法律事务的指导；构建评先树优表彰宣传工作机制，协调、争取有利于事业成长的优惠政策，为律师业发展营造良好环境等等。在当前法治成为治国理政基本方式的背景下，要更加注重发挥行政指导这种柔性手段，将其由虚做实，每年力争办好两三件有影响、有实际效果的事。

四是要探索建立对律师协会有效的监督指导机制。司法行政机关依法承担对协会的监督指导职责，这种监督指导主要是在一些大的事情上，包括：律师协会章程必须报司法行政机关备案；在涉及行业发展的重大决策、重要活动、人事安排上，协会要主动向司法行政机关汇报。需要通过司法行政机关党委研究决定程序的，必须通过。对此，律协应当主动请示，勤于汇报，自觉接受监督指导。要进一步优化管理职权的配置，整合司法行政与行业协会两大职能资源，加强行政与协会之间的联系、沟通、协商，着力构建“重大决策会商，重大情况沟通，重大信息共享”的工作机制。

二、协会领导班子的产生问题

律师协会是律师行业管理的“司令部”，肩负着全省律师行业的重托。协会领导班子的水平在相当程度上决定着律师行业管理工作的成效。对于协会领导班子的产生问题，要注意把握五点：

一是要坚持德才兼备的原则。选拔党政领导干部的基本原则就是“德才兼备”。律协领导班子的选任同样要遵循这个基本原则，既不能单纯地选业务水平最高的，也不能选无所作为的，而是要把那些在律师界有较高声望，政治素质高，业务能力强，真正热爱、关心律师行业发展，具有奉献精神的优秀律师选进协会领导班子，真正代表广大律师意愿，推动行业健康发展。

二是要坚持党管干部的原则。党管干部的原则，是我党在干部任用方面长期坚持的一项重要原则。就律师行业来说，要始终坚持党对律协换届工作的领导，为确保律师工作坚持正确方向提供政治保障。在律师协会常务理事、副会长、会长等候选人的提名问题上，可在司法行政部门党委（组）的统一领导和部署下，赋予律师协会党委和律师协会组织机构对候选人的提名参与权，并建立提名的酝酿会商机制。对拟任常务理事、副会长、会长人选，征求有关方面意见，由司法行政党委（组）研究同意后，推荐给大会主席团审议和大会选举。

三是要坚持科学合理的原则。在常务理事、副会长、会长等人选安排方面，除了坚持德才兼备、业绩突出、业界影响等标准外，还要考虑地区代表性、行业先进性以及非党、少数民族、女性律师等因素，使律协领导班子人员结构更加合理。

四是要更加注重程序与民主。律师行业是一个高度追求自由，讲究程序和民主的行业，要在现有条件下为协会工作更多地注入民主元素。协会班子产生的选举办法和程序要充分体现民主原则，大会代表和理事候选人要经过各选区律师按照规定程序通过民主推选产生，具有广泛的代表性；理事、常务理事、副会长、会长的选举办法和提名，要经大会表决通过后，再进行投票选举；在选举程序上，可更多地采取差额选举的办法，增加差额的数量，并增设竞选演说等环节，以确保选出广大律师信任、能够充分反映律师意愿、真正代表律师利益的协会组织机构。

五是在现有条件下不适合律师“海选”。当下，有部分律师对“海选”情有独钟，希望通过直接选举的方式来选出协会的领导机构。但是，综合考虑我国国情以及当前律师行业管理发展的现状，我们认为，在现有条件下尚不适合一律推行律师“海选”。首先，直接选举程序繁杂，需耗费大量的人力、物力、财力，而绝大多数律师协会都是人手短缺、经费紧张，难以承担直接选举的重任。其次，直接选举组织难度较大，我省律师人数众多，已达 1.6 万之众，且地域发展不平衡，在省级、市级层面进行直接选举缺乏可操作性。再次，对直接选举的准备不充分。无论是理论层面还是实践层面，研究论证积累较少，实践经验缺乏，对实行直接选举的必要性、具体操作模式、方式方法等缺乏普遍共识，对直接选举可能带来的后果缺乏系统的评估，在诸多准备条件尚不充分的情况下，盲目推行直接选举，极易撕裂行业发展共识，导致行业震动甚至引发不稳定，破坏了来之不易的良好发展局面。当然，我们可以本着循序渐进的原则，在审慎、稳妥的前提下，选取部分地域范围较小、律师人数较少、行业发展较为成熟的市、县(市、区)先行试点，并根据试点情况逐步完善操作模式、程序、方式方法等，为直接选举积累经验，待将来在模式成熟、程序规范、条件具备时再择机在更大范围内推广。

三、落实律师协会的自律地位问题

《律师法》第 43 条规定:“律师协会是社会团体法人，是律师的自律性组织”。《中华全国律师协会章程》第 2 条规定:“中华全国律师协会是由律师、律师事务所组成的社会团体法人，是全国性的律师自律性组织，依法对律师实施行业管理。”“法人”的法律定位意味着，律师协会是独立的法人，作为现代公共管理的主体和民事行为的主体，可以自己的名义享有和行使法律及章程规定的权利，独立承担法律和章程设定的义务。这就要求在实践中落实法律和章程赋予律师协会的独立法人地位。

强调律师协会的自律地位，具有必然性。

首先，是政府职能转变的一个必然趋势。国务委员兼国务院秘书长马凯今年所作的《关于国务院机构改革和职能转变方案的说明》中明确提出:“要以更大力度，在更广范围、更深层次上加快国务院机构职能转变，重在向市场、社会放权，减少对微观事务的干预，同时改善和加强宏观管理，严格事后监管。”“逐步推进行业协会商会与行政机关脱钩，强化行业自律，使其真正成为提供服务、反映诉求、规范行为的主体。”按照政府职能转变的要求，政府必然要逐步还权于民、放权于社会，充分发挥好社会组织在社会管理中的作用，以应对可能的政府失灵和市场失灵。律师协会是典型的社会组织。因此，律师管理体制总的改革方向是部分行政管理权向律师协会让渡，司法行政机关的管理越来越间接、有限、宏观，行业管理的作用越来越大。

其次，是完善“两结合”律师管理体制的主要内容。充分发挥律师行业管理的作用，是完善“两结合”律师管理体制的重要一环。律师业实行律师协会的行业自律管理，既是“入世”后的形势要求，也是市场经济规律和律师职业特点以及律师业内在发展规律的要求，符合律师管理的长远发展趋势，也代表着律师管理制度的未来发展方向。

最后，是弥补行政管理力量不足的现实需要。目前，全省有律师事务所1330个，在册律师16113名，而全省的律管干部仅有400余人。面对着这么庞大的管理对象，律师行政管理力量不足、效率不高的矛盾更加突出。随着律师管理职权配置的不断完善，律师行业自律管理的作用必将不断加强，律师协会也必然要承担更多具体的管理任务。

落实律师协会的独立法人地位，最重要的就是要落实协会的财权和事权。

一是要落实协会的财权。独立的财权是律师协会顺利运转并开展各项工作的前提和保障。实践中，大多数律师协会的经费难以实现完全独立，主要表现为：有些律师协会没有独立的银行账户、没有专门的财务管理人员甚至没有经费支出的签字权，司法行政机关挤占、挪用会费现象在各地不同程度地存在。在此，再次强调一下律师协会会费的使用原则，那就是“取之于律师，用之于律师”，绝不允许挤占、挪用。有条件的律师协会要设立独立的银行账户，即使无法做到独立账户，也要聘用专门的财务管理人员，根据协会财务管理制度，独立开展财务管理工作。要建立协会经费管理预决算制度。每年初根据预算收入和年度工作计划，制定财务预算方案，合理安排资金，并提交常务理事会、理事会审议决定。年终对预算执行情况进行总结，对账目进行财务审计，并提请常务理事会、理事会审议通过。

二是要落实协会独立的事权。协会工作每年要围绕党委政府的中心工作和司法行政的安排部署，结合行业发展的实际需要，有计划、有重点地独立举办会议、研讨、培训，开展活动，对此，司法行政机关应当予以理解、支持，使律师协会真正发挥作用，树立律师协会的权威及影响。

四、充分发挥律协职能作用问题

律师协会行业管理是律师管理体制改革的重要成果，也是律师业发展的内在要求和律师管理工作的发展趋势，具有旺盛的生命力。律师协会要有所作为，关键是要履行好《律师法》第四十六条赋予的八项职能，发挥好提供服务、反映诉求、保障权益、规范行为的作用，特别是要做好四个引导：

一是示范引导。协会职能作用的发挥主要取决于领导层能否做到勤勉尽责。担任协会领导层，既是荣誉，也是责任。作为协会会长、理事、监事和"两专"委员会成员，不能只忙于本所、本人事务而对行业管理工作不管不问；更不能把协会当作是沽名钓誉的"光环"和"噱头"，只图其名，不行其责。要真正做到在其位谋其政，任其职履其责，积极为行业发展出主意、想办法、做贡献，聚积和传递行业正能量。要加强完善律协组织建设，选择那些政治上强、管理经验丰富、乐于为行业奉献的律师参与行业管理，并不断提高协会决策层科学民主决策和执行层贯彻落实的能力，高度重视发挥监事会和"两专"委员会在行业管理中的独特地位和作用。

二是教育引导。律师协会负有对律师和律师事务所进行教育培训的重要职责。要加强教育培训体系建设，从宏观、整体上把握律师行业教育培训的内在要求，构建以思想政治教育、职业伦理教育和业务培训为三大支柱的培训体系，努力提高队伍的整体素质；要加大律师事务所管理和执业规范教育培训力度，培养和树立行业良好风气；要让山东律师学院加强实际运作，不断提高培训的覆盖面和针对性，使教育培训工作走上规范化、系统化、专业化的发展轨道。

三是制度引导。制度是规范有序地开展各项工作的基础，律师协会要定期清理并完善健全相应的管理规范制度，以制度建设保证行业管理有序，特别是要加强组织管理、事业发展、执业规范、教育培训、业务指导、行业服务、奖励惩戒等方面的制度建设，不断健全、完善充分发挥理事会、常务理事会、会长会、秘书处、"两专"委员会作用的机制，构建一套科学高效的协会工作制度体系。

四是感情引导。律师协会是"会员之家"，为会员服务是协会的基础工作。协会的工作计划和决策要建立在对律师行业发展现状科学把握的基础之上，更加注重调动广大律师参与行业管理的积极性，反映广大律师的呼声与意愿，凝聚广大律师的智慧和力量。要"强化"服务职能，会服务，善服务，服好务，帮助律师、律师事务所解决自身无法解决的困难和问题。办实事，做好事，解难事，使广大律师真正感受到"会员之家"的温暖，进一步增进律师队伍是司法行政"三支队伍"之一的理念认同、工作认同和感情认同，增强律师对司法行政机关和律师协会的"认同感"和"归属感"。

五、加强秘书处建设问题

秘书处在律师协会各机构中处于中枢地位，是协会各项决策、决议的执行者和落实者，是协会服务于会员各项职能的具体承载者和体现者，在协会组织架构中具有举足轻重的作用。加强秘书处建设，对于提高协会工作效能意义非同小可。在这里，大家要注意把握以下四点：

一是要配强秘书长。秘书长个人素质如何、工作水平如何、作用发挥如何，直接关系协会各项工作的有序运转，要选拔熟悉、热爱律师工作，富有工作激情和管理经验的干部担任秘书长。目前，不少市的协会秘书长由律管科长兼任，协会成员和行政管理人员的双重身份使其很难在律师协会和司法行政机关之间找到最佳平衡点，难以实现律师管理的初衷，因此，律师人数较多的市原则上要配专职秘书长。

二是要适当增加工作力量。国家机关改革的大趋势是精简机构、压缩编制，行政管理力量不可能有太大的增加。而近年来，我省律师和律师事务所增长迅速，管理任务、管理难度也随之逐年递增。增加协会工作力量是有效弥补行政管理力量不足的必要手段。从我省律协工作人员情况看，省律协秘书处有14人，17个市级律协仅聘用工作人员38人，市级秘书处处均2.2人，同我省律师人数的比例是1∶310，有的还要协助律师管理科工作。面对日益加重的行业管理职能，现有的人员显然难以胜任。因此，要在可用财力的范围内，研究制定律协工作人员公开选拔招录的标准、条件及规则，适当加强秘书处工作力量。

三是要给予工作人员合理薪酬。合理的薪酬是调动工作人员积极性的基础。要通过薪酬等有效激励制度，努力使协会人员工作有劲头、事业有奔头。要切实关心协会工作人员生活，有效解决实际困难和问题，凝聚人心，凝聚力量，充分调动和激发工作人员的积极性、主动性和创造性。

四是加强秘书处规范化建设。秘书处规范化建设是律协规范高效开展工作的重要保障。要制定好各项工作操作规程，建立健全组织管理、人事管理、薪酬管理、财务管理、公文管理、会议管理、学习教育、固定资产和低值易耗品管理等制度，建立各类工作台账，明确岗位职责，不断提高工作执行的效率和质量。

（本文节选自2013年9月27日在全省律师管理人员培训暨行业管理推进会上的讲话稿）

适应时代需求　发挥律师在服务国家治理体系和治理能力现代化中的作用

党的十八届三中全会将“完善和发展中国特色社会主义，推进国家治理体系和治理能力现代化”作为全面深化改革的总目标。习近平总书记在中央政法工作会议上，就新时期政法工作在推进国家治理体系和治理能力现代化中的重要作用作了精辟论述：“司法体制改革是政治体制改革的重要组成部分，对推进国家治理体系和治理能力现代化具有十分重要的意义。”现就充分发挥律师的职能作用、服务国家治理体系和治理能力现代化谈几点认识。

一、深刻理解国家治理理念和治理方式的新变化、新趋势

中共十八届三中全会首次以现代化的要求来衡量国家治理体系和治理能力，体现了我党执政理念和治国方略的重大进步，反映了国家治理方式的新趋势。这种转变可以从以下五个方面进行理解和把握。

一是深刻理解执政理念从管理到治理的转变。从管理到治理，虽然仅有一字之差，但其内涵与外延有了巨大变化，反映了我党治国理政理念的不断深化和发展。治理是特定范围内政府机关、公共部门以及社会组织的多向度相互影响，是公共事务相关主体对于国家和社会事务的平等参与，更是各类主体围绕国家和社会事务的协商互动。相对于管理在内涵上的单向度、被动化，治理的提出是理念上的一个巨大进步，它强调各类社会主体在国家和社会事务管理中的地位和作用。从管理转变为治理，就是要从单向走向互动，突出国家和社会事务的共治，最终落脚点是保障和改善民生、增进人民福祉。

二是深刻理解治理模式从一元到多元的转变。十八届三中全会明确提出，要“正确处理政府和社会关系，加快实施社政分开，推进社会组织明确权责、依法自治、发挥作用。适合由社会组织提供的公共服务和解决的事项，交由社会组织承担”。这充分体现了新一届中央领导对在国家治理中发挥社会组织的主动性，实现多元共治治理模式的认同与重视。这就是要改变过去一元的公权力管理模式，实现向国家治理、政府治理和社会治理的多元治理模式的转变。

三是深刻理解法治是治国理政的基本方式。推进国家治理体系和治理能力现代化的主要标志，就是要全面贯彻落实依法治国基本方略，用法治精神构建国家治理体系和提升国家治理能力，这必然要求依法治国、依法执政、依法行政共同推进，法治国家、法治政府、法治社会一体建设，真正做到党领导立法、保证执法、带头守法，既要旗帜鲜明坚持党的领导，又要支持司法机关依照宪法法律独立负责、协调一致地开展工作。

四是深刻理解治理体系和治理能力为一体两面。国家治理体系是在党领导下管理国家的制度体系，包括经济、政治、文化、社会、生态文明和党的建设等各领域的体制机制、法律法规安排；国家治理能力，是运用国家制度管理社会事务的能力，二者是一个相辅相成的有机整体。作为国家治理体系核心内容的制度，固然具有根本性、全局性和长远性的作用。但如果没有有效的治理能力，再好的制度体系也难以发挥作用。因此，既要使各方面制度更加科学完善，实现党、国家、社会各项事务治理制度化、规范化、程序化，又要善于运用制度和法律治理国家，不断提高科学执政、民主执政、依法执政的水平，提高人民群众依法管理国家事务的能力。

五是深刻理解全面深化改革的总目标。总目标是由两方面内容组成的统一整体，即完善和发展中国特色社会主义制度、推进国家治理体系和治理能力现代化。完善和发展中国特色社会主义制度是根本前提、根本性质和根本方向，就是国家治理体系和治理能力现代化必须在中国特色社会主义的框架内进行，必须走中国特色社会主义道路，而不是其他什么道路；推进国家治理体系和治理能力现代化是实现形式和基本途径，就是说完善和发展中国特色社会主义必须不断完善国家治理体系和提升国家治理能力。如果只讲推进国家治理体系和治理能力现代化，不讲完善和发展中国特色社会主义制度，是不完整、不全面的，就会迷失国家治理体系和治理能力现代化的正确方向。

二、充分发挥律师在服务国家治理体系和治理能力现代化中的功能作用

律师制度是中国特色社会主义司法制度的重要组成部分，律师是中国特色社会主义法律工作者，律师队伍是落实依法治国基本方略、建设社会主义法治国家的重要力量，这是中央对律师工作的定位。充分发挥律师的职能作用和专业优势，可以在以下五个方面服务国家治理体系和治理能力现代化。

一是辅助决策作用。按照十八届三中全会关于“普遍建立法律顾问制度”的要求，通过大力推进律师担任党委、政府的法律顾问，积极为党委、政府制定改革实施方案，出台改革文件，推进改革举措，提供法律咨询、法律意见和法律审核等服务，可以在全面深化各项改革方面发挥辅助决策作用。同时，律师在执业过程中能够比较全面客观地了解立法、司法、执法中存在的问题，能够比较深入地从正反两方面获得立法实践经验，从而为国家和地方的立法提供较为中立、客观、有针对性的立法意见。积极吸纳律师参与甚至承担一些立法工作，在促进科学立法方面可以发挥辅助决策作用。

二是经济润滑作用。市场经济是“法治经济”，律师为市场主体的经济活动提供法律服务，发挥了促进交易效率、降低交易成本、保障交易安全的作用，律师是经济活动的“促进者”“润滑剂”和“保护者”。近年来，律师不仅在经济活动中发挥事后救济的作用，而且我们更加注重引导律师发挥事前预防的作用，研发企业法律风险防范的法律服务产品，为各类企业开展“法律体检”。比如2012年以来，我们与省中小企业局联合出台《关于律师服务中小企业发展的意见》，通过组织全省律师为中小企业提供法律咨询、举办法律讲座、发放法律风险防范手册、进行“法律体检”等形式，为中小企预防法律风险，四位省领导作出重要批示给予肯定。

三是息纷维稳作用。十八届三中全会提出“创新有效预防和化解社会矛盾体系”，要求建立畅通的诉求表达、心理干预、矛盾调处、权益保障机制。拥有法定执业权利、精通法律、熟悉救济渠道的律师，具有天然的职业优势和专业特长，在诉求表达、矛盾调处、权益保障这三个方面，可以全方位接受当事人的委托，通过咨询、代书、诉讼、仲裁、调解等多种方式维护群众的合法权益，减少和消弭利益冲突与摩擦，避免和排解社会矛盾纠纷，起到“减压阀”和“缓冲器”的

作用。近年来，我们还充分发挥律师职业中立性的特点，通过组织律师组建或参与专业性、行业性调解组织，参与涉法信访工作等方式维稳休纷。

四是基层治理作用。郡县治，天下安。基层治理在整个国家治理体系中具有重要的基础性作用。近年来，我们不断引导法律服务资源向村居社区等基层配置，推动公共法律服务体系建设，加快城乡法律服务均等化、一体化进程，打通服务群众的“最后一公里”。2008 年，滨州市司法局在总结“一村一顾问”经验做法的基础上，在全市推行法律顾问全覆盖工程，截至 2014 年 6 月，滨州市 874 家政府机关、事业单位、学校和 1495 家规模以上企业、5250 个村居聘请了法律顾问，其中学校和村居法律顾问覆盖率达到 100%，覆盖全市各行业各领域的法律顾问体系基本建成。菏泽市、泰安市泰山区先后开展了律师社区工作室、律师会客厅等工作。这些做法适应了村居社区等基层组织依法管理和基层群众依法维权的需求，体现了旺盛的生命力。2013 年 6 月，省司法厅出台有关文件，在全省推广滨州、菏泽、泰安等地的经验和做法。

五是承输民意作用。律师在执业过程中能够广泛接触社会各阶层人员，且其中立性的特点更容易听到各社会群体的真实心声，更了解人民群众最直接、最关心、最现实的利益需求，在承输民意方面具有其他职业不可比拟的优势。因此，在许多法治国家，律师都是人数最多的民意代表。目前，我省律师中共有 425 名县级以上党代表、人大代表和政协委员，数量居全国第一位。这些年，全省律师代表、委员围绕征地拆迁、环境保护、企业重组改制和破产、涉法涉诉中群众反映强烈的问题，积极提交议案、提案和建议。在 2014 年省政协会议上，省政协委员刘学信律师提交了“强化法律风险控制，实现有效政府治理”提案，并作了大会发言。郭树清省长作出重要批示，认为所提三点意见都很重要，要求尽快把最基本的法律顾问制度建立起来。

（本文原载于《山东政法》2014 年第 8 期）

公证篇

公证与公证制度

公证制度是一项国际通行的预防性法律制度，是指公证机构根据自然人、法人或者其他组织的申请，依照法定程序对民事法律行为、有法律意义的事实和文书的真实性、合法性予以证明的活动。

一、公证制度的基本特征决定了公证具有自身独特的优势

公证作为我国一项重要的司法制度，主要有以下特征：

1. 公证是由公证处和公证人员进行的一种特殊的证明活动。通过国家统一司法考试才能取得公证员资格，然后到公证处执业。不具备这种资格，不得从事公证活动。

2. 公证证明活动要按照法律规定的程序进行。公证是为保证实体法正确实施的程序性法律制度，公证证明活动必须按照法律规定的程序进行。

3. 公证证明的对象是法律行为、有法律意义的文书和事实。爱情关系、朋友关系不属于公证对象。

4. 公证的标准是真实性、合法性，不真实、不合法的行为、文书或事实，公证机构不能给予公证。

5. 公证证明具有特殊的法律效力。根据我国法律规定，公证机构出具的公证文书具有证据效力、强制执行效力、法律行为成立要件效力，《担保法》还规定公证登记具有对抗第三人的效力，这些是其他证明所不具备的。

6. 公证是一种非诉讼活动。公证的宗旨是预防纠纷，避免不法行为的发生，减少诉讼，为社会提供公证法律服务和法律保障。公证活动多数发生在纠纷之前，不以解决争讼为目的，因此，公证是非诉讼法律制度。

对于经济社会生活来说，公证与其他监督、规范和社会调节手段相比，具有特殊的作用和意义。比如，与行政管理手段相比，公证具有直接、方便、快捷的优势。作为法治社会的重要管理方式之一，公证工作可以介入到社会生活的各个领域，弥补政府行政管理越来越不易介入到社会经济活动每一微观层面的缺憾。

二、公证制度的基本价值决定了公证能够预防纠纷和维护交易安全

作为一种预防性的司法证明制度，公证通过证明无争议的法律行为，有法律意义的事件和文书的真实性、合法性的非诉讼活动，确认当事人的权利义务关系，以消除各种纠纷隐患，平衡当事人之间的利害冲突，防患于未然。以公证文书的法律约束力，促使当事人认真履行义务，保障社会主义市场经济健康发展，维护社会主义民主与法制，保持社会的安定团结，保护公民、法人及其他组织的合法权益，特别是在政府采购、旧城改造、拆迁房安置、小额贷款等方面具有特殊的功效。比如：(1)在房屋拆迁中，公证已充分融入全过程，尤其是被拆迁房屋的保全证据公证，通过现场勘察、现场监督、现场记录等措施，保全有关证据，确保强制拆迁工作的顺利进行，使强制拆迁行为合法化、规范化，尽可能动员被拆迁人自拆，调和被拆迁人与政府之间的对立情绪，沟通、融洽百姓与政府之间的关系，化解矛盾。公证机关与各部门密切配合，运用公证手段，规范强制拆迁行为，完善强制执行程序，确保强制拆迁行为的真实、合法，同时为日后纠纷的最终解决提供全面的、直观的原始证据和可靠的法律依据，为政府攻克拆迁难点提供法律保障，其职能是任何机构、组织所不能替代的。(2)在金融公证过程中，公证人员通过对信贷合同的审查，从法律上严格把关，防治暗箱操作，把信贷活动从一开始就置于法律的监督之下，减轻银行内部工作人员对接待人情况审查的难度和整个借贷工作责任的压力，可以有效地避免违法乱纪，保护国家信贷安全和信贷资金正确使用，使银行信贷经济纠纷得到遏制，起到减少诉讼的作用。(3)在招拍挂中，公证员就招投标单位的主体资格、中标原则等有关问题提出意见并进行完善，有效地防止了拉关系、批条子、走后门的弊端，确保一切活动都在公开、公平、公正的原则下进行；公证书具有强制执行效力，债务人到期不能清偿债务时，债权人可以不再经过诉讼程序，而是直接向有

管辖权的人民法院申请强制执行。这一法律制度，是充分发挥公证法律制度的作用，减少矛盾纠纷的重要措施，也是充分尊重公证事项当事人意思自治的表现。

三、公证制度的基本功能决定了公证在健全国家信用体系，加强社会诚信建设中具有不可替代的作用

诚信是交易的基础，无诚信即无交易。市场经济秩序的进一步规范要求必须切实加强国家信用体系建设。尤其是在完善市场经济过程中，商业欺诈及诚信缺失较为严重的情况下，公证在维护交易安全、预防交易风险、强化社会信用制度建设方面具有不可替代的作用。通过公证能够使公民、法人和其他组织的重要民商事法律行为，得到进一步确认和维系，进而实现国家对社会经济活动间接干预之目的。特别是随着我国政府职能的进一步转变，社会对公证事业的发展提出广泛的要求。

四、制约公证事业发展的最大障碍是公证体制问题

我省公证机构是行政、全额事业、差额事业和自收自支多种体制并存，体制乱象严重制约了公证事业的发展。目前，我省有公证机构 158 家，其中事业体制的有 130 家，占 82.3%。在事业体制中，全额拨款的有 48 家，差额拨款的有 36 家，自收自支的有 46 家，各占 37%、28%、35%。由于改革不彻底，体制不顺仍然是制约公证发展的最大障碍。

一是公证机构的独立法人地位难以落实。《公证法》规定，公证机构依法独立行使公证职能、承担民事责任。但目前还有许多公证机构与司法局混编，司法局把公证处当作内设科室。即使不与司法局混编，司法局在人、财、物方面也管得太死，“穷就穷到一块”。公证机构没有独立性、没有自主权，影响了积极性的发挥，制约了事业发展。

二是公证员办证缺乏积极性。主要表现为激励机制缺失。健全和完善绩效工资和奖励机制，是我们这几年力推的一项重要工作。经过努力，到 2012 年，我省事业体制公证处建立绩效工资和激励机制的已达 80%，共 104 个处，对调动公证员工作积极性、推动业务发展起到了积极作用。这些奖励机制虽然缺

乏有效的政策保障，但作用明显。而自 2013 年以来，特别是中央四部委《违规发放津贴补贴行为处分规定》的颁布实施，对建立奖励机制的公证处冲击很大，不少公证处暂停了奖励机制，只拿事业单位的基本工资，又回到了吃“大锅饭”的老路上。公证员作为特殊责任主体，每办一件业务都要承担一份风险。一旦缺乏激励机制，干多干少一个样，势必影响积极性的发挥。三是行业进人难、留人难的问题突出。公证员门槛相对较高，责任大，风险高。同样是公务员，有许多人愿意做法官、检察官，不愿意做公证员；同样是取得法律职业资格，有许多人愿意做律师，不愿意做公证员。尤其是一些中青年公证员，一旦条件成熟，他们就谋求新的发展，造成大量优秀公证员外流。公证法实施以来，我省累计任命公证员 404 名，但是队伍规模和总量涨幅不大，净增 148 名，除去自然减员因素外，新生力量跳槽是一个主要原因，这与行业待遇低、太清贫、吸引力差、缺乏成就感有一定关系。

五、公证工作的重点是做好改革的文章

要树立敢想敢干、积极作为的思想，紧紧抓住贯彻落实十八届三中全会《决定》精神的契机，以事业单位分类改革为突破口，稳妥推进公证工作改革。根据鲁编[2014]11 号文件，我省确定公证机构性质为公益三类事业单位，要遵循市场经济和公证体制的内在规律，积极稳妥地推进公证工作改革，依据在政府指导下可通过市场配置资源的特点，抓住有利时机，完善绩效工资，引入竞争激励机制，变死水为活水，推动公证事业又好又快地发展。要进一步强化服务理念，拓展服务领域，创新服务方式，切实做好新型工业化、信息化、城镇化、农业现代化建设和对外开放等重点领域的服务工作，瞄准经济建设主战场，努力开发新的公证业务资源，培植新的业务增长点，扩大公证覆盖领域，大力提升以金融业务、招投标业务、农村土地流转为重点的经济板块比重。同时，牢固树立品牌意识，发展具有本地特点和优势的公证业务，形成“拳头”项目和“支柱”业务，提高品牌业务的贡献率。

[本文节选自 2014 年 5 月 20 日在部分分管副县(市、区)长和司法局长培训班上的讲课提纲]

对加强县域公证工作的思考

本次齐鲁公证论坛以“以十七大精神为指导全面推动全省县域公证工作新发展”为主题进行交流研讨，联系实际，贴近基层，与时俱进，具有很重要的现实意义。

党的十七大是在我国改革发展关键阶段召开的一次十分重要的大会。胡锦涛总书记的报告为我们继续推进党和国家事业发展指明了前进方向，是我们党团结带领全国各族人民坚定不移地走中国特色社会主义道路、在新的历史起点上继续发展中国特色社会主义的政治宣言和行动纲领。认真学习贯彻十七大精神，是当前和今后一个时期的首要政治任务。我们要从政治的、全局的高度，迅速把思想认识统一到党的十七大精神上来，统一到中央的一系列重要决策部署上来，把学习贯彻十七大精神与做好全省公证工作紧密结合起来，端正公证工作方向，努力使公证工作的理念、体制机制和方式方法适应经济社会发展的需要。

下面，结合本次论坛的主题，就 2004 年以来全省县城公证工作的情况以及当前和今后一段时期公证工作改革、建设和发展问题，讲三部分内容。

一、客观评价全省县域公证工作

县域公证是我省公证事业的重要基础和组成部分。加快县域公证发展是落实科学发展观，促进全省公证工作快速健康发展的客观要求，也是全面提升我省公证工作整体实力的战略举措。省司法厅认真贯彻省委关于加快县域经济发展的战略部署，高度重视县域公证发展工作。2004 年印发了《关于加强县城公证工作的意见》，制定了全省县城公证工作五年发展规划，明确了县城公证工作的目标任务。在各县(市)党委、人大、政府的关心支持下,经过广大公证人员的共同努力,我省县域公证整体工作有了显著进步。2004年以来,全省县域公证机构办理各类公证事项总量已占全省办证量的30%,比三年前提高了7个百分点,业务收费总量提高了10个百分点。胶南、莱西、即墨、滕州、青州、荣成、文登、单县等十多个公证处年业务收费突破百万元。有近四分之一的县域公证机构的综合发展能力已达到甚至超过城区公证机构。三年来,先后有1个公证处被评为"全国文明公证处",6个公证处被评为"全省文明公证处",9个公证处被评为全省"县域十强公证处",2个公证处被评为全省"县域发展强处"。县域公证已成为推动当地经济社会发展和保持社会稳定的重要力量,为全省改革发展和社会和谐稳定发挥着越来越重要的作用。

1. 县域公证工作地位和作用有新提高

一是各级领导更加重视县域公证工作。随着依法治国方略的实施,各级领导依法行政的理念普遍增强,对公证工作重要性的认识越来越高,运用公证维护经济秩序、管理社会、减少纠纷的自觉性越来越强。各县(市)司法局、各公证处全面贯彻执行省司法厅《关于加强县域公证工作的意见》《关于全省公证工作为建设社会主义新农村服务的指导意见》等文件精神,普遍加强了对县域公证工作的领导和指导力度。目前,各县(市)司法局均明确一名领导分管公证工作。济宁市的县司法局还专门设立公证管理科,对公证工作的组织领导得到明显加强。

二是出台政策支持公证工作发展。为更好地为本地经济、社会发展服务,多数县(市)司法局主要领导亲自上阵,主动协调党委、政府领导和相关部门,争取推动公证工作发展的政策。聊城及桓台、安丘、汶上、东平、沂水、东阿等许多市、县(市)党委、政府、人大先后出台关于加强公证工作指导文件,支持公证事业发展。邹城市以政府办公室名义相继出台了《逐步加强村(居)合同公证管理的意见》等文件,有力地促进了公证业务的快速发展,公证业务连续三年都以20%以上的速度提升。

三是县域公证组织建设进一步加强。在各级领导的关心支持下,按照司法部的工作部署,全省91个县(市)公证处在2007年7月底全部完成了机构重新冠名和登记工作。统计资料显示,我省县(市)公证机构为事业体制的已达66个,占全省县域公证机构总数的73%。公证机构的法人地位进一步得到落实,多数公证处已成为履行公证职能、自主开展业务、独立承担责任、按公证规律和自律机制运行的非营利的事业法人。公证处依法享有人、财、物管理自主权，公证队伍职业化建设迈出了新的步伐。

2. 服务新农村建设工作取得新成绩

全省司法行政机关和县域公证处紧紧围绕中央和省委关于推进社会主义新农村建设的战略部署，围绕中心，服务大局，将公证工作的重心向“三农”倾斜，积极拓展“三农”公证服务业务，收到了显著成效。

一是加大宣传力度，组织“送法下乡”，扩大公证在农村和农民中的影响力。济南、青岛、淄博、枣庄、潍坊、临沂、聊城、菏泽、德州、滨州等市所辖的县域公证处在本地报刊、电视台、广播电台、网络媒体上开辟公证专栏，开通公证信息网站，介绍公证知识和典型公证事项，扩大了公证宣传覆盖面。冠县、安丘、无棣、新泰、荣成、胶南等县(市)公证处创新宣传形式，拍摄公证宣传电视片，编印公证知识宣传资料，举办公证宣传文艺晚会等，加大宣传力度，增强宣传效果。平阴、莱阳、泗水、广饶、成武等县(市)公证处坚持定期培训乡镇司法所长，会同司法局基层科培训调委会主任、村委会主任，既提高了司法所长和调委会主任、村干部的法律素质，又扩大了公证的社会影响和证源信息。

二是积极为农村经济发展服务。各公证处以加快农村经济建设为切入点和突破口，积极开展政府招商引资、农村基本工程建设项目、农业生态建设服务。胶南市公证处为海滨工业园等一批重点项目办理公证事项 400 余件，涉及标的额 100 多亿元。单县公证处为上海新高潮集团与单县人民政府共同投资兴建年产 1100 万立方米密度板项目合同办理公证，项目标的额为 1 亿多元。由于公证的介入，使招投标项目顺利发包落实，按期开工建设，取得了良好的社会效果。

三是热情为农民增收服务。各公证机构紧紧围绕农村二、三产业和民营经济发展、农村劳动力转移、维护进城务工农民合法权益等重点，为农民增收致富提供公证法律服务。禹城市公证处配合市委市政府工业带动农业战略，积极为该市民营企业、农产品加工打入国际市场提供公证法律服务。即墨市公证处设立农民工“绿色通道”，优先为农民工进城务工办理劳务合同公证，提供“一站式”服务，使农民合法权益得到了及时有效维护。

四是主动为农村和谐稳定服务。县域公证处积极配合地方党委政府做好稳定工作，严格按照法定公证程序，化解干群关系和不稳定因素，受到群众广泛信任。据统计，仅 2006 年，全省办理的农业承包、土地流转、退耕还林等涉及农业发展、促进农村基本经营制度稳定的公证 3 万多件，约占全省国内公证业务的 20%。同时，各公证处还积极配合旧村改造，办理了一批拆迁证据保全公证和新房分配现场抽签监督公证；办理婚前财产协议、遗嘱、财产赠与、赡养协议公证，稳定了家庭财产关系，树立了农村道德新风尚；参与村委会选举、土地承包经营协议等容易引发矛盾纠纷的公证事项，促进了农村的民主法制建设。淄博、枣庄、滨州等市的县域公证处，对家庭困难农民工，直接引入法律援助程序，给农民群众带来看得见、摸得着的实惠。陵县公证处在办理涉农承包合同公证时，创新工作方法，实行农村公证公示制度，维护农民合法权益。

3. 公证员队伍整体素质有新提升

各地十分重视县域公证队伍建设，采取有效措施，努力培养适应县域公证工作需要的职业化、专业化人才。通过全员专升本学历教育、公证技能岗位培训活动，截至目前，全省县域公证机构中，本科以上学历人员已有 510 多名，已占县城公证机构人员的 80%，特别是近三年吸收司法考试合格人员 30 多名，占我省公证行业同期吸收同类人员的 50%，公证人员的整体素质和水平不断提高。各地通过组织开展社会主义法治理念教育、荣辱观教育、文明创建、教育规范树形象等活动，以及业务讲座、计算机操作培训等形式，增强公证人员为经济社会发展服务的自觉性，执业能力和业务水平得到很大提升。

4. 依法建制规范管理有新突破

针对公证工作规范化建设比较薄弱的问题，2007 年以来，各级公证管理部门、各公证机构按照省司法厅《关于开展公证行业制度建设年活动的意见》，认真组织开展了公证行业“制度建设年”活动。活动中，省厅将青州、邹城、滕州、莒南县(市)公证处制定的规章制度作为示范文本推荐各公证处借鉴学习，促进了全省公证机构建章立制工作的深入开展。目前，全省公证机构普遍制定和完善了涵盖公证办证流程、质量管理、公证员年度工作考核、财务管理等方面的基本工作制度，初步形成了与《公证法》相衔接的基础性、配套性制度体系。在 2007 年公证行业优秀制度评选活动中，县域公证机构有 13 个单位 16 件公证制度被推荐参评全省公证行业优秀制度，占参评优秀制度的 55%。

5. 公证处基本工作条件有新改善

在司法局的协调支持下，各县域公证处在业务发展的基础上，不断加大固定资产投入，扩大办公用房，优化工作环境，进一步树立了公证机构“窗口形象”，对外影响力也不断得到提升。据不完全统计，全省各县域公证处都已经拥有相对独立的办公场所，有条件的还分别设置了接待室、办证室、会客室、会议室、档案室。90％以上的公证处购置了汽车等交通工具，提高了工作效率。85％以上的公证处达到了档案管理目标。全省县域公证机构普遍加强了办公自动化建设，初步建立起了微机办证系统。邹城市公证处依靠政府支持和自筹资金两结合的办法，购置了800平方米的独立办公用房，公证员全部配备了微机和移动电话，实现了办公自动化，一跃成为我省县域公证处办公现代化的样板。

在充分肯定县域公证工作取得成绩的同时，我们必须清醒地认识和正确面对存在的问题和困难：(1)少数公证处开拓进取精神不足，主动拓展业务能力不强，业务几年无增长，尤其是面向“三农”提供公证服务无思路、无作为、无发展。(2)一些公证处的公证员素质参差不齐，受职业入门条件和编制限制，高素质法律专业人才难以进入，县域公证机构加快发展与人才匮乏矛盾日渐突出。(3)少数公证员质量意识不强，办证质量不高，质量差错事故时有发生，影响了公证的公信力。(4)有的地方仍然沿用行政管理体制的模式，公证处缺乏独立自主权，公证员分配受到限制，办证积极性不高，公证处活力不足。这些问题，需要引起我们的高度重视，并逐步通过转变思想观念，深化公证改革，加大建设力度，完善管理机制，认真加以解决。

二、全面推进县域公证工作发展

科学发展观是建设中国特色社会主义必须坚持和贯彻的重大战略思想，是我党理论创新的最新成果。各级司法行政机关、公证管理干部、各公证处和广大公证员，一定要认真学习领会，并以此为指导，努力实现工作指导上的转变，解放思想，开拓创新，推动县域公证工作又好又快的发展。

1. 进一步提高推进县域公证工作全面发展重要性的认识

县域是国家经济发展、社会安定、政权稳固的重要基础，也是公证事业发展的广阔天地。推进县域公证事业全面发展，是我省公证工作面临的重要任务。

一是要从服从和服务于大局的高度，充分认识推进县域公证工作的重要性。县域经济在我省经济建设中地位十分突出，党的十七大以后，我省县域经济将步入一个新的发展时期，服务和保障县域经济建设发展将是公证工作的重要职能。只有全面加强县域公证工作，才能更好地为地方党委、政府中心工作服务，才能保持县域公证工作与县域经济发展同步，更好地适应经济建设的需要。

二是要从服务“三农”的高度，充分认识推进县域公证工作的紧迫性。农业、农村、农民问题始终是我国社会主义现代化建设的重大问题，解决好“三农”问题是全党工作的重中之重。我省是农业大省，而县域公证工作直接面向“三农”，是公证工作联系“三农”、服务“三农”的主要阵地。只有加强县域公证工作，才能充分发挥公证的职能作用，促进“三农”问题的逐步解决。

三是要从加强司法行政基层基础工作的高度，充分认识推进县域公证工作的必要性。县域公证是司法行政基层基础工作的重要组成部分，是县域司法行政的主要职能之一。目前，我省县域公证工作发展中还有许多困难和问题，办证范围局限在城区，向下延伸不够；业务领域多集中于传统民事事项，为经济建设服务的渠道还不畅；运行机制陈旧，科学性、灵活性不足；执业人员老化严重，新老交替速度缓慢，置换不畅，不能适应工作发展的需要。只有不断解决好现实工作中存在的这些突出问题，才能扎实推动县域公证工作的发展，促进司法行政基层基础建设目标的实现。

2. 以新农村建设为重点，全面推动县域公证处的业务发展

各公证处要从有利于农业经济发展、有利于农民发家致富、有利于农村基层稳定的原则出发，找准工作切入点，研究制定新业务拓展的战略和计划。要更多地关注涉及决策透明度、容易引发干群矛盾的村民选举、乡（镇）村企业改制、荒山荒地拍卖等事项，通过公证活动促进新农村建设公开、公平、有效的进行。要主动为农业产业化和技术推广、科技成果转化等提供服务，及时帮助困难农民解决生产、生活中遇到的问题，维护农民的合法权益。要积极介入农民信用评价体系建设，服务于农村信用经济发展推动“诚信山东”建设。

3. 以追求和谐稳定为目标，关注民生问题，发挥公证工作职能作用

《公证法》第一条开宗明义，将“预防纠纷”作为公证职能的制度设计和基本定位，本身蕴含和谐理念，体现法治精神。公证作为预防和化解矛盾纠纷的有效方法要发挥以下作用：

一要发挥公证预防纠纷、维护稳定的作用。当前，我国正处于社会转型期，各类矛盾不断增多，企业改制、土地征用、房屋拆迁、劳动关系、环境保护等方面的问题，都直接关系到人民群众的切身利益。要充分发挥公证的职能作用，进一步增强防范、化解利益纷争的意识和能力，依法、及时、公正地为群众办理公

证事务，有效预防和减少矛盾纠纷的发生。

二要发挥公证提供证明、减少诉讼的作用。公证证明的业务范围十分广泛，经过严格法律程序出具的公证书，既可以确定市场主体的合法地位，认定资信状况，界定产权关系，也可以为当事人依法进行的各种民事经济活动提高真实可靠的证据。要充分发挥公证职能作用，进一步增强息事宁人、定纷止争的意识和能力，避免和减少司法诉讼，有效节约司法资源。

三要充分发挥好公证的沟通交流作用。公证机构出具的公证书是国际、国内通行的可靠法律文书，不受语言、行为、地域的限制，是增进民事主体之间相互了解、促进民事流转秩序顺畅、建立社会诚信体系的重要工具和手段。要充分发挥公证沟通职能作用，增强协调利益关系、疏导民意诉求的意识和能力，促进社会和睦、诚信、友爱，形成良好的人际关系和社会风尚。

4. 大力推进职业化建设，着力造就高素质公证员队伍

处以才立，业以才兴。县域公证工作的发展，关键在人。要坚持人才引进和培养提高相结合的方式，大力推进公证队伍职业化建设，特别是那些一人或二人处，司法行政机关要加强与组织人事部门的沟通，及时增补取得司法考试资格的人员，努力实现法定公证机构注册人数的最低要求。在暂时没有司法考试合格人员备选的地方，可以考虑择优选拔一批第一学历是普通院校法律本科毕业的优秀生补充到公证处，担任公证员助理，作为公证员人才储备。为优化人员构成，各公证处可以采用聘用制或合同制的方法，实行“一处两制”的灵活政策，使公证处人员形成合理的梯次结构。各级司法行政机关和各公证处要从加强公证员职业化建设的高度认真抓好公证队伍的再学习和继续教育，加强在职培训，不断提高执业能力和办证水平。要加强分类、科学管理，合理划分岗位职责和执业界限，做到以岗定责、以责取酬，实行公证员、公证员助理、行政辅助人员分类管理，进一步突出公证员的主导地位，探索公证处内部人员科学管理的新模式。

三、转变职能，优化服务，不断加强和改善县域公证工作的领导

当前，公证事业的改革、发展和建设任务十分繁重。各级司法行政机关一定要切实转变职能，努力改善领导方式和工作方法，促进县城公证工作健康发展。

1. 树立正确管理理念,坚持依法管理公证工作

公证制度是社会主义法律制度的有机组成部分,公权性、公益性是公证执业的显著特点,因此,不能把公证处等同于一般的社会中介机构。司法行政机关是公证工作的行政主管部门,在履行管理职责过程中,必须坚持和加强党对公证工作的领导,从思想上、政治上、组织上、纪律上切实加强对公证工作的指导和监督,确保公证工作始终沿着正确的方向前进。当前,各级司法行政机关,要特别注意研究公证法颁布实施后,如何对公证机构实施依法管理、科学管理、民主管理的新课题。针对新形势下公证工作出现的新情况、新问题,认真研究公证管理工作的新思路、新措施,努力提高管理和服务水平。

2. 明确管理职责,提高公证管理效能

职责明晰、分层实施,是现代管理科学的一个重要原则,要依据《公证法》的规定和司法行政机关的职能任务,进一步明确各级司法行政机关管理职责,科学划分层级权限和管理责任。省司法厅的主要职责是抓好全省公证事业的发展规划和政策措施等宏观方面的工作研究、设计,抓好公证机构设立、公证员执业审批许可、行政处罚等主要工作。各市司法局重点抓好本地公证行业的发展规划,公证执业环境和秩序的治理、维护以及公证员的教育培训管理。各县(市)司法局承担对公证处的全面管理责任,重点是抓好政治教育、业务协调、主任配备、人员选调、质量监管、财务监督等方面的管理,特别是在那些由分管局领导直接管理公证处的司法局,应该认真研究一下如何落实领导管理责任的措施和方法。同时,在加强管理方面要注意防止两种倾向,要么管得过死,事无巨细,大小事情都由司法局决定;要么放任不管,公证处想怎么干就怎么干。各级司法行政机关要依据《公证法》规定,针对公证法律服务的特点,正确行使管理职责,落实领导责任,切实做到不错位、不越位、不缺位。

3. 突出工作重点,抓好措施落实

推动县域公证工作又好又快发展,必须突出重点,抓好工作落实。

一要有一个科学的发展规划。各市、县(市)司法局和公证处都要根据自己所处地位,根据经济强县、特色资源县、传统农业县等不同地域特点,在总结近年来公证工作发展状况的基础上,制定一个适合本市、县(市)实际的发展规划,尽量把规划做实、做细、做好,并按规划认真抓好落实。

二要抓好重点突破。各地要抓住影响当地公证建设的薄弱点和突出问题,认真研究解决办法并下力气加以解决,特别对那些连续几年业务无增长、人员

无变化、办公条件无改善的公证处，司法局要更加关注，加大工作力度，提出切实可行的工作目标和措施，争取在二、三年内有一个大的改善和进步。

三要抓好考核落实。要对部署的各项工作认真检查落实，要建立科学有效的考核制度体系，并通过考核，奖优罚劣，奖勤罚懒，弘扬正气，鞭策后进，不断开创公证工作新局面。

4. 转变工作作风，服务公证发展

《公证法》实施后，公证机构已经成为依法独立行使公证职能，承担民事责任的证明机构，依法享有人、财、物管理的自主权。各级司法行政机关，要切实转变职能，改进工作作风，在加强管理的同时，认真搞好服务。要积极主动地向党委政府汇报公证工作，围绕本地经济社会发展需求，与有关部门加强协调与沟通。同时，要扩大公证宣传，争取优惠政策，优化执业环境。还要组织好业务培训，搭建业务平台，真心实意为公证人员办实事、办好事，推动公证工作的快速发展。

（本文节选自2007年11月20日在第六届齐鲁公证论坛上的讲话稿）

全省公证协会九年工作报告

我受山东省公证员协会第二届理事会的委托，向全省第三次公证员代表大会作工作报告，请予审议。

自1998年4月28日召开山东省第二次公证员代表大会至今，二届公证员协会理事会已经走过九年的历程。这九年，是我省经济保持稳定快速增长、各项社会事业协调发展、"和谐山东"建设深入推进的时期，也是我省公证事业解放思想、推进改革、快速发展的重要时期。九年来，山东省公证员协会在省厅党委的领导下，在中国公证协会的指导下，坚持以邓小平理论和"三个代表"重要思想为指导，按照协会章程规定的职责，奋发努力，扎实工作，在扩大公证宣传、发挥公证职能、深化公证改革、提高队伍素质、规范公证管理、密切行业交流与合作、促进海峡两岸民事与经济交往、开展学术研讨和理论创新等方面，做了大量卓有成效的工作，许多方面有了新的发展和进步。

一、围绕党和政府中心工作，充分发挥公证服务、保障经济发展和社会稳定的职能作用

九年来，协会始终坚持以服务大局、服务社会为宗旨，积极引导会员努力为全省经济发展和社会稳定提供全方位、多层次、宽领域、高质量的公证服务。全省公证行业自1998～2007年累计办理公证业务500余万件。

1. 在促进国民经济发展中发挥了积极作用。全省公证机构和公证员以经济建设为中心，主动围绕保持国民经济平稳较快增长，围绕建设创新型国家，围绕国家和地方重点工程建设，热情为各类经济组织和市场主体提供服务，积极维护市场秩序，努力防范经济和市场风险，确保经济和市场安全。据统计，2003

～2007 年共办理各类重点工程建设项目公证 1 万余件，涉及工程标的额 2000 多亿元。

2. 在促进社会和谐稳定中发挥了积极作用。全省公证机构和公证员紧紧围绕省委、省政府建设“平安山东”“和谐山东”的目标，优先办理涉及民生和民权的公证事项。广大公证员深入基层、社区和乡镇，密切关注扩大就业、完善社会保障、安全生产、拖欠工资、征用土地、房屋拆迁等社会“热点”“难点”问题，依法维护群众利益，维护社会公平正义，维护社会的和谐稳定。据统计，九年来全省共办理人民群众切身利益的公证事项 200 余万件。

3. 在促进社会主义新农村建设中发挥了积极作用。山东既是经济大省，也是农业大省。九年来，全省公证机构主动为社会主义新农村建设服务，共办理各类土地承包、土地使用权转让、小城镇建设、乡镇村庄规划、宅基地使用、村委换届选举、农民减负、禁止“三乱”“四荒”开发、粮食流通和农村金融改革、粮棉油购销合同、乡镇村企改制等公证事项 80 余万件，较好地维护了全省农村经济发展和社会稳定。全省许多公证机构积极配合有关部门做好问题较多的村委换届选举工作，对选举各环节进行严格审查监督，确保选举工作公平、公正、合法，有效地推动了基层政权的建设。

4. 在促进对外开放、国际交往中发挥了积极作用。九年来，全省公证系统较好地发挥桥梁作用，利用公证书所具有的特殊国际证明效力，适应形势需要，积极为对外开放、利用外资等提供公证服务，有效地促进了外向型经济的发展。据统计，2001～2007 年全省公证机构办理对外贸易公证事项约 2 万件，涉外招投标工程 1500 多件，累计引进外资 50 多亿元人民币。

二、从建立“两结合”管理体制入手，积极、稳妥地推进公证工作改革

按照国务院批复的《司法部关于深化公证工作改革的方案》及司法部的实施意见，正确处理改革、发展和稳定的关系，配合司法行政机关稳步推进全省公证工作改革。

积极推进“两结合”管理体制，厅党委对公证行业建立和实行行政管理与行业管理“两结合”的新型管理体制非常支持，明确了协会工作职权，实行协会经费独立管理，建立并完善了协会相关工作机制。《公证法》颁布实施后，对“两结

合"管理体制进一步予以明确,使我省公证协会工作的行业管理更加规范和顺畅。

1. 稳步推进公证机构体制改革。协会积极协助各级司法行政机关推进行政体制公证处向事业体制转变。目前,全省已有115个公证处转制为事业单位,改制公证处占全省公证机构总数的73%,比全国50%的改制面高出23个百分点。公证机构的法人地位进一步得到落实。绝大多数公证处已成为履行公证职能、自主开展业务、独立承担责任、按公证规律和自律机制运行的非营利事业法人。公证处依法享有人、财、物管理自主权,公证队伍职业化建设迈出了新的步伐。

2. 不断完善公证机构运行机制改革。协会积极配合司法行政机关推动公证机构的管理机制、内部运行机制的配套改革。一是实行了主任负责制。确保公证处能够依法自主开展业务,独立承担民事责任。二是实行了灵活、高效的公证处用人机制。逐步实现了公证员从司考合格人员中择优筛选,公证处主任从执业公证员中选任,辅助人员由公证处自主聘用的新模式。三是推行了与公证处体制相适应的财务经费管理办法。公证机构普遍实行了收益分配与工作岗位、工作实绩、办证质量、专业职称等相衔接的分配制度,扭转了行业过度市场化运作的倾向,正确引导、调动了公证人员的工作积极性。

3. 进一步完善公证改革的配套措施。积极做好公证赔偿基金的提取、收缴和投保工作,为公证处自主开展业务、独立承担责任提供可靠保障。创办《公证业务发布》内部业务指导刊物,将最新业务指导意见及时准确地传达到各公证处,为公证员办证提供业务参考。加强公证文书改革工作,在全省推行证据保全、现场监督、合同协议三类公证事项实行要素式公证书,在2003年司法部举行的三类要素式公证书评比活动中,我省有九份公证书获奖。

三、以深入开展文明创建活动为重点,不断提升公证队伍素质

九年来,协会积极配合司法行政机关,在全省公证队伍中深入开展政治思想、法治理念、执业技能、职业道德和执业纪律建设,促进了公证队伍整体素质的提高。

1. 积极开展行业文明创建工作。省、市公证员协会坚持把创建文明公证处和优秀公证员活动作为加强公证队伍建设的有效手段,与不同时期的工作重点

相结合，与各类专题活动、主题活动相结合，不断把文明创建活动引向深入，加强公证队伍建设。青岛市公证处、济南市公证处、威海市公证处、青岛市黄岛公证处先后被授予“部级文明公证处”和“全国公证行业文明公证处”；有 7 名公证员先后被评为“全国优秀公证员”；43 个公证处先后被评为“省级文明公证处”，92 名公证员先后被评为“全省优秀公证员”；27 个县域公证机构先后被评为“县域十强公证处”。

2. 有效开展集中专项教育活动。省、市公证员协会在全行业深入开展了十六大、十七大精神集中学习教育、教育规范树形象、岗位培训、社会主义法治理念教育、社会主义荣誉观教育等活动，突出抓好《公证员职业道德基本准则》《公证行业自律公约》《城区公证处制止不正当竞争规约》等制度建设，编制了《警示与思考》一书，进一步端正了公证员的执业理念和执业态度，整顿和规范了公证秩序。

3. 扎实搞好公证员的学历教育。根据司法部、中公协《2002～2006 年全国公证员教育培训规划》的要求，协会牵头组织了 45 岁以下的公证人员参加山东大学网络学院法学专业专升本的学习，大幅度提高了我省执业公证员的学历层次，基本实现了全国公证员教育培训规划的总体目标和要求。

4. 公证员业务培训形成制度。协会认真落实司法部和中公协关于“执业公证员每年平均需接受 40 课时在职培训”的要求，有针对性地对公证处主任、公证员、公证员助理进行各专业法律法规和公证实务的培训。根据公证业务发展的需要，重点进行执业纪律、执业技能、实务技术、计算机操作与应用的教育和培训。九年来，协会组织 100 多人参加司法部和中公协举办的公证员岗前培训班、涉外公证员资格培训班、涉台业务培训班和《公证法》专题培训班。为了开阔我省执业公证员的视野，2004 年，省公证员协会承办了“第十期中法公证法律专题讲座”，山东公证界 100 多名公证员听取了讲座，增进了山东公证界对法国法律文化和公证制度的了解。

5. 严肃查处公证质量事故和投诉案件。近年来，省公证员协会从加强教育、完善制度、强化监督入手，加大了对公证违纪行为和公证质量技诉的查处力度，强化行业自律性管理。省协会对中公协转来的投诉案件都逐件予以调查核实，做到件件有回复。对涉外、涉台公证发现的问题，对问题突出或具有普遍教育意义的质量问题，在依照法律和规章作出严肃认真处理的同时，协会还将情况及时通报基层，使全体公证人员受到教育、吸取教训。

四、紧密结合工作实际，组织理论研讨和学术交流，推动公证工作创新发展

省公证员协会坚持围绕山东公证发展主题，组织公证理论业务研讨。各市公证员协会、各公证处按照省协会的要求，认真组织论文的选拔推荐工作。每年都编辑出版全省公证理论研讨活动获奖论文选编，发给全省公证人员学习参考。

省公证员协会自 2002 年举办首届齐鲁公证论坛，至今已成功举办六届。每届论坛紧密结合党和政府的中心工作，联系公证工作实际，确定鲜明主题，开展理论研讨，增进相互交流。目前，齐鲁公证论坛已成为推进全省公证工作又好又快发展的一个品牌，在国内公证行业中影响力越来越大。

为培养中青年业务骨干，提高公证理论研讨的水平，2004 年 7 月省公证员协会专门成立了中青年公证员学术研究会。为扩大理论研究成果交流，省公证员协会创办了《公证业务通信》和《山东公证动态》信息刊物。组织编辑出版了《公证员办证手册》《常用公证法律法规选编》《公证常用合同参考范本》等业务用书，受到了广大会员的普遍欢迎。

五、加强涉台公证指导管理工作，促进海峡两岸关系发展和人员交往顺利进行

省公证员协会在中公协以及省委统战部、省台办等部门的指导下，严格执行两岸交往交流的政策和法律规定，认真做好涉台公证书的寄送、查证和台湾公证书正副本的核验工作。九年来，共审查寄送涉台公证书副本 2 万余件，收到海基会寄送来的公证书副本 8000 多件，查证回函 306 件。根据司法部和中公协要求，协会从 2004 年起对台湾地区出具在我省使用的公证书进行正副本相符核验，以确保涉台公证文书的真实合法，有效地维护了两岸同胞的合法权益，促进了两岸经济交流和民间交往。

六、扩大公证行业的相互交流与合作，学习、借鉴行业发展先进经验

省公证员协会坚持“积极主动，交流合作，扩大影响，树立形象，发展自我”的工作思路，进一步加强了与国内、国外及港澳台地区的广泛交流与合作。学习借鉴国内外先进经验，宣传山东公证改革发展成果，扩大山东公证在同业中的影响。积极与司法部、中公协加强联系，先后派出70多名会员参加了上级组织的各种国际交流和赴外学习考察活动。先后组织了9批200多人次赴外省市学习考察。2003年，省协会还承办了华东七省（市）公证业务协作年联席会。

根据司法部、中公协《关于支援西部公证事业发展的意见》，我省连续三年向甘肃、贵州等省捐赠计算机13台，捐款8000元。2007年8月，山东、陕西两省协会在西宁签订了“公证行业对口支援协议书”，10月在济南举行了“鲁陕两省公证交流活动”启动仪式，省公证员协会向陕西省公证协会赠送10套公证业务软件，并委托济南市泉城公证处进行了软件使用操作培训。

七、维护行业利益，积极为会员服务，增强行业凝聚力

多年来，协会把维护行业利益和会员合法权益作为重要工作职责，赢得了会员的信任和支持。2003年，省公证员协会成立了公证业维权法律顾问团，积极维护会员的合法权益。

为进一步推动欠发达地区公证事业的发展，探索建立了公证行业救助帮扶机制，帮助欠发达地区解决实际困难。2003年12月，省公证员协会发起了“奉献爱心，携手共进”帮扶活动。几年来，累计向困难地区公证处捐献电脑、传真电话、复印机、打印机等办公设备80多台件，捐赠公证业务软件40余套，帮助他们改善办公条件。2004年以来，省公证员协会积极出面与中公协、保险公司联系，落实公证员健康保险，为4位身患重病和7位在职病故的公证员申请到90多万元的个人健康保险费，并及时送到了患病公证员和病故人员家属手中，充分体现了整个行业对个体会员的关爱。

为表达对公证事业付出辛勤劳动和积极贡献的离退休公证员的崇高敬意，省公证员协会从2001年起建立了为全省公证系统离退休公证员颁发荣誉证书

和纪念品制度，努力增强公证员队伍的执业尊荣感。

八、加强协会自身建设，进一步提高行业管理水平和工作效能

省公证员协会按照《章程》的规定和要求，不断加强和完善自身建设，在规范化管理上下功夫，使行业管理能力和业务指导水平有了新的提高。全省各市相继建立了市级公证员协会。省协会在没有专门机构和编制的情况下，克服困难，认真承担协会秘书处的日常工作，承担起服务基层、服务会员、对外交流、业务培训、业务指导、执业维权等工作职责。先后制定出台了《严重公证质量责任公证处自律惩戒办法》《山东省公证质量检验自律规则》《山东省公证质量检验员管理办法》等文件，有效规范了协会的管理工作。

协会按照司法部和中公协有关行业信息建设的要求，加大了省级协会信息网络平台建设，开通了省公证员协会网站，为各市司法局公证管理科(处)设立了电子邮箱。开发使用了公证信息管理系统，实现了公证员网上办证、公证业务信息和统计数据网上交流，提高了工作效率。

回顾本届公证员协会九年来的工作，成绩是主要的，但也存在不足之处：由于种种原因，协会的换届选举工作未能如期进行，行业协会的组织建设工作步伐不快；协会没有配备专职工作人员，一定程度上影响了行业管理职能的全面落实；对外交流工作不够活跃；教育培训工作的内容和形式有待丰富、创新。上述问题需要在今后的工作中认真研究解决。

各位代表，党的十七大提出，要规范发展行业协会，发挥行业协会在管理社会、提供服务、反映诉求、规范行为中的积极作用，这充分体现了党和国家对协会工作的高度重视，为各级行业协会建设指明了前进的方向。《公证法》进一步确立、健全了中国特色社会主义公证制度，为规范公证活动、保障依法执业，提供了重要的法律依据。随着形势的发展，随着依法治国进程的加快，公证队伍已成为依法治国，建设社会主义法治国家的一支重要力量，公证工作在维护人民群众合法权益、维护社会和谐稳定方面的作用更加凸显，包括公证协会在内的公证行业将迎来更好的发展机遇。为此，我代表第二届理事会对今后协会的工作和新一届理事会提出几点建议：

第一，以科学发展观为指导，努力提高公证服务和谐社会建设的能力。要按照十七大和省第九次党代会及全省服务业发展工作会议的部署，围绕“科学

发展和社会和谐”两大主题，进一步发挥公证职能作用，高度关注党和国家的中心工作和重点发展领域，积极适应经济、政治、文化、社会发展的最新动向，选准公证工作的切入点和结合点，贴近发展，支持发展，服务发展，不断拓展业务领域，推进和谐社会建设，积极服务新农村建设，主动介入国家和省、市重点工程建设、土地出让流转、金融房地产、环境保护、知识产权保护、民营经济等领域，推动经济社会又好又快发展。要本着为民、便民、利民、惠民的原则，维护民生民权，积极为人民群众提供快捷、方便、优质的公证服务，用公证手段引导人民群众依法行使权利和履行义务，减少矛盾和不安定因素，促进社会公平正义，维护社会和谐稳定。

第二，以提高执业能力和执业水平为目标，努力提高公证队伍素质。当前，公证协会和公证机构要按照“坚持信念，精通业务，维护公正，恪守诚信”的要求，不断提高公证员的政治素质、业务素质和职业道德素质，培养正确的执业理念、高尚的职业修养和精良的办证技能。一是要继续配合司法行政机关在公证队伍中深入开展社会主义法治理念和诚信意识教育，认真践行社会主义法治理念，确保公证工作沿着正确的方向健康发展。二是加大培训力度，丰富培训内容，改进培训方式，提高培训质量，逐步实现由应急性、临时性培训向系统性、规范性培训转变，由基础性、普及性培训向职业化、专业性培训转变，不断提高执业人员的法律水平和职业技能。三是采取积极措施，鼓励和支持公证员树立终身学习的思想，向高学历、高素质发展，把公证处建成学习型公证处，并把学习成果运用到公证实践中，落实到办证质量上。四是树立典型，深入开展评先创优活动。要继续开展全省公证行业文明公证处、优秀公证员的创建评比活动，并积极争创“全国优秀公证员”和“全国公证行业文明公证处”，力争多推出我省的典型人物和先进集体，使广大公证员学有榜样、赶有方向。要扩大对先进集体和先进人物事迹的宣传，增强公证社会影响力。五是完善惩戒规则，探索、建立把行业协会惩戒作为行政处罚前置程序的制度，充分发挥行业协会直接管理公证执法活动的作用。六是积极开展公证系统的学术研究和理论研讨工作，不断推动公证工作创新发展。

第三，加强以提高公信力为核心的制度建设，努力健全完善行业规范体系。要努力配合司法行政机关做好《公证法》的贯彻实施工作，保障公证机构和公证员依法执业。要以“一法三规”为依据，大力加强基础性、配套性制度建设，努力完善行业规范，特别是要加快公证业务规范建设，逐渐形成一套符合公证行业发展规律和社会主义市场经济发展要求的行业发展规范体系，并积极参与公证行业有关法律、法规的论证和起草工作，充分表达行业意见和建议。

第四，加快行业信息化建设步伐，不断提高工作效能。要按照司法部和中国公证协会的统一部署，把推进我省信息化建设作为协会的重点工作来抓。要制定长期与短期相结合的发展计划，加大资金投入，做好我省公证行业信息平台的基础设施建设，帮助较困难的公证处做好计算机的普及工作，推动全省行业信息化建设工作均衡发展；要逐步推进行业管理软件的普及使用，培养一批既懂法律、懂公证知识又精通电脑的人才，普及提高公证人员的软件应用水平。要建立和完善覆盖全省范围的行业信息网络体系，力争早日实现全省公证办公网络化的目标。

第五，进一步完善“两结合”管理体制，充分发挥协会的管理职能。要按照十七大精神的要求，大力加强行业协会建设。按照《公证法》的要求，科学划分司法行政机关与公证协会的职能，严格掌握行政管理和行业管理的界限，提高协会的业务指导能力和行业管理水平。要以本次换届选举为契机，进一步加强和规范协会的组织建设，完善行业协会的组织体系，建立健全协会工作机制，畅通工作渠道，积极发挥常务理事、理事的作用。要选拔业内精英，在协会中组织成立教育委员会、业务指导委员会、投诉查处委员会等专门委员会制订各委员会工作规则。要加强各市的公证协会建设，形成上下联动的组织体系和工作机制。

（本文节选自 2007 年 12 月 29 日在省公证协会第三次代表大会上的工作报告）

坚持公证改革发展的正确方向

新《公证法》颁布实施后，公证事业正处于新的转型时期，公证机构由原来的行政体制逐步转为事业体制公证处，开始转为独立行使公证职能独立承担民事责任的法人治理结构；公证处的经费管理呈现出多元化的格局；公证处和公证员对公证文书的法律后果承担越来越多的法律责任，但对改革转型期内政策、界限把握不清晰。因此，必须正确理解公证基本属性坚持公证工作改革发展的正确方向。

公证制度是我国司法制度的重要组成部分，公证工作的政策性、法律性、程序性都很强。随着我国社会主义民主政治的深入发展和法治建设的不断加强，公证在社会生活中的地位和作用越来越重要。前一时期在深化公证改革的进程中曾经一度有人主张把公证机构改为中介组织，把公证服务直接推向市场。我们认为，公证改革既不能照搬企业改制的做法，也不宜模仿律师事务所的模式。应当按照《公证法》的规定，遵循公证行业的发展规律坚持走具有中国特色社会主义公证制度之路。

一、始终坚持公证制度的公权性

公证制度是以预防纠纷为理念设计的。国家通过公证手段对重大民商事活动和重要社会生活进行适当干预，在一定范围内参与社会管理，维护社会主义法治，确保社会和谐稳定。公证员通过法律授权，按照法律规定，履行公证职责，实际上是在行使国家公权力。要正确认识公证的基本属性和公证员的执业特点，防止公权私用。

二、始终坚持公证处的非营利性方向

《公证法》第六条明确规定公证机构“不以营利为目的”，我们不应当把经济思维、商品化观念盲目延伸到公证领域。公证服务虽然是有偿服务但公证书绝不是“商品”，公证员决不能单纯追求经济利益最大化，公证处的薪酬分配也不能实行单一的业务提成制。我们要重申一个观点：利用国家给予的垄断优势获取的收益，绝不能归个人所有，公证业务收益姓“公”不姓“私”。要严肃认真地执行省厅《关于公证机构财务管理监督指导意见》，加强财务管理。依据公证处的现行机构性质，按照国家相关财务管理规定，合法、合理、安全使用资金。要建立财务公开制度，业务收入、支出情况应定期公布，接受财政、审计等部门的监督。禁止违反财务管理规定另设账目，禁止利用商业贿赂手段争揽业务，禁止随意提高或降低公证收费标准，禁止挥霍浪费和分光吃尽。

三、始终坚持“依法独立行使公证职能”

依法、独立行使公证职能，是公证具有社会公信力的基础。公证员不是公务员，不能代表政府利用行政权力发号施令；公证员也不是律师，只代表委托人的利益。公证机构应该保持应有的独立性。在办理公证事项时，要排除行政机关及任何人的干预，避免因外界影响而降低办证标准甚至出具错假证，确保公证的社会公信力。

四、着力推进公证制度建设和创新

加强制度建设和创新是反腐倡廉的治本之策。要切实做到用制度管权、管人、管事、管证，靠制度预防违规、预防腐败。要围绕贯彻落实《公证法》，进一步巩固“公证制度建设年”活动成果，继续做好对原有制度的清理和完善工作，进一步健全改进内部管理、规范公证执业的制度体系，构建自律、防范、惩处和保障配套衔接的公证行业反腐倡廉建设机制。要紧紧抓住容易滋生腐败现象和不正之风的重点部位、重点环节，建立各项管理制度，完善各项约束机制，实现超前预防，使动机不良的人在制度面前“不能为，不敢为”。要加强制度的整体规划和统筹协调,提高制度的科学性,加强制度的系统性。制度的生命在落实。要保证制定的各项制度行得通、做得到,从源头上消除滋生腐败的土壤。对个别长期管理混乱、漏洞百出、连正常工作秩序都不能维持的公证处,必须停业整顿。要深入贯彻中纪委《关于纪检监察机关严格依纪依法办案的意见》,认真查处公证系统发生的违纪违法案件。查办案件时要切实保障公证人员和当事人的合法权益,确保事实清楚,定性准确,执纪恰当,提高组织处理和纪律处分的综合效果。要建立健全预防腐败的信息共享和预警机制,发挥案件的警示作用,做到查处一案,教育一片,举一反三,堵塞漏洞。

《公证法》实施后,公证处已成为事实上的独立法人,人、财、物等各项自主权逐步扩大,尤其是随着公证业务的发展,业务收费逐年增长,年业务收费过百万的公证处越来越多,规模较大的公证处年收费已经超千万。建立科学规范、公平公正的利益分配机制是“和谐立处”的重要基础,也是公证行业反腐倡廉工作的重点。在目前形势下,公证处主任的经费管理权力越来越大,责任也越来越重。因此,要切实加强对公证处领导尤其是一把手的个人自律、民主监督和纪律约束,有效防止公证处权力失控、决策失误和领导人的行为失范,让权力在阳光下运行,确保本单位不发生违纪违法案件。

(本文节选自 2008 年 5 月 13 日在全省公证系统反腐倡廉建设座谈会上的讲话稿)

完善体制机制　提升公证质量

山东省现有公证处 158 个，其中，行政体制的有 29 个，事业体制的有 129 个。在事业体制中，全额拨款的有 47 个，差额拨款的有 34 个，自收自支的有 48 个。共有公证员 922 名，全国最多，其中聘用制的有 127 人，年均办理公证 52 万余件。近年来，在司法部的正确领导下，坚持以科学发展观为统领，认真贯彻落实《公证法》，狠抓公证质量监管，加强公证队伍建设，充分发挥公证职能作用，为加快经济文化强省建设做出了积极贡献。

一、发挥公证职能作用，全力服务经济发展

在强调公证工作必须始终坚持围绕中心、服务大局的同时，根据当地经济发展战略布局和重点，积极引导公证拓展服务领域，彰显职能作用。根据经济发展变化的实际需要，及时研究、出台公证服务经济的意见，并于每年初，省厅、省公证协会都根据全省经济发展部署，研究、制定公证服务的重点任务与措施；举办公证服务“蓝”“黄”战略研讨班，60 个涉“蓝”“黄”的县（市、区）分管副职和司法局长参加，共商服务发展方法、路径，着力提升公证服务“蓝”“黄”战略的针对性；指导各市司法局与政法各部门、金融办、各大银行联合研究部署拓展公证业务，促进金融、公证携手服务当地经济发展；举办第九届齐鲁公证论坛，总结、推广临沂市兰山公证处发挥公证强制执行效力的经验，强化公证服务中小企业特别是融资服务的措施；引导公证围绕打造“钢铁精品基地”和“科学发展高地”等区域战略，举办业务培训班，开展咨询、推介活动，实施专项法律服务，提高服务区域经济发展的水平。2011 年共办理经济公证 13.5 万件，同比增长 7%，2012 年上半年办理经济公证 6.4 万件，同比增长 22%，经济公证成为提升幅度

最大、成长性最强的亮点之一，步入快速发展的新时期。

二、加强和创新社会管理，彰显公证社会责任

按照推进“三项重点工作”的要求，正确把握并注重发挥公证在预防纠纷中的前置作用，积极介入城市拆迁建设、棚户区改造、国有资产出让、重点建设项目招投标、二手房交易、交通事故赔偿等社会矛盾易发多发的重点领域，全方位提供公证法律服务；积极整合公证、法律援助资源，关注、服务民生，制定出台《山东省公证法律援助实施办法（试行）》，大力开展公证法律援助工作，2011 年办理公证法律援助案件 3800 余件，执业公证员人均办理 4.1 件，实现两项职能叠加共赢的效果，《法制日报》对此予以专题报道。全省自 2010 年至今，共办理民事公证 52 万件，其中事关群众切身利益的公证事项 18 万件。

三、加强公证质量管理，努力提升公证公信力

1. 依据公证法和部颁规章的规定，我省陆续制定实施了《公证文书质量标准》《公证质量检查规则》《错误、虚假公证文书认定标准》等 6 个质量规范，建立健全了公证质量管理规范体系，注重关键点控制和办证全过程的监管。

2. 深入开展争创“零错证、零投诉、零上访”公证员活动，通过层层签订目标责任状，落实质量目标和监管责任，评选“三零”公证处和公证员，促进公证质量的提高。

3. 定期开展严格的公证质量专项检查，确定每年 7 月为“公证质量检查月”，各公证处先行自查，各市司法局开展普查。省厅成立质量检查小组，随机调取卷宗，集中人员和时间进行抽查，先后检查了遗嘱、继承、赠与、强制执行、民间借贷等高风险业务和涉外公证业务，发现并解决了一些多年来有所忽视的突出问题，为提高公证公信力打下了坚实基础。全省近两年来公证质量检查合格率 98%，优秀率 85%以上。

4. 健全完善公证工作考核机制，每年根据公证工作存在的突出问题，合理设置考核项目，并适时调整，引导各地每年着力解决一两个制约工作发展的瓶颈问题。

5. 在认真开展优秀公证处考核的基础上，研究、制定了优秀公证员考核办

法,每年确定20%为优秀公证员;以投诉查处为重点,严厉惩处违法违规公证机构和公证员。

6. 投诉率和上访案件逐年下降。2011年以来,省厅共接待来信来访45起,有效投诉仅有3起,8个市无投诉上访案件。

四、大力提高业务素质,全面加强公证队伍建设

1. 以贯彻落实《公证法》为契机,每三年编制"公证员配备方案",明确公证队伍建设的重点、路径和方法,通过选拔、招考、调入、考核任职等方式,多渠道发展壮大公证队伍。

2. 积极开展公证业务研讨和培训,组建全国公证行业第一个省级讲师团——"山东公证讲师团",聘任26名资深公证员为讲师,两年来,全省共举办培训班40次。

3. 大力实施"素质强处计划",执业公证员每年1篇论文、2篇案例、3篇信息,纳入公证员年度综合考核体系,与公证业务同布置、同检查、同奖惩,全行业业务学习研究氛围日趋浓厚。

4. 每年举办齐鲁公证论坛,定期汇编公证论文、案例,发挥山东公证网站交流平台作用。

5. 大力开展争先创优活动,践行政法干警核心价值观,在综合评先树优的基础上,每年评选公证质量、理论研究、法律援助以及案例和信息报送等单项先进集体,树立标杆和榜样,宣传、弘扬典型,不断提升公证队伍建设水平。

经过多年的努力,全省公证队伍止跌回升,仅上半年我省就新引进公证员40余名,创历史新高,每个公证处拥有公证员5.84名,通过司法考试的公证员比例达到29.6%,本科以上学历的达到88.8%,全日制本科以上的有102人,全日制法律本科的有87人。全省已彻底消灭"一人处"和"无人处","二人处"仅有13个。公证队伍呈现出数量、质量同步提高的好势头。

五、加快推进公证信息化,努力提升科技支撑力

近三年,全省累计投入资金5500余万元专项用于公证信息化建设。公证处普遍建立了局域网,更新了微机,两次升级办证软件;省厅建设了公证信息管

理平台和专用加密通道，扶持32个经济欠发达县域公证处建设信息化应用系统，省、市、县三级实现了联网对接。开展全省公证业务软件培训，努力实现手工办证向微机办证的过渡，结合单机版升级为网络版，又全员进行局域网办证培训，实现了全过程电子流程办证。2012年5月，省厅再次举办公证联网培训班，对运用网络实施公证业务管理进行培训。各市也结合本地实际进行了包括公证助理在内的全员培训。目前，55周岁以下的公证员一律实现了电子流程办证，公证事项电子办证率达到了95%以上，其中涉外及涉港澳台业务电子办证率达到100%。采用服务外包的方式，委托开发了“山东公证翻译一体化”系统，全省已有10个市的公证翻译依托网络进行，探索了一条涉外文书翻译的新路径，被中公协称为涉外翻译的“山东模式”。

在看到工作发展、进步的同时，也必须清醒地认识到存在的不足和问题，主要表现在：

1. 对涉及公证的许多重大问题的认识比较混乱。(1)对《公证法》开放式定义不理解。(2)对事业单位改革的未来表现出许多迷茫。(3)对改革的方向目标众说纷纭。

2. 公证办证(含收费)长期滞后于经济增长的速度和水平，影响了公证服务经济社会作用的彰显。分配机制过死以及法人治理权力的不落实，致使公证机构和公证员拓展业务积极性不高，工作缺乏生机与活力。

3. 公证队伍的数量和素质虽然有较大提高，但公证业务需求较大与队伍增长缓慢以及人才难留的实际问题长期存在，“量小质弱”的问题仍然突出。(1)受编制的限制，在行政、事业编之外，聘用制没有被广泛普及。(2)公证员门槛相对较高。同样是公务员，愿意做法官、检察官，不愿意做公证员；同样是取得法律职业资格，愿意做律师，也不愿意做公证员。(3)人员流失问题突出，尤其是中青年公证员一旦条件成熟就谋求新的发展，造成大量精英外流。(4)许多公证机构存有小农意识，满足于现有业务，小富即安，不愿吸纳新人。

4. 公证发展不平衡问题依然突出，既有东西部区域差距较大的问题，也有经济、民事公证比例失调的问题，一定程度上制约着全省公证发展的总体层次与水平。

5. 党政领导和社会公众对公证的知晓度还比较低，公证工作的影响力以及对公证公信力的认可度尚待提高，等等。

另外，我们在学习贯彻《公证法》的过程中，还有一个突出问题一直困扰着我们，就是落实公证机构负责人产生方式存在较大困难，公证处大多属于行政或事业体制，完全适用党政领导干部选拔任用条例，但《公证法》借鉴律师管理的经验和成果，明确规定机构负责人推选产生，而由于不少公证处规模小、人员少，难以推选产生优秀的公证机构负责人。因此，在实际工作中，违背《公证法》任命的情况仍然存在，这对公证处的管理和建设非常不利。可否研究、制定特殊情况下的替代办法？

对下一步工作的思考和建议：

1. 必须进一步理清公证改革发展的总体思路。近年来，公证改革发展的成效明显，也积累了很多好的经验，特别是多年的实践启示我们必须坚持“四个不动摇”的原则：(1)坚持公证权是国家公权力的性质不能动摇。公证证明权是国家公权力的重要组成部分。从社会历史背景与文化传统看，我国社会受儒家思想影响深远，相对于私人信用，公证当事人更愿意相信公权力的信用。(2)坚持公证机构为非营利的定位不能动摇。公平正义是公证的灵魂，公证机构如果推向市场，放弃其非营利性定位，就会偏离中立轨道，公证的社会公信力必然会受到损害。(3)坚持公证机构行政改事业的方向不能动摇。从构建法治、服务政府角度讲，公证不属于政府职能，公证必须去行政化；行政体制管理太死，奖励机制不灵活，缺乏工作主动性和开拓精神，行政体制公证处实际办证量明显低于事业体制，行政改事业符合公证发展规律与特点。公证改革既不能走回头路，也不能无限度地向中介组织推动，在相当长的历史时期内要维持事业单位的定位。(4)坚持实事求是、循序渐进的推进方法不动摇。鉴于我国公证发展的不平衡性，可不制定时间表，不搞“一刀切”，允许多种体制长期并存，以时间换空间，逐步进行规范和统一。在上述基本原则下，建议部里对贯彻落实《公证法》的情况进行总结，针对各地遇到的实际困难和突出问题，进一步确立公证改革发展大的工作思路，明确改革发展的方向、原则、目标和重大措施。

2. 要进一步健全完善公证质量管理的体制机制。质量是公证的生命。抓公证质量建设是一个永恒的主题。一是进一步完善公证质量标准规范体系。健全并抓好以《公证文书质量标准》《公证质量检查规则》为重点的质量标准体系的贯彻落实工作，最大限度地减少错证和瑕疵率，把投诉上访控制在合理范围内。二是大力推广公证质检员制度。按照我省新修订的《公证质检员制度》规定，努力实现 5 人以上的公证处设立专职质检员、4 人以下的设立兼职质检员的要求，公证书未经质量检验不得签发和归档。三是公证质量年度检查实现制度化。针对工作中存在的突出问题，确立检查的重点，并将检查结果纳入质量考评体系范畴。四是进一步健全公证质量考评体系。将年度优秀公证处、公证员考核，质量年度检查，公证工作考核和“双优”评选有机整合，形成科学、合理的公证质量考评机制。五是充分发挥信息技术和网络技术的作用。用“电脑”补充“人脑”，提高电子流程办证率，推广应用“公证翻译一体化”，增强运用网络管理指导公证业务的能力，大力提升公证技术含量，推动全行业信息化水平上台阶，以公证信息化推动质量标准化。

3. 进一步增强公证发展的后劲和活力。公证工作活力不足不外乎两个方面的原因：一是公证机构法人权力难以落实，机构负责人无自主权，缺乏积极性。二是分配制度和激励机制缺失，干多干少一个样，公证员缺乏积极性。激发公证工作活力，司法行政机关必须依照《公证法》规定，回归监督、指导的角色定位，并努力为公证处创造有利的政策环境和发展条件，不应把公证处当作内设科室和创收工具，统得过死，包揽一切。公证处的分配制度事关公证发展的动力和后劲，也关系到内部的和谐和外在的形象，国务院关于推进事业单位改革的意见为公证机构工资制度改革提供了政策依据，应当积极与有关部门协调，确立公证独有的分配机制、财税管理、收费等各项政策措施。特别是在事业单位改革之际，争取把自收自支公证处单列公益三类或在二类上开口子。上半年，我省先行一步开展了绩效工资与奖励机制调研，从全省推荐的30个绩效工资样本中，选择7个具有较强代表性的样本，以协会的名义发放全省学习借鉴，并要求年内实行绩效工资或建立奖励机制的公证处达到50%以上，用2～3年的时间，基本完成实行绩效工资或建立奖励机制的任务，以有效增强公证发展的生机与活力。

4. 要进一步建设高素质的专业化公证队伍。事业发展关键在人、在队伍。我省公证队伍虽然从数量上恢复到了历史最好水平，公证员总量多年位居全国第一位，通过国家司法考试的公证员已接近三分之一，但是，同全国一样，“量少质弱”的问题并未根本缓解。要继续发挥好一般任职的主渠道作用，稳定增加公证员数量，这是队伍建设的重点。同时，要与人事部门充分对接，确保空余编制专项用于补充执业公证员。要发挥聘用制度的政策优势，及时引进急用的公证专业人才。目前，我省正着手编制2013～2015年公证队伍建设方案，力争经过3～5年的努力，全省公证员总量达到1100人左右，通过司法资格考试担任公证员的数量接近40%，公证机构全部达到5名以上执业公证员。进一步改善公证队伍的年龄结构和文化结构，用数量的增长带动素质的提高，努力建设一支专业化的职业队伍。

建议：(1)适度放宽考核任命公证员的范围，将事业体制公证处中符合相关条件的人员通过培训、考核转为执业公证员。(2)研究、制定聘用制公证员管理使用规定，积极探索事业留人、待遇留人的政策措施，保持公证队伍的稳定。(3)研究、出台中长期公证员教育培训规划，明确今后一个时期培训的方向和目标，整合培训资源，合理划分部、省两级培训的职责和范围，增强计划性、针对性，推动培训工作扎实有序开展，提升公证队伍素质。

5. 要进一步加强县域公证机构建设。县域公证在公证整体工作中具有重要的基础性地位。县域公证强，则公证事业兴。要眼睛向下，狠下功夫，摸清制约县域公证工作发展的困难与问题，有针对性研究、制定加强县域公证工作的意见与措施。2012 年初，省厅党委研究制定了《关于切实加强县域司法行政工作的意见》，对加强县域公证工作提出了总体要求。目前，我省正在借鉴优秀公证处建设标准，着手制定县域公证规范化建设的具体措施，旨在增强公证工作服务经济社会发展、服务人民群众需求的层次和水平，拟在统一标识、人员配置、业务发展、公证质量、信息化建设、办公用房等方面建立指导性标准，明确努力方向和目标，力争大多数公证机构尽早跨入全省优秀公证处的行列，进一步巩固和加强公证发展的根基，推动整体工作上水平。

（本文节选自 2012 年 8 月 23 日在全国公证工作座谈会上的发言提纲）

公证工作存在的难点及破解之策

公证体制问题是制约公证事业发展的最大障碍。目前,我省公证机构是行政、全额事业、差额事业和自收自支多种体制并存,体制乱象严重制约了公证事业的发展。从公证的公益属性和职能看,公证机构不能推向市场,事业体制是比较合适的;行政体制下公证机构没有活力,全额和差额事业单位同样会受到各方面的制约,自收自支的事业单位是比较符合公证发展规律的。目前,全国3006家公证机构,事业体制的有1827家,占60.8%;我省有158家公证机构,其中事业体制的有130家,占82.3%。在事业体制中,全额拨款的有48家,差额拨款的有36家,自收自支的有46家,各占37%、28%、35%。因此,总体上看,我省公证体制改革推进是比较快的。但由于改革不彻底,体制不顺仍然是制约公证发展的最大障碍。

一、公证机构的独立性太弱

独立性弱主要表现为公证机构的独立法人地位难以落实。《公证法》规定,公证机构依法独立行使公证职能、承担民事责任。但目前还有许多公证机构与司法局混编,司法局把公证处当作内设科室。即使不与司法局混编,司法局在人、财、物方面也管得太死,"穷就穷到一块",公证机构没有独立性、没有自主权,影响了积极性的发挥,制约了事业发展。

二、公证员办证缺乏积极性

缺乏积极性主要表现为激励机制缺失。健全和完善绩效工资和奖励机制,是我们这几年力推的一项重要工作。经过努力，到2012年我省事业体制公证处建立绩效工资和激励机制的已达80%，共104个处。对调动公证员工作积极性、推动业务发展起到了积极作用。这些奖励机制虽然缺乏有效的政策保障，但作用明显。而2013年以来，特别是中央四部委《违规发放津贴补贴行为处分规定》的颁布实施，对建立奖励机制的公证处冲击很大，不少公证处暂停了奖励机制，只拿事业单位的基本工资，他们又回到了吃“大锅饭”的老路上。公证员作为特殊责任主体，每办一件业务都要承担一份风险，一旦缺乏激励机制，干多干少一个样，势必影响积极性的发挥。目前，我省收费超千万的公证处仅有4家，收入最少的处仅一二十万元。而一个昆明市公证处年收费就达1.2个亿，相当于我省全年收费总额。钱当然不是目的，但收费高意味着办证多，意味着在经济社会生活中的作用大，意味着强化了公证职能，也就是强化了司法行政的职能与地位。

三、行业进人难、留人难的问题突出

公证员门槛相对较高，责任大，风险高。同样是公务员，有些人愿意做法官、检察官，不愿意做公证员；同样是取得法律职业资格，有些人愿意做律师，不愿意做公证员。尤其是中青年公证员，他们一旦条件成熟就谋求新的发展，造成大量优秀公证员外流。公证法实施以来，我省累计任命公证员404名，但是队伍规模和总量涨幅不大，净增148名。除去自然减员因素外，新生力量跳槽是一个主要原因，这与行业待遇低、太清贫、吸引力差、缺乏成就感密切相关。

针对公证工作存在的上述问题，必须让公证放手一搏，全面深化公证体制改革。

根据党的十八届三中全会精神和司法部有关要求，全面深化公证体制改革的时机已经成熟。但公证体制改革涉及编制、人社、财政、税收等相关部门，需要和相关部门进行积极交流沟通、共同推进。

1. 理顺公证处体制。明确公证处属公益三类事业单位性质定位，全面推动行政改事业、事业改自收自支改革；对于行政改事业和具有公务员身份的公证员，实行3～5年过渡期，有序、稳妥推进改革；在推进自收自支转变过程中，改行政事业性收费向经营服务性收费转变，推行企业化财务管理模式；在具备条件的地区，探索成立不要编制、不要级别、不要国家经费、去行政化的新公证体制形式，依法纳税管理。

2. 严格落实公证处法人治理结构。明确公证处法人地位，赋予相对独立的人财事权；大力推行"一处两制"的经验做法，千方百计扩大公证员队伍；努力改变处、局"要穷，穷在一块"的局面，研究、制定公证处对基层局上缴、支持办法和标准，和谐局处关系。

3. 普遍建立奖励机制。在已有政策的基础上，以完善工资分配激励约束机制为核心，探索建立兼顾效益与质量、效率与公平的分配制度，使公证人员的收入符合其劳动创造的价值和贡献，让公证行业汇聚人气、迸发活力。因地制宜，积极推进公证机构岗位绩效工资改革，公证员作为法律共同体的组成部分，其收入应与同地域、同类型律师事务所、会计师事务所等组织从业人员持平，让公证改革成果惠及全体从业人员；坚持以人为本，健全完善内部分配制度，新进聘用人员与在编人员实行同工同酬，合理控制公证员与公证员助理收入差距，适度提高辅助人员工资收入，建立主任收入与全处人员平均收入匹配机制；建立健全内部财务管理和核算制度，加强经费管理、实行独立核算，依法提取发展基金、福利、奖励、赔偿等基金，参加养老、医疗等社会保险，有条件的公证处，可以试行职业年金制度；探索并改变现有的按行政区域划分执业区域的限制，给予人员素质高、办证质量好、开拓精神足、体制机制更灵活的公证机构开放更大的执业空间；鼓励创新创造，对开拓新型业务的公证人员，加大激励力度，促进优秀人才脱颖而出。

（本文节选自 2013 年 12 月 7 日在省司法厅党委扩大会上的发言材料）

法律援助篇

法律援助制度是一项民心工程

法律援助，是指由政府提供补助，由专门设立的法律援助机构组织法律服务机构及法律服务人员，为经济困难或者特殊案件当事人提供免费法律服务的制度。

一、法律援助是一项民心工程

民生问题，是群众利益最直接的载体。关注民生，坚持以人为本，就要从人民群众最关心、最直接、最现实的利益出发，真心实意地为群众办实事、做好事、解难题，让社会发展的成果惠及全体人民。习近平总书记在中央政治局第四次集体学习时强调："要加大对困难群众维护合法权益的法律援助。"法律援助是"一头牵着百姓疾苦，一头系着政府关爱"的民心工程，是党和政府密切联系群众的纽带和桥梁，是政府责任。法律援助由国家财政提供经费补助，体现了国家和政府对公民的应尽义务和责任。对困难群体而言，法律援助伸出的是无偿援助之手，体现的是政府的慈爱之心。作为一项法律救济制度，法律援助直接面向那些没有金钱、没有地位、没有权力以及没知识和能力的处于社会最底层的困难群体，解决他们请不起律师、打不起官司的问题，帮助他们平等地维护和实现自己的合法权益，反映了以人为本的时代精神。

二、法律援助是社会走向文明、法治的必要条件

是否拥有完善的法律援助制度，是现代国际社会衡量一个国家的民主和法制以及文明进步程度的重要标志。社会主义社会应该是民主法治的社会，应该

最大限度地赋予并保障实现公民的权利。法律援助在我国从无到有、从小到大、从个体的行为到规范化的具有国家强制力的法律制度，与社会文明进步紧密相连，与依法治国的脉搏息息相通。法律援助对象是经济困难和法律有特别规定的案件当事人。法律援助制度的建立，使得公民不论经济条件好坏、社会地位高低，都能平等地获得法律服务，平等地进入诉讼程序，实现法律赋予的权利，体现了"法律面前人人平等"的法治精神，体现了社会主义制度的优越性，彰显了社会主义法治对人权的保障和维护。

三、法律援助是实现社会公平正义的内在要求

公平正义是人类文明的奋斗目标。法律援助作为实现社会公平正义的重要途径，一方面通过向那些处于经济困难境地的公民提供法律帮助，以制度化的形式对法律资源进行再分配，保障处于劣势的弱势群体平等地行使诉讼权利，提高法律之公正性；另一方面通过帮助犯罪嫌疑人、被告人获得有效辩护，实现控、辩双方势力的平衡，使审判程序正当化，以程序公正保障实体公正，以公力救济来促进司法公正，进而维护相对的正义价值体系，实现社会的公平正义。可以说，法律援助制度在社会生活中已经成为维护社会公平正义一项重要的法律制度。

四、法律援助是维护社会和谐稳定的客观需要

维护社会稳定，需要通过合法合理的渠道，妥善解决各种矛盾和纠纷。当前，各种社会矛盾和社会热门问题不断增多，特别是农民工权益维护、下岗失业工人权益维护、劳动纠纷、土地承包纠纷、房屋拆迁纠纷等群体性矛盾大幅增加，已成为影响社会稳定的突出问题。要解决这些问题，法律手段是最重要、最理性、最有效的方式之一。作为法律手段之一的法律援助制度，在维护社会稳定中发挥着"调节器"和"减压阀"的重要作用，使社会成员中的贫弱群体在遇到矛盾和纠纷的时候，能够通过理性、制度化的方式表达自己的诉求，使上述矛盾在法律框架内得到解决，避免社会冲突与动荡，达到和谐社会"安定有序"之要求，最大限度地减少不和谐因素，实现社会和谐稳定。法律援助工作的实践也充分证明，法律援助工作者通过参

与处理涉法涉诉信访案件、侵害弱势群体利益的群体性案件，能够及时解决纠纷，有效化解矛盾。

五、经费保障水平低是制约法律援助工作发展的重要因素

1. 人均法律援助经费偏低。2013 年，我省人均法律援助业务经费只有 0.4 元，不及全国的平均水平（0.53 元），不仅低于上海（1.80 元）、浙江（0.81 元）、江苏（0.76 元）、广东（0.64 元）等沿海省份，也低于宁夏（1.40 元）、青海（1.32 元）、甘肃（0.91 元）等西部省份，经费的不足导致无法完全满足困难群众的法律援助需求。

2. 县级财政保障能力不足。据了解，县级法律援助机构的平均业务经费河南省为 20 万～40 万元、江苏省为 40 万～60 万、浙江省为 60 万～80 万元、上海市为 80 万～100 万，而我省只有 8.8 万元。2013 年，还有 24 个县(市、区)县级财政拨付的法律援助业务经费不足 5 万元。

3. 办案补贴标准低。2013 年，全省平均每件法律援助案件补贴 400 元，市级补贴 725 元，县级补贴 292 元。据 2008 年司法部一次全国性调查，全国平均办案成本刑事案件为 1111 元，民事案件为 1967 元。

4. 法律援助经费使用效益低。目前，约有三分之一的县级法律援助机构经费没有单列账户或者单列科目，和司法局其他经费统筹使用，不同程度地存在着少发或不发办案补贴，以及挤占、挪用法律援助专项经费的问题，有的地方问题还相当突出。2013 年，全省法律援助业务经费收入 3599 万元，其中发放办案补贴 2304 万元。这 2304 万元中，中央和省级财政转移支付的资金占 1900 万。市、县两级财政拨付的近 2000 万元资金中，只有 300 万～400 万元用于发放办案补贴，其他都被司法局“统筹使用”。

六、法律援助工作的重点

认真学习贯彻习近平总书记关于法律援助工作的重要指示，不断提高法律援助质量。大力拓展法律援助服务领域，不断扩大法律援助覆盖面，加强法律援助案件质量监管，深化法律援助便民服务，进一步提高法律援助质量和水平。要加强经费投入，努力确保经费保障与当地的经济社会发展相适应，让更多困

难群众感受到党和政府的温暖。县级司法行政机关要努力争取援助经费逐年递增，确保经费不被挤占、挪用，确保经费要用在“刀刃”上。创新服务群众平台，整合法律援助资源，努力打造城市一小时、乡村半小时法律援助服务圈，让群众享受到更加便捷高效的法律援助，努力把法律援助送到老百姓心坎上。

［本文节选自 2014 年 5 月 20 日在全省分管司法的副县（市、区）长和司法局长培训班上的讲课提纲］

法律援助工作现状、问题与对策

法律援助，就是政府出钱补助法律服务机构和人员，为经济困难或者特殊案件当事人提供无偿法律服务的一项保障制度。这项制度是一个国家人权保障状况和社会公平正义水平的重要体现，是关系构建和谐社会的一个重要方面。“法律援助是政府责任”这一概念的提出，不仅标志着我国法律援助实现了从律师慈善行为到政府责任的飞跃，而且也逐步成为各级政府机关的共识。

我省法律援助工作从 1996 年开始推行，在各级党委政府的关心、支持下，走过了十年不平凡的历程，取得了可喜的成绩。一是组织网络比较健全。从省到市区县都建有法律援助机构；在一些特殊领域，如工、青、妇、老、残、部队、狱所等部门单位也建有法律援助组织，成立法律援助委员会 100 多个，建立法律援助联络站近 900 个；在乡镇设立法律援助工作站 1800 多个，覆盖面达到了 78%。二是经费保障体系初步建成。全省 17 个市全部将法律援助办案经费列入财政预算，并制定了符合当地实际的法律援助办案补贴标准；93%的县（市、区）将法律援助人员经费列入了财政预算，多数县（市、区）争取到了法律援助办公经费、办案经费和法律援助人员办案补贴。通过行业捐献、社会捐赠等多种渠道和形式，成功募捐社会资金 350 余万元，全部用于法律援助事业。三是法律援助力量充足。全省共有专职法律援助工作人员近 900 名，发展注册法律援助志愿者 3000 多名。另外，按照《山东省法律援助工作暂行规定》要求，每位律师每年必须办理 1～2 件法律援助案件。全省约 8000 名律师，都是法律援助工作的后备力量。四是外部环境进一步优化。党委政府重视，公检法支持，与民政厅、财政厅等九部门联合下发了《关于贯彻落实〈法律援助条例〉切实解决困难群众打官司难问题的意见》，就共同减免法律援助案件所涉费用达成共识，解决了法律援助案件查档难、仲裁难、鉴定难的问题，全社会对法律援助的知晓率和认可度不断增强。

但仍然存在的一些突出的困难和问题:一是经费短缺依然是制约法律援助事业发展的瓶颈因素。全省近一半的县级法律援助机构还没有专门办案经费,这与社会需求不相适应,阻碍了法律援助工作的正常开展。二是法律援助与相关部门的协作配合机制尚不完善,工作衔接还不够到位,影响了法律援助案件的办理和职能作用的充分发挥。三是各地法律援助工作发展不平衡,地区间的差别还比较大。四是在具体办案当中,法律援助工作效率和服务质量也有待提高。这些问题,需要我们进一步采取措施,认真加以解决。

一、加强基层基础建设,进一步推动政府责任落实

基层法律援助机构作为法律援助工作服务大局、服务群众的阵地和窗口,是加快法律援助事业发展的关键所在。司法部下发的《关于加强司法行政基层建设的意见》中,特别强调要把加强司法行政基层基础工作放在突出的位置抓实抓好。就目前情况来看,基层基础工作仍然是法律援助工作的薄弱环节。各地要把主要精力和注意力放在抓基层、打基础上,为基层服务、替基层着想、向基层倾斜,在解决制约基层工作开展的突出问题上狠下功夫,取得实效。要以加强基层基础建设为重点,全面推进法律援助政府责任的落实。积极推动地方政府将法律援助工作纳入本行政区域经济和社会发展的总体规划,将法律援助的实施列入党委、政府为民办实事的项目,将《法律援助条例》各项规定落实到位;努力争取政府就《关于将法律援助纳入平安社区工程有关问题的通知》的落实情况进行执法检查,促进有关规定在实践中得以落实;继续推动地方政府将法律援助业务经费纳入财政预算,督促落实向法律援助承办人员发放办案补贴,力争各级财政投入与上一年相比增长20%;认真落实最高人民法院《关于进一步做好死刑第二审案件开庭审理工作的通知》,加强与省法院、省检察院的协调配合,探索具有山东特色的公职律师制度,筹备成立山东省法律援助律师办公室,保证律师积极有效参与二审刑事辩护活动;深入贯彻《中央补助地方法律援助办案专款管理暂行办法》,做好中央补助我省175万法律援助经费的使用和管理工作;积极探索建立扶持贫困地区法律援助工作的财政转移支付制度,推动全省法律援助工作整体推进。

要加强对法律援助资金的管理和使用,确保法律援助经费专款专用。司法

部下发的《关于贯彻落实〈建立健全教育、制度、监督并重的惩治和预防腐败体系实施纲要〉的实施意见》，对法律援助经费管理提出了具体要求。各级司法行政机关和法律援助机构要以落实《实施意见》为推动力，抓紧建立健全法律援助经费管理制度，提高法律援助经费的使用效率，保证将增加的经费用于扩大办案所需，为承办人员办理法律援助案件提供基本的经费保障。

二、进一步健全完善法律援助法律法规体系

2006 年，部中心将提请司法部下发《健全完善法律援助规范体系的实施意见》，作为今后一个时期各级法律援助管理部门和法律援助机构制定完善法律援助规章制度的依据。另外，还将出台《法律援助统计工作管理办法》《法律援助服务人员执业规范》《社会组织参与法律援助工作的规定》《法律援助服务标准和评估办法》和《法律援助机构规范化建设指导意见》等一系列规范性文件，加大法律援助工作规范化建设力度。省中心要按照部中心的要求，加紧制定修改《法律援助经费管理办法》《法律援助受理、审查、指派办法》和《法律援助机构规范化建设指导标准》等文件，探索建立健全科学、合理、高效的法律援助案件指派制度和工作机制。各市、县法律援助机构也要进一步建立健全法律援助案件的接待、审查、受理、指派、确认、补贴发放、归档、培训等内部管理和业务工作制度，使法律援助在各个环节上都有章可循、有据可依。要把法律援助的条件、对象、范围、程序、投诉电话、岗位责任等以上墙、制版、明白纸等形式向社会公示，接受各界监督，使各项工作逐步走上制度化、法制化轨道，推动我省法律援助工作规范健康发展。

三、进一步推进法律援助机构规范化建设

机构规范化是工作规范化的前提，也是完成法律援助工作各项任务的基础。经过几年的努力，我省法律援助机构的规范化建设取得了明显成效。但是，目前全省还有 20%的机构处在“一个人、一间房、一张桌子”开展工作的状态，“开不了门，找不着人”的现象在个别地方仍然存在。因此，我们要加大工作力度，强化工作措施，在巩固已取得的规范化建设成果的基础上，进一步提高法律援助机构的规范化建设水平。2006 年，司法部与中央编办、人事部、财政部沟

通协商，联合研究制定《法律援助机构规范化建设指导意见》，并将陆续出台一系列的政策，从政策层面解决法律援助机构建设、法律援助机构人员纳入公务员管理等问题。省中心要加强政策争取力度，强化敦促检查，并制定具体目标，扎实推进法律援助机构的规范化建设。各地也要以此为契机，加强与编制、财政、人事部门的沟通联系，主动协调相关部门拿出切实措施，按照机构独立、人员配备合理、内部运转高效、办公设施齐全的原则，抓好机构的规范化建设，下决心彻底改变办公场所不能满足工作需要、人员不到位、业务经费短缺的问题，力争年内全省法律援助规范化建设取得突破性进展。

四、充分利用各种资源，为困难群众提供高质量的法律援助服务

考察一个地方法律援助工作的好坏，主要是看工作的实效，尤其是看组织办理法律援助案件的数量和质量，看办案的社会效果。《法律援助条例》颁布实施以来，各级政府的财政投入在逐步增大，社会各界也给予了大力的支持。在此情况下，我们必须下大力气抓好办案工作，确保办案数量不断增加。部中心确定了 2006 年的工作目标，就是要在 2005 年的基础上将办案数量增长 20%。各地可以根据法律援助经费增加的额度，测算出应当相应增加的办案数量，并通过有效的组织实施加以落实。一方面要进一步加大宣传力度，让困难群众了解法律援助，并主动申请法律援助；另一方面要广泛调动并合理分配律师、基层法律服务工作者、法律援助志愿者以及其他可利用的人力资源，尽可能多地办理法律援助案件，不断扩大受援面，使更多符合条件的困难群众能够获得适时、有效的法律援助。要下真功夫解决困难群众申请法律援助困难的问题，畅通申请渠道，探索新型的申请方式，方便群众就近申请，提高办案效率。

要狠抓办案质量，扩大办案的社会效果。从近几年法律援助办案情况看，广大法律服务人员都能本着维护司法公正、社会正义的使命感，尽心尽责地办理法律援助案件，办案质量是好的。但也发现，有的法律援助机构存在着重指派、轻监督的现象，对法律援助的办案质量缺乏有效的监督制约；有的律师事务所把法律援助机构指派的案件交给经验缺乏的年轻律师，又不给予及时的跟踪指导，办案质量没有保证；有的律师存在着单纯完成任务和敷衍应付思想，严重影响了法律援助案件的办理质量。因此，要采取积极有效的措施，在提高办案质量上下功夫、做文章、出实效。要加强法律援助工作的管理和监督，严格规范

律师、基层法律服务工作者、法律援助机构人员以及社会组织人员的法律援助行为，严格查处法律援助机构及其工作人员违规违纪行为，杜绝办理关系案、人情案和以法律援助为名从事有偿服务现象的发生。要进一步强化法律援助案件质量监督，建立法律援助质量全程监控机制，接受群众的投诉和监督，防止出现因为免费服务而忽略工作质量问题的发生。要加大对办案质量的检查考核力度，对检查出的质量问题和提供不合格服务的人员，要以适当方式进行公布通报，促进办案质量的不断提高。

五、狠抓队伍建设，不断提高法律援助队伍的整体素质

队伍建设是做好法律援助工作的根本保证。要坚持以人为本，大力加强法律援助队伍的建设，努力造就一支忠于职守、奋发有为、充满活力的法律援助队伍。要始终把思想政治建设摆在首要位置，强化队伍的大局意识和责任意识，不断提高法律援助队伍的战斗力。要逐步提高法律援助工作人员待遇，改善他们的工作条件，最大限度地调动他们的工作积极性。要建立再学习教育机制，建立健全可持续的法律援助人员教育培训体系，重点加强对法律援助人员的职业道德和执业纪律的教育培训，提高法律援助工作者的综合素质。2006 年，部中心要制定全国统一的法律援助人员培训教育计划，组织编写统一的培训教材，并与全国律协商讨落实法律援助机构律师参与律师协会培训的具体办法。省中心也要把培训法律援助机构骨干人员作为重点工作，制定培训计划，争取培训到县(市、区)法律援助机构人员。要进一步加强与新闻媒体的协作配合，及时报道法律援助工作中涌现出的先进人物和先进典型，突出法律援助扶贫助弱、伸张正义的社会效果，不断扩大法律援助工作的社会影响，营造全社会关心支持法律援助工作的良好氛围。

（本文节选自 2006 年 2 月 23 日在全省法律援助中心主任会议上的讲话稿）

法律援助制度在构建和谐社会中具有不可替代的作用

法律援助是为经济困难的公民或者特殊案件的当事人免费提供法律帮助与服务的一项法律保障制度。法律援助制度自1996年在我国建立以来，已经成为我国司法制度的一个有机组成部分，在维护社会稳定、促进司法公正、实现社会公平正义、推动经济社会全面发展中，发挥着越来越显著的作用。党的十六届六中全会通过的《中共中央关于构建社会主义和谐社会若干重大问题的决定》明确提出，要"加强和改进法律援助工作"。中央领导同志在全国政法工作会议上强调，要"通过完善司法救助和法律援助体系，关注和满足各类社会群体对法律的不同需求，使人人平等地享用法律资源，使有理无钱的人一样享受法律的公正"。法律援助制度已成为构建社会主义和谐社会不可缺少的一项法律制度。

一、法律援助是党和政府关注民生、以人为本的集中体现

民生问题，是群众利益最直接的载体，是构建社会主义和谐社会的一个重要着力点。坚持以人为本，使人民群众共享和谐社会，是构建社会主义和谐社会的根本前提和力量源泉。关注民生、坚持以人为本，就要从人民群众最关心、最直接、最现实的利益出发，真心实意地为群众办实事、做好事、解难题，让社会发展的成果惠及全体人民。法律援助是"一头牵着百姓疾苦，一头系着政府关爱"的民心工程，是党和政府密切联系群众的纽带和桥梁。对困难群体而言，法律援助伸出的是无偿援助之手，体现的是政府的慈爱之心。作为一项法律救济

制度，法律援助直接面向那些没有金钱、没有地位、没有权力以及没知识和能力的处于社会最底层的困难群体，解决他们请不起律师、打不起官司的问题，帮助他们平等地维护和实现自己的合法权益，反映了以人为本的时代精神，是胡锦涛总书记强调的"权为民所用、情为民所系、利为民所谋"执政理念最集中、最直接的体现。

二、法律援助是社会走向文明、法治的必要条件

是否拥有完善的法律援助制度，是现代国际社会衡量一个国家的民主和法制以及文明进步程度的重要标志。社会主义社会应该是民主法治的社会，应该最大限度地赋予并保障实现公民的权利。法律援助在我国从无到有、从小到大、从个体的行为到规范化的具有国家强制力的法律制度，与社会文明进步紧密相连，与依法治国的脉搏息息相通。法律援助制度的建立，使得公民不论经济条件好坏、社会地位高低，都能平等地获得法律服务，平等地进入诉讼程序，实现法律赋予的权利，体现了"法律面前人人平等"的法治精神，体现了社会主义制度的优越性，彰显了社会主义法治对人权的保障和维护。

三、法律援助是实现社会公平正义的内在要求

公平正义是人类文明的奋斗目标，也是构建社会主义和谐社会的核心价值。实现社会公平正义，是构建社会主义和谐社会的重要内容和基本条件。法律援助作为实现社会公平正义的重要途径，一方面通过向那些处于经济困难境地的公民提供法律帮助，以制度化的形式对法律资源进行再分配，保障处于劣势的弱势群体平等地行使诉讼权利，提高法律之公正性；另一方面通过帮助犯罪嫌疑人、被告人获得有效辩护，实现控、辩双方势力的平衡，使审判程序正当化，以程序公正保障实体公正，以公力救济来促进司法公正，进而维护相对的正义价值体系，实现社会的公平正义。近十年来，我省各级法律援助机构共办理法律援助案件近 15 万余件，解答法律咨询 95 万余人次，为 19 万余人讨回了公道，伸张了正义。法律援助制度在社会生活中已经成为维护社会公平正义一项重要的法律制度。

四、法律援助是保持社会安定有序的客观需要

胡锦涛总书记指出:“社会稳定,是构建社会主义和谐社会的内在要求和重要保证。没有社会稳定,和谐社会就无从谈起。”维护社会稳定,需要通过合法合理的渠道,妥善解决各种矛盾和纠纷。当前,各种社会矛盾和社会热门问题不断增多,特别是农民工权益维护、下岗失业工人权益维护、劳动纠纷、土地承包纠纷、房屋拆迁纠纷等群体性矛盾大幅增加,已成为影响社会稳定的突出问题。要解决这些问题,法律手段是最重要、最理性、最有效的方式之一。作为法律手段之一的法律援助制度,在维护社会稳定中发挥着“调节器”和“减压阀”的重要作用,使社会成员中的贫弱群体在遇到矛盾和纠纷的时候,能够通过理性、制度化的方式表达自己的诉求;使上述矛盾在法律框架内得到解决,避免社会冲突与动荡,达到和谐社会“安定有序”之要求,最大限度地减少不和谐因素,实现社会和谐稳定。法律援助工作的实践也充分证明,法律援助工作者通过参与处理涉法涉诉信访案件、侵害弱势群体利益的群体性案件,能够及时解决纠纷,有效化解矛盾。

(本文原载 2007 年 8 月 23 日《大众日报》)

全省法律援助工作进展、问题与对策

第五次全国法律援助工作会议以来，我省认真贯彻落实会议精神，紧紧围绕会议确定的各项目标任务，加大工作力度，强化工作措施，积极推动把"三个纳入"的要求落到实处，广泛开展"法律援助便民服务"主题活动，着力解决影响、制约法律援助工作发展的突出问题，取得明显成效。

一、法律援助工作的进展

1. 把法律援助工作纳入全省综治考核范围。第五次全国法律援助工作会议召开后，我们迅速起草了《关于第五次全国法律援助工作会议精神及贯彻意见的报告》，向省委、省政府进行了专题汇报。作为贯彻意见的核心内容，我们在省委、省政府将法律援助纳入全省"十大民心工程"的基础上，又提出把法律援助工作纳入全省社会治安综合治理暨平安建设工作考核范围的意见与建议，并多次向省委政法委领导和综治办领导汇报、协调，就纳入考核的一些技术问题进行讨论。在纳入综治考核之后，2009 年底，我们首次根据省综治委的统一部署，组织实施了检查考核和考评打分。从检查情况看，各市对法律援助工作的重视程度大为提高，法律援助工作在基础设施、经费保障、办案数量与质量、规范管理、服务便民等方面均取得显著进步，为今后工作的良性发展奠定了坚实基础。

2. 实现了法律援助经费纳入财政预算的目标。各地紧紧抓住经费保障这一关键环节，不断加大经费争取力度，2009 年全省共争取各级财政拨付法律援助经费 4399.04 万元，同比增长 4%。其中业务经费达到 1846 万元，同比增长 23%。经过多方努力，我们争取省财政设立了省级法律援助专项资金 175 万元，建立起对贫困地区法律援助的财政转移支付制度，困扰工作发展的一个“老大难”问题得到解决。协调省财政厅将死刑二审法律援助案件办案补贴由60万元增长到了100万元，增长67%。针对部分地区法律援助经费零投入、办案补贴发放率偏低等问题，我们专门成立督导组开展了拉网式的检查督导，有效地促进了问题解决。2007年底，全省未纳入财政预算的县(市、区)有61个，到2008年底，未纳入财政预算的县(市、区)减少至25个，到2009年仅剩3个县(市、区)，到2010年3月底，全省17个市和140个县(市、区)全部将法律援助经费列入了财政预算，并彻底消灭了经费零投入县(市、区)。2009年，业务经费5万元以上的县(市、区)已达到106个，占76%，增加24个，同比增长29%。

3.“法律援助便民服务”主题活动取得重要成效。各地按照司法部的要求，结合本地实际，广泛开展“法律援助便民服务”主题活动，全面推行各项便民措施，努力增加办案数量，提高办案质量，进一步彰显了法律援助服务效果。主要采取了以下措施：

(1)扩大法律援助覆盖面。各市根据当地经济状况，逐步降低援助门槛，将涉及教育、就业、医疗卫生、社会保障等与民生问题相关的、困难群众迫切需要的事项纳入法律援助范围，力争做到应援尽援、能援多援。济南、临沂等市将法律援助经济困难标准调整为当地最低生活保障线标准的1.5倍或2倍，将更多困难群众纳入法律援助范围。

(2)完善便民服务窗口。全省11个市和74个县(市、区)的法律援助机构设立了专门的临街接待窗口，占全省法律援助机构总数的54%，服务场所更加便民利民。其中，济宁市投入近30万元，高标准建设了200平方米的法律援助服务大厅，实现咨询、援助、服务、矛盾纠纷调解一体化，极大地方便了困难群众申请法律援助。

(3)创新服务方式。建立困难群众申请法律援助免审查经济条件制度，为符合条件的困难群众发放法律援助证，持证人员申请法律援助免予审查；通过采取援助绿卡制度、建立受援对象档案、发放“一证通”司法保障证、开通法援热线电话等措施，方便困难群众寻求法律援助；对老弱、残疾等特殊人群实行上门服务；依托律师所成立了农民工维权工作站，积极开展定向服务，对农民工申请支付劳动报酬和工伤赔偿案件，免予审查经济困难状况。

(4)开展专项援助活动。组织开展了“迎全运，促和谐，法律援助献爱心”“关爱残疾人，法律援助卡进万家”“防治手足口病医护人员爱心法律顾问”以及法律援助赶大集、进社区、进农村、进企业、进学校、进狱所、进军营、进福利院等系列活动，进一步畅通申请法律援助渠道。

通过上述措施，全省法律援助办案数量大幅增加，办结案件首次突破3万件，解答咨询253747人(次)，受援人达33080人，同比分别增长9.6%、14%和15%。

4. 法律援助公众知晓率进一步扩大。联合齐鲁晚报社开办了“法援在线”栏目，挑选6家律师事务所组成律师团，宣讲法律援助知识。全年在各类媒体报道、刊登法律援助稿件1142篇(次)，其中在中央电视台法治频道协调、组织制作了“平阴县孤儿孙某某土地承包权纠纷案”和“胶州市死刑犯周某经法律援助辩护无罪释放案”两期节目，在央视12套黄金时段播出。全省广泛开展了以农民工劳动关系权益保护为主题的法律援助教育宣传月活动，设立宣传站点558个，播发宣传报道500余次，发放各类便民联系卡3万余张，解答法律咨询7.8万余人次，代写法律文书333件，现场受理案件近300件，取得良好效果，法律援助社会影响力得到进一步提升。

5. 法律援助工作管理体系逐步得到健全。深入开展县级法律援助机构规范化建设达标活动，切实加强软硬件建设水平和文明服务水平。目前，全省达到“实有人员5人以上、业务经费不低于5万元、年度办案数量不低于100件、办公面积不少于60平方米、无违纪投诉”规范化标准的县由75个增加到101个，达标比例为72%，同比增长18%，全省规范化建设水平大幅度提高。加大检查考核力度，制定下发法律援助工作考核项目及办法，抽调有关市中心主任组成考核组，重点对办案数量、质量、经费保障、规范化建设、宣传工作等内容进行全面检查，初步建立起法律援助工作长效考核评估体系。建立案件质量全程监督机制，推行向受援人和办案法官发放监督卡的“两卡”制度。采取电话回访、上门回访、旁听庭审、媒体监督、聘请监督员、检查卷宗等方式，加强办案监督。制定实施《山东省法律援助案件质量监督办法》，定期开展案件质量考核确认和检查活动，并将考核结果作为评先创优、发放专项经费的依据。上述措施的实行，有效地确保了办案质量，全省已连续6年实现法律援助案件“零投诉”。

二、法律援助存在的问题

目前，我省法律援助存在以下几方面突出问题：

一是法律援助经费保障水平仍然偏低。2009 年全省法律援助经费总额 4399.04 万元,人均仅为 0.48 元,与全省困难群众对法律援助的实际需求相比,与全国平均水平以及发达省份相比,还存在较大差距。全省 39 个规范化建设不达标的县(市、区),有 33 个是因为经费未达到 5 万元的最低标准。

二是法律援助办案补贴发放情况不容乐观。2009 年全省共发放法律援助办案补贴 760 万元,仅占业务经费的 41%,平均办案补贴为每件 337 元,远远低于与财政部门共同制定的办案补贴标准,部分县(市、区)法律援助办案补贴发放率几乎为零,严重影响了律师和基层法律服务人员承办案件的积极性。

三是法律援助场所便民程度尚需提高。全省还有近一半的县(市、区)因为受硬件条件的限制,没有实现"临街、落地"的要求,存在着法律援助"门难找"的问题。在一些地方,还存在要求标准低、工作粗线条、效果一般化的问题,与实现便民、利民的目标还有较大差距。

四是工作管理能力有待于进一步加强。部分法律援助机构管理人员编制不到位,管理力量太弱;有些同志管理意识不强,疏于管理、不会管理,对一些监管方面存在的突出问题见怪不怪、敷衍塞责,严重影响了工作职能的发挥。

五是法律援助宣传工作尚有很大空间。根据我们联合齐鲁晚报开通的法援热线电话统计,在拨打热线的 2 万多人中有近四成不了解法律援助。工作中,不重视宣传、不主动宣传的情况和"宣传大了无法招架"的思想还比较普遍,宣传工作无人负责,没有取得应有的社会效果。

三、应对法律援助存在问题的对策

针对所存在的问题,下一步我省法律援助工作的总体思路是:坚持以科学发展观为统领,认真贯彻落实第五次全国法律援助工作会议和此次工作座谈会精神,全面实施《法律援助条例》和《山东省法律援助条例》,以实现"应援尽援"为目标,进一步改善经费保障水平,深化"便民服务"主题活动,提升信息化管理水平,不断增加法律援助办案数量,为全省经济社会发展提供良好的法律服务和法律保障。重点抓好以下四方面的工作:

1. 进一步改善经费保障水平,完善法律援助经费保障机制。继续加大经费争取力度,进一步推动政府落实对法律援助提供财政支持的具体办法和措施,真正建立起政府对法律援助经费的最低保障及逐步增长机制。督促 33 个经费低于5万元的县(市、区),加大工作力度,力争年内达标,努力解决工作发展的经费制约“瓶颈”。强化法律援助经费的使用和监管,逐步建立健全法律援助专项资金年度动态管理机制,将法律援助专项资金的使用与各县(市、区)的办案数量、质量、工作水平挂钩,规范法律援助办案补贴的发放和使用,确保办案经费专款专用。

2. 深入开展“法律援助便民服务”主题活动,探索构建法律援助便民长效机制。重点办好八件实事:一是努力扩大法律援助覆盖面,全省办案总数要达到3.6万件,力争实现递增20%的目标,将每万人案件数由3.19提高到3.86,切实做到应援尽援、能援多援。二是按照“场所便民,设施完善,业务规范,服务专业”的要求,参照济宁市法律援助服务大厅的做法,创造一切有利条件,在临街、一层等方便人员来往的地点设置法律援助便民服务窗口,解决法律援助“门难找”的问题。三是在工、青、妇、老、残、信访、劳动保障和法院、派出所、看守所等部门设立法律援助申请、受理联系站(点),建立联系制度,畅通法律援助申请渠道。四是开展“关爱弱势群体,法律援助进万家”活动,向全省248万低保人口全部发放法律援助绿卡,持卡群众可以凭卡直接免费获得法律援助。五是在全省所有行政村发放《法律援助便民服务手册》,方便农村群众了解法律援助对象、范围、申请条件、申请程序、联系电话,实现法律援助无缝隙、全覆盖。六是创新服务方式,简化法律援助受理审查程序。对于持有以下证件或者证明材料的当事人,免予经济困难审查:城市居民最低生活保障证;农村居民最低生活保障证;农村特困户救助证;农村五保供养证;工会组织发放的特困职工证;地方人民政府民政部门发放的其他社会救济、救助证明文件;人民法院就申请事项涉及的案件已决定对申请人给予司法救助的证明文件;在社会福利机构中由政府出资供养或者由慈善机构出资供养的证明材料;重度残疾并无固定生活来源的证明材料;依靠政府或者单位给付抚恤金生活的证明材料。对农民工申请支付劳动报酬和工伤赔偿案件,也不再审查经济困难条件。七是实行法律援助案件网上申请、网上受理、网上实时监控,对案件实现动态监督管理,提高办案质量和效率。八是继续加大法律援助宣传工作力度,联合山东卫视、山东广播电台、大众日报社等省级媒体,制作法律援助公益广告,扩大法律援助社会影响力。

3. 以扩大社会媒体宣传为载体,努力提高法律援助公众知晓率。加大宣传工作投入,落实宣传人员、经费和设备,为做好法律援助宣传工作提供基础保障。加强与新闻媒体的联络沟通，突出专题化、主题化宣传，策划组织开展一些有声势、有影响的宣传活动，集中报道一批感人的典型案例和先进人物，展现新时期法律援助工作者的良好形象。完善宣传工作考评机制，对各市宣传工作进行量化考核，将宣传工作由虚作实，提升宣传效果。继续扩大法律援助卡和法律援助手册的发放范围，广泛设置法律援助工作站(点)，努力延伸法律援助工作的触角。继续开展好法律援助精品案例评选，利用好系统内信息平台，注重网络媒体宣传，彰显宣传的社会效果。建立宣传员、信息员队伍培训、考核、奖励机制，全面提高法律援助宣传工作水平。

4. 以法律援助信息化建设为突破口，不断提升法律援助工作管理水平。加大对信息化硬件建设的投入，不断提高工作人员信息化应用水平，认真做好法律援助信息的输入、采集和分析处理工作，提高法律援助管理的效率和水平。继续深入开展法律援助机构规范化建设达标活动，对 39 个尚未达标的县(市、区)建立台账，挂牌督办，促使这 39 个县(市、区)努力尽快实现达标。参照省、青岛市等地的做法，努力创造条件，把法律援助工作纳入综治考核，并继续加大法律援助检查考核力度，强化落实检查考核措施，重点考核财政经费拨付、人员编制队伍、法律援助办案数量、法律援助经费使用情况、法律援助台账利用情况，注重考核结果的报送与使用，努力把法律援助工作做实、做细。全面加强队伍建设，继续做好省中心转为行政机构的争取工作。配齐配强法律援助专职人员，解决部分市中心人员编制不到位问题，强化市级中心管理指导作用。加大教育培训力度，建立省、市、县三级务实、管用的培训机制，不断提高为困难群众提供法律援助的水平。落实好《取得法律职业资格人员到法律援助机构实习的相关规定》，鼓励、组织、引导广大年轻律师投身法援事业，弥补法援力量不足。积极推广济南、青岛等地“点援制”做法，走律师专业化发展模式，培养法律援助高精端人才，为受援群众提供更优质、更人性化的法律服务。

(本文节选自 2010 年 4 月 14 日全国法律援助工作座谈会汇报材料)

农民工法律援助工作的进展与建议

多年来，我省认真贯彻司法部工作部署，坚持把为农民工提供法律援助作为工作重点，紧紧抓住农民工维权的热点、难点问题，综合施策，健全机制，不断加大工作力度，切实维护农民工合法权益，取得了较好成效。截至2012年2月，全省已累计办理农民工法律援助案件6.7万余件，挽回经济损失近8亿元，为10余万名农民工讨回了"血汗钱"。

一、畅通申请渠道，方便农民工申请获得法律援助

一是进一步降低农民工申请法律援助的门槛。山东省司法厅认真贯彻落实《国务院关于解决农民工问题的若干意见》，2006年5月及时出台有关进一步加强法律援助工作的指导意见，要求各地高度重视农民工法律援助工作，对农民工申请支付劳动报酬和工伤赔偿法律援助的，一律不再审查其经济困难条件。同时还规定，鼓励支持律师及相关法律服务人员接受农民工委托，对经济确有困难而又达不到法律援助条件的农民工适当减少或免除法律服务费用。《人民日报》(2006年6月21日《华东新闻》第2版)对此予以专题报道。

二是完善农民工维权网络体系。省司法厅依托舜天律师事务所设立了山东省农民工维权工作站，集中办理在全省有较大影响的农民工维权案件，自2007年4月挂牌以来，累计办理农民工法律援助案件1274件；联合劳动、建设部门在县以上普遍设立农民工维权工作站，确定联络员，畅通农民工维权渠道；筛选并授予206家律师事务所作为"法律援助案件受理点"，对农民工法律援助案件先行受理、审查，及时提供援助；实施法律援助"1+1"工程，93%以上的乡镇、村居实现了"一乡一个工作站、一村一名信息员"，方便农民工就近寻求法律

援助。

三是加大对农民工的法律援助宣传力度。实施"法律援助便民公示牌进村居"工程，在全省8万多个村居显著位置设立便民公示牌，让更多外出务工人员了解如何获取法律援助；通过发放法律援助明白卡、外来务工维权指南，设立援助信箱，开通热线电话等灵活多样的形式，主动向农民工宣传法律援助；每年定期开展"农民工法律援助宣传月""万名律师赶大集""法律援助进工地"等活动，扩大法律援助在农民工中的知晓率，增强农民工的维权意识和维权能力。

二、创新援助方式，提高农民工维权工作效果

一是优化审批办案程序。对农民工法律援助案件实行"三优"服务，即优先受理、优先指派、优先办理。对情况紧急，即将超过仲裁时效或诉讼时效的，或者涉及人数众多的群体性案件，暂不审查经济困难条件，先行受理、指派，事后补交证明材料；对于农民工进行法律咨询或申请法律援助的，实行"首问负责制"和"一次性告知制度"；对受年龄、身体健康状况无法前来办理法律援助的农民工，及时指派律师上门服务。

二是集中组织开展农民工专项法律援助维权活动。自2002年开始，先后在全省范围内开展了"为民工讨薪特别行动""农民工法律援助直通车""农民工维权法律送温暖"等活动，集中办理农民工维权案件；实施"资深律师法律援助行动"，鼓励引导律所合伙人和执业十年以上律师积极为农民工提供法律援助，充分发挥资深律师在农民工维权工作中的示范、导向作用。

三是切实加强对农民工维权案件的质量监管。全省普遍建立农民工法律援助案件台账，对涉及农民工的每一个案件都要登记备案；优化案件指派方式，推行"点援制"，形成农民工自主选择律师的制度；建立案件质量满意度评价机制，通过旁听庭审、电话回访、卷宗审查、发放案件质量反馈卡等多种形式，加强办案监督，提高办案质量。

三、加强部门、异地协作，积极构建农民工维权互动机制

一是建立农民工维权案件联合工作机制。2007年，省司法厅联合省劳动和社会保障厅、省建设厅下发《关于充分发挥法律援助作用　建立农民工维权工

作长效机制的意见》，三部门建立联动机制，定期召开联席会议，协调处理重大疑难案件。同时，在农民工维权案件调查取证、减免费用方面相互配合，仲裁委减收或免收仲裁费，劳动、建设部门免收查档及复印费。

二是建立农民工维权案件联合调解机制。坚持“调解优先，调援结合”的原则，与劳动、建设部门建立联合调解机制，优先使用调解手段解决此类案件，用最小的投入、最短的时间达到最佳的维权效果。2011 年，我省办结农民工法律援助案件 12000 余件，其中调解案件超过三分之一。

三是着力构建农民工维权案件异地协作机制。针对农民工异地维权环节多、周期长、成本高等问题，我们注重加强省内协作和省际异地协作机制，与甘肃等省份签订法律援助异地协作协议，对协作的内容、方式以及费用分担的原则予以明确，实现资源整合和优势互补，有效降低法律援助成本。

我省农民工法律援助工作虽然取得一些成绩，但工作中还存在着一些亟待解决的困难和问题，主要有：一是经费不足，现行的办案补贴标准相对较低，制约农民工“应援尽援”目标的实现；二是案件承办人员专业化程度不高，影响到办案质量和维权效果；三是部门协作衔接不畅，需要在实践中进一步细化落实相关协作配合制度；四是法律援助异地协作公约约束力、操作性不强，亟待加以统一、规范。另外，针对农民工的法援宣传力度不够，农民工法律援助的知晓率还不高，等等。

针对上述问题，我们的意见和建议：一是进一步加大对农民工法律援助工作的财力支持，提高办理农民工维权案件的办案补贴标准，做到及时、足额发放，调动广大法律服务人员的办案积极性。二是充分发挥现有的农民工法律援助维权站的作用，培养一批对劳动争议等法律法规熟悉的专职、专业人员，为农民工提供“专科门诊”式的法律援助。三是建立完善部门协作配合机制，落实相关制度，实现法律援助、司法救助和行政执法的有效衔接，提高农民工维权效果。四是出台全国性法律援助工作异地协作办法，建立全国统一的异地办案协作机制，开辟全国农民工法律援助案件绿色通道，切实维护农民工的合法权益。另外，还要加大对农民工的法律援助宣传，增强农民工的维权意识。

（本文节选自 2012 年 3 月 21 日在全国农民工座谈会上的发言稿）

擦亮法律援助窗口　彰显为民服务宗旨

目前,法律援助工作面临非常好的发展形势。中央从党和国家事业发展全局出发把加强和创新社会管理确定为一项重大战略任务,强调要发展社会事业和改善民生。法律援助作为司法领域的民生工作,正在逐步融入党委政府工作的大盘,成为党委政府自身直接推动和开展的工作。《国民经济和社会发展第十二个五年规划纲要》强调,要“加强法律援助”,我省“十二五”规划要求“完善法律援助保障体系”。刚刚通过的《刑事诉讼法》修正案加大了刑事法律援助力度,将指定辩护提前至侦查阶段,将可能判处无期徒刑的人和限制行为能力的精神病人也纳入指定辩护范围,扩大了受援主体和刑事法律援助的范围。《刑事诉讼法》修正案于 2013 年 1 月 1 日正式实施后,法律援助必将有一个巨大的发展。

同时,我省法律援助工作面临的压力和挑战。第一,要认清我省法律援助在全国的位置。目前,我省法律援助工作在全国还处于先进行列,但若不创新发展,就无法跟上全国进步的步伐。近年来,全国法律援助工作发展速度很快,各省(区、市)你追我赶,争先恐后,劲头足,势头猛,如果我们稍有懈怠,就可能被其他兄弟省市赶上或超过。第二,要正视工作中存在的一些亟待解决的薄弱环节:一是法律援助的门槛过高。各地制定的经济困难标准普遍偏低,援助事项范围扩大不够灵活,经济审查过于严格,导致大量低保线之上生活困难的“夹心层”群众无法得到及时的法律援助,与人口、经济发展情况相比,与相关省份相比,办理法律援助案件的数量仍然偏少。二是办案质量有待提高。少数法律援助案件承办人员不尽心、不尽责,存在走过场、走形式的现象,个别地方群众投诉现象比较集中。三是经费的管理使用仍存在一些突出问题。经费支出不够合理,办案经费所占比例偏低,仅占 39.8%,明显低于“办案经费支出原则上地市一级不得低于50%，县区一级不得低于60%”的使用标准。此外，部分地方没有按照司法部要求设立专门账户或单列科目，少数地区尚存在中央、省级办案专款不到位，以及挤占、截留、挪用专项经费的问题。四是管理能力与水平仍需提升。部分法律援助机构管理职责弱化，指导监督不够，创新能力不足。个别县(市、区)指派案件缺少必要的审批登记手续，在卷宗归档方面，各地使用的格式文书不够统一，卷宗封皮各式各样，名称也很混乱。五是法律援助宣传工作不够有力。不敢宣传、不愿宣传、不会宣传的问题在各地不同程度的存在，严重影响了法律援助工作的开展。一些地方害怕宣传大了无法招架；有些地方怕费事、费力、费钱，宣传活动流于形式，蜻蜓点水，草草了事；还有些地方搞了许多宣传活动，但宣传方式陈旧，创新性、针对性不强，效果不佳。

各级司法行政机关和法律援助机构要认真落实全国法律援助工作座谈会、全省司法行政工作会议和前不久召开的扬州工作推进会会议精神，以法律援助纳入“十二五”规划为契机，以困难群众满意为根本标准，以开展“法律援助为民服务创先争优年”活动为抓手，大力实施“二次创业，全面振兴”计划，进一步深化便民服务，降低援助门槛，强化质量管理，提高经费使用效益，加大宣传工作力度，推动工作创新，努力为困难群众提供更加优质便捷高效的法律援助服务。

一、全面推进“法律援助为民服务创先争优年”活动深入开展

开展“法律援助为民服务创先争优年”活动，是司法部2012年的一项重点工作。这既是贯彻落实国家“十二五”发展规划、进一步推进法律援助事业发展的重要措施，也是对2009年司法部部署开展的“法律援助便民服务”主题活动的进一步深化。部领导对这项工作高度重视，吴爱英部长、赵大程副部长多次对活动开展作出明确指示。前不久法律援助工作司又专门在扬州召开活动推进会，我省及上海、江苏、浙江、陕西、辽宁、湖北等七个司法厅(局)和宁波、厦门、广州、深圳、扬州等五个大市与会。会上各地相互交流了推进活动的经验和做法，孙剑英司长就如何进一步推动活动深入开展，提出了具体要求。厅党委对活动的开展也非常重视，专门听取汇报，研究制定具体的实施方案，并就如何贯彻落实活动作出了严密部署。这次会议的主题设定为全省“法律援助为民服务创先争优年”活动推进会，也充分体现了厅党委对此项工作的高度重视。

根据扬州会议精神和前期工作安排，学习借鉴各地经验做法，结合我省工

作实际，省厅将重点采取以下四项措施，扎实推进活动开展。

一是在全省开展法律援助便民服务示范窗口创建工作。研究制定《山东省法律援助便民服务示范窗口建设标准》，从 2012 年开始，每年选择一批设施齐全、服务便民、运行规范、群众满意的法律援助服务大厅作为示范服务窗口，由省厅授牌，努力将法律援助示范窗口打造成提供法律援助的示范样板、推进民生工程的知名品牌、创新社会管理的前沿阵地，争取用 2～3 年的时间，切实提高市、县两级机构软硬件建设水平和文明服务水平。

二是加快推进法律援助信息化建设。研究开发全省法律援助信息管理系统，推广烟台市建立网上申请法律援助平台的做法，建立法律援助网上预审查、预受理制度，让困难群众足不出户即可申请获得法律援助。开通法律援助微博，广泛运用电子信箱、QQ 通信等手段，推行预约服务，积极为广大群众提供法律援助指引，搭建法律援助与群众交流的便捷通道，让法律援助通过网络走进群众生活。

三是建立困难群众信息资料库。加强与民政等相关部门的联系沟通，实现资源共享，所有在库群众申请法律援助时均可免予审查经济状况。

四是加强村镇法律援助网络建设。制定出台了《山东省乡镇(街道)法律援助工作站暂行管理办法》，规范、引导乡镇法律援助工作站运转，探索实现乡镇工作站与县级法律援助机构联网办公；充实村(居)联络员力量，在村(居)培养1～2名法律援助明白人，及时受理困难群众法律援助申请，打造乡村法律援助申请“一小时服务圈”。

二、进一步增加法律援助办案数量

2012 年，全省法律援助的办案目标任务确定为 5.17 万件，以 2011 年 4.3 万件为基数，实现 20％的增长。确定这一指标，主要基于以下几点考虑：首先，从全国法律援助工作发展的总体情况来看，这个指标是合理的。2011 年，全国共办理法律援助案件 844624 件，司法部法律援助工作司计划今年争取办案达百万件，比 2011 年递增 18.4％，因此我们 20％的增幅与全国基本持平。其次，从与周边省份办案数量的比较来看，这个指标是合适的。据司法部数据，2011 年，江苏(75422 件)、辽宁(66528 件)、河南(56620 件)、广东(50154 件)等省份，办案数量均已突破 5 万件，如果我们不继续保持 20％的增长速度，将被落得更远。最后，从经费保障情况来看，这个指标是可行的。2011 年，我省业务经费已达近 2730 万元，再加上中央专项彩票公益金法律援助项目资金 440 万元，2012 年的法律援助业务经费至少将达到 3200 万元，即使按照“办案经费支出原则上地市一级不得低于 50%，县区一级不得低于 60%”的最低标准，办案经费也将达到 2500 万元。按每件 500 元的平均标准，也完全能够支付 5 万件的办案补贴。综合各方面因素考虑，完成 2012 年的办案目标任务没有问题。关键是我们要统一思想，坚定信念，自我加压，积极作为，把视野放宽，把门槛降低，以“应援尽援，能援多援”为目标，实现全省办案数量的新突破。

要继续推动落实以下八项举措，确保年度办案任务完成。

一是启动调整援助门槛工作。实践证明，现行的将最低生活保障标准作为公民申请法律援助经济困难标准的做法，已不能适应法律援助工作的发展要求。“两会”期间，省厅已组织部分律师界的省人大代表提交议案，建议修改现行的经济困难标准，将其调整为城市居民最低工资标准和农村居民人均纯收入标准。目前，我们正在积极向省政府汇报，争取以省政府通知的形式，将这一标准确定下来，将更多的群众纳入法律援助保障体系。有条件的地方可以先行探索，推动地方政府修改经济困难标准，尝试取消民事法律援助事项类型，将困难群众所有民事法律维权事项一律纳入法律援助事项范围。

二是加大刑事法律援助工作力度。近年来，在民事法律援助案件大幅递增的情况下，我省刑事法律援助案件办案数量徘徊不前，每年大约在三四千件左右。特别是 2011 年(3664 件)还比 2010 年(4043 件)降低了 5.6%，这反映出刑事法律援助是很大的薄弱环节。犯罪嫌疑人、被告人相对于民事案件当事人，案件结果往往涉及自由和生命，其合法权益更需要维护。与民事法律援助相比，刑事法律援助更能体现法律援助工作的核心价值，更有助于维护和保障人权，实现法律面前人人平等。特别是《刑事诉讼法》修正案于 2013 年 1 月 1 日正式实施后，刑事法律援助案件将会成倍增加。为应对新形势的变化，2012 年省厅将加大与公检法部门的协调力度，联合制定指导性文件，明确侦查、起诉、审判阶段的工作衔接方式、程序。通过开展在看守所设立(电话)值班律师试点工作，推动公检法部门将履行法律援助告知义务的规定落到实处，扩大刑事法律援助案件覆盖面。各地也要早做安排，进一步加大刑事法律援助案件办理力度，积极参与刑事和解、刑事被害人救助、量刑规范化工作，依法为犯罪嫌疑人、被告人和被害人等提供辩护和代理，促进司法公正。

三是推广烟台、日照等市在交警部门设立交通事故法律援助工作站的做法。各地要注意学习、借鉴烟台、日照的经验，整合法律服务资源，将法律服务、人民调解、法律援助融为一体，将实践中大量发生的交通事故赔偿纠纷，通过非诉讼法律援助的方式，快速高效地解决，降低弱势群体维权成本。

四是开展专项法律援助活动。推出专项服务措施，做好农民工、下岗失业人员、残疾人、妇女等重点人群法律援助工作。同时，要加强对工青妇老残等社团组织办理法律援助案件的信息掌握，发挥妇女维权法律服务团、残疾人法律救助工作站、农民工维权站等维权力量的作用，帮助他们依法解决切身利益问题。

五是深化公证纳入法律援助体系工作。督促引导全省执业公证员履行法律援助义务，扩大公证法律援助案件数量，实现公证、法律援助惠民的多赢效果。

六是全面落实《山东省法律援助案件受理点管理试行规定》。加强规范引导，完善工作程序，切实发挥206家律师事务所法律援助案件受理点的作用，真正方便困难群众获得法律援助。

七是积极开展“资深律师法律援助行动”。精心策划，引导律师事务所合伙人和执业十年以上律师每年至少不领补贴亲自办理一件法援案件，切实发挥资深律师的示范、导向作用，达到“办理一件，带动一片”的良好效果。各市司法行政机关要将活动开展情况纳入律师管理考评体系，作为评先创优和年度考核的重要依据。

八是大力实施司法鉴定法律援助工作。2011年11月25日，省人大常委会通过的《山东省司法鉴定条例》将于2012年5月1日起施行。《条例》第二十条规定：“当事人申请司法鉴定援助的，参照《山东省法律援助条例》办理。”省法律援助中心要加强与司法鉴定管理处的沟通，细化落实相关规定，保障贫弱和特殊群体的公民获得必要的司法鉴定服务。

三、进一步提高法律援助服务质量

法律援助是党和政府的民心工程，如果援助质量没有保证，就会冷落了民心，使这一制度形同虚设。2012年，各级司法行政机关和法律援助机构要把办案质量放在更加突出的位置，采取更加有效的措施，下大力气抓实、抓好，力争把每一件案件都办成精品案件，真正把法律援助工作做到老百姓心坎上。

一是开展"质量规范百千万工程"，即抽查100件卷宗，旁听1000起案件，回访10000名受援人。省司法厅将组织部分法学专家、知名律师等相关人员组成法律援助案件质量评审团，从信息管理系统中随机抽查100个案件，进行案件质量评查，对评查结果以适当形式进行通报。各市要按照办案目标任务的2%、20%，进行旁听和回访。"质量规范百千万工程"是2012年工作的重中之重，也是2012年考核的重要内容。省法律援助中心要制定详细的方案，推动活动开展，并带头做好死刑二审法律援助案件的旁听和回访工作。各市法律援助中心主任作为实施工程的第一责任人，要加强工作调度，抓好工作落实，确保活动取得实效。

二是修订《山东省法律援助案件质量监督办法》。在吸收、借鉴潍坊市做法的基础上，对办法进行修订，明确质量监督的主体、程序、内容、方法和结果的评价运用，将事后监督转变为事前、事中和事后的全程监督，将审查、受理、承办、归档等各个环节的标准和监督责任制度化，用制度确保援助服务质量。

三是实行资深律师"点援制"。各市要按照《关于开展"资深律师法律援助行动"的通知》要求，根据资深律师的专业特长和工作需要，建立资深律师信息数据库，实行"点援制"。数据库要实行动态管理，对于有不良记录的律师及时予以剔除，不再为其指派案件。

四是建立法律援助案件投诉查处机制。省司法厅和各市都要设立专门的投诉查处电话，并在媒体上予以公布，强化社会监督。对于投诉举报的问题，一经查实，要严肃处理，除在考核中扣除相应分值外，取消该单位年度评先树优资格。

五是切实加强和规范档案管理。省法律援助中心在广泛征求意见的基础上，制定印发了法律援助格式文书示范文本，已下发至各地。希望各地按照要求，进一步规范法律援助格式文书，装订好、管理好卷宗档案，以卷宗档案的规范推动办案质量的提高。

四、进一步加强经费使用监督管理

法律援助专项经费是民生款、救济款，是弱势群体的活命钱、救命钱。关于法律援助经费的使用和监管，我们是逢会必讲，强调非常严肃。但是从实际情况来看,经费的使用情况并不理想。2011 年,虽然全省办案补贴发放率达到了98.6%,但发放标准仍然较低,平均补贴标准为 400 元,特别是县级办案补贴标准出现下滑趋势,平均每件仅为 292 元,比 2010 年(336 元)下降 14%。办案补贴过低,挫伤的是律师、基层法律服务工作者等案件承办人员的积极性,伤害的是受援人的利益,损害的是党委、政府的形象。这里再次重申,法律援助专项资金是"高压线",是"紧箍咒",希望大家高度警觉,警钟长鸣,真正把有限的法律援助资金用到为困难群众多办案、办好案上。2012 年,省司法厅将从以下四方面规范法律援助经费的使用和监管:

一是修订完善法律援助经费考核标准。考核标准中要明确以下内容:法律援助经费要实现账户独立,暂时不能单列账户的,要做到单列科目;办案补贴发放率要达到 100%;办案经费支出地市一级不得低于 50%,县区一级不得低于60%,切实提高经费使用效益。

二是建立以案件数量为导向的经费管理体制。省司法厅正在积极与财政厅协调,明确法律援助专项资金的使用范围,建立资金分配与各市、县(市、区)的办案数量、办案质量、工作水平挂钩制度,更好地发挥专项资金的扶持、促进、激励作用。2012 年,中央专项彩票公益金法律援助项目资金的发放,就是按照2011 年度考核各市实际办结案件数量、考核排名、对经济欠发达地区适当倾斜的原则进行分配的,这将作为以后中央及省级法律援助资金分配的一条原则继续坚持下去。

三是规范办案补贴发放流程。推广使用办案补贴凭证三联单,将补贴发放凭证入卷、入账、留档。

四是健全完善内部监督机制。2012 年,司里将适时对 2011 年 2 月份下发的《关于加强法律援助经费使用监督管理工作的意见》执行情况进行抽查,省厅也将加大对法律援助经费使用情况的督查和考核力度,由省法律援助中心牵头,与厅计财处、纪委组成联合检查组,对法律援助经费使用情况进行专项督导检查,对检查结果进行工作通报。对问题较多的地方,与司法局主要负责同志进行对话;对问题迟迟不能解决的,根据需要与党政领导机关及领导进行沟通;对违反法律援助经费管理规定的,将根据情节轻重,移送相关机构,追究直接责任人和主管人员的责任。

五、进一步提升法律援助管理服务水平

法律援助管理水平的高低，直接决定着法律援助的工作质量和效率。各级司法行政机关和法律援助机构要适应法律援助发展的新要求，明确管理责任，提高管理水平，切实履行管理职责，促进和保障法律援助事业健康发展。

一是理顺工作体制。省司法厅正在积极协调省政府法制办，研究推动将法律援助审批列入省政府制定的“非行政许可类的行政审批项目”范围，为解决我省县级法律援助机构性质问题提供政策依据。各市、县（市、区）也要实现工作转型，进一步强化管理职能，把管理、指导、监督工作放在履行职责的优先位置，改变办案重于管理的传统模式，摆脱以办案来淡化和取代管理的错误做法，有步骤地扩大指派办案，减少自身承办案件，保证管理工作全面落实。

二是继续用好综治考核平台。根据社会管理综合治理职责职能的变化，积极协调省综治委，继续用好综治考核平台，修订《法律援助工作考核标准》，督促当地党委、政府更加重视、支持法律援助工作的开展，解决制约工作发展的瓶颈问题。

三是整合“12348”专线与法律援助咨询资源。根据目前掌握的情况，全省“12348”专线有 10 个大市和 121 个县（市、区）由援助中心在具体开展业务，其中 69 个明确归援助中心管理。下一步，我们将对全省“12348”开通使用情况进行调研，推动二者的有机整合。各地要从实际出发，建立健全法律援助与“12348”的紧密联系机制，实现信息共享，工作互动，为做大做强县域司法行政工作提供平台与载体。

四是积极开展培训工作。按照分级培训体制要求，省法律援助中心要加强对法律援助机构主任和业务骨干应知应会管理知识、技能的培训，不断提升管理者的工作能力，努力培养一批法律援助管理工作的有心人、明白人。各市、县也要根据本地实际，加强对法律援助联络站、受理点工作人员以及注册志愿者的培训，使他们熟练掌握法律援助的基本技能，适应工作需要。在法律援助培训资金有限的情况下，要学会借势借力发展，充分利用律协的培训力量、培训资源，做好业务培训。今后凡是法律援助律师一律免费参加省律协组织的各类业务培训。

六、进一步加强法律援助宣传工作

让需要法律援助的群众了解法律援助，是法律援助宣传工作的基本要求。各地要高度重视和加强法律援助宣传工作，舍得在宣传工作上投入，用心谋划，精心策划，创新宣传方式和手段，切实提高宣传实效。

一是大力开展“法律援助在基层”和“法律援助宣传月”活动。前不久，省司法厅联合大众日报社在农民工法律援助案件比较集中的邹平县，启动了“法律援助在基层”活动，《大众日报》在头版和第三版做了大幅报道，取得良好的社会效果。省法律援助中心还将于5月份组织开展“法律援助宣传月”活动，希望各市开动脑筋，创新宣传方式和载体，推动两项活动深入开展，广泛宣传法律援助工作取得的成绩，呼吁、推动工作难题的解决。

二是认真做好央视《法律讲堂》人才选拔推荐工作。最近，中央电视台《法律讲堂》栏目组对我省前期筛选的优秀人才进行了录制工作，将于近期播出。省法律援助中心要继续加强与栏目组的沟通协调，做好人才选拔推荐工作，扩大我省法律援助的社会影响力。

三是注重法律援助调研和理论创新。要大力加强法律援助文化建设，紧密联系工作实践，深化法律援助理论研究，为法律援助事业发展提供理论支撑和智力支持。司法部将于2012年开展法律援助论文征集活动，省法律援助中心已专门下发通知，对工作作出部署，希望各市加强组织引导，踊跃投稿，真正推出一批质量高、影响力大、能够回答重大理论和实践问题的法律援助理论研究成果，指导、推动工作发展。

四是注重做好法律援助舆情分析工作。要充分发挥法律援助贴近基层、贴近困难群众的特点和优势，在接待群众来电、来信、来访和办案过程中，注重收集整理可能引发群体性事件或大规模上访事件的矛盾纠纷信息，及时上报，为各级党委政府掌控社会矛盾动态提供有益参考，彰显法律援助工作的职能作用。

（本文节选自2012年4月26日在全省法律援助为民服务创先争优年活动推进会上的讲话稿）

司法行政（综合）篇

司法行政制度概念、沿革及特点

司法行政，顾名思义，是与司法有关的行政或行政管理，是为司法活动提供保障和服务的一种法律制度。有司法的地方，必然就有司法行政。无论是发达国家还是发展中国家，一般都设有相应的司法行政制度。从工作内容上看，司法行政的内容首先包括对司法机关主要是法院的人、财、物的管理，其次是对那些与司法审判工作密切相关活动的管理，如裁判执行、律师服务、司法鉴定、司法协助以及制定有关司法政策等。这些活动不是司法审判活动，但对司法审判的正常进行具有内在的基础性的辅助、支持和保障作用。没有司法行政的支持，司法活动就不能顺利进行，司法目标就不能得以实现。因此，在世界大多数国家司法制度中，司法行政制度都是一项重要的制度。

一、司法行政历史沿革

中国司法行政制度起源于清末变法的司法体制近代化。1906 年成立的专门负责司法行政工作的“法部”，是中国历史上第一次司法权从行政权中分离出来，标志着中国司法行政制度的开始。

我国现行司法行政制度是随着新中国的成立而建立和发展起来的。新中国成立初期，我们借鉴前苏联的模式，司法行政制度框架与大陆法系国家一些通行做法类似。如《中央人民政府司法部试行组织条例》规定司法部具有 15 项职能，主要有：制定司法行政政策；商最高法、最高检和大行政区、省(市)人民政府，办理地方法院、检察院的设置、废正或合并及其管辖区域划分与变更事项；司法干部的登记、分配、任免、教育培训；司法经费之厘定；司法政令政策的宣传以及律师、公证等工作。1959 年，因为历史原因，各级司法行政机关相继被撤销，在各级法院内部设立相应的机构负责司法行政工作。党的十一届三中全会以后，司法行政机关从1979年9月开始恢复重建，职能与50年代相近。1982年后，中央对司法部职能进行了重大调整，司法行政机关不再管理人民法院的司法行政工作，这部分工作划归法院自行管理；劳改、劳教工作由公安机关移交司法行政机关管理；法律编纂、法规汇编工作划归国务院办公厅法制局承担。从1983年到现在，司法行政职能虽然在几次机构改革中有所调整、有所变化，但是大的格局没有改变，主要包括监狱劳教、人民调解、普法依法治理、法律服务、刑释解教人员帮教安置、社区矫正、司法鉴定、司法考试等职能。

二、司法行政的特点

目前，司法行政工作的特点可以概括为"点多、面广、线长"，职能宽泛分散，业务相对独立性强，相互关联程度低。"点多"，是指司法行政工作的业务门类多，分为三大类十四项。第一是法律服务类，包括律师、公证、法律援助、司法鉴定、基层法律服务五项；第二是法律保障类，包括监狱、劳教、社区矫正、人民调解、帮教安置、司法考试、司法协助七项；第三是法制宣传教育类，包括普法、依法治理两项。此外，还有指导法学理论研究、仲裁登记、人民陪审员协管等工作。"面广"，是指司法行政工作的覆盖面广。既在配合司法活动、维护司法公正方面有着用武之地，又对化解矛盾纠纷、维护社会和谐稳定发挥独特作用，还在规范市场、促进和保障经济发展中有所作为。而且，作为一支重要的法治力量，司法行政工作对推动依法治国进程更是责无旁贷。"线长"，是指司法行政工作的纵向战线长，从国务院司法部开始，到省级、市级、县级的司法厅、局，直至街道、乡镇的司法所，由高到低共设有五级司法行政机关，但司法行政管理权主要集中在部、省两级，层级结构呈现出"倒三角形"，市、县两级司法行政机关职能薄弱。实际上司法行政工作还延伸到了最基层的社会组织居民委员会、村民委员会，司法行政工作的三大类十四项业务，就是透过各级司法行政机关和基层社会组织来进行的。

具体分析，目前，司法行政工作具有以下五个特性：

1. 综合性。司法行政业务与司法机关明显不同，司法机关的业务一般比较集中，且有明显的同质性，不同业务之间通常都密切相关。例如人民法院，其主要业务就是进行司法审判，其他业务基本都是以司法审判为中心展开的。司法行政业务有十几项之多,但诸多业务之间并无直接关联性,从最能体现行政权力和法律强制性的监狱劳教工作,到主要依靠公民自愿和社会努力才能奏效的普法宣传,跨度很大。这充分体现了司法行政作用的综合性。不同的领域和不同的业务,需要不同的工作方式,因而发挥作用的手段也具有综合性。监狱劳教工作,主要是依法运用行政权力对罪犯劳教人员实施教育改造,对于拒绝教育改造者可以依法予以强制。但对于普法宣传,因为涉及的是对公民思想意识和观念的教育,则只能坚持不懈地进行宣传、影响和引导,而不能采取任何强制措施。

2. 基础性。稳定是和谐的基础。监狱和劳教场所对违法犯罪人员进行监管改造,将大批罪犯改造为守法公民,预防和减少违法犯罪,本身就是维护稳定的基础性工作。社会的安定和秩序化不仅有赖于宏观层面的和谐运行,更有赖于基础层面的和谐稳定。基础不稳,则整个社会生活都将失去稳定的依托。司法行政通过遍及城乡的司法所和基层法律服务工作,可以及时发现并疏导、化解矛盾纠纷,减少社会基础层面的矛盾积累,在动态的问题解决过程中实现社会基础层面的稳定。

3. 长效性。这包括两个方面:其一是指需要较长的一段时间,作用和效果才能显露出来;其二是指一旦取得成效,则在较长的时期内都能稳定地发挥作用。司法行政的很多工作都具有长效性的特征。比如对罪犯的改造就不是短期能够见效的,改造一个重刑犯,少则几年,多则十几年;基层人民调解工作直接贴近百姓生活,坚持抓早、抓小、抓苗头,努力把矛盾纠纷解决在萌芽状态,也不能在短期内取得轰动性效果。普法宣传的长效性更为典型。“一五”普法开始于1986年,在当时并未产生立竿见影的效果。但是经过二十多年来坚持不懈的努力,全体公民的法制观念和法律意识显著提高,对于促进国家法治建设将发挥长效性作用。

4. 社会关怀性。在现代文明社会,其社会成员不仅需要从社会获得物质上的保障,也需要从社会获得精神上的帮助和关怀,政府是实施社会关怀的主导力量。法律援助制度的建立,使那些因经济困难的公民无偿获得了由国家提供的法律帮助,使他们能够同其他社会成员一起平等地行使诉权,真正实现了“法律面前人人平等”。帮教安置工作积极为刑释解教人员回归社会后的工作和生活提供帮助,帮助他们通过劳动自食自力,帮助他们树立重新做人的信心,也是一种社会关怀。正在试点中的社区矫正工作,更是进一步彰显了司法行政的社会关怀性。

5. 服务性。对律师、公证、司法鉴定、基层法律服务、法律援助等法律服务业进行指导、监督、管理，通过培育、发展各类法律服务主体，规范各类法律服务行为，满足不同时期、不同层次、不同对象的法律服务需求，是司法行政的一项传统而常新的职能。

（本文节选自 2009 年 6 月 26 日在全省分管司法的副县（市、区）长培训班上的授课提纲）

关注社会民生　彰显职能作用

——对做好新时期司法行政工作的几点思考

党的十七大提出要“加快推进以改善民生为重点的社会建设”。温家宝总理在2008年的政府工作报告中强调:“要更加注重社会建设,着力保障和改善民生。”所以我们要更加重视维护社会公平正义,更加重视化解因民生问题引发的社会矛盾,更加重视社会主义市场经济条件下的社会管理,政府要为人民提供更多更好的服务。司法行政工作的范畴包括刑罚执行、劳动教养、社区矫正、帮教安置、法制宣传、依法治理、人民调解、律师、公证、司法鉴定、司法考试、法律援助、基层法律服务、司法协助和人民陪审员协管等,具有点多、面广、线长的特点,这决定了司法行政机关在推进以改善民生为重点的社会建设中大有作为。同时,我们只有适应新变化,顺应新期待,把工作重心向参与社会管理、改善服务保障民生转移,并放在战略的高度来对待,不断提高为民服务的水平和能力,司法行政工作才能彰显作用,更有地位。

一、发挥保障性职能优势,努力做好维护社会平安工作

胡锦涛同志指出:“社会平安是极重要的民生问题,也是最基本的发展环境。”

违法犯罪是影响社会平安、稳定、和谐的重要因素。目前,我国正处于刑事犯罪的高发期,监狱押犯不断增加,重大刑事犯、暴力犯、涉黑涉毒犯数量不断增多,罪犯、劳教人员构成日趋复杂,教育改造难度加大。这些对维护社会平

安、稳定、和谐构成了严峻挑战。监狱、劳教工作承担着教育改造罪犯和教育矫治违法人员的职责，把罪犯和劳教人员真正从和谐社会的破坏者转化成和谐社会的建设者，可以减少社会不平安、不稳定、不和谐因素。社区矫正是我国目前推行的一种非监禁的刑罚执行方式，它通过将符合法定条件的罪犯放到社会上进行教育矫正，有助于减轻罪犯的社会对抗心理，使他们更加顺利地融入社会。对刑释解教人员进行帮教安置工作，体现了党和国家"以人为本"的执政理念，对于最大限度消除不安全因素，有效预防重新违法犯罪具有积极意义。"中国语境的监狱、劳教、社区矫正、帮教安置等工作，形成了司法行政维护和保障社会稳定的'硬件'体系。"①司法行政机关必须做好统筹协调、配合衔接工作，使刑释解教人员尽快再社会化，重新适应社会规范和社会生活，顺利回归、融入社会。

目前，法学界有一种观点认为，随着社会转型，法已经从单纯的国家统治工具逐渐转变成为社会公众服务的公共产品。经济学家吴敬琏认为："公共产品中最重要的就是法治。"②从这些观点出发，我们认为，不论是作为刑罚执行及其衍生"产品"，还是作为最重行政处罚的劳教制度，做好罪犯、劳动教养人员这两类特殊群体的监管改造和教育矫治，化消极因素为积极因素，都是司法行政机关政府公共服务职能的重要体现，是司法行政机关提供的特殊"公共产品"。其供给"产品"的质量，不仅事关社会的平安、稳定、和谐，事关人民群众的安全感，而且也是司法行政机关贯彻"执政为民"理念，改善、服务、保障民生的具体体现，因此是司法行政机关的硬任务、第一责任。

二、发挥预防性职能优势，化解社会矛盾纠纷

现阶段凸显的社会矛盾纠纷，许多是由土地征收征用、城市建设拆迁、环境保护、企业重组改制和破产等涉及民生的问题引发的。因此，关注民生、加强社会建设，必须将各种突出的社会矛盾解决好。《中共中央关于构建社会主义和谐社会若干重大问题的决定》，首次提出了处理社会矛盾的四大机制，即利益协调机制、诉求表达机制、矛盾调处机制、权益保障机制。可以说，人民调解、律师在这四大机制中都可以发挥重要作用。

---

① 董开军主编：《司法行政学》，中国民主法制出版社2007年版，第44页。

② 吴敬琏：《呼唤法治的市场经济》，三联书店2007年版，第286页。

人民调解既符合我国“和为贵”“厌讼”等民间传统,又符合中央“更多采用调解方法”化解社会矛盾纠纷的新要求。因此,要从政治和全局的高度,进一步发挥好人民调解“第一道防线”的作用,根据社会建设的新要求,不断加强和改进人民调解的组织、队伍、制度、信息网络等建设。积极拓展调解领域,在做好传统类型民间纠纷调解工作的同时,主动参与土地承包、环境保护、劳动争议、物业管理等社会热点难点纠纷的调解,预防由人民内部矛盾引发的群体性事件。加强与法院等有关部门的协作配合,探索建立人民调解与行政调解、司法调解衔接配合的工作机制,发挥好人民调解在多元化纠纷解决机制中的基础性作用。

拥有法定执业权利、精通法律、熟悉救济渠道的律师,在利益协调、诉求表达、矛盾调处、权益保障这四个方面,可以全方位接受当事人的委托,通过咨询、代书、诉讼、仲裁、调解等多种方式维护其合法权益,减少和消弭利益冲突与摩擦,避免和排解社会矛盾纠纷。当前,要更加重视发挥律师在调解中的作用,采取诉前调解、法庭调解、庭外和解及其他非诉讼形式,引导当事人消除矛盾纷争。近两年来,山东律师在“更多采用调解方法”化解社会矛盾方面做了有益尝试。有的依托律师事务所成立专门的调解中心,有的与有关部门、行业协会成立有关医疗纠纷、道路交通纠纷调解中心或参与其中的工作。今后,司法行政机关应加强指导,加强对目前国内外律师参与调解各种模式的理论总结,逐步建立完善中国特色律师调解制度。同时,律师参与涉法信访工作,是引导信访群众依法解决矛盾纠纷的好形式,越来越得到党和国家的重视、肯定。因此,也应作为司法行政机关当前一项重点推进的工作,使其范围不断扩大,工作不断细化,程序不断规范,制度不断完善。

三、发挥服务性职能优势,努力维护社会公平正义

在古人那里,民生大抵就是吃饱穿暖,所谓“民生在勤,勤则不匮”。而在现代,民生的内涵有了极大的丰富和发展,凡是涉及人民的生存与发展权益,作为现代公民的经济、政治、文化、社会权益,人民群众最关心、最直接、最现实的利益问题,都是民生问题。公平正义是更高层次的民生需求。罗尔斯认为:“正义

是社会制度的首要价值，是调节人们利益冲突的重要手段。”[①]政治学者俞可平认为，公平正义自古以来就是人类追求的普遍价值，更是社会主义的核心价值和本质要求。公平正义主要靠法律和制度来保障。[②]

经过三十多年的改革开放，全体社会成员都切实享受到了改革开放的甜蜜果实，但不可否认，社会利益已开始急剧分化，已经到了一个关键时期，必须采取果断措施使利益分配体现公平正义原则，运用法律手段保障全体人民共享发展的成果。

除了通过立法手段在各方利益博弈者之间公平分配利益外，还必须在执法、司法环节上平衡利益分配。司法行政工作涉及的律师、公证、法律援助、基层法律服务、司法鉴定等法律服务工作，除了积极参与国家与地方立法外，主要是在执法、司法环节中发挥相应的职能作用，特别是从遏制公权力的不当行使和建立对权力受害者的救济方面，来捍卫民权、保障民生、维护社会公平正义。

以研究人权而著名的法学家夏勇提出了“新民本说”，即“民为邦本，权为民本，德为权本”。认为民之所本者，乃是民权，其他都是靠不住的。唯有享有权利，才能拥有尊严并有力量，才能有效地抵抗他人对自己的侵辱。[③] 我们看到，现实中影响人民共享发展成果的那些突出的民生问题，其症结往往是民权问题，在一个公权观念长期占绝对主导地位的社会里，由于对公民私权利缺乏应有的尊重和保护，导致公权力屡屡肆意侵犯民众特别是弱势民众的权利。而这些利益受到侵害的弱势群体，往往最不了解自己在法律上有哪些权利、通过什么程序保护自己的权利，或者是自己没有能力维护自己的权利。我们认为，在当今这个“走向权利的时代”，捍卫民权、保障民生，是以律师为主体的法律服务人员的历史使命。无救济就无权利。司法行政机关要指导广大法律服务人员进一步关注和服务民生，努力维护人民群众的合法权益，特别是维护那些处于社会最底层的弱势群体、困难群体的权益，使他们在权益受损时，能够通过理性的、制度化的方式表达自己的诉求，使有理无钱的贫弱者一样实现法律赋予的权利，一样享受法律的公平与正义，从而彰显社会主义法治对人权的保障和维护。

---

① ［美］约翰·罗尔斯：《正义论》，何怀宏等译，中国社会科学出版社 2001 年版，第 3 页。

② 参见俞可平：《论维护和实现公平正义》，载 2007 年 5 月 28 日《北京日报》。

③ 参见夏勇：《民本与民权——中国权利话语的历史基础》，载《中国社会科学》2004 年第 5 期。

四、发挥管理行业职能优势,积极探索建立社会管理新体制

最初提出社会管理,源自中国社会转型的现实迫切需求。原国务院发展研究中心主任王梦奎曾撰文指出:以计划经济体制和过去那种权力构架为基础的社会整合功能削弱,传统的社会管理体制和方法越来越不适应社会结构的变化。随着改革的不断深化,社会管理体制创新不仅是行政体制改革的重要组成部分,也成为加强社会建设的关键环节。"社会建设"一词,自党的十六届四中全会正式提出后,内涵不断完善。十六届六中全会将其与经济建设、政治建设、文化建设相提并论。十七大报告强调"更加注重社会建设",把培育和发展社会组织纳入社会建设和社会管理之中。

中国社科院社会政策研究中心副主任唐钧认为,"社会建设"和"社会管理"是两个颇具中国特色的概念。从中央的报告决议来看,"社会建设"主要与"改善民生"相结合,涵盖了"民生六大任务";而"社会管理"相对处于更微观层面,包括加强社会组织建设,健全社会矛盾调处机制,完善社会治安防控体系,等等。俞可平认为,社会管理体制的改革和创新,已经成为我国现实生活中一个新的重大课题。社会管理体制就是国家为了维护社会秩序而用以规范和协调社会组织、社会事务和社会生活的一系列制度和机制,诸如社团管理体制、社会保障体制、社会治安体制、社会应急体制、社会服务体制、社区管理体制和社会工作体制都可列入其范围。

"司法行政一个显著的特点就是它具有浓厚的社会性,很多工作都是直接面向社会、面向群众的,涉及社会服务、社会管理和社会建设等诸多方面。""比如律师、公证、司法鉴定、法律援助等等,都是以提供法律服务为内容的社会事业。"[①]我们认为,司法行政工作适应我国由经济转型进入向社会转型的新形势,积极参与社会建设和完善社会管理的工作,重点应发挥对律师、公证、司法鉴定、基层法律服务等行业协会、社会团体的监督指导职能;按照十七届二中全会《关于深化行政管理体制改革的意见》的要求,"深化行政管理体制改革要以政府职能转变为核心","把不该由政府管理的事项转移出去","更好地发挥公民和社会组织在社会公共事务管理中的责任";不断解放思想,更新观念,坚持凡

① 董开军主编:《司法行政学》,中国民主法制出版社2007年版,第54页。

是行业能够自我管理的领域，公权力就不应该进入，就应该让行业逐步实现自我管理。温家宝总理在2008年政府工作报告论述加快政府职能转变时，要求“重视发挥行业协会、商会和其他社会组织的作用”。而“随着律师协会、公证员协会等社会团体的成熟，自治程度和自律水平的加强，司法行政机关的行政管理也在趋于宏观性和指导性，行政指导应当逐步成为司法行政机关管理工作的主流模式”①。当然，这并不是说司法行政机关对这些行业放任自流，而是在尽量减少对微观事务的管理，将那些应由行业协会行使的权力让渡出去的同时，更好地代表政府行使指导、监督职能，大力扶持、培育相关行业协会的发展，尽快提高行业管理能力和水平，让它们尽快成长、成熟，使它们在社会建设和社会管理中发挥更大的作用，适应社会转型及社会管理体制改革创新的大局和大势。

律师业是一个非常适合自治、自律管理的行业，作为行业性的社会团体，律师协会在我国各种行业组织中是较早探索行业自治、自律管理的组织。相对其他行业而言，律师业的行业管理是比较成熟和规范的。因此，可将其作为试点，按照中央提出“在党的领导下更好地发挥社会团体、行业组织、中介组织等的积极作用，形成社会管理的整体合力”的要求，从理论上、实践上不断总结、探索律师行业管理的成功经验，不断总结、探索司法行政机关在监督、指导律师行业管理上的成功经验，并将其移植、推广到司法行政机关管理的其他行业组织上，指导这些行业组织从目前的行政化、半行政半民间化的性质逐步向减少行政性、增强自治性的方向过渡和发展，实现从半官半民的社会组织逐步向真正意义上的社会组织的过渡和发展。

更加关注民生、更加注重社会建设，是司法行政机关在新时期新形势下面临的一个新课题，需要不断加强基础性理论研究，推动体制机制改革，加强工作体系建设，着力解决影响工作发展的难题，使司法行政机关在创新社会管理中的职能不断得到强化，更好地承担起时代赋予的历史使命。

（本文系作者参加山东省委党校2008年第28期市厅级领导干部进修班结业论文）

① 董开军主编：《司法行政学》，中国民主法制出版社2007年版，第39页。

对加强基层司法行政工作的思考

“郡县治，则天下安。”县域在我们国家治理结构中自古就占有举足轻重的地位。县域司法局作为司法行政工作的基层主阵地，是整个司法行政事业的根基所在。在各项职能的立法依据基本完备，司法所体制基本理顺，县域司法局综合执法、管理、服务、保障职能进一步强化的新形势下，山东省司法厅党委适时提出加强县域司法行政工作，关乎全局，涉及长远，对于夯实司法行政工作科学发展根基，提升司法行政工作在县域经济社会发展和长治久安中的作用、地位，具有方向性、基础性、战略性的重要意义。

自2011年厅党委读书会提出这一课题特别是2012年1月“一号文件”出台以来，律师、公证、法律援助工作及时将工作视角、重心和财力物力向县域倾斜：举办了县域律师事务所主任培训班；编写了《律师管理工作指引》，全省律管干部人手一册，实现一本通；省律协与山东广播电视台、山东人民出版社联合举办了主题为“《周末说法》进齐河，法律服务下基层”大型普法宣传及法律咨询活动；对全省50个经济欠发达县（市、区）的144家律师事务所进行结对帮扶活动正在启动；联合大众日报社在邹平开展“法律援助在基层”活动；深化法律援助便民服务主题活动，全省97%的县级法律援助机构已经在临街、一层设立了“便民服务窗口”；以法律援助纳入综治考核为抓手，大力加强县级机构规范化建设，全省达标县（市、区）已达139个，达标比例为99%；县域公证员队伍进一步扩大，2012年向司法部申报增加公证员49人中有37人在县域；积极探索公证机制活力创新，省公证协会筛选审定了7个绩效工资样本，供全省公证机构学习借鉴，力争年内实行绩效工资或奖励机制的县域公证机构达到60%以上。

为真实全面了解基层县域司法行政工作的现状，除了按照厅党委统一部署，到滨州进行专题调研外，还利用全省律管科（处）长、公管科（处）长座谈会等形式，听取了大家对加强县域律师、公证等工作的意见建议。通过调研座谈发现，自“一号文件”出台以来，加强县域司法行政工作发展的总思路在基层效果已经显现，多方面工作都有质的变化和提升。基层司法行政干警纷纷表示：“真的看到希望了，司法行政的春天真的来了！”

但在调研座谈中，也发现了制约县域司法行政工作特别是律师、公证、法律援助工作发展的一些“瓶颈”因素：

一是部分县域司法局领导思想观念存在许多模糊认识，对司法行政工作职能认识不清，定位不准，认为司法行政工作“软”“弱”“杂”，权力有限，领导不重视，在社会上没地位，牢骚满腹，自怨自艾，妄自菲薄，工作中存在畏难发愁情绪，在面对困难和问题时，强调客观原因多，分析自身原因少，解决问题的积极性不高、办法不多，工作“不起棱”。

二是部分县域司法局机构编制、人员配备与工作发展不相适应，除去离岗占编人员外，实际在岗干活人员少，特别是司法所人员缺编、缺员的问题值得高度关注。调研发现还有相当数量的司法所达不到“三名以上人员”的要求，编制少，人员少，任务重，压力大，很难有足够的精力同时做好各项工作，制约了职能作用发挥，司法所力量亟待加强。机构设置不合理、不科学，自司法行政恢复重建以来就没有进行调整，已经不适应当前工作发展特别是新增职能的要求。许多县域没有专门机构和专人对律师、公证等法律服务工作进行管理，特别是律师工作在某些县域处于放任不管的状态。2009 年，厅律管处专门进行过统计，全省 84 个县(市、区)司法局设有律师管理机构(绝大多数同时管理公证、司法鉴定工作)，60 个县(市、区)司法局没有管理机构。但从这次调研的情况看，滨州市 6 县 1 区只有 2 个县设有法律服务管理机构。

三是县域司法行政工作人员由于更换频繁等原因，业务能力和专业素质不能适应工作需要，特别是对律师的管理不愿管、不敢管、不会管的问题比较突出，2011 年，厅律管处受理的投诉案件中，县域占了 70%。部分县级法律援助机构存在重办案、轻管理的现象，管理、监督与指导不太有力，援助质量参差不齐。

四是由于司法行政工作层级较多，加之信息化建设相对薄弱，中央和省里的重要文件精神、上级部门的重要决策部署和声音难以及时有效地传递到基层，致使上级部门工作部署在基层存在“肠梗阻”现象，无法得到有效落实。

五是受各种条件的制约，县域律师事务所、公证处普遍弱小，人才短缺、流失现象严重。县域公证员队伍量少质弱,目前全省尚有“二人处”13个,大部分没有一名全日制本科毕业的公证员,并且机制不活,缺少工作活力。在全省律师数量近三年年均增长15.9%的情况下,县域律师数量却增长缓慢,且综合实力、业务创新能力不够,不能适应县域经济发展对新兴、中高端法律服务的需求。

六是部分县域司法行政工作缺少章法,没有形成一套有效的工作运行机制,工作开展不得力,严重影响职能作用发挥。

针对调研发现的问题,结合本人学习思考和工作实践,对于破解这些难题有六点粗浅的思考:

一、澄清县域司法局领导班子成员对司法行政工作的模糊认识

正确理解司法行政工作的地位和作用,准确把握司法行政工作的职能和特点,是做好司法行政工作的前提和基础,特别是对于县域司法行政工作来说,局领导班子成员的思想认识、精神面貌和主观努力,对事业的发展起着至关重要的作用。目前,治国理政方式正在逐步改变,从重打击、强调专政到强调社会管理、公共服务、慎用警力等等。而司法行政的许多职能最大限度地吸收了传统文化的精髓,管理手段和工作方式容易被人民群众所接受。相对于公检法机关,司法行政许多工作都具有窗口式服务特点,直接面向广大人民群众,把法律、政策、思想工作融为一体,注重预防、教育、感化、救助,软手段多,工作方式适合中国的国情和民情。

上述职能特点决定了司法行政工作成长性强,服务领域广,发展空间大。就司法行政工作来说,心有多大,舞台就有多大。实践证明,在当前干群矛盾比较紧张,轻易使用“硬手段”易导致大规模群体事件的背景下,司法行政的“软”手段大有用武之地。因此,县域司法局领导特别是“一把手”要提高认识,辩证地认识把握司法行政工作的职能和特点,自己要把自己当回事儿,自己要认可自己所从事的事业,真正把工作装在心中,以对事业高度负责的态度、昂扬向上的精神状态和积极作为的工作作风,开拓创新,真抓实干,想方设法把这一事业做成做好。只有这样,看问题才有新视角,做工作才有新思路,抓落实才有新举措,基层司法行政工作才会取得新成效。

二、积极构建新型县域司法行政工作管理体系

在县域司法局行政编制短时间内增加比较困难的前提下，构建新型县域司法行政工作管理体系，一靠解放思想，二靠优化职权配置，三靠科技支撑。

一是要解放思想，强化、优化司法行政管理。转变政府职能，塑造“有限政府”，是现代国家治理的必然选择。“有限政府”强调政府的宏观调控和社会的自我治理，尊重市场发展的客观规律，对政府不该管、管不了的不再干预，对政府应该管的进一步加强。根据政府职能转变的要求和“管办分离”的原则，县域司法局要改革目前部分县域仍有行政人员“办”公证处和国资律师事务所的现状，将腾出的有限行政编制充实到局机关，解决机关实际在岗干活人员不足的问题。要将有限的精力放在进一步优化、改善对法律服务的行政管理上，重点做好指导、监管和服务三个方面的工作。对于财政不再注资，能够自我生存的国资所，要大胆放手，实现改制。公证处也要认真贯彻《公证法》要求，按照中央、省委关于事业单位分类改革的精神，深化县域公证处体制机制改革，积极稳妥地推进县域公证机构行政改事业和事业向社会公益类的转变，进一步落实公证处独立法人地位，科学处理局处关系，解决“管办不分”的问题。县（市、区）法律援助机构要把管理、指导、监督工作放在履行职责的优先位置，改变办案重于管理的传统模式，摆脱以办案来淡化和取代管理的错误做法，有步骤地扩大指派办案，减少自身承办案件。

二是要改革创新，科学合理配置职权。适应司法行政机关新职能、新任务的要求，科学、合理配置县域司法局的职权，重新设置内设机构。按照《律师法》《公证法》确定的管理职责和中办发[2010]30 号文件、鲁办发[2011]14 号文件的有关要求，考虑到县域行政编制的实际困难，在县域司法局至少要设立法律服务管理科，“统管”县域律师、公证、司法鉴定等工作，切实做到“事有人做、责有人负”。在律师人数较多的县域（滨州市滨城区律师人数已达 61 人），应设立律师管理科。同时，通过在县域设立市律师协会分会或工作站，切实加强对县域律师的行业管理与服务工作，弥补县域行政管理力量的不足。调研中滨州市司法局建议由省厅统一制定县域司法局内设机构的指导性意见或范本，便于全省县域司法局的机构设置大致相似，不至于相差太大，有一定的参考价值。

三是要增强科技意识，大力加强信息化建设。高度重视信息化网络新技术

的运用,加快信息化建设步伐,使上级的声音、部署及时传达贯彻到基层,确保政令畅通。根据省司法厅关于信息化建设的总要求,大力推进律师、公证、法律援助等业务的信息化平台建设,尽快实现执业信息网上录入、执业许可网上审批、执业流程网上管理、执业活动网上监督、执业质量网上考核,利用信息化手段改进管理、提高效率、完善服务。目前,全省公证管理网络平台已经成功搭建,律师、法律援助、司法鉴定等法律服务机构都可以利用这一平台,实现资源共享,提升信息化管理水平。

三、做实、做强县域法律服务机构

法律服务是司法行政工作中一项面向群众、面向基层,为老百姓提供法律帮助和服务的重要工作。县域法律服务机构对于县域司法行政工作的强弱、地位作用更为突出。一个强有力的司法局,配上一批综合实力强的法律服务机构,可以使县域司法行政工作互为犄角,相得益彰;反之,县域司法行政工作就没有载体和支撑,将成为空中楼阁。

以法律援助工作为例,司法部提出要做大做强做优法律援助工作,对此我有一个认识深化的过程。直至 2012 年 4 月份参加完扬州推进会后,我才充分理解、高度认可。法律援助对于县域司法局来说,地位特殊,因为它是司法行政工作直接服务群众、为百姓办实事的平台和窗口,涉及群众切身利益,契合党委政府改善和保障民生的工作重心,能够引起党委政府的关注,舆论媒体的聚焦。做大做强做优法律援助的过程,也就是宣传司法行政工作、提升司法行政地位的过程。因此,县域司法局要充分利用好法律援助这块“金字招牌”,进一步提高法律援助办案数量,逐步扩大援助覆盖面,将门槛降得更低一些,窗口开得更大一些,让更多困难群众从中受益。要完善法律援助便民服务长效机制,以开展“法律援助为民服务创先争优年”活动为抓手,建设一批设施齐全、服务便民、运行规范、群众满意的法律援助便民服务示范服务窗口,实现场所便民、服务便民,让群众享受便捷高效的法律援助。同时,要进一步强化对法律援助服务质量的监督,大力实施“质量规范百千万工程”,确保办案质量,真正把法律援助工作做到老百姓心坎上。

县域公证处是许多县域司法局的“钱袋子”。调研发现,公证资金的返还对于保障县域司法行政工作正常运转十分重要。因此,要引导县域公证处紧紧围绕经济社会发展，努力拓展证源，特别是要积极开拓适应县域发展特点的新特优公证业务，提升金融、经济类公证业务比重，确保县域公证处办证总件数和业务收费数超过10%的目标。要积极探索、稳步推进县域事业体制公证处收入分配制度改革，按照“大保障，小激励，保质量，促发展”的思路，建立科学规范的绩效工资制度或奖励工资机制，激发公证员内在积极性，为县域公证注入生机活力。要全面加强公证公信力建设，深入开展“零错证、零投诉、零上访”活动，细化流程管理监控，确保办证质量，提高公证的社会认可度和公信力，营造良好的公证执业环境。

律师工作，要在拓展和规范上下功夫。要通过争取优惠政策、优化执业环境、搭建服务平台、合理设计载体、推动参政议政等方式，引导律师事务所、律师紧跟当地党委政府决策部署，拓展服务领域，拓宽服务市场，彰显律师服务经济发展、保障改善民生、维护社会稳定、实现公平正义的职能作用。要进一步增强律师队伍是司法行政“三支队伍”之一的理念认同、工作认同和感情认同，在政治上、工作上、生活上关心律师队伍的成长，寓管理于服务之中，增强律师对司法行政系统的“认同感”和“归属感”。要开展好结对帮扶活动，对县域律师事务所的经营管理、业务拓展、人员培训、办公软硬件建设提供全面帮助支持。

四、大力加强县域司法行政队伍建设

为政之要，唯在得人。加强县域司法行政工作，一定数量和具有较高素质的队伍是根本、是保障。

对司法所来说，要突出抓好编制、人员落实两个关键，配齐配强工作力量。司法所是司法行政的“前沿阵地”，是整个司法行政工作的基石。“上面千条线，下面一根针。”上级司法行政机关的各项工作部署和任务，最终大多要由司法所去实施、去落实。司法所工作不得力，司法行政绝大多数职能就不能真正落到实处、取得实效，甚至会出现“热在上头，冷在下头”的情况。因此，要坚持把司法所建设作为重中之重，摆在突出位置抓紧抓好。在目前司法所管理体制已基本理顺的大好形势下，要积极争取党委、政府的重视支持，加强协调与沟通，用好中央政法专项编制，积极争取地方编制，下大力气抓好司法所编制和人员的落实，充实加强司法所工作力量，确保基层司法行政工作有人管、有人抓。同时，要按照司法部提出的“五化”要求，实施新一轮司法所规范化建设，推动司法所建设和管理向更高层次迈进。

对司法行政公务员队伍来说,要解决以下两个问题:一是大力加强对县域司法行政公务员队伍特别是领导班子成员的培训,强化角色认知,澄清模糊认识,突出业务工作培训,培养一批业务工作的行家里手。要尽快依托山东司法警官职业学院构筑干部培训的长效机制,改变"零打碎敲"和"东一棒槌,西一榔头"的现状。二是编写司法行政工作应知应会简明知识读本,并将之作为司法行政培训的教材,做到一本在手,就能掌握司法行政基本管理技能,确保无论人员如何变更,工作管理都不断档。

对律师队伍来说,要解决县域律师增长缓慢、人才流失问题:一是大市局、县局要在搞好服务上多下功夫,用事业留人。特别是要认真贯彻落实中办发[2010]30 号文件和鲁办发[2011]14 号文件,用足、用好政策精神。通过保证执业权利,搭建平台,落实财税、劳动用工、社会保障等一系列政策措施,为县域律师发展改善执业环境,创造干事创业和拴心留人的良好条件。二是省司法厅、省律协要继续加大对县域律师的培训力度,今后县域律师参加省律协培训免收培训费。在注重业务培训的同时,强化职业道德、执业纪律培训,积极构建律师思想政治教育培训体系。

对公证员队伍来说,要切实解决县域公证员短缺,特别是"二人处"问题:一是充分利用考核任职的政策,只要符合最低任职标准,就要积极协调争取司法部律公司,考核授予公证员资格。同时,要研究制定有效的奖励政策和留住人才、稳定队伍的有效措施,吸引通过国家司法考试人员加入公证员队伍,优化公证队伍的年龄结构和文化结构,保持公证队伍的数量、质量与公证业务同步提高、同步增长。二是继续大力实施"素质强处"计划,提高公证员队伍职业化程度,具有中高级职称的公证员要达到 50%以上。充分发挥公证讲师团的作用,针对县域公证建设和业务发展的实际需要,积极开展公证业务培训,年内实现县域公证人员全部轮训一遍的学习目标。三是以公证联网为新起点,大力提升公证信息化水平,以信息化带动标准化,县域电子办证率达 95%以上,用"电脑"补充"人脑",为县域公证可持续发展提供科技支撑。

对法律援助队伍来说,要以实施司法部《办理法律援助案件程序规定》为契机,开展全员培训、轮训,重点加强对法律援助机构主任和业务骨干应知应会管理知识、技能的培训,努力培养一批法律援助管理工作的有心人、明白人。同时,要注重加强对法律援助联络站、受理点工作人员以及注册志愿者的培训,使他们熟练掌握法律援助基本技能,适应工作需要。

五、建立行之有效的工作机制

县域工作有自己的规律和特点。将实践中一些行之有效的工作方式、方法固化为长效工作运行机制，对于加强县域司法行政工作意义重大。本人初步考虑，至少要建立以下六项制度：

一是协调联动机制。注重司法行政各项职能之间的内在关联，整合优化系统资源，做到优势互补，最大限度地发挥资源整体效用，形成工作的最大合力。去年以来，公证法律援助、资深律师法律援助行动等工作的开展，取得了多赢的社会效果。2012 年将推动法律援助与司法鉴定的有效衔接，并逐步建立健全法律援助与"12348"的紧密联系机制，实现信息共享，工作互动，为加强县域司法行政工作提供平台与载体。就整体工作而言，建设司法行政法律服务中心，搭建融法制宣传、律师、公证、司法鉴定、人民调解、法律援助等职能为一体，直面群众的"一站式"法律服务窗口，可以作为司法行政职能整合的路径选择。

二是定期汇报机制。"你不找领导，领导不找你。"县域司法局领导班子特别是"一把手"，要积极创造条件，定期经常性地向党委、政府及分管领导汇报工作。及时主动地将司法行政工作动态、阶段性工作报送有关领导和有关部门，以便主要领导和分管领导及时了解司法行政机关在干什么，干了些什么，努力让司法行政工作进入党政领导的视线，纳入党委、政府的总体工作部署。特别是对工作中存在的困难和问题，主要负责同志要多向党政领导汇报，多与有关部门沟通，努力争取有利于司法行政工作发展的政策。要积极争取并利用好人大、政协视察、检查、调研司法行政工作情况的有利时机，借势借力推动工作发展。

三是重大法律服务信息舆情分析报送机制。充分发挥司法行政工作贴近基层、贴近群众的特点和优势，通过整合"12348"、人民调解、法律援助等各种信息反映渠道。注重收集整理可能引发群体性事件或大规模上访事件的矛盾纠纷信息，及时上报，构筑向党委政府反映社情民意的综合平台，为各级党委政府掌控社会矛盾动态提供有益参考。

四是载体设计常态机制。要始终紧紧围绕中心、服务大局，把司法行政工作放到当地党委政府大局中来谋划、来推进。抓住切入点，找准着力点，精心研究和设计各种行之有效的工作载体，力争把县域司法局建成能办事、会办事的政府职能部门，切实当好党委政府的法律参谋和助手。以作为谋地位，用实际行动去赢得党委、政府的重视、信任和支持。如参与涉法信访、法律顾问全覆盖、“律师会客厅”等载体的设计和合理运用，为司法行政作用的发挥提供了依托和支撑，成为党政领导和人民群众了解、认识司法行政工作的一个重要窗口。

五是平台设计常态机制。以各种有效形式为法律服务人员服务搭建平台，组织指导法律服务人员以为重点项目、重大工程服务为切入点、突破口，真正介入到经济社会的重点领域。注意总结各地经验做法，合理确定载体，畅通服务渠道，引导法律服务队伍向经济社会发展最需要的地方拓展业务领域，为城乡群众提供均等化法律服务，努力满足基层群众的法律需求。

六是宣传工作长效机制。基层司法行政工作不被重视，地位不高，很大一部分原因在于我们自己宣传不够，导致党委、政府和群众对基层司法行政机关的职能作用和地位不十分了解。要进一步增强宣传意识，建立与新闻媒体的固定联系制度，对司法行政开展的重要工作、重大活动，办理的重大案件、典型案件，涌现出的先进个人、优秀单位，及时宣传、推广。要充分借助互联网、微博等新兴手段，构筑与群众的交流平台，拓宽联系群众、服务群众的渠道，使司法行政工作始终处于党政领导、有关部门和广大群众的视线之内，以引起重视、得到肯定、争取支持，为加快司法行政工作的改革发展创造条件。

六、大力加强省厅处室建设和市级司法行政机关建设

“上下同，事业兴。”加强县域司法行政工作，离不开上级司法行政机关的支持、指导。省厅处室和大市局在司法行政工作格局中发挥着承上启下、整合力量、抓好落实的纽带作用。机关处室建设，处长是关键，处长强则处室强。抓好以处长为核心的处室建设，才能加强对县域工作的指导、监督和典型培养，把各项业务工作带起来。因此，要大力加强机关处长队伍和大市局局长队伍的思想建设、能力建设、作风建设、制度建设和廉政建设，不断提高处长、局长的组织计划、协调控制等领导工作能力。通过发挥处长、局长的表率带头作用，建设一支能适应新形势新任务要求的省市两级司法行政机关干部队伍。切实转变工作作风，心往基层想、劲往基层使、财往基层投，经过两三年的努力，厅党委提出的加强县域司法行政工作的总体目标一定能够实现！

（本文节选自2012年6月25日在省司法厅党委务虚会上的发言提纲）

发挥司法行政职能作用
依法维护妇女合法权益

多年来，全省各级司法行政机关认真贯彻落实党和国家关于保护妇女权益的方针政策，充分发挥法制宣传、法律服务和法律保障职能作用，切实维护好广大妇女的合法权益，取得了一定成效。

一、强化法制宣传教育和矛盾纠纷排查调处，营造有利于妇女生产生活的良好法治环境

认真实施“五五”普法规划，把《妇女权益保障法》《婚姻法》《人口与计划生育条例》等保护妇女权益方面的法律法规纳入法制宣传教育工作的重要内容，深入开展法律“进机关”“进企业”“进社区”“进学校”“进农村”等活动，广泛运用黑板报、宣传画、法制讲座、法制文艺等形式和载体，对妇女权益保障方面的法律法规进行全方位、多层次的宣传。积极开展“送法入户”“送法下乡”等活动，组织普法宣讲员深入社区、农村，宣传妇女权益保障法的相关知识，为妇女提供法制宣传、法律咨询和法律服务。与妇儿工委办公室、妇联等部门协调配合，联合举办法制宣传月、法律知识竞赛、专题座谈会等系列活动，有效提高了广大妇女依法维权意识。大力推广莱芜市“法德结合，文明理家”和枣庄市“两个一”工程经验，为农村培养法律大专生村干部和法律明白人，推动农村妇女学法用法。充分发挥人民调解组织贴近基层、贴近群众的优势，认真做好涉及妇女权益的矛盾纠纷排查化解工作，做到早发现、早控制、早解决。依托妇联成立专门化解涉及妇女矛盾纠纷的行业调解委员会，吸收了具有法律知识、热心群众工作的妇女同志参加，许多地方成立了全部由妇女同志参加的调解队伍。在调处矛盾纠纷中，坚持把维护妇女合法权益放在优先位置考虑，做到情、理、法有机结合，

确保高效率、高质量地调处化解。2012年以来,全省各级调解组织共调处婚姻家庭、计划生育、邻里等涉及妇女的矛盾纠纷22万余件,成功率达到96%以上。

二、强化法律援助和法律服务,全力维护妇女合法权益

认真贯彻《山东省法律援助条例》,积极推动政府责任落实,适应我省妇女维权工作需要,在认真执行国务院《法律援助条例》规定的同时,将贫困妇女因遭受家庭暴力、虐待、遗弃受到损害要求赔偿或者补偿的案件纳入法律援助范围;充分利用福利彩票法律援助项目,对不符合条件而又确实需要援助的妇女维权案件,适当放宽经济困难标准,降低法律援助门槛,努力做到应援尽援。以争创“优秀妇女维权岗”为载体,推行便民服务措施,努力为广大妇女提供便捷优质的法律服务。健全妇女维权工作网络,依托部分律师事务所,建立山东省婚姻家庭咨询服务中心法律服务站;依托司法所建立法律援助工作站1817个,在所有行政村设立法律援助联络点,使每一位需要法律援助的妇女都能及时就近申请法律援助;依托各级妇联成立妇女法律援助联络室149个,对外统一挂牌,选配了一批懂法律、熟悉业务的专兼职工作人员,负责解答法律咨询,办理简易涉法事项,对符合援助条件的诉讼案件,直接转交法律援助机构办理;筛选300家律师事务所作为“法律援助案件受理点”,畅通了贫弱妇女申请法律援助的渠道。积极开展“法律援助便民服务”主题活动,向妇女及弱势群体发放法律援助绿卡,持卡妇女可以凭卡直接免费获得法律援助;对妇女维权法律援助案件,实行优先接待、优先审查、优先受理的“三优服务”;对于年老体弱、行动不便的求援妇女,提供上门服务。简化妇女维权法律援助案件受理审查程序,对于持有城市居民最低生活保障证等证明材料的女性当事人,免予经济困难审查,直接提供法律援助。加强与各地妇联的沟通、联络,互相交流工作信息,定期通报相关法律援助工作情况,研究部署妇女法律援助政策和措施,协调办理重大疑难复杂案件。2012年以来,全省共办理各类妇女法律援助案件8000余件,为1.2万余名妇女群众讨回了公道,主持了正义。

三、强化监管改造,努力提高女性罪犯劳教人员的教育挽救质量

据统计,截至2012年11月底,在押女犯占罪犯总数的3.6%,同比去年增

长 9.3%；在教女性劳教人员 626 人，占总数的 11.5%，同比去年减少 26.9%。工作中，针对女性罪犯劳教人员的特点，创新教育管理模式，提高教育挽救质量，依法维护她们的合法权益。科学调剂狱所内伙食，每年组织健康查体，建立健康档案；对遭受亲人疏离的罪犯劳教人员，采取电话劝说、书信联络甚至上门疏通的方式，化解其与家人之间的亲情坚冰。开展“亲子课堂”教育，允许女性罪犯劳教人员与其未成年子女面对面接触，消除隔阂，树立她们对生活的信心。加强教育改造工作，成立心理矫治室，对其进行心理测试、评定，有针对性地进行心理疏导、矫治，缓解她们的心理压力；开展“红嫂精神伴我行”“走进阅读、走进新生”等系列活动，将中华传统美德、社会主义荣辱观教育引入狱所，增强女性罪犯劳教人员的道德素质；开展“希望教育”“尊重教育”“女性教育”等特色教育，引导女性罪犯劳教人员自尊、自爱、自立、自强。立足于提高女性罪犯劳教人员刑释解教后就业技能，开设了美容、美发、缝纫、裁剪、烹饪、养殖、种植等培训班，使其在刑释解教前能够掌握 1～2 门实用技能，并与劳动和社会保障部门联系，对其进行职业技术培训和资格认证；举办狱所内就业推介会，很多女性罪犯劳教人员提前与企业签订了用工意向，刑释解教后顺利应聘到企业工作。积极开展法律援助进狱所活动，在狱所内成立法律援助接待室或联络站，为女性罪犯劳教人员提供法制宣传、法律咨询、诉讼代理等服务，帮助其解决婚姻、继承等涉法问题，解除其后顾之忧。

2011 年，我们将按照上级部署要求，立足职能，发挥优势，更加积极主动地做好妇女维权工作，为维护社会公平正义与和谐稳定做出应有贡献。一是进一步加大法制宣传教育力度，不断提高广大妇女的法律意识和维权能力。将保护妇女权益方面的法律法规纳入“六五”普法规划和年度计划，作为重点宣传普及内容，持之以恒地做好宣传工作。二是积极配合妇联等相关部门，进一步完善妇女维权工作网络，做好涉及妇女权益的矛盾纠纷调处和法律援助等工作，构建妇女维权长效工作机制。三是继续做好女性罪犯劳教人员合法权益维护工作，促进其积极改造，早日回归社会。

（本文节选自 2010 年 12 月 23 日在省综治委维护妇女权益领导小组第五次会议上的发言提纲）

夯实基层基础　服务和谐发展

围绕山东省司法厅"一号文件"落实，将工作重心和更多财力、物力、精力向基层倾斜，更加注重对律师、公证、法律援助三支队伍特别是律师队伍的政治引领和党组织建设，引导和推动三项工作在围绕中心、服务大局中创先争优，彰显作用。

一、围绕服务发展第一要务，在推动科学发展中建功立业

紧紧围绕省委、省政府在领导干部会议上的经济工作部署，深入研究服务"千方百计稳增长，坚定不移调结构，加大力度强两区"的工作措施，构建专业化的法律服务团队，积极开展专项法律服务，促进经济平稳较快发展。

一是细化落实《关于律师服务中小企业发展的意见》，找准律师为广大中小企业应对金融危机、促进创新发展服务的新领域，为中小企业健康发展提供全方位法律服务。

二是密切关注中日韩年内启动的自贸区谈判。温家宝总理提出将山东作为中日韩地方经济合作示范区，6 月初，省政府召开专题会议进行了研究，下一步我们将组织相关专业律师特别是青岛等地的律师提前研究可能涉及的法律服务问题，对如何做好法律服务工作制定意见措施。

三是围绕"打造蓝黄两区发展新亮点"，发挥好"蓝""黄"律师服务团的作用，在具体项目、具体工程中深入进去，取得实实在在的进展、成效。

四是搭建律师服务企业发展的新平台。与省国资委联合出台有关文件，就律师为国有企业改制、重组、投融资、"走出去"等提供法律服务提出具体意见措施；与省法院沟通协调，进一步充实完善企业破产管理人名册，力争增加总量，

提高质量。

五是做好以境外投资、并购为主要内容的涉外高端业务培训和指导律师拓展知识产权业务。应对国际贸易摩擦高端法律服务第二期培训班，突出境外投资、并购这一重点。同时，加强知识产权高端业务培训，组织实施好“百名知识产权保护高端法律服务人才培训工程”，制定知识产权业务规范，引导律师为知识产权的创造、管理、使用、保护提供全过程法律服务。

二、围绕落实维稳首要责任，在维护社会和谐稳定中彰显作用

为党的十八大的胜利召开创造和谐稳定的社会环境，是司法行政工作第一位的任务。当前，要把确保十八大以前律师队伍稳定、政治上不出问题，作为一重大政治任务抓紧抓好。这是对律师管理者和律师管理工作的第一要求，也是律师管理工作不能突破的底线。

一是近期举办全省三级律管干部培训班，对十八大期间律师工作作出明确部署，进一步加强对律师队伍和律师执业活动的管理。这个班已于本月 22～24 日在淄博市举办，并取得了预期的效果。

二是认真落实省厅《关于律师事务所办理重大法律事务的监督指导意见》和《新形势下重大事项和法律事务应急处置规程》等规定，严格执行报告与备案制度，认真做好对律师参与处理重大、敏感、群体性法律事务的指导协调工作。

三是加强对重点人员的管束，高度重视对网络舆情的研判，密切关注互联网等媒体关于律师工作的报道动向和舆论反应，密切关注涉日维稳工作，确保管理机关耳聪目明，及时、准确掌握和处置有关重大信息和重要情况，防止律师通过网络炒作而形成重大事件。

四是注意处理好律师行业内部的一些敏感事务，积极稳妥地推动烟台、潍坊、济宁三市完成协会换届工作，确保工作顺利、圆满。

五是充分发挥法律服务和法律援助工作在党和政府主导的维护群众权益机制中的作用，深入推广法律顾问全覆盖、律师会客厅、律师社区工作室等经验，探索、落实政府购买和财政保障的方式途径。深化律师参与涉法信访、人民调解、群体性事件处置等工作，引导群众依法、理性表达诉求，促进矛盾纠纷妥善解决。

六是建立律师、公证、法律援助参与社区矫正、安置帮教、普法依法治理等工作的常态机制，整合优化系统资源，形成工作的最大合力。

七是积极开展在律师协会建立行业调解组织，在各大市进行设立律师调解中心试点工作，进一步完善律师参与构建多元化矛盾纠纷解决机制。

八是积极开展法律援助参与省检察院信访工作试点，探索并建立驻检律师值班制度，搭建检察官、法律援助律师服务群众的工作平台，构筑律师与检察官的良性互动机制。

三、围绕民生问题解决，在服务人民群众中大显身手

一是加大与省政府法制办协调力度，加快经济困难标准调整工作，力争把“最低生活保障标准的两倍”作为调整经济困难标准的指导性意见，将更多的群众纳入法律援助保障体系。

二是加强与公检法部门的协调联系，尽快出台加强刑事法律援助工作的指导性文件，开展在公安看守所、法院立案庭设立法律援助联系点试点工作，进一步扩大刑事法律援助案件覆盖面。

三是在继续推动深化公证纳入法律援助体系工作的同时，落实《山东省司法鉴定条例》规定，出台《山东省司法鉴定援助实施办法》，保障贫弱和特殊群体的公民获得必要的司法鉴定服务。

四是建立法律援助与“12348”法律服务热线的密切联系机制，实现信息共享，工作互动。

五是开展专项法律援助活动。发挥妇女维权法律服务团、残疾人法律救助工作站、农民工维权站等维权力量的作用，推出专项服务措施，做好农民工、下岗失业人员、残疾人、妇女等重点人群法律援助工作，帮助他们依法解决切身利益问题。

四、围绕加强县域司法行政工作，做实、做强县域法律服务机构

一是进一步抓好中办发[2010]30 号和鲁办发[2011]14 号文件精神在基层的落实，用足、用好政策措施，通过保障执业权利，搭建平台，落实财税、劳动用工、社会保障等一系列政策措施，为县域律师发展改善执业环境，创造干事创业和拴心留人的良好条件。

二是开展好“双百”律师事务所结对帮扶活动，对县域律师事务所的经营管

理、业务拓展、人员培训、办公软硬件建设提供帮助、支持。

三是继续加大对县域律师的培训力度。县域律师参加省律协培训免收培训费。

四是引导县域公证处努力拓展证源，特别是要积极开拓适合县域发展特点的新特优公证业务，提升金融、经济类公证业务比重，确保县域公证处办证总件数和业务收费数超过10％的目标。

五是积极探索、稳步推进县域事业体制公证处收入分配制度改革，按照“大保障，小激励，保质量，促发展”的思路，引导建立科学规范的绩效工资制度或奖励工资机制，激发公证员积极性，为县域公证注入生机与活力。

六是做大做强做优法律援助工作，以开展“法律援助为民服务创先争优年”活动为抓手，建设一批设施齐全、服务便民、运行规范、群众满意的法律援助便民服务示范服务窗口，实现场所便民、服务便民，完善法律援助便民服务长效机制，让群众享受便捷高效的法律援助。

五、围绕保证方向、提升素质，大力加强队伍建设和党建工作

一是加强对律师队伍的政治引领，继续推动律师队伍开展好“三项活动”（创先争优、核心价值观、社会实践），增进律师对中国特色社会主义的感情认同、理论认同、政治认同、道路认同。推动好律师参政议政工作，特别要做好下半年推荐优秀律师担任省人大代表、省政协委员的工作。

二是做好发展新党员工作，继续推动新形势下律师事务所党组织活动创新，围绕“强组织，增活力，创先争优迎十八大”主题，着力提高律师事务所党组织建设水平。

三是对公证员队伍来说，要充分利用考核任职等政策，研究制定有效的奖励政策和留住人才、稳定队伍的有效措施，切实解决县域公证员短缺，特别是“二人处”问题。同时，大力实施“素质强处”计划，提高公证员队伍职业化程度，具有中高级职称的公证员要达到50％以上。

四是法律援助队伍要把开展“法律援助为民服务创先争优年”活动与锻炼队伍结合起来，以实施司法部《办理法律援助案件程序规定》为契机，开展全员培训、轮训，重点加强对法律援助机构主任和业务骨干应知应会管理知识、技能的培训，努力培养一批法律援助管理工作的有心人、明白人。

六、围绕工作体制机制创新,进一步完善管理工作体系

一是深入推进“两结合”管理体制改革,在优化行政管理的同时,切实加强包括理事会、监事会、秘书处在内的协会自身建设,探索适合行业特点、有别于行政的管理模式,不断提高协会规范化管理、精细化管理水平,树立管理权威。

二是落实好《省、市、县三级司法行政机关律师管理职责的规定》,配齐、配强管理干部,办好省律协党委成员、全体理事在省委党校的培训班,不断提高管理素质、管理水平。

三是做好中办发[2010]30号和鲁办发[2011]14号文件提出的各项扶持保障政策的落实工作,推动工作再上新台阶、新水平。依托山东司法警官职业学院成立山东律师学院,推动律师思想政治教育培训体系制度化、常态化。积极构建律师与政法人员互动交流机制,争取选派部分优秀律师党员到经济欠发达县(市、区)的政法机关挂职锻炼。

四是充分利用全省公证管理网络,大力推进律师、公证、法律援助等业务的信息化平台建设,尽快实现执业信息网上录入、执业许可网上审批、执业流程网上管理、执业活动网上监督、执业质量网上考核,利用信息化手段改进管理、提高效率、完善服务。

五是大力推进以质量为核心的公证质量评估考核监管体系建设,完善公证质检制度,开展公证质量专项检查,深入开展争创“零错证、零投诉、零上访”公证员活动,努力杜绝假证、减少错证,最大限度地降低瑕疵率。

六是推动各市、县(市、区)法律援助机构实现工作转型,进一步强化管理职能,把管理、指导、监督工作放在履行职责的优先位置,改变办案重于管理的传统模式,摆脱以办案来淡化和取代管理的错误做法,有步骤地扩大指派办案,减少自身承办案件,保证管理工作全面落实。

七是根据社会管理综合治理职责职能的变化,积极协调省综治委,继续用好综治考核平台,修订《法律援助工作考核标准》,出台新的法律援助质量监督办法和便民服务示范窗口标准,大力实施“质量规范百千万工程”,开展法援经费使用检查、督导活动,确保经费正确使用,解决制约工作发展的瓶颈问题。

(本文节选自2012年8月29日在厅党委理论学习中心组读书会上的发言稿)

以十八届五中全会新的发展理念为引领 努力开创司法行政工作新局面

党的十八届五中全会通过的《中共中央关于制定国民经济和社会发展第十三个五年规划的建议》提出，实现“十三五”时期发展目标，破解发展难题，厚植发展优势，必须牢固树立创新、协调、绿色、开放、共享的发展理念。这集中反映了我们党对经济社会发展规律认识的深化，是一次重大的理论创新，为今后的发展指明了方向。通过参加这次省委组织部举办的专题培训班，认真聆听了领导专家对十八届五中全会精神的解读，特别是张江汀书记的重要讲话，从贯彻落实十八届五中全会的高度，对全省政法工作提出了新的要求，是新时期山东政法工作的根本遵循，对于做好司法行政工作具有重要的指导意义。通过学习，主要有四点收获：一是对十八届五中全会确定的新理念新部署新要求有了系统思考和总体把握；二是明白了中央提出的新理念新部署新要求的背景、原理和内涵及精神灵魂；三是提高了思想认识，坚定了全面建成小康社会及做好工作的信心；四是找准了工作结合点，为下一步理清思路、加快发展奠定了基础。下面，就贯彻落实张书记讲话精神，结合司法行政工作实际，谈几点认识和体会。

一、创新发展理念，在提升境界上下功夫

思想是行动的先导，思想解放的程度决定事业发展的高度。近年来，我们牢固树立平安和谐发展的理念，按照“突出重点，增加亮点，多干实事”的总要求，真抓实干、改革创新，各项工作实现了新的发展。下一步，要以“五大发展理

念”为引领,进一步解放思想、更新观念,为“走在全国前列”提供有力保障。

一要用先进的理念提升发展标杆。以习近平总书记视察山东重要讲话和重要批示精神为指引,省委、省政府提出了“一个定位、三个提升”的总体思路,指明了新常态下推动工作发展的路径。司法行政工作要在“走在全国前列”上实现新突破,首先要“跳出山东看山东”“跳出司法看司法”,从全国视野审视自身工作,从改革大局谋划事业发展,正视问题、补齐短板,攀高比强、勇立潮头,在更高起点上实现更高质量、更高水平的发展。

二要用统筹的理念谋划全局工作。近年来,在厅党委的正确领导下,通过加压鼓劲、全面发力,司法行政工作打造了一批亮点品牌,促进了整体工作跨越发展。但是工作发展不平衡问题仍然比较突出,已成为制约司法行政整体工作发展的“短板”。树立统筹理念,就是要以大局意识、系统思维、整体合力推进工作。近期,省司法厅编制了《全省司法行政工作“十三五”时期发展规划》,提出了“平衡发展、内涵发展、创新发展”的理念,重点在补齐短板中实现平衡发展,在增强实效中实现内涵发展,在提档升级中实现创新发展,从体制机制上夯实发展根基。

三要用创新的理念增加发展优势。创新居于“五大发展理念”之首,是引领事业发展的第一动力。习近平总书记强调,唯改革者进,唯创新者强,唯改革创新者胜。对任何一项事业,抓创新就是抓发展,谋创新就是谋未来,不创新就要落后,创新慢了也要落后。我们要把创新摆在重要位置,加强理论创新、实践创新,坚持问题导向,转变发展方式,将创新的理念贯穿到各项工作中,将其内化为新思路、转化为新举措。

二、增强大局意识,在服务发展上下功夫

发展是我们党执政兴国的第一要务,是实现“两个一百年”奋斗目标和中华民族伟大复兴的中国梦的重要基础。司法行政机关承担着普法宣传、律师、公证、司法鉴定、基层法律服务、法律援助等法律服务职能,上接全面依法治国战略,下连百姓民生福祉,在服务经济社会发展中发挥着重要作用。要紧紧围绕党委、政府中心工作,积极搭建平台、整合资源,着力为法治建设、经济发展、民生保障等提供专业化的法律服务。

一要为法治山东建设搞好服务。司法行政机关作为法治建设的重要承担

者，在以法治为主导的社会治理体系和治理能力现代化过程中扮演着越来越重要的角色。要深入学习贯彻党的十八届四中全会精神，立足实际、发挥优势，找准结合点、切入点，全力做好司法行政服务法治建设各项工作。认真实施《法治山东建设纲要》，制定“七五”普法依法治理规划。抓住领导干部这个“关键少数”，落实国家机关“谁执法谁普法”普法责任制和国家工作人员学法用法制度。深入开展法治城市、法治县（市、区）、民主法治村（居）等创建活动，提升全省法治化水平。

二要为经济发展搞好服务。司法行政机关有着丰富的法律服务资源，在服务经济发展、调节经济关系、规范市场秩序中具有不可替代的作用。要发挥专业法律服务团的作用，积极为“一带一路”建设、城乡发展一体化、知识产权保护、环境治理和对外开放等提供全方位、多层次的法律服务。

三要为保障民生搞好服务。司法行政工作具有鲜明的群众性特征，在维护群众权益、服务保障民生方面发挥着重要作用。要认真贯彻省委、省政府《关于加快推进公共法律服务体系建设的意见》，进一步整合优化资源，推进法律顾问全覆盖工程，为城乡居民提供均等化、便民化的公共法律服务。落实好推进全方位公共法律服务体系建设三年规划，通过实施法律援助惠民、法律服务便民等“六大工程”，推动公共法律服务全方位覆盖、全民普惠享有。

三、树立底线思维，在维护稳定上下功夫

社会稳定是人民群众的热切期盼，是我们党治国理政的重要目标，也是各项事业发展的基本前提。司法行系统共有警察职工和法律服务工作者6.2万多人，管理着全省39个监狱、8个强制隔离戒毒所，在押罪犯、在所戒毒人员9万余人，另有社区服刑人员和安置帮教对象15万人，是维护社会稳定的重要力量。要把安全稳定作为第一责任，扛在肩上、落到实处。

一要持续抓好监所安全稳定工作。牢固树立安全首位意识，全省监狱系统已连续十二年未发生重大安全责任事故，戒毒所实现多年“零报警”，我省是全国监狱戒毒系统安全周期最长的省份。要居安思危，深化平安监所创建活动，加强执法规范化建设，提升教育改造质量，加快监狱布局调整和监狱煤矿退危工作。坚决杜绝重大监管和生产安全责任事故，确保监所持续安全稳定。

二要规范抓好社区矫正工作。社区矫正是刑罚执行的重要部分。目前，全

省在矫人员6.6万人,再犯罪率不到0.1%,是全国人数最多、再犯罪率最低的省份。下一步,要认真贯彻落实全国社区矫正教育管理工作会议精神和司法部等六部门《关于组织社会力量参与社区矫正工作的意见》,建立健全重点执法环节制度规范,做好社区矫正标准化试点工作,健全省、市、县三级工作机构,加大经费保障力度,促进各项工作依法规范开展。

三要创新抓好人民调解工作。人民调解是维护社会稳定的"第一道防线"。目前,全省共有调解组织9万个,每年调处化解各类矛盾纠纷40多万件。2015年,济南市成功化解"彩石山庄"群体维权纠纷,开创了人民调解化解重大群体性纠纷的先河,郭树清省长给予批示肯定。要适应新形势下矛盾纠纷特点和规律,突出抓好行业性、专业性人民调解组织建设,发展壮大专职调解员队伍,健全矛盾纠纷排查调处机制,提升化解效能。四要认真做好律师代理申诉工作。中央政法委孟建柱书记对我省"确定律师参加法院值班,健全完善律师代理申诉制度"的做法给予充分肯定,中央政法委召开现场会进行了总结推广。目前,确定了45家律师事务所和430名律师参加省和各市法院值班,要进一步健全完善这项制度,确保发挥作用。

四、坚持人才为先,在队伍建设上下功夫

事业发展,关键在班子队伍。司法行政系统队伍人员数量多,肩负任务特殊。实现走在全国前列目标,发挥司法行政在服务经济社会发展中的职能作用,必须建设好、管理好、使用好这支队伍。2015年,司法行政系统深入开展"三严三实"专题教育,坚持崇尚实干的用人导向,完善干部选拔交流机制,打破单位、系统和上下界限,在省直单位调整处级干部195名,班子队伍活力进一步激发。下一步,要以思想政治建设为统领,着力建好法律服务工作者和警察两支队伍。

一要加强思想政治建设。组织全系统深入学习贯彻党的十八届五中全会和省委十届十三次会议精神,深化社会主义核心价值观和法治理念教育,巩固扩大"三严三实"专题教育成果,坚定警察职工和法律服务工作者的理想信念。

二要加强法律服务工作者队伍建设。落实中央《关于完善国家统一法律职业资格制度的意见》,推进我省国家司法考试规范化制度化建设,培育和发展社会主义法治工作队伍,为全面推进依法治国提供人才保障。大力发展基层法律

服务工作者队伍，完善准入制度，落实相关待遇，强化执业监管。积极开展高端培训，培养一批高层次复合型法律服务人才。加强律师队伍管理，发挥律师党建旗帜作用，完善律师违法违规行为惩戒制度，提高律师管理水平。

三要加强警察队伍建设。以正规化、专业化、职业化建设为目标，用规范和标准管理警察队伍，减少执法的随意性。把推进履职能力建设作为中心任务，针对岗位、业务需要，从警察招录、培训、考核等方面下功夫，不断提升警察队伍的核心战斗力。加强职业保障，构建监狱戒毒系统人民警察执法权益保障和职业风险防范机制。积极争取政策，跟上公安改革步伐，保障警察权益，打造过硬队伍，为推动全省司法行政工作走在全国前列提供有力的组织保障。

（本文原载《山东政法》2016 年第 1 期）

强制隔离戒毒篇

全力推进我省强制隔离戒毒工作转型升级、提质增效

党的十八届四中全会首次以依法治国为主题，审议通过了关于法治的决定——《中共中央关于全面推进依法治国若干重大问题的决定》，这意味着法治春天的真正到来。该《决定》既是指导新形势下全面推进依法治国的纲领性文件，更是司法行政进一步发挥职能作用的行动指南。阅读、学习《决定》，几乎始终都能感受到与司法行政工作的密切关联。其中，推动全社会树立法治意识、建设完备的法律服务体系、健全依法维权和化解纠纷机制、加强法律服务队伍建设，是司法行政的主要职责；健全宪法实施和监督、加强重点领域立法、健全依法决策机制、加强人权司法保障、创新法治人才培养机制等内容，涉及法宣、社区矫正、法律顾问、法律援助、人民调解、司法考试等工作；推进严格司法、优化司法职权配置、建设高素质法治专门队伍，则涉及司法行政自身建设。这充分说明，在全面推进依法治国的伟大历史进程中，司法行政被历史性地推到了更加重要的地位，也面临着前所未有的发展机遇与挑战。

戒毒工作是司法行政的一项重要职能。2014 年 4 月，习近平总书记在听取司法部工作汇报后指示，“戒毒工作是新时期司法行政工作的重点之一”，要“不断提高戒毒工作水平”。7 月，吴爱英部长在全国司法行政戒毒工作会议上指出，“加强戒毒工作是推动司法行政工作改革发展、进一步提升戒毒工作水平的内在需要”。9 月，为贯彻《中共中央、国务院关于加强禁毒工作的意见》，中办、国办印发《贯彻落实〈意见〉重要政策措施分工方案》，共 69 项工作，其中 15 项由司法行政部门牵头或参与。司法行政戒毒系统作为承担这一职能的主体，必须紧紧抓住这一机遇，认真学习贯彻十八届四中全会精神，在服务司法行政工

作大局中，实现自身发展。在禁毒工作全局中，司法行政戒毒职能新但任务重、经验少但责任大。我自兼任戒毒局局长以来，通过与戒毒局(所)同志交流，尤其是通过这次调研活动，对全省戒毒工作有了初步了解，并就如何贯彻落实十八届四中全会精神、继续推动戒毒工作发展进行了思考。

一、近年来戒毒工作的开展情况

近年来，尤其是中央决定废止劳教制度以来，省戒毒局紧紧依靠厅党委的领导，按照省厅"谋改革，抓发展，保稳定，促和谐，创一流"的总要求，服从服务全省司法体制改革大局，积极推进改革转型发展，取得了显著成效，为戒毒工作长远发展奠定了坚实的基础。具体表现在五个"好"上：

1. 体制好。经过积极协调争取，确立了有利于戒毒工作开展的体制。

一是独立承担强制隔离戒毒职能。与全国绝大多数省份不同，我省强制隔离戒毒的执行工作全部由司法行政部门承担，不存在与公安部门共同承担的问题，保证了职责的完整、明晰，这是我省戒毒工作开展的一大优势。

二是改制后戒毒局并入厅机关。这种组织架构优势明显。首先，戒毒工作接受厅党委的领导，接受厅机关的支持会更加有力，信息的上呈下达更加便利、流畅，工作效率更高；干部流动、任职交流的空间变大，更有利于凝心聚力开展工作。其次，"保留使用山东省戒毒管理局的名称"，便于省戒毒局相对独立地开展工作，特别是保留了省戒毒局一级预算户的财务体制，为争取财政支持、加强戒毒工作保障留足了空间。

2. 格局好。在充分考虑全省吸毒人员分布和便于就近送戒、收治等因素后，规划形成"一局八所"的格局，形成了全省司法行政戒毒场所的基本架构。首先是明确了省戒毒局的机构和职能。经厅党委研究决定，设立了省戒毒局党委，负责统一领导全省司法行政戒毒工作，设立了 6 个职能处室，具体承担戒毒管理等相关工作，形成了戒毒工作完整的管理领导组织。其次是形成了 8 个戒毒所的场所布局。除先期承担戒毒工作任务的鲁中和女所外，省济东所和青岛、烟台、枣庄、济宁市所等 5 个所顺利完成转型，其中 4 个已经开始收治戒毒人员，济宁所正在抓紧改造，省监治所筹建工作近期进展比较顺利。这"一局八所"构成了联系紧密、分布合理、功能完善的有机整体，符合承担全省司法行政戒毒工作任务的基本要求。

3. 机制好。具体表现在以下三个方面：

一是工作运转良好。根据上级有关规定和戒毒工作需要，制定了戒毒人员考核奖惩实施办法、戒毒人员诊断评估实施办法等多个规范性文件，涵盖戒毒人员从入所到出所的全过程，保证了日常工作的有序开展。

二是工作保障有力。在经费保障上，与省财政厅联合发文，明确了戒毒所基本支出经费标准和支出范围，规定据情调整实际执行标准，在全国率先建立了经费动态保障机制。在医疗保障上，整合利用场所现有医疗资源，成立了省监治所和司法行政戒毒系统疾病预防控制中心，建立了艾滋病、结核病筛查实验室，为开展戒毒医疗工作奠定了基础。

三是工作协调高效。省戒毒局派专人常驻省公安厅，戒毒所与各市公安局建立联络员制度，畅通交流渠道，协调解决双方在场所"入口"与"出口"上存在的分歧，促进了戒毒工作的健康发展。

4. 模式好。在总结经验、学习先进的基础上，探索推行了"3×3＋N"的山东戒毒模式，具有较强的理论性、指导性和实践性。2014 年，省戒毒局还先后制定戒毒教育工作办法、戒毒人员体能康复训练大纲、戒毒场所医疗机构基本标准和加强医疗卫生工作的意见，编印《生理脱毒期教育》《巩固期教育》等 4 本教材，探索推广疗程式戒毒、会诊式个别教育等好的做法，进一步充实完善了这一模式。实践证明，这一模式是行之有效的，在全国也是具有一定知名度和影响力的。

5. 气象好。在与警察职工接触交流的过程中，感觉这支队伍的精神面貌总体是非常好的。具体有三个表现：

一是顾大局。在改革转型的关键时期，广大警察职工坚决拥护中央决策部署，自觉服从省厅、省局领导，积极投身改革、参与改革，表现出了高度自觉的大局意识和奉献精神，为全省戒毒工作转型发展做出了积极贡献。

二是善开拓。面对新职能新任务，各所党委团结带领广大警察职工，不等不靠，主动作为，快速掌握了戒毒工作所需的基本技能，为戒毒工作全面开展奠定了坚实基础。

三是勇担当。戒毒人员患病率高，心理异常多发，警察承担的责任大、风险高，尤其是专管警察和医护人员还面临着职业暴露的风险。对此，他们义无反顾，敢于担责，保证了戒治工作的顺利开展。

二、戒毒工作面临的形势和问题

当前，我国毒品问题仍在打击中泛滥，在治理中蔓延，毒情形势严峻复杂。中央领导对禁毒工作高度重视，专门作出批示，要求从“国家安全战略和平安中国、法治中国建设高度”看待毒品问题，“以对人民高度负责的精神，坚决遏制毒品蔓延趋势”。我省的毒品犯罪已属“主流”犯罪之一，登记吸毒人员已经突破6万，特别是在查获吸毒人员中新发现的比例较高，禁毒工作任务非常艰巨。作为全省唯一承担强制隔离戒毒职能的部门，司法行政戒毒在落实禁毒任务、维护社会和谐稳定中具有不可替代的作用。实际工作中，由于我省司法行政戒毒工作起步晚、基础薄，戒毒工作的基础、现状与戒毒工作需要相比，还有较大差距。随着禁毒工作深入开展，当前和今后一段时间，全省司法行政戒毒工作面临着严峻的挑战和考验。

1. 收治压力空前加剧。2013年下半年以来，全省戒毒人员收治数量一直呈较快上升趋势，截至12月初，全省强制隔离戒毒人员在册1895人，比年初增长123%，净增1045人。百城禁毒会战开展以来，公安部门缩短“决定”与“送戒”之间的时间间隔，戒毒人员入所后出现强烈戒断反应的骤增，场所不稳定因素明显增加。另据统计，戒毒人员中近40%患有艾滋病、肝炎、肺结核、梅毒等各类疾病，45%的吸毒史超过三年，63%的对被强制隔离戒毒不认同，抵触或对抗情绪明显，相当多的出现精神异常和心理障碍。这些情况都给场所安全稳定带来较大压力。

2. 体制机制需要完善。按照全省戒毒工作整体布局，省监治所将承担艾滋病及其他病患戒毒人员的集中管理工作，同时为其他戒毒场所提供医疗服务和指导。但由于尚未挂牌运行，省监治所的专业优势未能充分发挥，加上戒毒医疗资质问题没有有效解决，其他各所面临较大的医疗工作压力。济宁所的设施改造资金刚刚到位，启动工作需要加速推进。此外，全省尚未筹建司法行政戒毒康复场所，我们的很多工作还不能很好地与社会实现对接，在一定程度上制约了向自愿戒毒人员和解除强制隔离戒毒人员提供服务。

3. 基础设施需要健全。我们现有的戒毒所全部由劳教所转型而来，布局和功能不适应戒毒工作需要，有的所管教区面积小，活动空间有限，不利于正常戒治工作开展。部分戒毒所迁建、扩建项目虽正在推进，但速度缓慢。按照改革转型设计，全省司法行政戒毒场所收治容量在10000人以上，目前场所实际收治能力只有4300人（各所基于床位等因素统计数，含济宁所设计尚未收治的500人）。按目前戒毒人员的增长速度，如不加大建设项目推进力度，未来一段时间，场所收治能力将面临严峻考验。同时，戒毒医疗、康复、心理等专业设备缺乏统一配备标准，且量少质差，如果收治人数进一步增长，专业设备的“短板效应”将更加凸显。

4. 队伍素质需要提高。少数警察受惯性思维影响，对职能转型不适应，日常工作中“劳教化”痕迹明显。部分警察对戒毒工作的意义认识不到位，对戒毒人员违法者、受害者、病人的三种身份认识不全面，工作理念需要进一步转变，职能定位需要进一步明确。医务人员、康复训练师等专业人员，尤其是具备相应资质的专业人员缺口较大，与科学戒毒、综合矫治的戒毒工作要求相去甚远。目前，多数戒毒所的药剂师、医师等岗位，存在不同程度的缺员，具备资质的康复训练师几乎是空白。心理咨询师人数虽然达到要求，但是“突击考证”现象严重，实操技能有待提高。

5. 企业发展面临困境。我们现有的戒毒企业均为高耗能产业，生产设备陈旧，配套设施不完备，产品结构单一且附加值低，市场竞争力有限。企业缺乏有效的融资渠道，技术投入少，自主研发能力不强，关键生产技术不够成熟，发展后劲严重不足。企业管理“机关行政化”色彩较浓，人事、用工、分配等制度不适应市场竞争需要。由于历史原因，企业效益一直不景气，职工工资正常发放存在困难，普涨津贴不能及时兑现，工人养老、医疗保险问题一直未能解决好，也成为影响安全稳定的隐患。

三、今后工作重点

2015年，全省戒毒系统将以党的十八届四中全会精神为指导，着眼服务全省禁毒工作大局，增强抢抓机遇意识，以解决好制约工作发展的体制性、机制性障碍和突出问题为重点，开拓创新，增加亮点，争取支持，多办实事，充分发挥司法行政戒毒职能作用，服务全省司法行政工作平安和谐发展，为平安山东、法治山东建设做出积极贡献。

1. 抓第一责任，切实维护场所安全稳定。安全稳定是做好戒毒工作的前提和基础。全省戒毒系统将牢固树立安全稳定首位意识，按照司法部“六无”（无毒品流入、无戒毒人员脱逃、无非正常死亡、无所内案件、无生产安全事故、无重大疫情)标准要求,确保场所安全稳定。

一是切实加强管理安全。严格落实安全研判、隐患排查、应急处置等安全管理制度,加强警察直接管理,严防戒毒人员脱管漏管,严防戒毒人员非正常死亡和脱逃等各类安全事故。编制山东省司法行政戒毒系统突发事件应急预案,加强实战演练,切实提高应急处置能力。同时,参考罪犯伤残、死亡处理规定,争取有关部门支持,制定山东省强制隔离戒毒人员伤残、死亡处理办法,为戒毒人员伤残、死亡处理提供政策依据,争取资金支持。

二是切实加强生活卫生安全。贯彻执行国家食品安全法和食品卫生管理规定,严格落实食品留样制度,防止食物中毒和其他食源性疾患事故。积极开展疾病预防宣传,编写《戒毒警察职业防护读本》,加强疾病急救、公共卫生事件应急演练,防止疾病传播和重大疫情发生,预防所内死亡。

三是切实加强生产安全。严格生产劳动项目准入,严禁引入使用有害危险品的项目。加强工业企业生产安全,落实安全生产责任制,严防重大安全生产事故;推动解决企业职工养老保险工作,减轻企业负担,保障职工权益,维护职工队伍稳定。支持企业在技改升级中提升竞争力,鼓励优化体制机制,通过多种有效形式,探索破解企业生产经营问题的策略和方法,推动企业努力摆脱困境。

2. 抓中心任务,切实提高戒毒工作质量。坚持把戒毒人员教育戒治作为中心任务,通过更新戒毒工作理念、探索科学方式方法,切实增强戒毒工作实效,提高戒断率,降低复吸率。

一是更新戒毒工作理念。立足于戒毒人员既是违法者,又是受害者和病人的多重身份,树立以人为本理念,关心、帮助戒毒人员,充分调动他们戒断毒瘾的自觉性;树立科学戒毒理念,遵循戒毒工作规律,采用科学、规范的戒毒技术和方法;树立综合矫治理念,运用管理、教育、治疗、康复等手段,多措并举,综合施策,帮助戒毒人员戒除毒瘾。

二是突出抓好戒治工作。围绕提高戒治成效,统筹改进戒毒医疗、戒毒教育和康复训练工作,继续探索、完善、丰富山东特色戒毒模式,创造山东戒毒经验。依托戒毒场所,加强康复戒毒研究论证,力争早日形成整体思路,尽快启动康复戒毒的试点准备工作。适时开展解除人员跟踪回访,检验戒毒工作成效。

三是学习取经借智发展。与先进地区相比，我省戒毒工作还有较大差距，要加强考察学习，学习国内外先进戒毒工作经验，对标找差，迎头赶上，提升我省戒毒工作水平。计划组织警察到外省挂职学习，每期两周至一个月，全年完成 200 人次。要加大调查研究力度，健全理论研究成果激励机制，利用专家智力解决戒毒疑难问题，为做好戒毒工作提供理论指导和智力支持。2015 年上半年，力争成立山东司法行政戒毒工作学会，健全理论调研组织体系。

3. 抓强基固本，切实提高工作保障能力。认真分析戒毒工作面临的形势任务，立足现状，着眼长远，编制好“十三五”时期全省司法行政戒毒规划，为未来发展奠定良好的基础。要抓住党和政府重视戒毒工作和职能转型戒毒起步的有利时机，努力提高戒毒工作保障水平。

一是强化场所建设。全力以赴争取资金支持，升级改造场所设施设备，不断完善场所功能，全面提升戒治水平。着力推动省监治所筹建工作，协调推进场所设施改造，请厅政治部支持，组织好人员调配，使工作尽快全面运转起来；推动扩建工程列入“十三五”规划，坚持高标准、高质量，力争把省监治所建成山东戒毒系统的亮点。积极协调，争取省鲁中所二期建设工程资金到位，力争尽快开工建设，为青岛所和济宁所迁建工作提供指导和支持，推动项目尽快落实。

二是强化规范建设。以法治思维推进场所规范化建设，立足工作全局，加强部门协作，对现有制度进行梳理完善，建立科学规范、简洁高效的制度体系。尽快与省公安厅联合制定出台《关于进一步加强强制隔离戒毒工作的意见》，将双方近年来协调互动的成果规范化，为戒毒工作发展创造有利条件。制定康复设施、心理矫治设备配备标准，为更好适应工作需要及争取财政支持提供科学合理的参考依据。崇尚法治，“阳光操作”，坚持规范文明执法，构建和谐法治场所。

三是强化信息化建设。紧紧围绕戒毒工作发展目标，加快全省司法行政戒毒数字化管理系统建设，在视频监控系统全省联网、视频会议系统省直所联网的基础上，统一组织建好省直所周界报警系统工程，并指导市属所尽快实现与省局信息系统的全面联网，努力实现系统内外互联互通、资源共享，充分发挥信息化对戒毒工作的保障、支撑作用。

4. 抓人才资源，切实加强班子队伍建设。事业兴衰，关键在人，戒毒工作更是如此。要着力打造一支适应戒毒工作需要的高素质警察队伍。

一是坚持政治建警。以十八届四中全会精神为指导，坚定不移贯彻执行党中央国务院、省委省政府对戒毒工作的决策部署，忠诚履行戒毒工作职责使命。

二是坚持素质强警。组织广大警察认真学习并切实掌握《禁毒法》《戒毒条例》等法律法规，切实提高法治观念，增强依法履职的意识和能力。加强教育培训和岗位练兵，制定落实全员转型培训计划，举办三期（每期100人）戒毒综合业务骨干培训班，落实好外省挂职和机关到所挂职计划，切实提高警察的履职能力。优化值班值守方式，落实从优待警政策，探索完善考评激励和选人用人机制，加大对年轻干部的培养力度，努力激发戒毒警察从事戒毒事业的热情。加强后勤服务，改进宝华培训中心运营模式，采取引入战略合作伙伴等方式，逐步探索缓解并扭转困难局面的路径和方法。加大专业人才引进力度，提请厅政治部给予高度关注和支持，将其列入重要议事日程，尽快解决专业人才不足的问题。培养领军人物，努力培养一批理论功底深、专业水平高、实战经验丰富的专家型人才，发挥示范带动作用。

三是坚持从严治警。要进一步巩固党的群众路线教育实践活动成果，着力完善改进作风常态化、长效化机制，扎实锤炼过硬作风。计划组织局机关警察到基层挂职，同时探索建立服务基层承诺制，变单纯检查督促为综合帮助指导，使“小机关、大服务”的要求真正落到实处。坚持严字当头，狠抓纪律建设，以铁的纪律造就铁的队伍，切实做到令行禁止。加强纪检监察工作，以“零容忍”态度，抓好作风和廉政建设，确保“底线不逾越，红线不触碰”。

5. 抓协调联动，切实发挥社会协同作用。戒毒是一项系统工程，需要有关部门协调配合、社会各界共同参与。司法行政戒毒系统将进一步树立开放理念，主动加强同外界的协同联动。

一是争取各部门对戒毒工作的支持。在厅党委的坚强领导和支持下，进一步加强与省发改委、省财政厅、省人社厅、省卫计委等部门协调，在“十三五”规划、建设资金、戒毒医疗资质、医疗对口支援、警察职业防护、工人养老保险等问题上，全力以赴做好政策、资金争取，为戒毒工作开展和企业发展创造良好条件。

二是对解除人员的后续照管工作给予高度关注。许多戒毒人员出所后，由于缺乏有效照管，戒毒成效难以保持。下一步，省禁毒委将出台文件，推进加强社区戒毒、社区康复工作。我们对此将高度关注，提前研判，为实现工作衔接和优势互补做好准备。

三是加强戒毒宣传工作。树立主动宣传、立体传播的理念，提高社会沟通和舆情引导能力，增强戒毒工作的社会感染力和影响力，争取社会各界的理解和支持，凝聚推动戒毒工作发展的正能量。积极争取戒毒人员家庭、所在社区和单位的支持，广泛动员社会力量参与戒毒工作，努力形成工作合力，实现最佳戒毒效果。

（本文节选自 2014 年 12 月 12 日在司法厅党委务虚会上的发言提纲）

强化“五种意识” 打造过硬队伍 推动全省戒毒工作上水平

按照中央、省委的部署和厅党委的安排，从2015年4月底开始，在县处级以上领导干部中开展“三严三实”专题教育。在省委姜异康书记作了专题党课之后，厅党委于5月14日召开视频会议，王本群厅长作了《自觉践行“三严三实”推动全省司法行政事业平安和谐发展》专题党课，省厅党委还印发了《专题教育实施方案》，对“三严三实”专题教育作出具体部署，希望大家要学习掌握，认真抓好贯彻落实。

根据《方案》要求，党委书记都要讲一次专题党课。我想，一个专题党课首先要像个党课；其次要结合戒毒系统的实际，有的放矢、对症下药；再次是用我的理解和我的演绎方式，用老百姓的语言，把大的道理说得浅显一点，尽量能讲到大家的心坎上。为讲好专题党课，我也做了一些学习思考，弄明白了为什么要开展专题教育。我想，除去正规文件和王厅长专题党课中讲的意义之外，有这样几个方面的原因：一是教育的方法和手段是我们党的法宝。从战争年代到建国以后，我们党一直比较注重教育手段。一个国家的治理有其规律，当制度和规则没有建立起来的时候，教育的手段一定是被看重的，开展一些针对性教育活动都会收到比较好的教育效果。只要共产党执政，特别是在从严治党的大背景下，开展专题教育很有必要，这个是我们党的优势或法宝。二是该活动为多年一系列活动的延伸或延续。从“三讲”教育、党员先进性教育活动，到科学发展观教育，再到党的群众路线教育实践活动，我们党通过这些活动，持续不断地加强和改进党的建设、作风建设。“三严三实”专题教育是对以上活动特别是党的群众路线教育实践活动成果的巩固和深化，是一脉相承的。三是更加着眼于破除潜规则，确立新规矩。多年来，我们党的一个突出问题就是缺少立规矩，导致潜规则盛行，并且见怪不怪。在这种情况下，“三严三实”是做人、为官、干事的基本原则，但根本的还是让我们党接地气，解决现实问题，最终破除潜规则，确立一种全新的规矩。四是党建工作方法的创新和调整。党建工作不能光是“高大上”，要接地气，要用老百姓的语言搞党建，要返璞归真。十八大以来，我们的党风、作风有了很大改进。开展“三严三实”专题教育，就是从严和实两个方面，抓人的理想信念，抓作风建设，也是党建工作方法的一个创新。五是落实“四个全面”战略的客观需要。十八大以来，我们党作出了“四个全面”战略布局，关系到党的执政基础和执政地位。在前进的道路上，我们党面临四个考验、四大风险，能不能跨过中等收入这个陷阱，能不能全面建成小康社会，有很多困难和挑战。在这种情况下，如果不严不实，没有干部做保障，那么实现既定的目标就可能会化为泡影。只有把队伍建好了，才能为事业发展提供有力保障。

开展“三严三实”专题教育，戒毒系统一定要抓住这个机会，借势借力抓好班子队伍建设，这是一个比较好的契机。要抓好队伍，就要对系统内一些大问题讲明白，形成共识；凝聚正能量，形成合力，把工作做好。“三严三实”专题教育对戒毒系统具有特殊意义，主要有三点考虑：一是劳教制度废止、全面转型戒毒，对干部职工队伍有较大冲击，让许多人产生迷茫与困惑；二是劳教向戒毒转型，在能力、素质、场所、理念、机制等多个方面进行适应性再造，要真正实现全面转型需要一个过程；三是历史积淀、遗留问题和系统内一些不适应现实的观念及表现，例如妄自菲薄、互相贬损、封闭僵化、习惯性思维等，该是借工作转型、班子调整之机彻底改变的时候了。总之，要通过开展“三严三实”专题教育，借势借力把这些问题解决好。那么，我今天主要是结合自己的学习思考，与大家交交心，就在新的形势下党员干部要解决哪些问题，谈以下五个方面的体会：

一、要有党员意识，始终追随党的主张

在十八大以来的新形势下，有党员意识，成为对一名共产党员最起码的要求。在现实生活中，有些人出于功利思想入党。他们只在组织上入了党而思想上并未入党；他们不把党员当回事儿，对在组织需要纪律约束没有感觉。要通过“三严三实”专题教育，开展党员教育，牢记党的宗旨，强化党员意识，追随党的主张，做党的人，听党的话，坚定不移地跟党走。

首先，党员及党员意识是一种庄严神圣的承诺。党员意识是共产党员对党

的性质、宗旨、历史使命以及党的纲领和任务的自觉认识，是党性的集中体现，这反映着一个党员政治觉悟、思想觉悟的高低。大家都写过入党申请书，都在党旗面前宣过誓。写了入党申请书，在党旗面前宣了誓，实际上对组织是一种承诺，就要严格执行党章的要求，就要严格按照誓词的内容履行承诺。这是一种最朴素、最实在的行动。“言必信，行必果。”既然成为了一名党员，就不能把自己等同于一般群众，就要始终按照一名党员的标准严格要求，在工作中认真履行好党员的承诺和誓言。

其次，党员及党员意识是一种永不言弃的坚守。现实生活是复杂的、残酷的，高官落马，腐败多发，潜规则盛行，社会乱象丛生，这是社会转型的一种代价。在这种社会生态中，老实人吃亏，廉洁者受穷，成了见怪不怪的现象。在这种情况下，一个人要洁身自好、坚守底线，成了一件很不容易的事情。应当庆幸，我们工作、生活在司法行政这一干净的系统里。我们过去是坚守者，在十八大以来高调反腐和制度的篱笆越扎越紧的情况下，我们更应该成为坚守者，做一个纯粹的人，不能放任自流，更不能同流合污。

最后，党员及党员意识是一种终生追求的信念。理想信念滑坡，三个自信不树，就很容易心态失衡、人格错位，最终导致行动上的乱来。因此，作为一名党员特别是领导干部必须要感悟生活、参透人生。人，从来不是为了当官发财而活着，人生的真正价值在于服务他人、服务社会。这种信念要求我们做到以下几点：一要树好“三观”——世界观、人生观、价值观。这三观决定着一个人的人生追求和人生道路，决定着一个人的思想境界、道德情操和行为准则，对于党员干部来讲，都是首要的问题。二要增强三个自信——道路自信、理论自信、制度自信。这三个自信是中国特色社会主义的集中体现。要紧跟时代潮流，尽量学懂弄通。例如，中国制度的优越性和议行合一制度，我们要深刻地认识和了解。它不同于西方的制度，是经过多年探索、符合我国国情的制度，这一点我们一定要有自信。如果对这些制度和理论不能学懂弄通，那么你就跟着走好了。三要对党忠诚。忠诚历来是做人、为官的基本准则，生活中如此，工作上亦如此。比如现在建立了领导干部重大事项报告制度，有的填写内容不真实，有的弄虚作假，这也是党员对党是否忠诚的一个体现。对党忠诚，是对党员的一个最重要的要求。总之，我们党员要拧紧“三观”这个“总开关”，坚定理想信念，听党的话，跟党走，党叫干啥就干啥，并以自己的积极作为为党争光、为组织添彩。

二、要有责任意识，认真履行好岗位职责

对于我们来讲，我认为应当履行好三重责任：首先要履行好普通劳动者的责任。我们是公务员，但首先是一名劳动者，至少要做到遵守劳动纪律，既出工又出力，少占用公家的时间办私事，就要对得起这份工资，这是一名劳动者最起码的良心。其次要履行好警察的责任。我们是戒毒警察，头顶警徽，身穿警服，是国家法律法则的执行者。警察的责任，就是要对得起这身警服，无愧于头顶的警徽。具体说来，就是要严格公正规范文明执法，增强法治观念，提升法律素养，这是一名警察最起码的工作准则。最后是履行好领导干部的责任。领导干部特别是"一把手"，除了靠你的才干能力之外，更重要的是靠你的敬业，靠你的以身作则、率先垂范来带动大家。要把事业搞得风生水起，用事业来凝聚大家的力量，调动大家的积极性，给大家以希望和信心，这是你存在的价值。如果工作中经常出现失误，感觉不到肩上的责任，不仅是工作平平，说穿了就是不称职。那么，责任意识要达到什么要求，我有三点想法：

首先，要有良好的精神状态。良好的精神状态是内在心力、能力的体现。人有一个好的精神状态，比什么都重要。工作干得好不好，七分在状态，三分在能力。一个人整天萎靡不振，做事打不起精神，工作方向不明白，就不会有什么创新和成效。生活和工作的经验告诉我们，精神状态好工作才有希望，不好好干就没有出路。一般化的干比猛劲的干更辛苦，因为一般化的干，你找不到感觉，找不到存在的价值。当你的聪明才智用物化的成果让大家看到了，你的心里就会有种愉悦，全身都是正能量。领导干部的精神状态是其综合素质的集中反映，这在很大程度上决定着一个单位队伍的精神面貌。领导的智慧就是集中大家智慧的智慧，始终以一种积极向上的心态面对一切，用事业的成长鼓舞人、凝聚人、留住人，这样才能让大家事业有奔头、工作有劲头、生活有甜头。没有一种良好的精神状态，工作就不会出成绩，生命也就失去了存在的价值和意义。

其次，要有较好的履职能力。在其位谋其政，就要有基本的履职能力。无论从事什么职业总要有一定能力作保证。没有适者生存的能力，根本谈不上履行好岗位职责。履职能力从哪里来，我认为要靠经验的积累和学习的积累。戒毒工作是一项新的工作，早一天探索和实践，就能早一天形成成熟的经验，就能得出规律性的东西。要把学习作为一种精神追求和工作生活习惯，向实践学，

向基层学，向书本学，向身边的同志们学。光学还不行，要形成思考的习惯。学习的能力和思考的能力，决定了一个人的成长能力和一项事业的成长能力。终身学习，才能真正体现你的学习力，才能在学习的基础上形成思考研究的能力，才能有注入事业发展的能力。同时，勤能补拙。勤奋是一种更基础的能力，勤奋比聪明来得更实在。在学习思考的基础上，要经常开一些研判会、讨论会，打开思考的翅膀，把戒毒工作搞得有模有样，最终才能打好山东戒毒的攻坚战。总之，能力要靠基本素质和勤奋。

最后，要有强烈的担当精神。戒毒工作本身就需要有很强的担当精神。戒毒是一个世界性难题，戒毒警察的工作脏苦累，是警察类中一项比较辛苦的工作，所以必须有担当。但这种担当并不是自己的选择，而是组织的安排，要勇敢面对，把赋予的责任履行好。作为领导干部，不要怕事，要有舍我其谁的气魄，没有一定的气魄搞戒毒，并且要走出一条山东戒毒的路子来，那是不可能的。最终，无非是重复别人的故事，或者是编撰别人的故事。同时，既不能妄自菲薄，更不能过分的谦虚，这样可能会让人怀疑你是用谦虚逃避干活和责任。所以，要站得出来，冲得上去，不当"旁观者""局外人"，带头解放思想、更新观念，带头探索创新、提升能力，带头真抓实干、破解难题。戒毒本来就是一个永无凯旋的战斗，或者是找不到对手的战斗。要在布满荆棘的地方走出一条路来，如果不敢担当，就没有路可走。所以，劳动者的责任、警察的责任、领导干部的责任，重要的体现在好的精神状态、好的履职能力和强烈的担当精神。

三、要有规则意识，真正做到懂规矩守纪律

规则意识，通俗地说就是家有规、党有纪、国有法，无规矩不成方圆。作为一个在组织工作生活的人，生活和工作都有一些基本的道理和规则，实际上法从理出，规则也是出自生活。按照这些规则办事就不会失大谱，但决不能不按道理、规则出牌；否则既与人无法相处，工作上也就会出问题、有风险。法治是国家治理和社会秩序的基本规则。在依法治国的新形势下，讲规则、讲法治必须是要在心里扎根的理念。因此，讲规则意识，我有三点认识：

首先，要严格执法。强制隔离戒毒是一项重要的执法活动。作为戒毒警察，首先是执法者，每一个执法行为都代表着国家的权威，关系到社会公平正义的底线。要坚持严格公正执法，认真贯彻落实《禁毒法》《戒毒条例》等戒毒法律

法规，做到学法知法、遵法畏法、依法办事，按照规定的流程和规则去运作，把所有规定落实到工作中去，确保执法活动在合法合规的轨道上运行。要提高规范化执法水平，细化执法标准，规范执法流程，强化执法监督，增强执法效能，堵塞管理漏洞，减少执法不规范、执法随意性等问题。要坚持文明执法，依法保障戒毒人员的合法权益。

其次，要廉洁自律。“君子爱财，取之有道。”在所有不廉洁的案件中，不是因为不知道是非对错，而是知行背离、明知故犯。与自己工作职务及影响有关的财物，一定要小心，不要有歪心眼，不打“擦边球”，当个“明白人”。在我们这个系统存在廉政风险的，主要是项目建设、工业生产和习艺劳动这三个领域。特别是要划清与戒毒人员及其家属的界线，不能与他们拉拉扯扯、界线不清，这是规则要求。要靠制度来约束，降低廉政风险是非常有必要的。我们从事的职业不是个赚钱的职业，即使在重点领域，靠不廉洁也发不了家。因此，就干脆做一个纯粹的人、做一个高尚的人，守住“底线”，不碰“高压线”。

最后，要改进作风。风清则气正，气正则心齐，心齐才能干成事。作风看上去是一种外在表现，实际上是一种心智和心力的反映。一个作风严谨的人，肯定是一个规则意识、境界良好的人。要是作风飘浮，“慵、懒、散”，拉不出来，冲不上去，打不赢，那就成不了正规军。要严明政治组织纪律，不折不扣地落实上级决策部署，自觉与党委要求保持一致，自觉维护党委权威。要坚持民主集中制原则，有的同志政治上不敏感、不机灵，让你说你不说，不让你说你乱说，没定的事大家要充分发表意见，定了的事就别乱说了。既要防止个人专断和各自为政，又要反对有令不行、有禁不止，决不能让形成的决议停留在会议室、停留在字面上，更不能搞上有政策、下有对策。要严肃工作和生活作风，不断净化自己的“生活圈”“社交圈”。如果在生活上吃吃喝喝，圈子太杂太乱，游走在边缘地带，那是很危险的。中央八项规定和省里的有关规定必须不折不扣地遵守执行，不要有侥幸心理，否则早晚会出问题。

四、要有团结意识，营造良好的工作生活氛围

团结是一种最重要的能力。团结就是力量，团结出凝聚力、出战斗力，团结还出好的口碑，还能保持健康。一个领导的力量是有限的，只有依靠团队的力量，才能做大事；只有团队作战，才能无坚不摧、所向披靡。没有团结，没有队

伍，什么事情也干不成。个人只有放在组织中，才是个人物，才有依托，才在工作上有存在价值。如果离开了集体，人不过就是大海里的一滴水。要像爱护自己的眼睛一样维护团结。一个班子团结搞得好，这个单位的风气就正，工作就好，写信告状的也就少；反之，则人心涣散，缺少斗志，工作上也就不会有什么亮点和特色。大到一个所，小到一个科室、大队，都是如此。那么，怎样才能搞好团结，我认为应把握以下五点：

一要珍惜缘分。人的一生说长则长、说短则短，职业生涯不过三四十年，这其中与同事相处的时间是最长的。同事不是你选择的，而是组织上配的。组织上配什么样的团队，你就有责任把什么样的团队带好。俗话说："十年修得同船渡，百年修得共枕眠。"人这一生，能在一起共事，在一定意义上是一种造化。要好好珍惜，你对别人好就是对自己好。不要不珍惜与任何人相处的机会，你怎么对待别人，别人就怎么对你。珍惜缘分，是一种正确有益的正能量，必须要有同舟共济、同甘共苦的情怀。

二要坦诚相待。真诚是美德，不仅是做人，做事更需要真诚。真诚就是开诚布公，因为话不说不明。但说话要讲究方法，用恰当的方式和语气表达出来，指着鼻子说与和风细雨地说是不一样的。与同事相处，以真心才能换来真心，人的心灵是有感应的。"一岁年龄一岁心"，尤其是对老同志要特别尊重。人心没有石头做的，即使是石头做的，也能"精诚所至，金石为开"。开诚布公、坦诚相待非常重要，不要当面不说、背后乱说。只有尊重他人、以诚待人，才能赢得别人的尊重，一个班子、一个集体才能形成良好的风气和氛围。

三要彼此欣赏。人无完人，每个人都有优点和不足。同事之间要多看别人的优点和长处，少看别人的不足和缺点，学会欣赏别人、赞美别人，并成为一种工作和生活习惯。"三人行必有我师"，每个人身上都有值得学习的地方，不要轻视任何人。轻视一个人，最终是把自己看轻，最终会得到同样的对待。"良言一句三冬暖，恶语伤人六月寒。"因此，要学会在背后说别人的好话。好话是一种善意的精神交流，是良性价值循环的积淀。背后说别人的好话，就放大了这种循环的价值，就成了一种正能量。一位哲人说过：孩子，去赞美别人吧，它会给你带来荣耀和财富。称赞身边的人，就是在称赞自己，所以要理性评价别人，学会欣赏。"天容万物，海纳百川。"作为党员干部要懂得这个道理，并贯穿到我们的实际工作中。

四要学会聆听。这个社会有太多的教诲者，总是诲人不倦，总是高高在上，具体说就是有太多的安排部署者，而不抓落实。不要总当教诲者，要学会聆听，让别人把话说完，才能掌握情况，才能对症下药，才能取得好的效果。聆听不仅是一种好的技巧，还是对工作进步、个人成长很有利的一个方法。要多关注团队成员的诉说与表达，特别是在一个班子内部，要善于倾听其他班子成员的意见。听不进别人的话，就会失去一个交流沟通的渠道。不聆听就会言路不通，言路不通就会写信。一个系统写信多了，这与是不是善于聆听有很大关系。

五要协作配合。俗话说："人心齐，泰山移。"团队合作是干成事和事业发展的基础。在工作中要彼此维护、相互补台，正如人们常说的那样：互相补台，好戏连台；相互拆台，统统下台。拆别人的台，最终还是拆自己的台。所以，讲团结、重协作，是对一名党员特别是领导干部的基本要求。

五、要有创新意识，努力实现工作上的突破与超越

创新是一个民族进步发展的不竭动力，创新驱动是经济发展的一个新引擎。工作中只有创新，才能超越、才能发展。首先，转型发展需要创新。不能说劳教所转成了戒毒所，转型就完成了。转型是一项系统工程，包括思想观念、场所功能、队伍素质、人员搭配、工作机制等各个方面，都需要全面的转型。其次，戒毒工作需要创新。戒毒是个世界性难题，没有成功的经验可以遵循，所以不创新戒毒工作就没有出路。最后，再创辉煌需要创新。山东劳教工作曾走在全国前列，是全国劳教战线上的一面旗帜。要再创"八三"辉煌，把我省戒毒工作搞上去，必须要创新。下面，谈一谈我对戒毒工作的认识和思考：

1. 对强制隔离戒毒工作的再认识

人类发现和创造毒品是人类社会发展的一个产物，就像人类创造了核武器一样，毒品只要不被滥用，它对人类是有帮助的，比如用于医疗。但是人性有其弱点，只要有毒品就会有人吸食，吸食就会成瘾，一旦成瘾就很难彻底戒断。面对戒毒这一世界性难题，用两年的时间彻底戒断是非常困难的，所以我们的工作目标需要重新设定，必须认清戒毒工作的三重目标：一是减少毒品的现实危害。通过强制隔离，减少吸毒人员对家庭、对社会、对个人的侵害。二是为戒除毒瘾创造无限的可能性。工作做得好、方法运用得好，就有可能为戒断毒品创造更多可能。三是彻底戒断毒品。如果把彻底戒断毒品作为强制隔离戒毒工作的唯一目标，那是不科学，也是不合理的。同时，要明确吸毒人员的四种身

份：他们既是违法者，又是病人；既是受害者，又是害人者。戒毒工作的特殊属性，决定了戒毒警察具有警察、医生、教师、“牧师”四种身份。

基于这一思考，我对强制隔离戒毒有五种认识：

其一，强制隔离戒毒是一项重要的执法活动。《禁毒法》《戒毒条例》是开展戒毒工作的法律依据。要严格执行这些法律法规和相关规章，坚持严格公正规范执法，发挥好职能作用。

其二，强制隔离戒毒是一个艰难的医疗过程。吸毒成瘾的人存在着大脑神经功能的严重损伤，是一种顽固的、反复发作的脑部疾病。要通过医疗手段，帮助吸毒人员消除生理依赖，恢复身体机能，养成健康的生活方式，这个过程是艰难而漫长的。

其三，强制隔离戒毒是一个最富探索性的心疗过程。戒毒最大的难题是心瘾难除，是个心疗过程，这充分体现了戒毒工作的复杂性、艰巨性，有一定的科技含量，对戒毒警察素质提出了非常高的要求。如果警察没有一个伟大的人格，要想帮助戒毒人员重塑人格、驱除心魔，那几乎是不可能的。

其四，强制隔离戒毒是一项综合施策的系统工程。系统论在戒毒工作中体现的非常突出，“3×3＋N”戒毒模式中的“N”非常关键，手段越多，戒毒成功的可能性越大。所以我提出要通过医疗、体疗、食疗、心疗、“化”疗、工疗“六疗”并举去搞戒毒，这样才能有好的效果。

其五，强制隔离戒毒是一项神圣的事业。戒毒警察是类似于心灵导师的一种角色，对戒毒人员教育戒治是一种救赎，是一项善举。从事戒毒工作很辛苦，又是个世界性难题，必须有智慧、有付出，才能有成效。所以，戒毒是“细法活”，不是一般人能干得了的。一般化的素质和要求，干不了戒毒，也干不好戒毒。只有伟大的人格，才能实现对戒毒人员的心灵重塑，才能为彻底戒毒打下一个基础。所以，戒毒工作是其他类警察不能替代的，必须是一支有科技含量的队伍来从事，而且是一项神圣的事业。

2. 对做好当前戒毒工作的再思考

要做好今后的戒毒工作，就要围绕重塑“八三”辉煌、力争用3～5年的时间跻身全国戒毒先进行列这一目标，做好以下五个方面的工作：

第一，场所安全稳定底线必须全力守住。发展是第一要务，安全是第一责任。安全搞不好，不单纯是个人面对的职业风险，同时给整个系统、给领导添很多麻烦，安全标准和要求绝不能降低。要围绕司法部“六无”安全目标，不断健全长效安全机制，打造无毒戒治环境，全面提升安全防范水平。要坚持严格执法，按照法律要求行使权力、规范行为。要坚持规范管理，认真落实各项管理制度，织好场所安全“防护网”。要健全领导责任、预防管控、排查整治、应急处置“四项机制”，完善人防、物防、技防、联防“四防体系”，筑牢场所安全防线。

第二，场所完善、经费保障必须抢抓机遇。没有完善的场所设施和有力的经费保障，戒毒工作只能在低层次上运行。戒毒人员不同于劳教人员，在医疗、生活、设施上需要更为有力的保障。2015 年是场所规划建设的关键一年，必须借机发力，尽快制定“十三五”戒毒场所规划，力争将有关建设项目纳入国家和省里的“十三五”规划。要按照“高起点设计、高标准建设、高效率运行”的要求，搞好戒毒场所建设，特别是省鲁中所二期、省戒毒监测治疗所西院区建设和青岛、济宁所迁建项目要打造成经典和亮点。要不断提高戒毒人员生活、医疗等经费拨付标准，建立戒毒经费动态增长机制。

第三，专业、科学戒毒必须加快探索步伐。要演绎好山东戒毒故事，必须重点完善四个体系：一是完善戒毒医疗体系。要充分利用省戒毒监测治疗所的医疗资源优势，发挥好“一所一中心”的作用，为全省戒毒场所提供服务和指导。加快戒毒场所医疗机构达标建设，尽快解决戒毒所的戒毒医疗服务资质问题，探索建立标准化诊疗运行机制。加强与社会医疗机构合作，在人员培训、对口帮扶、转诊救治等环节上寻求支持。加快各戒毒所的医疗机构建设，配足有专业资质的医务人员，配齐戒毒医疗设施。二是完善戒毒管理体系。借鉴外省市成功做法，在总结过去经验基础上，完善现行的戒毒模式，建立分期戒毒、分区管理、分类矫治、分级处遇的工作标准和流程，形成符合戒毒规律、具有山东特色的戒毒模式，尽快在全省推广。三是完善教育戒治体系。针对戒毒人员的身心特点，以戒断毒、健身心、知法纪、学技能为目标，采取医疗、心疗、工疗、体疗、“化”疗、食疗等多种方法，将中医、齐鲁文化、王阳明心学等国学精典引入戒毒场所，健全场所文化体系，形成一所一特色、一所一品牌，为帮助戒毒人员戒除毒瘾创造无限的可能性。四是完善社会支持体系。要落实好与公安部门的联席会议、沟通交流等机制，畅通工作协作渠道。把后续照管作为巩固戒毒效果、降低复吸率的重要手段，落实跟踪回访、出所必接等制度，探索让有条件的地市司法所适当介入后续照管工作。加大宣传力度，展示戒毒成果，赢得社会支持。

第四，企业改革、习艺劳动必须要搞上去。工业企业生产是山东戒毒工作的一个特色，企业搞不上去，长期在低水平徘徊，不是个长法。没有物质保障，什么事情也办不了。要加快戒毒企业改革，进一步完善改革方案。按照公司制改革的要求，进一步健全机构、理顺体制、搞活机制。要借省直机关事业单位人员养老保险改革之机，抓紧做好职工养老保险各项工作，争取今明两年破题。劳动是高贵心灵的营养，既能创造价值，也能创造效益。习艺劳动是教育矫治的重要手段之一，要选择好的项目，加强劳动管理，推行公司化管理，切实保证5天工作制、每天6小时劳动时间，提高劳动效率，完善劳动报酬制度，发挥好习艺劳动的矫治和保障作用。

第五，班子队伍这一基础必须认真夯实。过硬的警察队伍是戒毒事业发展的根本保障。要利用“三严三实”这个契机，以正规化、职业化、专业化建设为目标，抓好班子队伍建设。要总结提炼山东戒毒警察精神，就是要敢担当、有能力、善团结、讲规矩、干成事，天天讲、月月讲，使这种精神内化于心、外化于行，鼓舞士气、激励斗志，让欣赏别人成为一种习惯，让自我贬损成为过去式，让写检举信变成写表扬信，营造和谐氛围，树立新风正气。要建立完善的教育培训体系。省局和各所要明确培训重点，科学设置教学内容，通过集中办班、高校送培、外出考察、挂职锻炼等方式，培养一批在戒毒医疗、心理戒毒、管理教育等专业的领军人物。要加大专业人才引进力度，引进一批具有专业资质的医护人员以及心理学、医学等方面专业人才，优化警察队伍的知识和年龄结构。在坚持从严治警的同时，特别要重视从优待警。我们的警察长年战斗在戒毒一线，工作非常辛苦。对领导干部来讲，警察职工的需要，就是我们的努力方向，除了为戒毒人员服务以外，还要为警察职工服务，必须要有这种担当。如果大家跟着你做苦行僧，我觉得那是不称职的。如果警察职工的事情办不好，还说服务社会、服务群众、推动事业发展，那就是一句空话。要多为警察职工办好事、办实事，包括警察食堂、工作餐、训练场所、警察子女入学等问题，能解决的就要想办法解决。要探索建立新体制下的纪检监察工作模式，加强队伍管理，深化作风建设，按照“零容忍”的要求，强化正风肃纪，加强执法督察，坚决整治“庸、懒、散”等不良风气，确保警察队伍纪律严明、作风过硬，为推进戒毒事业健康发展提供可靠保障。

（本文节选自2015年5月27日在省戒毒管理局“三严三实”专题教育党课授课提纲）

勇于探索　开拓创新
全面提升强制隔离戒毒工作水平

2013年以来，在山东省委、省政府和省禁毒委的正确领导下，在各职能部门的大力配合下，全省司法行政系统以习近平总书记对司法行政工作重要指示精神为指导，以贯彻落实中央、省委两个6号文件为统领，勇于探索，开拓创新，强制隔离戒毒工作扎实推进。场所持续安全稳定，收治人数快速增长，目前在册3044人，所内戒断率始终保持100%。解除人员操守率持续提高，发挥了强制隔离戒毒在戒毒工作中的主阵地作用，为经济文化强省建设和社会和谐稳定作出了积极努力。我们主要做到了以下几点：

一、坚持高点定位，全面承担戒毒职责使命

近年来，党和国家高度重视禁毒工作，中央领导多次作出批示，把禁毒工作提升到了“国家安全战略和平安中国、法治中国建设”的新高度。强制隔离戒毒是禁毒工作的有机组成部门。2014年4月，习近平总书记在听取司法部工作汇报时作出重要指示，要求把戒毒工作作为司法行政一项重点工作，科学谋划，深入推进，“不断提高戒毒工作水平”。中央、省委印发两个6号文件，对创新吸毒人员服务管理、加强戒毒工作提出了更高要求。省司法厅以习近平总书记重要指示精神为动力，认真贯彻中央、省委的决策部署，从平安山东、法治山东建设高度来看待、谋划、推进强制隔离戒毒工作，全面承担了党和国家赋予的新的职责使命。一是打牢思想基础。开展理念转变大讨论活动，引导广大警察深刻理解强制隔离戒毒是社会综合治理和全省禁毒斗争的重要组成部分，充分认识强

制隔离戒毒在维护社会稳定、保障人民生活中的职能作用，将思想统一到了党和国家的部署要求上来。二是建立工作格局。将承担强制隔离戒毒职能纳入司法行政体制改革大局，明确省戒毒管理局负责指导和管理全省强制隔离戒毒工作，八个劳教所转型为强制隔离戒毒所，承担强制隔离戒毒和戒毒康复职能，形成了“一局八所”的强制隔离戒毒工作格局。三是全力参与禁毒人民战争。坚持依法收治，服务禁毒大局，充分利用现有资源，合理规范场所布局，稳步推进戒毒工作启动，特别在百城禁毒会战期间，主动配合做好强制隔离戒毒人员收治和管理工作，实现了应收尽收、随送随收。

二、坚持开放理念，广泛凝聚戒毒工作合力

强制隔离戒毒是一项系统工程，离不开社会各界和广大人民群众的参与和支持。近年来，我们始终坚持“开放戒毒，系统治理”理念，在省禁毒委的指导帮助下，构建了多方联动、合力推进的大戒毒格局。一是职能部门支持为强制隔离戒毒工作奠定了基础。在省公安厅、省禁毒办的支持下，印发《关于建立强制隔离戒毒协作交流机制的通知》，确立了决策议事、通报会商、协商处置、案件办理、配合协作五项机制和联络员制度，在全国率先建立了禁毒戒毒长效协作机制；印发《关于规范和加强强制隔离戒毒工作有关事项的通知》，进一步规范送戒执行、戒毒措施变更、期满解除、提前解除、延长期限等工作，促进了强制隔离戒毒工作的健康发展；印发《关于确定全省强制隔离戒毒场所收治区域的通知》，均衡了各强制隔离戒毒所的收治压力。围绕解决戒毒医疗力量薄弱的问题，省卫计委划拨专项资金、组织专业力量，对场所医护人员进行培训，同时指定社会医院对场所医疗机构进行对口帮扶，特别是帮助解决了部分场所的戒毒医疗服务资质问题，为提高戒毒医疗工作水平做出了积极贡献。检察机关在进驻场所政策尚未明确的情况下，对戒毒执法活动和案件查处工作给予监督指导，保障了戒毒人员合法权益，促进了警察依法履职。教育系统发挥科研资源优势，对戒治工作提供了有益的指导和帮助。山东省师范大学体育学院指导编排的三套康复健身操，得到了司法部戒毒局领导的好评；山东师范大学心理学院、鲁东大学教育科学学院分别与省女子强制隔离戒毒所、烟台市强制隔离戒毒所建立合作关系，共同开展心理矫治应用研究。省食药监局在药物滥用监测、警察队伍培训及强制隔离戒毒人员毒品滥用情况分析工作中，给予了大量

帮助。省财政厅专门印发通知，确定强制隔离戒毒所基本支出经费标准，使我省成为全国第一个建立戒毒经费长效动态保障机制的省份。省人社厅将强制隔离戒毒人员职业技能培训纳入全省整体规划，并指明由社会专业机构提供培训师资，使所内职业技能培训实现了“专业化、零收费”。二是社会帮戒为强制隔离戒毒工作注入了有生力量。主动打破“围墙意识”，为高校、社会团体、义工组织、强制隔离戒毒人员亲属开展帮戒活动搭建平台。两年来，共举办专家讲坛、心理辅导、亲情规劝会等形式多样的帮教活动70余次，实现了所内戒治与社会帮戒的有机融合。三是新闻媒体的关注为强制隔离戒毒工作创造了良好的社会环境。坚持正确的舆论导向，主动加强同新闻媒体的合作，积极融入全民禁毒宣传，两年来在中央电视台、山东电视台、《山东法制报》、新华网等发稿100余件次，扩大了禁毒戒毒工作的社会影响，赢得了社会的理解和支持。

三、坚持科学戒毒，不断提高戒治工作质量

强制隔离戒毒主要职能是创造无毒环境，帮助吸毒人员康复身心，重塑健康人格，增强戒毒信心和抵御毒品诱惑能力，终极目标是帮助吸毒人员戒除毒瘾、顺利回归社会。围绕这一目标，我们本着“遵循规律，结合实际，打造特色”的原则，探索推行了“3×3＋N”戒毒模式（“3×3”是指：三区，脱毒治疗区、身心康复区、适应训练区；三期，脱毒期、康复期、巩固期；三项机制，家庭帮戒、社会帮戒、后续照管。“N”是指医疗、心疗、工疗、体疗、“化”疗、食疗等多元化科学戒毒方法），并着重完善了七个支撑体系。一是完善安全防控体系。强制隔离戒毒是一项重要的执法活动，安全戒毒是前提也是底线。始终把场所安全稳定摆在首要位置，严格落实《禁毒法》《戒毒条例》，实行重要执法工作备案和执法证据留存制度，开展执法先进单位创建活动，实现以规范性、严肃的执法支撑安全。坚持人本化管理理念，制定强制隔离戒毒人员收治、所外就医、考核奖惩、诊断评估工作流程，完善所、大队两级民管组织，实现以标准化、程序化和民主化的管理保障安全。严格落实领导责任、预防管控、排查整治、应急处置“四项机制”，加强人防、物防、技防、联防“四防一体化”建设，实现以严密的防范确保安全。二是完善戒毒医疗体系。吸毒成瘾是一种顽固的、反复发作的脑部疾病，强制隔离戒毒则是一个艰难的医疗过程。我们整合强制隔离戒毒系统医疗资源，组建省戒毒监测治疗所和省戒毒系统疾病预防控制中心，专门承担戒毒

医疗、疾病防控及患艾滋病等传染性疾病人员的集中收治职能，同时以培训、派驻等形式，为全省强制隔离戒毒场所提供服务和指导，成为全国司法行政戒毒系统推广的典型。制定《强制隔离戒毒所医疗机构基本标准》和《加强强制隔离戒毒场所医疗卫生工作的意见》，开展场所医疗机构达标创建活动，提高了戒毒医疗工作整体水平。加强与社会医疗机构合作，先后与省胸科医院等十家社会医院签订合作协议，建立戒毒人员就诊“绿色通道”，提高了戒毒医疗服务的社会化水平。三是完善教育矫治体系。编印系列戒治用书，以课堂授课为抓手，对戒毒人员系统进行法律法规、科学文化、戒毒知识、价值观重塑教育，促进强制隔离戒毒人员再社会化。探索推广“心理教练”戒毒、动机访谈戒毒、“疗程式”戒毒等特色戒毒方法，最大限度帮助强制隔离戒毒人员戒除心瘾。依托齐鲁文化优势，将《弟子规》《心经》等国学经典引入戒毒工作，打造“泉·百脉涤心”“烛炬之光”等戒毒文化品牌，发挥了以文化人的积极作用。四是完善康复训练体系。针对强制隔离戒毒人员身心特点，制定《康复训练大纲》和《体能测试标准》，配备专业训练器材，系统组织开展康复训练，帮助强制隔离戒毒人员恢复体能、强健体魄。五是完善技能培训体系。认真贯彻落实国家禁毒办等十一部委下发的《关于加强戒毒康复人员就业扶持和救助服务工作的意见》，以习艺劳动为基础，加强职业技能培训，使强制隔离戒毒人员树立劳动意识，养成劳动习惯，掌握一技之长，为出所后顺利就业、延长操守提供了保障。六是完善后续照管体系。做好出所人员的后续照管工作，对确保强制隔离戒毒人员顺利回归、减少复吸至关重要。我们主动延伸工作触角，做好出所人员的信息对接、定期跟踪回访、提供帮扶救助等工作，同时坚持为出所人员提供专业指导，帮助他们规避复吸风险，实现了强制隔离戒毒人员在所、出所无缝衔接。七是完善人才保障体系。坚持把过硬队伍作为事业发展的力量之源，把好专业人员入口关，大力引入具有医学、心理学、康复运动学等专业知识的高素质人才；优化专业化配置，设康复训练师、心理辅导师、行为矫正师等，细化每个职位的职责分工，赋予每名警察不同的专业职能；加强专业化培训，举办精神和麻醉药品使用培训、药物滥用监测技术培训等 100 余次、参训近 5000 人次，有效提高了警察戒毒业务技能。

（本文节选自 2015 年 6 月在全省禁毒工作会议上的发言提纲）

服务大局　有为争先
扎实推进全省戒毒工作走在全国前列

习近平总书记指出，戒毒工作是新时期司法行政工作的重点之一，要不断提高戒毒工作水平。中央政法委书记孟建柱同志在视察山东时作出“山东政法工作五个走在全国前列”的重要指示。在刚刚结束的全国司法行政戒毒工作会议上，吴爱英部长对做好新时期司法行政戒毒工作作出了全面部署。中央一系列决策部署和领导指示精神，为推进司法行政戒毒工作发展指明了前进方向、提供了重要遵循。2015 年以来，山东司法行政戒毒机关按照省委“一个定位、三个提升”的部署，认真贯彻省委政法委提出“山东政法工作走在全国前列”的要求，立足山东戒毒工作实际，坚持理思路、打基础、练内功，确立了“一四六”工作思路，即以帮助戒毒人员戒除毒瘾、顺利回归社会为中心，以大力实施“国学·齐鲁文化”入心、中医中药戒毒、专业人才培育、体制机制创新四大工程为重点，不断完善教育矫治、戒毒执法、场所管理、医疗康复、场所保障、社会支持六大体系，坚持“六疗”并举、综合戒治，重点带动、整体推进，各项工作取得了新的进展和成效。在全面依法治国的新常态下，山东司法行政戒毒工作将以“走在全国前列”为总目标，认识和把握强制隔离戒毒工作的规律和特点，进一步增强责任感、使命感和紧迫感，最大限度地帮助吸毒人员彻底戒断毒瘾、顺利回归社会，更好地发挥在平安山东、法治山东建设中的职能作用。

一、坚持高点定位，在更新理念、创新思路上走在前列

理念是行动的先导。推动戒毒工作走在全国前列，必须以理念的提升为引

领。一是从参与社会治理、维护社会稳定的高度定位戒毒工作。毒品不仅危害身心健康,破坏家庭幸福,败坏社会风气,而且容易诱发各类违法犯罪活动。可以说,毒品问题既关乎人民幸福安康,又关乎社会和谐稳定、关乎国家长治久安。戒毒工作作为司法行政工作的重要组成部分,要善于观大势、谋全局、抓大事,自觉从服务平安山东、法治山东建设的高度来认识、把握。二是以全国领先的标准谋划戒毒工作。树立领先发展的理念,是实现领先发展的前提。与先进省份相比,我省戒毒工作虽然还存在一定差距,但同时也具有自身的特色和优势,具备迎头赶上、领先发展的基础和条件。要树立领先发展的意识,立足山东、放眼全国,无论制定目标任务,还是推动工作落实,都要高定位、高标准、高要求,以全国一流的标准激发争创一流的干劲。三是用法治思维和法治方式推进戒毒工作。戒毒机关作为国家执法机关,必须坚持严格依法办事,坚持公正规范文明执法,自觉运用法治思维和法治方式想问题、定措施,确保戒毒工作始终在法治轨道上运行。四是以安全稳定为前提抓好戒毒工作。安全是前提、是底线,也是戒毒场所第一位的工作责任。要把场所安全稳定置于社会稳定大局中谋划、部署,坚持以打造"六无"场所为目标,切实增强忧患意识,强化底线思维,狠抓"五项机制""四防一体化"等安全稳定长效机制建设,确保场所持续安全稳定。在新理念、新思路的引领下,我们将着力打造山东戒毒品牌,演绎山东戒毒故事,全面提升我省戒毒工作科学化、专业化水平,力争用2～3年时间跻身全国戒毒系统先进行列。

二、坚持严格公正,在规范执法、精细执法上走在前列

戒毒执法是强制隔离戒毒的法定职责,是对戒毒人员进行管理、戒治的重要依据。要把严格公正执法摆在突出位置,深入推进戒毒执法规范化建设。一是更新执法理念。执法理念的更新,是执法工作的根本性问题。要立足于戒毒人员是"违法者、病人、受害者"三重身份,树立严格执法与文明执法并重、程序公正与实体公正并重的理念,做到"以法为据,以理服人",维护法律权威,保障戒毒人员权益。二是转变执法方式。要加强建章立制工作,编印执法手册,绘制执法运行流程图,完善戒毒执法体系,使每项执法活动都有规可依、规范运行。推进精细化执法,实行戒毒执法网格化管理,对执法活动的范围、条件、标准进行细化和量化,进一步明确部门、岗位执法职权责任。三是提高执法效能。

要完善重要执法活动备案制度，充分利用网络平台，畅通备案信息渠道，实行网上录入、网上审核、网上办理，实现对执法主体、过程、质量的动态管控。为一线警察配备执法记录仪、便携式录音设备，强化执法活动证据留存。要定期听取戒毒人员及其亲属的意见建议，形成执法联动机制，以开放、互动的方式，有效解决执法工作中的难题。四是加强执法监督。要健全重要执法活动公示制度，定期开展执法专项检查，探索通过视频监控、执法备案、证据留查等方式，实现执法活动全过程监督。要深化所务公开，通过设立公示栏、咨询电话、借助媒体、网络等形式，拓宽公开渠道，增加执法透明度。要建立执法监督员制度，主动接受社会监督，提高执法公信力。

三、坚持综合施策，在专业戒毒、科学戒毒上走在前列

教育戒治是戒毒工作的中心任务。山东戒毒实现全国领先，其中教育戒治的含金量最高，也最具挑战性。要实现这一目标，关键是做足优势、补齐“短板”，提升我省戒毒工作的专业化、科学化水平。一是打造具有山东特色的戒毒文化品牌。山东是孔孟故里、儒家文化发祥地。要利用好这一资源优势，深入推进“国学·齐鲁文化入心”工程，将《论语》《大学》以及王阳明心学等国学经典引入戒毒场所，形成“一所一品牌，一队一特色”，充分发挥齐鲁文化在改变认知、重塑人格、戒除毒瘾上的独特作用，打造特色鲜明的山东戒毒文化品牌。二是建立科学完善的医疗康复体系。我省在全国率先建立了“一所一中心两实验室”戒毒医疗服务体系，出台了《戒毒医疗机构基本标准(试行)》《戒毒人员康复训练大纲(试行)》等文件，形成了山东戒毒的独特优势。要通过开展戒毒场所医疗机构达标创建活动，进一步强化基础、完善功能、提升品质，发挥好我省戒毒医疗康复工作的先发优势。三是加快探索中医中药戒毒工作。要充分发挥传统中医中药优势，密切与山东省中医药大学研发合作关系，设立中医中药戒毒研发基地，成立中医中药戒毒研究课题组和专家组，明确中医中药戒毒的时间表和路线图，力争在中医中药戒毒领域先行一步、抢得先机。四是开展社区戒毒社区康复指导站试点工作。要认真落实《禁毒法》《戒毒条例》关于“司法行政机关指导社区戒毒、社区康复工作”的规定，本着“先行试点，逐步推开”的原则，建立“司法行政机关社区戒毒社区康复指导站”，完善后续照管工作机制，最大限度地降低复吸率。

四、坚持保障有力，在场所建设、信息化建设上走在前列

与先进省份相比，我省戒毒场所存在设施陈旧、功能不全、信息化建设滞后等问题，场所保障与实际需要的矛盾较为突出。要以编制“十三五”规划为契机，抢抓机遇，乘势而上，彻底改变我省场所保障长期低水平运行的状况。一是在场所设施建设上打一个翻身仗。要按照《强制隔离戒毒所建设标准》，尽快制定“十三五”戒毒场所建设规划，力争将省监测治疗所扩建项目、青岛戒毒所和济宁戒毒所迁建项目纳入国家和省里的“十三五”规划，确保在“十三五”期间建成3～4个功能齐全、在全国比较先进的现代化戒毒所。二是建立硬件过硬、软件要强的信息化系统。要树立“互联网＋”思维，整合业务系统和数据资源，建成智能化综合业务管理平台和戒毒系统大数据中心。探索建立所务公开、安全保障、远程诊疗、视频探访、社会帮教等信息平台，发挥信息化对戒毒业务的支撑作用。要将循证矫正与信息化建设相结合，以信息技术分析戒毒人员身心特征，建立智能分析、风险预警和决策支持系统。三是创新戒治工作机制。要着力破解制约戒毒工作发展的瓶颈性问题，以完善戒毒执法、场所管理、教育矫治、医疗康复、场所保障和社会支持六个体系为重点，构建科学规范、系统完善的戒毒工作体制机制，内部运转更加高效，外部支持更加有力，整体工作水平进一步提升，为我省戒毒工作走在全国前列奠定坚实基础。四是深化戒毒生产体制机制改革。要按照现代企业制度要求，参照监狱体制改革的做法，尽快实施戒毒企业体制改革，建立公司法人治理结构。尽快完成戒毒企业工人养老保险参保工作。要坚持把生产劳动作为戒治工作的重要组成部分，探索实行戒治日“1226”生产劳动模式，发挥“工疗”作用，实现生产劳动的社会效益、经济效益和戒治效益同步提升。

五、坚持人才优先，在队伍专业化建设上走在前列

人才是推动戒毒工作创新发展、实现“走在全国前列”目标的重要保障。要主动适应戒毒工作新形势、新要求，通过实施戒毒专业人才培育工程，全面提升警察队伍专业素质和履职能力。一是坚持政治建警。要把思想政治建设放在首位，深化“三严三实”专题教育，坚定理想信念。大力弘扬“厚德明法，忠诚担

当，业精善治，有为争先”的山东戒毒警察精神，内化于心、外化于行，鼓舞士气、激励斗志，努力带出一支过硬的警察队伍。要按照“零容忍”的要求，坚持向作风建设要战斗力，强化正风肃纪，加强执法督察，确保警察队伍纪律严明、作风过硬。二是注重人才引进。要根据戒毒工作需要，制定专业人才招录计划，明确不同专业岗位需具备的知识、素质和技能，通过招录、选调、聘用等方式，优先引进具有专业资质的医护人员以及心理学、药理学、中医中药学、精神医学、运动训练学等方面的专业人才。三是完善培训体系。要研究制定戒毒专业人才教育培训规划，明确不同领域、不同岗位、不同层次专业人才的培训重点和目标。围绕实际应用选择和编写教材，形成适合戒毒实务要求的师资力量和教材体系。采取自主培训和委托培训、联合培训相结合的方式，借智借力提高培训的质量和层次。支持警察自主参加学历（学位）教育、岗位资格认证考试，鼓励岗位成才、自学成才。实施全员读书计划，配备必要的图书、报刊等学习资料，倡导领导干部带头搞研究、写文章，广泛开展理论研讨、课题攻关等活动，营造良好的学习氛围。四是落实从优待警。要积极争取上级部门支持，规范省属戒毒所科级干部配备工作，适时充实调整，进一步优化队伍结构，增强警察的职业认同感、荣誉感、成就感。要把从优待警有关政策落到实处，把已有政策用足、用好，把能给警察的最大程度给予警察，在事业留人的同时，要用感情留人，充分激发工作活力，为实现“走在全国前列”的目标提供组织保障和人才支撑。

（本文原载《山东政法》2015年第10期）

关于推进强制隔离戒毒工作的思考

习近平总书记指出，戒毒工作是新时期司法行政工作的重点之一，要不断提高戒毒工作水平。在全国司法行政戒毒工作会议上，吴爱英部长对做好新时期司法行政戒毒工作作出了全面部署、提出了明确要求，为戒毒工作健康发展指明了前进方向、提供了重要遵循。强制隔离戒毒是《禁毒法》赋予司法行政机关的一项重要职能。在全面依法治国的新常态下，如何进一步认识和把握强制隔离戒毒工作的属性和规律，帮助吸毒人员彻底戒断毒瘾、顺利回归社会，更好地发挥在加强社会治理、保障平安建设中的职能作用，是司法行政机关面临的一个重大课题和紧迫任务。

一、对强制隔离戒毒工作的再认识

吸毒带来的社会危害不可估量，毒品不仅危害吸毒者本人，还包括其家人和社会。戒毒是世界性难题，仅靠两年的强制隔离戒毒，要想彻底戒断毒瘾是非常困难的。因此，我们设定了强制隔离戒毒工作"三重目标"，即减少毒品的现实危害，为戒除毒瘾创造无限的可能性，彻底戒断毒品。基于这一工作定位，我们对强制隔离戒毒有以下几点认识：

1. 强制隔离戒毒是一项重要的执法活动。《禁毒法》《戒毒条例》将强制隔离戒毒规定为法定戒毒措施之一，同时赋予了司法行政机关强制隔离戒毒职能，明确了强制隔离戒毒执法的法律依据。司法部先后出台《司法行政机关强制隔离戒毒工作规定》《关于进一步加强司法行政戒毒工作的意见》，公安部、司法部、国家卫计委联合出台《强制隔离戒毒诊断评估实施办法》，从执行层面对戒毒执法作出了具体规定。2014 年，习近平总书记对戒毒工作作出重要指示，指出“戒毒工作是司法行政工作的重点之一，要不断提高戒毒工作水平”。中共中央、国务院印发《关于加强禁毒工作的意见》，将禁毒戒毒工作提升到“国家安全战略和平安中国、法治中国建设”的新高度。因此，强制隔离戒毒是党和国家禁毒意志的强烈表达，依法设定，于法有据，是一项重要的执法活动，是中国特色社会主义法治体系的重要组成部分。

2. 强制隔离戒毒是一个艰难的医疗过程。从医学的角度讲，吸毒成瘾是一种顽固的、反复发作的脑部疾病，成瘾人员存在大脑神经功能的严重损伤。据统计，在吸毒人员中，患有心理障碍与抑郁症的分别占 55% 和 40%。同时，由于长期吸毒，戒毒人员身体素质差，免疫机能低下，引发一些严重的疾病，甚至是多种疾病同时出现。从我省情况看，戒毒人员身患疾病的超过 30%，有的即使处在戒毒康复期，仍持续存在稽延性戒断综合征。由此引起的疼痛、焦虑、抑郁、身体不适等问题，长期影响着戒毒人员的生活，成为他们复吸的主要原因。因此，毒品戒断过程实际是一个具有特殊性、多样性和反复性的医疗过程，需要根据戒毒人员的具体情况，采取有针对性医疗救治措施，帮助他们治疗身心疾病，消除毒品依赖，恢复身体健康。

3. 强制隔离戒毒是一个最富探索性的心疗过程。破解戒毒这个世界性难题，心疗居于主导地位，也是强制隔离戒毒取得实效关键所在。从多年的工作实践看，让吸毒成瘾人员摆脱对毒品生理上的依赖性，要比摆脱心理上的依赖性相对容易得多。“一朝吸毒，十年戒毒，终生想毒”，指的就是心瘾难除。两年强制隔离戒毒期间，生理脱毒 1～2 个月即可完成，心理脱毒却是贯穿始终的重点工作。同时，戒毒人员出所后，心理脱毒不彻底、自制力不强，受外因诱导产生强烈的心理渴求，是戒毒人员复吸的最主要的原因。因此，加强对吸毒人员的心理研究，创新心理疗法，帮助戒毒人员缓解心瘾困扰，恢复自信心和自尊心，增强意志力和控制力，是提高强制隔离戒毒工作成效的必由路径。

4. 强制隔离戒毒是一项综合施策的系统工程。戒毒是一项艰巨复杂的系统工程，必须树立“系统戒治”的理念。强制隔离戒毒的系统性主要体现在两个层面：一个是戒毒场所综合戒治的系统性。由于吸食毒品种类不同、成瘾程度不同，再加上吸毒人员个人情况复杂多样，采取单一的戒毒方法、措施和模式难以奏效，需要广泛运用医学、心理学、康复运动学、教育学等多学科知识，多措并举，综合矫治，实现帮助戒毒人员恢复身心健康、增强拒毒能力、修复家庭和社会功能等多重目标。另一个是社会支持帮扶的系统性。据统计，戒毒人员出所半年和出所三年的复吸率均在90%以上，说明出所半年这个时间段非常关键。因此，司法行政、公安、民政、社区、家庭等组织共同参与，做好出所人员的后续照管工作，对于确保戒毒人员顺利“软着陆”、减少复吸的诱因十分重要。

5. 强制隔离戒毒是一项神圣的事业。强制隔离戒毒是一项具有探索性、创新性和挑战性的重要工作，其特殊属性决定了戒毒警察具有警察、医生、教师、心灵导师四种身份。戒毒工作作为一项重要的执法活动，需要警察认真贯彻戒毒法律法规，严格公正规范执法；吸毒人员是特殊的“病人”，戒毒所是一所特殊医院，需要警察具备专业的医学知识和技能。从社会学的角度看，吸毒成瘾人员是社会化失败者，戒毒所是一所特殊学校，需要警察帮助戒毒人员重塑健康人格，提升道德修养，实现再社会化；戒毒人员作为毒品的受害者，需要警察从心理上、心灵上对他们进行宽慰、劝解、引导和救赎，充分体现人文关怀。因此，戒毒工作是一项治病救人的善举和功德，功在当代，利在千秋，是一项前无古人的神圣事业。

二、当前强制隔离戒毒工作存在的问题分析

《禁毒法》颁布实施七年多来，强制隔离戒毒作为戒毒工作的一项重要措施。通过积极探索实践，戒毒工作体制机制不断完善，新的工作体系和格局初步形成，取得了良好成效。但是也要看到，由于强制隔离戒毒工作开展较晚，缺乏经验，工作中还存在一些急需解决的问题。

1. 场所设施装备不完善。戒毒场所大多是由劳教所转型而来，由于建成时间早、场所设计受历史条件所限等原因，普遍存在设施陈旧、功能不全、改造难度大等问题，难以适应戒毒工作要求。一是场所规模有限。与劳教人员根本不同的是，戒毒人员具有“病人”属性，对医疗、康复设施条件的要求较高，现有戒毒场所改造升级难度大，收治能力受到限制。二是设施功能不全。现有戒毒场所是由劳教所转来的，在设计建设上“先天不足”，设施陈旧，功能不全，有的场所达不到司法部提出“分期分区戒治”的要求。三是专业戒治设备不全。戒毒工作专业性强，既需要专业人员，又需要专业设备。戒毒场所医疗、康复等专业设备配备不全，应用水平不高，难以满足戒毒工作需要。

2. 戒毒执法管理不规范。《禁毒法》和《戒毒条例》是强制隔离戒毒的执法依据。在工作实践中，还存在执法不规范、标准不统一、监管不到位等问题。比

如，强制隔离戒毒的执行权和决定权分别由司法行政和公安机关行使，但在理清二者执法关系特别是对公安部门执法监督上缺乏有效的制度设计。戒毒警察执法细则、执法过错责任追究办法、戒毒人员外医标准等执法规范急需制定或修订，戒毒执法规范化、精细化建设需进一步加强。检察机关尚未进驻戒毒场所，对戒毒场所的执法监督还不到位，不利于矛盾纠纷的协调处理。戒毒机关内部监督机制和接受人大、政协、群众等外部监督机制尚不健全。戒毒警察的执法理念还需要进一步转变，有的法治意识不强，执法存在盲目性和随意性，执法行为有待进一步规范。

3. 教育戒治工作不系统。强制隔离戒毒工作的终极目标是帮助吸毒人员戒除毒瘾、顺利回归社会，当前在教育戒治方面还存在三个突出问题：一是戒毒专业化有待加强。戒毒是一个艰难的医疗和心疗过程，但目前戒毒场所普遍面临医疗基础薄弱、专业人才匮乏的难题，戒毒医疗对戒毒人员躯体症状关注多，对戒毒方法研究少；心理矫治对心理健康知识普及和戒毒人员心理健康问题关注多，对戒毒人员人格重塑、心理脱瘾的研究少。二是社会帮戒工作有待加强。单纯依靠戒毒场所的力量，不可能实现戒断毒品的目标，必须将社会资源引入戒毒场所，形成工作合力。目前，社会力量参与戒毒工作不够系统化、常态化，社会帮戒工作还存在“重在节日，偏于形式”等问题，长效机制尚未形成。三是后续照管工作有待加强。对出所戒毒人员进行后续照管是《禁毒法》的明确规定。由于后续照管工作权限不明、责任不清、机制不全，使得大量出所戒毒人员脱管漏管，成为复吸率居高不下的重要原因。2015 年，我省对出所戒毒人员进行了跟踪回访，其中失联人员占 20％，人户分离占 13％，这部分人处于脱管状态。其他出所人员虽被纳入监管，但缺乏必要的管理服务措施。

4. 警察队伍素质不适应。强制隔离戒毒是一项专业性很强的工作，警察不仅要有丰富的专业技能，还要有优秀的品质和高尚的人格。但在实际工作中，警察队伍的素质能力还存在不适应的地方。以山东为例，主要表现在四个方面：一是队伍年龄结构不够合理。我省戒毒系统警察平均年龄为 45 岁，主要集中在 40～50 岁，40 岁以下的占 21％，50 岁以上的占 26％，面临年龄老化、后备力量不足等问题。二是戒毒专业人才缺口较大。目前，各戒毒所具有专业资质的医护人员普遍数量不足，心理咨询师虽然人数多但应用水平不高，具有资质的营养师、全科医师等专业人才更是匮乏。三是警察的职业认同感和归属感不强。由于戒毒所相对封闭，与社会接触交流少，戒毒工作的社会地位和认可度不高，加之警察职级偏低，工作时间长、压力大，警察的健康状况普遍较差，使得他们缺少成就感和荣誉感。四是人才培养使用机制有待完善。培训工作针对性和实用性不强，对戒毒专业人才管理使用缺少制度保障，现有专业人才的作用得不到有效发挥，专业人才提职难度大、发展空间小，一定程度上挫伤了他们的积极性。

三、推进强制隔离戒毒工作的对策措施

近年来，山东省司法行政戒毒机关认真落实《禁毒法》和《戒毒条例》，深入贯彻习近平总书记关于司法行政戒毒工作重要指示精神，按照吴爱英部长提出"四个转变，一个提高"的要求，坚持以帮助戒毒人员戒断毒瘾、顺利回归社会为终极目标，大力实施"国学·齐鲁文化"入心、中医中药戒毒、专业人才培育、体制机制创新四大工程，不断完善戒毒执法、场所管理、教育戒治、医疗服务、场所保障、社会支持六大体系，坚持"六疗"并举、科学戒毒，着力打造山东戒毒品牌，全面提高司法行政戒毒工作科学化、专业化、社会化水平，取得了良好工作成效。加强和改进强制隔离戒毒工作，事关群众切身利益，事关国家长治久安，对于维护社会和谐稳定、加强平安建设发挥着重要作用。根据吴爱英部长在全国司法行政戒毒工作会议上的重要讲话精神，认真梳理近年来我省戒毒工作经验和成效，我们感到做好新形势下司法行政戒毒工作，要重点在六个方面下功夫：

1. 坚持公正执法，提升戒毒执法规范化水平。强制隔离戒毒是一项重要的执法活动。戒毒执法是强制隔离戒毒的法定职责，也是对戒毒人员进行管理、戒治的重要基础。要把严格公正文明执法摆在突出位置，深入推进戒毒执法规范化建设。一是更新执法理念。执法理念的更新，是执法工作的根本性问题。要立足于戒毒人员是"违法者、病人、受害者"的三重身份，树立严格执法与文明执法并重、程序公正与实体公正并重的理念，做到"以法为据，以理服人"，维护法律权威，保障戒毒人员权益。二是强化法制教育。把法制教育作为一项长期、常态的根本任务，坚持不懈地开展中国特色社会主义法治理念教育，使警察保持清醒头脑，坚定严格、文明、公正执法的政治方向。坚持从贴近一线执法实际出发，常态化开展执法培训、岗位练兵活动，提高警察运用法治思维和法治方式解决实际问题的能力。三是转变执法方式。推进规范化执法，适应法治化建设要求，加强建章立制工作，完善戒毒执法体系，使戒毒执法有规可依、规范运

行。推进精细化执法，实行戒毒执法网格化管理，对执法活动的范围、条件、标准进行细化和量化，规范和缩小执法自由裁量空间。四是加强执法监督。健全重要执法活动公示制度，定期开展执法专项检查，探索通过视频监控、执法备案、证据留查等方式，实现执法活动全过程监督。深化所务公开，通过设立公示栏、咨询电话、借助媒体、网络等形式，拓宽公开渠道，增加执法透明度。要建立执法监督员制度，主动接受社会监督，提高执法公信力。

2. 坚持底线思维，提升安全稳定常态化水平。强制性是强制隔离戒毒的根本属性之一。加强戒毒场所管理工作，保持戒毒人员与外界有效隔离，维护安全有序的场所环境，是戒毒工作的前提和基础。一是强化安全管理。始终把场所安全稳定置于社会稳定大局中谋划、部署，摆在突出位置，增强忧患意识，强化底线思维，加强安全稳定“五项机制”建设，完善“四防一体化”体系，建立健全安全稳定长效保障机制。探索建立符合“六无”标准要求的安全管理考核标准和办法，健全安全事故查处和责任追究机制，以强有力的监督检查和责任追究倒逼筑牢安全防线。二是规范所政管理。严格控制外来人员、车辆进入戒毒场所，加强新收入所、离所就医、探访探视等重点环节管理，建立完善随机尿检和回所必检制度，严防毒品、违禁品流入所内。坚持以防止戒毒人员脱管、漏管为目标，细化警察直接管理的规范和流程，确保警察直接管理到位。联合公安、疾控、医疗服务等部门，制定详细的应急处置预案，加强模拟演练，建立反应迅速、处置有力的应急处置机制。三是创新戒治管理。从戒毒工作大局谋划管理工作，进一步细化分期戒毒、分区管理、分类矫治、分级处遇的工作标准，建立具有针对性、递进性和激励性的戒治管理机制，发挥管理对戒治工作的促进作用。探索完善警察指导下的戒毒人员自主管理形式，发挥戒毒人员的自我管理作用，调动戒毒人员参与管理戒治工作的积极性。

3. 坚持“六疗”并举，提升戒毒工作科学化水平。从戒毒人员特点出发，坚持“六疗”并举、科学戒毒，建立系统完善的教育戒治体系，为帮助戒毒人员戒除毒瘾创造无限的可能性。一是“医疗”奠定戒治基础。做大做强戒毒专业医院，开展戒毒场所医疗机构达标活动，建立一所二级医院，其他戒毒所建成一级医院，形成具有司法行政特色的“全科＋戒毒”医疗模式。与社会医院深化合作，探索建立远程诊疗网络，提高戒毒人员疾病救治水平。加强戒毒医疗研究，广泛运用中西医结合疗法，大力实施中医中药戒毒工程，发挥医疗在毒瘾戒治中的积极作用。二是“体疗”促进机能恢复。建立符合戒毒人员生理特点的“体疗”工作体系，配备康复训练指导师，加强硬件建设，丰富训练载体，开展“处方式”体能康复训练，促进戒毒人员生理功能恢复和体质总体增强。三是“心疗”重在祛除心瘾。以强化心理调适、树立戒毒信心、增强抗复吸能力为重点，广泛运用人格重塑戒毒、心理教练戒毒、动机访谈戒毒等心理治疗方法，系统开展角色扮演、小组训练、情景模拟等心理脱瘾训练，帮助戒毒人员增强戒毒意志力和控制力，弱化对毒品的心理依赖。四是“‘化’疗”意在以文化人。将传统文化引入戒毒工作，找准结合点和着力点，在教育理念、场所设施、教育环境上统一规划设计，做到“一所一品牌，一队一特色”，打造山东特色戒毒文化品牌，充分发挥传统文化在改变认知、重塑人格、戒除毒瘾等方面的独特作用。五是“食疗”助力戒治康复。根据戒毒人员不同时期营养需求特点，通过合理搭配饮食，利用食物特性作用机体功能，促进戒毒人员身体康复，减轻对毒品的依赖，发挥“食疗”辅助戒治功能。六是“工疗”提高谋生能力。把劳动作为戒毒的重要手段，通过组织参加生产劳动和职业技能培训，引导戒毒人员树立劳动观念，培养劳动习惯，掌握一技之长，为他们顺利回归社会、降低复吸率铺平道路。

4. 坚持统筹协调，提升场所保障高效化水平。健全完善的保障体系是做好戒毒工作的必要条件。当前严峻的禁毒形势，既对完善场所保障体系提出了新的要求，又为提高场所保障水平提供了机遇。一是建立功能完善、特色鲜明的现代化戒毒场所。要把握禁毒斗争的总体形势和区位特点，加大场所改建、迁建、新建工作力度，进一步优化戒毒场所布局，彻底改变部分场所长期低水平运行的状况。按照《强制隔离戒毒所建设标准》，坚持先进建筑理念与戒毒工作需求相结合，突出特色，完善功能，打造经得起时间检验的精品戒毒场所。二是建立硬件过硬、软件要强的信息化系统。要树立“互联网＋”思维，整合业务系统和数据资源，建成智能化综合业务管理平台和戒毒系统大数据中心。探索建立所务公开、安全保障、远程诊疗、视频探访、社会帮教等信息平台，发挥信息化对戒毒业务的支撑作用。要将循证矫正与信息化建设相结合，以信息技术分析戒毒人员身心特征，建立智能分析、风险预警和决策支持系统。三是建立动态增长、倾斜基层的经费保障机制。要从戒毒人员特殊属性和戒毒工作发展的特殊阶段出发，充分考虑戒毒人员患病、物价上涨、政策性增支等因素，加强与财政部门沟通协调，及时调整经费执行标准，建立戒毒经费动态增长保障机制。坚持抓基层、打基础，重视基层经费保障，提高基层队伍、装备建设经费保障水平。

5. 坚持多方联动，提升戒毒工作社会化水平。戒毒是一个艰难复杂的系统工程。最大限度地整合社会资源，共同关注戒毒人员、支持戒毒工作，是提高戒治质量、巩固戒治成效的必然选择。一是凝聚戒毒工作合力。要从“加强和创新社会治理”的高度审视和谋划戒毒工作，坚持“争取党委政府支持，加强职能部门协调，欢迎社会力量参与”的原则，构建场所主导、多方联动、共同参与的大戒毒格局，凝聚全社会共同关注支持戒毒工作的强大力量。拓宽社会资源参与戒治工作的渠道，通过组建帮戒专家团、志愿服务组织，设立联络站、帮戒基地，举办“戒毒课堂”“家属学校”等形式，建立戒毒合作长效机制，使所内所外两个资源深度融合、长效互动。二是强化后续照管工作。戒毒人员复吸率居高不下的一个重要原因，就是出所后帮扶照管不到位，很容易使他们重蹈覆辙。戒毒场所拥有独特的资源优势，要在后续照管工作中发挥重要作用。一方面，建立戒毒康复所，完善工作机制，为有意愿接受专业戒治的自愿戒毒、社区戒毒、社区康复人员提供平台；另一方面，加强对社区戒毒社区康复的支持指导，建立工作指导站，与其他部门合作，为出所人员提供系统的照管服务，避免复吸，保持操守。三是服务全民禁毒宣传。开展禁毒宣传教育、防患于未然，是遏制毒品蔓延与降低危害最有效的方法。强制隔离戒毒机关应发挥阵地和资源优势，通过建立禁毒警示教育基地、组织警察、戒毒人员进行禁毒宣讲等形式，主动融入全民禁毒宣传。在用好电视、报纸等传统媒体的同时，积极借助微信、微博、微电影、微视频等新兴传播方式，提高禁毒宣传的互动性和针对性，扩大禁毒宣传的辐射面和戒毒工作的社会影响。

6. 坚持人才为先，提升警察队伍专业化水平。事业发展，关键在人。戒毒专业人才是推动戒毒工作发展的根本保障。要适应戒毒工作新形势、新要求，必须打造一支政治坚定、特色鲜明、分工明确、结构合理、优势突出的专业人才队伍。一是增强职业认同。要大力宣传戒毒工作，提炼弘扬戒毒警察精神，内化于心，外化于行；鼓舞士气，激励斗志，塑造戒毒警察良好的社会形象；增强警察的职业认同感、荣誉感、成就感，形成戒毒工作所特有的职业道德、价值取向和行为准则。二是加快人才引进。根据戒毒工作需要，重点引进戒毒工作急需的医疗、康复、心理等方面的人才。突出引进人才的针对性，优先从政法类院校对口招录相关专业毕业生。同时依托社会医院、高等院校、科研机构等，外聘戒毒工作所需的高端人才，缓解专业人才短缺的状况。三是加大培训力度。针对队伍现状和戒毒工作需要，进行调查、分析和研判，开发出更加注重应用、易于吸收、适应形势和业务需要的培训课程，增强培训的针对性和实用性。制定戒毒专业人才教育培训规划，明确近期、中期、远期培训目标和内容，明确不同领域、不同岗位、不同层次专业人才的培训重点，建立常态化专业人才培养体系。四是科学使用人才。坚持正确用人导向，把德才兼备、实绩突出、专业对口、业务熟练的人员安排到合适岗位，做到人尽其才、才尽其用、注重特长、发挥专长。制定专业人才工作实绩量化考核办法，实行戒毒专业工作目标责任制，建立各类专业人才能力素质标准，科学评价专业人才。五是有效激励人才。坚持责权利相统一，通过优秀专业人才评选、优秀理论研究成果评选、重大科研成果评选等形式，表彰奖励优秀专业人才。拓宽专业人才提拔晋升渠道，在各级领导班子中专业人才应占一定比例，在职级晋升、评先树优、嘉奖记功上向专业人才倾斜，营造立志成才、争当专家的良好氛围。

（本文原载《中国司法》2015年第12期）

全省强制隔离戒毒工作现状、问题与对策

2015年，全省戒毒系统以走在全国前列为目标，按照厅党委的总体部署，注重顶层设计，科学统筹谋划，提出了“三四五”戒毒理念，明确了“一四六”工作思路，各项工作有序推进、成效显著。省领导先后对戒毒工作作出重要批示，我省在全国司法行政戒毒工作会议上作了大会发言。

一是场所安全基础更加牢固。以“六无”为目标，加强安全研判和安全动态化管控，开展安全稳定专项整治活动，完善周界报警系统，场所安全实现“零报警”，实现了第18个安全生产年。配合全国“百城禁毒”会战，依法做好收治工作，累计收治戒毒人员6169人。目前在所人员有3561人，同比增长72%，确保了应收尽收。出台执法规范化建设意见，开展执法先进单位创建活动，执法理念和执法方式进一步转变。

二是戒毒矫治工作亮点纷呈。积极探索科学戒毒方法，形成了医疗、体疗、心疗、食疗、“化”疗、工疗“六疗”并举的教育戒治体系。省戒毒监测治疗所正式运行，“一所一中心两实验室”山东特色戒毒医疗体系初步形成。“国学·齐鲁文化”入心工程扎实推进，将王阳明心学引入戒毒场所，形成了“一所一主题，一所一特色”戒毒矫治格局。与山东中医药大学建立战略合作关系，设立“国医堂”，成立中医药戒毒研发和教学基地，中医中药戒毒迈出坚实的步伐。

三是戒毒协作机制初步建立。与省公安厅联合发文，在全国率先建立了戒毒执法协作机制。主导成立了山东省戒毒协会，搭建起戒毒研究和宣传平台。加强与山东师范大学、孔子研究院等单位合作，设立“孔子学堂”，建立了心理戒毒应用研究基地。加强与新闻媒体的交流合作，全年在省级以上媒体发稿120余篇次，运用微信、微博、微电影等新兴媒体，扩大了山东戒毒社会影响。

四是破解难题取得新的进展。省局上报的场所建设项目已获国家和省发

改委初步核准。省鲁中戒毒所二期工程开工建设，青岛所新所建设完成立项，规划了省戒毒监治所、济宁所和济东所、枣庄所等新建扩建项目。投资 800 余万元用于场所改造升级，设施条件进一步改善。戒毒企业平稳运行，全年实现工业产值 5.6 亿元。戒毒企业改革方案已获司法部批复，省直戒毒企业工人加入养老保险工作正在积极推进。

五是警察队伍素质明显提升。深入开展“三严三实”专题教育和“严明纪律，严格履职”专项教育，警察队伍的精神面貌发生了深刻变化。出台了戒毒专业人才培育工程的意见，举办各类培训班 40 余期，参训 3000 人次。组织警察到云南、广东、湖南等省考察学习，戒毒专业技能进一步提升。各戒毒所领导班子不断优化，班子队伍活力进一步激发。新体制下纪检监察工作机制初步建立，纪律作风建设和反腐倡廉建设取得新的成效。

当前，戒毒工作正处于历史上最好的发展时期。在全面依法治国的新形势下，参与社会治理，维护社会稳定，戒毒工作任务艰巨、责任重大。要认清形势、准确定位，履行职能、强化担当，努力在更高层次、更高水平上推进戒毒工作。

一要增强加快发展的紧迫感。发展是第一要务，是补齐“短板”、破解难题的根本途径。党的十八届五中全会提出了“创新、协调、绿色、开放、共享”五大发展理念，为戒毒工作加快发展指明了方向。与自身相比，我省戒毒工作虽有了一定发展，但与先进省市相比还有不小的差距。不发展、慢发展，就会被“标兵”甩开，被“追兵”赶超。要切实增强加快发展的紧迫感，深刻把握厅党委提出“平衡发展、内涵发展、创新发展”的要求，找准戒毒工作贯彻五大发展理念的着力点和结合点，以时不我待、只争朝夕的精神推进事业发展。

二要增强走在前列的使命感。“走在全国前列”是中央领导同志对山东政法工作的期望和要求，目前已在戒毒系统达成共识。走在全国前列，跻身先进行列，既是时代要求，也是发展必然。山东戒毒系统既有走在全国前列的优良传统，又有坚实的工作基础和自身优势。2015 年局党委提出“利用 2～3 年跻身全国先进行列”的目标，2016 年是实现这一目标的关键一年。要以走在前列为引领，以对事业、对工作高度负责的使命担当，进一步增强领先意识、创新意识，弘扬八三精神，重振八三辉煌，抢抓发展机遇，实现新的作为。

三要增强狠抓落实的责任感。抓落实是一切工作和事业成功的根本路径，也是领导干部的职责所在。当前，“一四六”工作思路深入人心，“四大工程”意见全部出台，“六个体系”框架已经搭建。要把这些思路和措施变为现实，关键在于落实。要切实增强大局意识、责任意识，敢于担当、真抓实干，对每项措施都要画出路线图、明确时间表、确定责任人，真正使文件落地、让制度生根，转化成实实在在的成果。

根据司法部的部署和厅党委的要求，2016年，全省戒毒工作的总体思路是：以十八届五中全会“五大发展理念”为引领，深入贯彻全国司法厅(局)长会议和全国司法行政戒毒工作会议精神，围绕厅党委“突出重点、增加亮点、多干实事”的总要求，按照“一四六”工作思路，以提高教育戒治质量为中心，坚持“四大工程”驱动，“六大体系”固本，“六疗”方法铸魂，扎实推进教育戒治科学化、戒毒执法规范化、安全稳定常态化、场所保障高效化、戒毒工作社会化、警察队伍专业化建设，全面提升戒毒工作水平，为平安山东、法治山东建设作出新的贡献。

一、坚持法治引领，着力在严格公正文明执法上下功夫

戒毒工作是一项重要的执法活动，事关戒毒人员切身利益，事关社会公平正义。要以执法规范化建设为统领，把严格公正文明执法贯穿到戒毒工作全过程。一要进一步转变执法理念。深入开展法治教育，强化法治意识，提高警察的法治素养和执法水平。严格按照法定程序和流程办事，依法接收、管理戒毒人员，杜绝简单粗暴执法行为。二要进一步规范执法行为。积极推进规范化戒毒所建设，出台戒毒执法标准，编印执法手册，规范执法流程，建立全省统一的戒毒制度体系。重点抓好诊断评估、延期、解除等执法环节，推行全天探访制度，发挥法律援助工作站的作用，保障戒毒人员的合法权益。三要进一步强化执法监督。定期开展警务督察和执法专项检查，落实重要执法活动全程录音录像和备案、公示制度，深化所务公开，设立所长接待日、场所开放日，建立执法监督员制度，真正把执法工作置于有效监督之下。四要处理好严格执法和文明执法的关系。既要严格依法收治、管理戒毒人员，又要坚持以人为本、关怀救助，尊重戒毒人员的人格，让每一个戒毒人员真正感受到戒毒工作是党和政府的义举善举。

二、坚持“六疗”并举，着力在打造山东戒毒品牌上用力气

特色品牌是一个省、一个单位的“名片”，起着引领和示范作用。要以完善

山东戒毒模式为主体，以“国学·齐鲁文化”入心工程和中医中药戒毒工程为两翼，完善“六疗”戒毒方法，打造具有山东特色的戒毒品牌。一要在丰富戒毒模式上创品牌。实施戒毒工作体制机制创新工程，构建符合戒毒工作要求、科学规范、高效运转的体制机制。丰富、固定山东戒毒模式，尽快在全省推广。建立戒毒教育导师制，推行“周教育日”制度和“1226”一日戒治模式。二要在戒毒医疗服务上创品牌。开展戒毒场所医疗机构达标活动，省戒毒监测治疗所力争建成二级医院并发挥好职能作用，2～3 个戒毒所建立一级医院，组建医疗专家团，建立协作交流、巡回诊疗工作机制，戒毒医疗资源优势得到有效发挥。三要在齐鲁文化戒毒上创品牌。推进“国学·齐鲁文化”入心工程，健全文化戒毒工作机制，尽快形成有成效、可复制、可推广、在全国有影响的经验。加强对王阳明心学在戒毒工作中的研究和应用，编印国学读本和学习手册，创办场所戒毒文化刊物，成立国学经典讲师团，提高教育矫治工作水平。四要在中医中药戒毒上创品牌。加强与中医药专业机构的深度合作，充分发挥“国医堂”和中医中药戒毒研发基地的作用，制定中医中药戒毒诊疗方案，力争在中成药研究和中药制剂等方面取得实质性进展。

三、坚持底线思维，着力在健全安全长效机制上求实效

安全稳定是戒毒工作的前提和基础，是戒毒场所第一位的工作责任。一要树牢“首位意识”。切实增强危机意识、忧患意识、责任意识，坚决克服侥幸心理和厌战情绪，时刻绷紧安全稳定这根弦。二要突出防范重点。以确保场所持续安全稳定和戒毒人员人身安全为目标，以防毒品流入场所、防戒毒人员脱逃、防所内死亡、防所内发案、防安全生产事故、防重大疫情为重点，严格警察直接管理、安全研判、毒品清查、重点人员管控等环节，完善传染病急救和公共卫生事件应急处置预案，严防各类安全事故的发生。三要健全长效机制。健全安全研判、安全排查、安全防控、应急处置、安全责任五项机制，定期开展隐患排查整治活动，落实安全考核制度，严格安全责任追究，建立实用管用的安全工作机制。四要加强安全生产。出台《安全生产责任制》，落实安全生产主体责任和目标责任制，建立隐患排查治理闭环管理工作机制，坚决杜绝安全生产事故。

四、坚持综合保障，着力在破解难题、补齐“短板”上出实招

要坚持问题导向、补齐发展“短板”，重点在破解难点问题上出实招、求突破。一要加快场所规划建设。确保将省戒毒监测治疗所、济宁戒毒所新建项目纳入国家和省“十三五”规划，加快推进青岛戒毒所迁建和省鲁中戒毒所二期建设。配合德州市司法局，论证、推动设立戒毒所相关工作。按照司法部“分期戒治，分区管理”的要求，加强场所绿化、美化、文化，年内召开现场观摩会加以推进。二要提升信息化应用水平。树立“互联网＋”思维，建设基于云技术应用管理平台一期工程，上半年省局与各市所开通视频会议系统。加强软件开发和应用，建设综合业务管理平台和教育矫治平台，开发教育戒治、所务公开、社会帮戒等应用系统。三要破解企业发展难题。积极推进戒毒企业体制改革，建立公司法人治理结构，理顺体制、搞活机制，增强企业活力。推进企业工人参加养老保险工作，切实维护职工权益。四要提高经费保障水平。积极争取财政支持，落实戒毒经费动态增长机制，协调解决市属所跨市收治戒毒人员经费保障问题。

五、坚持借势借力，着力在推进戒毒工作社会化上聚合力

戒毒工作是一项复杂的系统工程，离不开社会力量的支持和参与。一要健全戒毒合作机制。落实与省公安厅禁毒总队执法协作机制，加强与社会有关部门沟通联系，建立社会帮戒专家团和戒毒志愿者队伍。推进山东省戒毒协会规范运行，办好会刊，开展理论研讨和学术交流活动。二要强化后续照管工作。1～2个戒毒所启动自愿戒毒康复工作。建立跟踪回访制度，参与做好出所人员、所外就医人员的帮教照管工作。扩大社区戒毒社区康复指导站试点范围，健全衔接机制。三要服务全民禁毒宣传。2～3 个戒毒所建立禁毒警示教育基地，健全禁毒戒毒宣讲队工作机制。加强与新闻媒体的交流合作，围绕重要时间节点策划宣传活动，利用传统媒体和新兴媒体，讲好山东戒毒故事。

六、坚持专业强警，着力在提高警察队伍素质上做文章

戒毒工作是一项专业性很强的工作，对警察队伍提出了很高的要求。要以

正规化、专业化、职业化建设为目标，打造一支敢担当、有能力、善团结、讲规矩、干成事的警察队伍。一要加强思想政治教育。巩固“三严三实”专题教育成果，开展“两学一做”学习教育，培育和弘扬山东戒毒警察精神，增强警察的政治定力和职业认同。二要加强专业人才培育。制定教育培训五年规划和年度计划，出台专业人才培育配套措施。拓宽进人渠道，优先引进戒毒工作急需、具有相应资质的专业人才。制定场所和警察考核工作规定，坚持靠实绩和贡献评价、使用人才。实施全员读书计划，倡导人人做研究、写文章，营造良好学习氛围。三要落实从优待警措施。及时跟进人民警察有关补贴、加班费等政策调整进度，改进警察值班执勤方式，减轻基层警察的负担，把从优待警相关政策用足、用好，真正从政治上、工作上、生活上关心爱护警察，让他们快乐工作、幸福生活。四要推进党风廉政建设。认真落实党委主体责任和纪委监督责任，以《党章》为遵循，以贯彻《准则》《条例》为抓手，切实把纪律与规矩挺在前面。要坚持不懈地纠正“四风”，持之以恒地正风肃纪，开展党纪党规和警示教育，加大警务督察力度，确保警察队伍纪律严明、作风过硬。

（本文节选自2016年1月30日在全省司法行政工作会议的发言提纲）

其　他

法律服务业及其特征

法律服务业，是指特定的主体为社会公众、企业和国家机关提供法律事务帮助的一项职业或产业。在现实生活中，法院、检察院、公安局也有“法律服务”的提法，但这不是作为产业语境下的法律服务。按照这一特定属性去分析，本人认为法律服务业具有五个特征：

1. 法律服务业的从业主体是社会中介组织和专门事业机构。一般而言，这些组织和机构中的执业人员不具有国家机关工作人员身份，不行使具有强制力性质的国家权力。

2. 法律服务业属于司法辅助工作。通常而言，国家司法体系均是以审判工作为核心。作为法律服务业来讲，都直接或间接地介入审判活动，以独特的身份、地位、作用辅佐审判工作的完成。

3. 法律服务业是一种具有专业、职业特性的活动。法律作为国家上层建筑的重要组成部分，要求提供法律服务的人员具有一定的专业知识，经过必要的专门训练，并形成共同遵守的职业道德和行为准则。不具有这些元素，并取得职业资格，不能从事法律服务业。

4. 法律服务业属于现代服务业范畴。现代服务业是相对于传统服务业而言的。在市场经济条件下，法律服务业属于第三产业范畴。根据世贸组织《国际服务贸易分类表》，服务贸易包括服务业共有 11 个部门、近 150 个行业。法律服务属于第一大类商业服务中的第一项专业服务，这一行业划分方式得到世贸组织各成员的承认和遵守。

5. 法律服务业具有有偿性，即具有一定的商业属性。法律服务人员一般不具有国家机关工作人员身份，没有国家支付的工资报酬，收入来源主要是为当事人服务的收费。因此，法律服务业是有偿服务。法律援助虽然是免费服务，但仍需要政府支付一定的办案补助，主要由政府买单。需要指出的是，法律服务业虽然具有商业属性，但并不以营利为目的，世界各国都把正确实施法律、维护公民合法权利、促进公平正义作为法律服务业的基本准则。

［本文节选自 2011 年 6 月 15 日在省委组织部委托省司法厅举办的分管副县（市、区）长重点区域发展专题研讨班上的授课提纲］

律师、公证、法律援助如何参与社会管理创新

司法行政在加强和创新社会管理中大有作为。而律师、公证、法律援助工作,在创新社会管理中有其独特优势和作用。下面,结合本人学习思考和工作实践,就引导和推动律师、公证、法律援助这三项工作参与社会管理创新的方法和途径,谈一些认识和体会,与大家讨论交流。

一、重视发挥好三支队伍在社会矛盾化解中的独特优势

当前,我国正处于社会矛盾凸显期,社会稳定面临着严峻形势,突出表现在群体性事件、极端恶性案件频繁发生。作为律师、公证、法律援助三支队伍,首先要发挥好“灭火队”“消防员”的作用。虽然这是治标的工作,但却可以应急,特别是律师在化解社会矛盾中具有更加独特的优势:(1)中立性优势。律师作为非国家公职人员的中立性身份,使他们在协调社会关系、疏导群众情绪、处理矛盾纠纷、提供法律咨询时,其观点往往比处于矛盾纠纷中的国家工作人员更具有中立性、客观性。(2)专业性优势。律师熟悉法律法规和权利救济的渠道,在解决一些涉法涉诉信访疑难案件中可以提出建设性的法律意见,发挥独特作用。(3)群众性优势。律师来自“民间”,在执业过程中又广泛接触社会各阶层群众,其触角深入到社会的方方面面。律师的群众性优势,可以使其较早、较好地了解掌握社情民意,了解掌握群众的诉求。由于具有以上三种优势,在某些社会矛盾化解中由律师等法律服务人员出面可能更容易被群众所接受、所信服。因此,要更加重视组织、引导这三支队伍参与社会矛盾化解工作。

一是要把法律服务人员导入党委政府和有关部门的重点事件、案件平息化

解工作。通过积极建议、推介和有效引导、组织，让法律服务人员更多地参与到特殊、重大事件化解处理工作中去，为党政领导和有关部门出谋划策、发挥参谋助手作用，依法、合理平息社会矛盾。

二是要组织、引导律师参与涉法信访工作。完善法律服务人员参与涉法信访工作机制、保障机制和激励机制，鼓励法律服务人员参与各级党政领导接访和下访活动，继续选派律师参加各级政法委涉法信访案件评查督导活动，积极协助有关部门疏导群众情绪，引导信访群众依法合理表达诉求。

三是要"更多采用调解方法"化解社会矛盾。进一步完善法律服务人员参与构建多元化矛盾纠纷解决机制，组织、引导律师组建或参与各类专业性、行业性调解组织（如青岛、济宁等地的律师组建或参与一些医疗纠纷、交通事故等调解组织），探索出台律师调解指导性意见，鼓励律师参与第三方调解工作，促进社会矛盾调解工作规范化、法制化。对于无法调解解决的，引导当事人走法律或诉讼程序解决，从而对维稳工作起到"防火墙""灭火器""减压阀"的作用。

二、重视发挥好在社会有效治理中的重要作用

化解矛盾是社会有效治理的重要方面，但社会有效治理更重要的在于矛盾纠纷发生前的预防。"维权就是维稳，维权才能维稳。"健全完善党和政府主导的维护群众权益机制，才是矛盾纠纷源头治理的治本之举。据统计，每年律师的诉讼业务量占33％左右，公证证据保全的业务量占2％左右，大量的业务存在于非诉讼领域。因此，我们要更加注重发挥律师在预防矛盾纠纷中的作用。

一是积极参与维护群众权益机制。我们要进一步完善党和政府主导的维护群众权益机制，形成科学有效的利益协调机制、诉求表达机制、矛盾调处机制、权益保障机制。拥有法定执业权利、精通法律、熟悉救济渠道的法律工作者，可以全方位接受当事人的委托，通过咨询、代书、仲裁、调解、公证、诉讼与非诉讼等多种形式在四项机制中发挥重要职能作用，切实维护群众的合法权益。

二是发挥公证预防矛盾纠纷的独特作用。公证制度，作为一项重要的预防性法律制度，其法律服务、法律证明、法律监督的职能及其中立的地位和社会公信力，在预防矛盾纠纷方面发挥着独特的作用。充分发挥公证作用，就要不断拓展公证服务领域，提高公证质量。要将公证服务领域向矛盾纠纷易发多发的社会热点难点领域延伸，积极做好涉及重大工程项目建设、金融企业法律风险

防范、知识产权保护、城镇化建设、社会主义新农村建设、对外开放等重要工作领域的公证事项。同时，认真办理涉及公民切身利益的征地拆迁、环境保护、劳动关系、借贷质押、财产继承、保全证据等方面的公证事项，从源头上促进矛盾纠纷的预防和解决。要进一步强化公证质量工作，认真落实质量监管的各项制度，不断地提高公证公信力，把公证服务的过程变为减少矛盾纠纷的过程。

三是辅助党政领导决策，避免和降低法律及政治风险。在辅助党政领导决策方面，主要有四种方式：(1)在规范性文件制定过程中进行法律问题的把关。(2)积极参与社会稳定风险评估机制工作。(3)对重大决策、重大建设工程和项目涉及的法律问题出具法律意见。(4)为党委政府日常工作的涉法问题提供咨询意见。通过上述方式，可以为社会管理建言献策，为党政领导当好法律参谋，避免决策的盲目性和随意性，防范决策的法律、政治风险。要建立重大法律服务信息舆情汇集、分析、报送机制，注重收集整理可能引发群体性事件或大规模上访事件的矛盾纠纷信息，及时上报，确保不稳定因素发现及时、情报准确、分析到位、研判得当、应用合理，为各级党委政府掌控社会矛盾动态提供有益参考。

四是促进市场主体依法经营管理，实现经济活动有序、合法运行。做好企业法律顾问工作，帮助市场主体依法从事经济活动，依法调整、规范经济关系，预防、减少经济纠纷，降低市场主体的交易成本和交易风险。

五是努力做好法律援助工作，切实维护困难群众合法权益。科学合理配置法律服务资源，指导、引导法律服务工作者面向农村、面向社区提供服务，努力满足基层群众的法律需求。巩固“法律援助便民服务”主题活动成果，畅通法律援助申请、受理渠道，完善便民措施，提高援助质量，不断扩大覆盖面，努力做到“应援尽援”，让更多社会贫弱群体感受到公平正义就在身边。

三、重视发挥好在培育公民法制意识和基层自治方面的辅助作用

美国大法官霍姆斯有句名言：“法律的生命不在于逻辑，而在于经验。”律师、公证、法律援助三支队伍不仅是“流动的法制宣传员”，还是实践者、实干家。一方面，他们在办理个案和具体法律事务的同时，向社会公众传播法律的基本原理和法治精神，把法治理念渗透到社会各个阶层和各个领域，提高公民的法治观念和法律素质，培育公众的公民意识。另一方面，在担任社区、村居法律顾问过程中，通过参与组织换届选举、完善村务公开和民主管理制度、为村集体重

大决策提供法律意见等活动，推动村居、社区依法治理工作的开展，提高广大基层群众的参政议政意识和能力，促进基层民主选举、民主决策、民主管理和民主监督，发挥着基层民主政治发育“催化剂”和“加速器”的作用。

我们要积极整合司法行政各种要素资源，树立整体化、系统化的工作思路，合理配置力量，变“独唱”为“合唱”，变“单兵种”为“合成军”，让律师、公证、法律援助三支队伍更好地参与到普法宣传、社区矫正、安置帮教、人民调解等工作中去，形成目标统一、力量集成、优势互补的工作态势和格局，促进司法行政效能的最大化，彰显司法行政职能作用。

四、积极发挥好社会组织在社会管理中的自律作用

实施善治，构建政府与公民、市场和社会之间良性互动关系，既是国家治理的必然选择，又是现代文明、法治社会的必由之路。其核心在于“有限政府”的塑造。塑造“有限政府”，强调政府的宏观调控和社会的自我治理，尊重市场发展的客观规律，对政府不该管、管不了的不再干预，对政府应该管的进一步加强。一个正常的社会需要自组织能力，以应对可能的政府失灵和市场失灵，从而使社会生活能够有序进行。社会组织就是这种自组织能力的载体。在法律框架内活动的社会组织，是党的重要执政基础，是政府管理社会的参谋助手，是社会建设的促进力量，是社会和谐的助推器。政府不能包揽一切，善用社会组织协调社会关系，这是加强和创新社会管理的题中之义。

律师协会、公证协会、律师事务所是典型的社会组织，而公证处、法律援助中心虽然是事业单位，但从宽泛意义上讲，也属于社会组织的组成部分。它们既是社会管理创新的主体，又是社会管理创新的推动者，搞好对法律服务组织的管理本身就是社会管理创新的重要内容。因此，我们要发挥好法律服务机构这一特殊社会组织在社会管理中的自律作用，主动地培育、扶持这些社会组织建设，特别是要加强律师、公证等行业协会建设。要坚定不移地推进“两结合”管理体制改革，在强调行政管理主导地位的同时，要少管、放权，积极支持协会提高行业自律和自治能力。司法行政机关要把工作重点放在依法监管和宏观指导、把握方向、创造良好执业环境上。对协会内部自律管理事务，坚持凡是行业能够自我管理的领域，公权力就不再进入，就应该让行业实施自我管理，让它们尽快成长、成熟，使它们在社会建设和社会管理中发挥更大的作用，适应社会

转型及社会管理体制改革创新的大局和大势。同时，要进一步优化管理职权的配置，整合司法行政与行业协会两大职能资源，加强行政与协会之间的联系、沟通、协商，着力构建“重大决策会商，重大情况沟通，重大信息共享”的工作机制。在涉及行业发展的重大问题、重要活动、人事安排上，协会要主动向司法行政机关汇报，该通过司法行政机关党委研究决定程序的，必须通过。司法行政机关则要主动听取协会的意见，尊重他们的行业选择与安排。

五、重视改善和提高律师、公证、法律援助管理水平

三支队伍对社会管理创新的参与度及参与成效，很大程度取决于管理者的水平与素质。要组织、引导好三支队伍积极参与社会管理创新，管理者“打铁还得自身硬”。

一是要依法管理。勤勉尽责，把《律师法》《公证法》《法律援助条例》赋予的管理职责履行到位，做到“管好自己的人，看好自己的门，办好自己的事”。

二是要寓管理于服务当中。社会管理说到底是对人的服务和管理。管理者必须转变理念，转变职能，牢固树立“管理就是服务”的理念，寓管理于服务之中，本着既不缺位，也不越位、错位的原则，优化、改善管理工作。通过争取优惠政策、优化执业环境、搭建服务平台、合理确定载体、推动参政议政工作等方式，在政治上、工作上、生活上关心三支队伍的成长，推动事业健康发展。

三是要提升管理人员素质。配齐、配强管理干部，并大力加强对管理干部应知应会管理知识、方法、技能的培训，不断提升管理者的工作能力和业务素质，努力培养一批管理工作的有心人、明白人，使管理干部真正成为行家里手，努力改变不会管、不敢管的被动局面。

四是要重视现代科技手段的运用。积极应用信息化网络新技术，加快信息化建设步伐，大力推进律师管理、公证管理、法律援助等业务的信息化平台建设，尽快实现执业信息网上录入、执业流程网上管理、执业活动网上监督、执业质量网上考核，利用信息化手段改进管理、提高效率、完善服务，推动三项工作的健康、科学、快速发展。

（本文节选自2011年6月27日省司法厅党委中心组科学发展务虚会发言材料）

律师、公证、法律援助工作重点

根据厅党委务虚会“抓发展，保稳定，促和谐，创一流”的总体要求，综合梳理前期调研情况和分管处室意见，结合近年来工作实际，对律师、公证、法律援助三块工作完成好今年的工作任务，思考并确定以下基本思路：

一、不出问题是前提

确保分管工作和队伍不出问题，特别是不出现给党委政府添乱子、惹麻烦的大问题，是完成好工作任务的前提。随着经济社会的发展，律师思想活跃度越来越高，社会矛盾情况越来越复杂，律师管理难度在增大。这方面容易出现问题的“点”有三个：一是极少数所谓“维权”律师热衷于代理、炒作敏感案件和群体性事件，甚至和境外敌对势力串联勾结，把矛头指向党和政府以及我国的司法制度。二是个别政法机关干预、限制律师依法代理案件，容易引起社会关注，甚至会导致各类对社会心怀不满人员的参与，形成社会热点。三是行业内部的律协换届、律师涉嫌犯罪等敏感问题处理不好，容易形成炒作事件，产生不良社会影响。拟采取的措施主要有：(1)加强信息工作特别是注重对网络舆情的研判，安排专人负责，及时掌握有关热点、焦点问题，做到信息畅通、耳聪目明。(2)加强对有关司法局的工作指导，加强对省内几个重点人物的教育、敲打、管控力度，对不按有关规定依法代理案件，特别是通过网络炒作热点案件造成恶劣社会影响的，敢于碰硬，坚决依法严肃处理。(3)加强与省委政法委及公检法机关的沟通协调，严格执行重大法律事务报告与备案制度，认真做好对重大法律事务的指导协调工作，既为律师依法执业创造有利条件，又防止律师代理案件过程中出现偏差和与司法人员发生冲突，导致产生执业风险或可能引发的舆论炒作事件。对律师依法办案而合法权益受到侵害的，要依法维权；对律师违法违规执业的，则依法严肃处理。(4)加强对今年几个市协会换届工作的监督、指导，在协会领导人选、选举程序等环节把好关、定好向，确保换届依法稳妥进行，不发生炒作事件。

对于公证工作而言，就是要坚决杜绝发生假证特别是被媒体曝光而产生重大不良影响的假证事件。对此，需要通过进一步严密公证质量监控体系等措施来加以避免。

二、服务质量是生命

质量是法律服务行业安身立命之本。没有质量，律师、公证、法律援助工作就会失去当事人的信任，失去社会公信力，失去事业赖以生存发展的根基。律师工作要加强执业监管，通过查找办案质量问题找到律师服务中的软肋，计划从5月份开始，用半年多的时间，组织开展全省律师行业案件质量评查活动，评选一百个精品案例，抽查一千家律师事务所，评查一万份办案卷宗；开展律师人事、执业、党员管理“三位一体”档案管理试点工作，发挥档案在律师执业监管中的重要作用。公证工作要大力推进以质量为核心的公证质量评估考核监管体系建设，深入开展争创“零错证，零投诉，零上访”公证员活动，完善公证质检制度，开展公证质量专项检查，严格查处投诉案件，努力杜绝假证、减少错证，最大限度地降低瑕疵率。法律援助工作要以落实《山东省法律援助案件质量监督办法》为重点，积极开展案件质量评查观摩行动，实施法律援助“双百”工程(在全省选择一百名资深律师、一百名法学专家，组成法律援助专家团，办理在全省或当地有重大影响的法律援助案件，发挥示范、导向作用)，开展“质量规范百千万工程”(评查百件卷宗，旁听千起案件庭审，回访万名受援人)，努力提升办案质量，力争把每一件法律援助案件都办成精品案件，真正把法律援助工作做到老百姓的心坎上。

三、彰显作用是关键

业务数量是衡量法律服务工作成效的一个重要的客观指标。只有一定的业务数量作支撑，法律服务业对经济社会发展的作用才能得到充分彰显，司法行政工作才能有地位。律师、公证、法律援助工作要紧紧围绕中心、服务大局，选准切入点，找准突破口，努力拓展业务领域与范围，彰显职能作用，服务经济发展，维护和谐稳定，保障改善民生。律师工作要突出特色，做实做强“六团一站”（省涉法信访律师团、省应对国际贸易摩擦律师服务团、山东半岛蓝色经济区律师服务团、黄河三角洲高效生态经济区律师服务团、省青少年公益法律服务团、省妇女维权法律服务团、省农民工维权工作站），在具体项目、具体工程中深入进去，取得实实在在的进展、成效；要积极搭建律师服务载体平台，与省国资委、工商局、贸促会、中小企业局联合出台有关文件，就律师为企业改制、重组、投融资、“走出去”等提供法律服务制定具体意见措施；总结推广“法律顾问全覆盖”“律师社区工作室”“律师会客厅”等经验做法，为城乡群众提供均等化法律服务，努力满足基层群众的法律需求；深化律师参与涉法信访工作，建立重大法律服务信息舆情汇集、分析、报送机制，协助党委政府和有关部门预防化解矛盾纠纷，维护社会和谐稳定。公证工作要努力拓展证源，特别是要积极开拓适合县域发展特点的新特优公证业务，优化公证业务结构，大力提升金融、经济类公证和中西部地区业务比重，力争全年实现业务总量 65 万件，办证件数和业务收费同比增长 10％的目标。继续保持省公证处良好的发展态势，在完成双 10％增长的基础上，论证研究开办国内业务工作问题。法律援助工作要围绕“应援尽援，能援多援”目标，进一步提高法律援助办案数量，逐步扩大援助覆盖面，全年办案数量要突破 6 万件，实现 16％的递增。要将门槛降得更低一些，调整法律援助经济困难标准，扩大法律援助事项范围，让更多困难群众从中受益。要将法律援助窗口开得更大一些，擦得更亮一些，深入开展省级法律援助便民服务示范窗口创建活动，推动各市特别是县域建成一批设施齐全、服务便民、运行规范、群众满意的法律援助便民服务示范窗口，提高法律援助便民服务水平，真正让更多的群众享受到便捷高效的法律援助。

四、四大手段是保障

为保障律师、公证、法律援助重点工作的完成，以优化执业环境、完善体制机制、加强队伍建设和强化信息化支撑四大手段、措施作为保障。

一是优化执业环境。(1)优化政治环境。做好党员律师挂职锻炼试点工作，研究深化措施，总结宣传经验，为试点工作适度推开创造条件；深化律师参政议政工作，与省委统战部共同对新担任的人大代表、政协委员的律师进行培训，提高参政议政能力和水平。全省律师参政议政专题培训班于"五一"前完成，取得了良好效果。(2)优化司法环境。为确保新刑诉法和律师法执业权利落到实处，下半年，拟请省人大内司委重点就公检法机关在贯彻落实两法情况进行一次执法检查。注意汇总日常工作中出现的问题，协调好典型个案办理，推动律师执业权利落实。(3)优化政策环境。继续抓好中办发[2010]30号文件和鲁办发[2011]14号文件的落实，出台《关于进一步推进法律顾问全覆盖工程和律师社区工作室的意见》，采用政府购买和财政补贴相结合的方式，推动建立律师担任政府法律顾问和从事公益性法律服务经费保障机制，对律师担任政府法律顾问以及参与信访、调解、社区工作等公益性法律服务给予必要的补贴。同时，继续争取落实两个文件在财税、劳动用工、社会保障等方面的一系列政策扶持措施，继续争取省财政资金支持第三期"应对国际贸易摩擦高端法律服务人才培训工程"。

二是完善体制机制。(1)进一步改革完善"两结合"律师管理体制，年内指导尚未进行"两结合"管理体制改革的烟台、潍坊两市完成换届选举。(2)积极稳妥落实中央关于事业单位分类改革精神和《山东省事业单位实施绩效工资指导意见》，扎实推进公证行业绩效工资制度，事业性质公证处年底前实行绩效工资或建立奖励机制的覆盖面达到90%；深化公证处体制机制改革，积极稳妥地推进公证机构行政改事业和事业向社会公益类的转变。(3)指导法律援助机构把管理、指导、监督工作放在优先位置，改变办案重于管理的传统模式，摆脱以办案来淡化和取代管理的不当做法，有步骤地扩大指派办案，减少自身承办案件。(4)进一步健全完善省律师协会管理、指导、服务体系，在加强协会自身建设的同时，实现协会的有效治理。

三是加强队伍建设。(1)加强律师党建工作。近五年来，我省律师人数年均增长13%，但党员比例从35%左右降到30%左右，影响了党在律师行业的执政基础，这是党建工作目前面临的首要问题。究其原因，一方面，新执业律师入党积极性不高，一些学历高、专业能力强的优秀律师更愿意加入民主党派以获得更多参政议政机会；另一方面，一些地区入党仍受名额限制。因此，解决好新党员发展特别是在青年律师中新党员发展工作，是今年党建工作重点解决的一个突出问题，也是对各市律师工作考核的一个重点。继续完善律师思想政治培训体系，推动律师培训进党校、进社会主义学院，就思想政治培训内容、师资、形式以及与业务培训、岗前培训有机衔接问题，与年度考核、建立评估体系有机衔接问题，拿出切实可行的意见、办法。(2)加强青年律师队伍建设。与前些年明显不同，近年来律师职业对高学历、名校法科毕业生吸引力大大减弱，而不少新入行的青年律师仅把当律师作为跳板或无可奈何下的权宜之计，考取公务员或法官、检察官流失的人数大为增加，已成为整个律师业发展危机之一。要系统研究吸引留住青年律师的政策措施，破解这一行业发展难题。今年，省律协将制定行业规范，采取减免会费、加强执业技能培训、建立基本生活保障制度、激励机制、帮扶机制等一揽子措施，加大青年律师培养、扶持力度。(3)充实公证员队伍。多渠道引进通过司法考试的法律专业人才，严格执行2013年全省公证员配备计划，年内基本消灭“二人处”，力争我省执业公证员全国率先过千人，司考公证员比例达到35%以上。坚持抓好“素质强处”计划，组织全省执业公证员完成好一篇论文、二篇案例、三篇信息的任务，推出一批优秀论文和案例指导工作。(4)加强典型培树工作。积极开展全省公证“双优”创建活动，拟表彰十个优秀公证处和二十名优秀公证员，在此基础上做好全国“双优”申报、创建工作。注意培养律师、法律援助工作典型，进一步探索并建立“项目适度，程序合理，标准科学，影响过硬”的争先创优表彰奖励及宣传工作体系。(5)加强管理干部队伍建设。配齐配强管理干部，确保“事有人做，责有人负”；加强对管理人员应知应会管理知识、技能的培训，组织编写《律师管理概论》教材，争取将律管干部培训纳入全省服务业高级人才培训计划，努力培养一批管理工作的有心人、明白人。

四是强化信息化支撑。要增强科技意识，高度重视信息化网络新技术的运用，加快信息化建设步伐，使上级的声音、部署及时传达贯彻到基层，确保政令畅通。根据省厅关于信息化建设的总要求，以公证管理网络平台为依托，大力推进律师、公证、法律援助等业务的信息化平台建设，尽快实现执业信息网上录入、执业许可网上审批、执业流程网上管理、执业活动网上监督、执业质量网上考核，提升信息化管理水平，以信息化管理推动律师、公证、法律援助工作的发展。

（本文节选自2013年5月4日在省司法厅党委务虚会上的发言提纲）

中国特色律师管理体系的探索与建构*

——访山东省司法厅副厅长齐延安

律师制度是国家司法制度的重要组成部分，律师管理是司法行政机关的一项重要职责，齐延安的《当代中国律师管理概论》弥补了目前国内没有一本专门论述律师管理工作专著的缺憾，对新形势下的律师管理有指导性作用。

问：近年来律师业空前发展，请问律师管理工作如何跟进？

答：律师制度是国家司法制度的重要组成部分。从本质上讲，律师制度是近现代民主政治发展的重要产物，也是民主政治不可缺少的重要内容。国家创设律师制度的重要目的之一，在于把律师放在"民间"，代表民间及私权对公权力进行制衡、监督，畅通民间诉求表达及实现渠道，从而形成国家治理的良性机制，实现国家治理的良好状态。

新中国成立之后特别是改革开放三十余年来，中国法治取得了可喜的进步。

1980 年 8 月，《律师暂行条例》出台，初步构建了中国律师制度的基本框架，但受制于当时的经济社会发展状况，带有明显的计划经济体制或国家体制的底色和元素。

1993 年 12 月，国务院批复同意了《司法部关于深化律师工作改革的方案》，明确提出要在我国建立司法行政机关和律师行业协会管理"两结合"的管理模式。

1996 年 5 月，第一部《律师法》颁布，初步实现中国律师制度与社会主义市

* 本文为作者接受《社会科学报》记者邢霞、张满锋采访时的谈话纪要。

场经济体制的有机衔接，对中国律师重新进行了定位，律师由国家公职人员转换为社会法律服务人员，确定实行行政管理和行业管理相结合的律师管理体制。

2007年，新律师法的颁布实施进一步构筑了现代意义上的中国律师制度；对中国律师的职业定位进一步作出调整，扩大和延伸了律师的执业权利，对司法行政机关层级之间、司法行政机关与律师协会之间的职能进行了重新配置，管理体制的设计更加规范、合理，立法更趋科学、完备。

2010年9月，《中共中央办公厅国务院办公厅转发〈司法部关于进一步加强和改进律师工作的意见〉的通知》下发，为中国律师制度在国家治理特别是司法体系中的重要地位、中国律师的政治属性和在落实依法治国基本方略、建设社会主义法治国家中的重要作用等一系列重大问题上，均作出了科学的界定，为中国律师事业的发展、成长提供了广阔的空间。

2012年3月颁布实施的新的《刑事诉讼法》实现了与《律师法》的有机衔接，为有效保障律师执业权利、彰显律师职能作用，提供了较为充分的法律依据。

我国当前律师管理中存在着职业门槛偏低、行政和行业管理职能配置不合理、律师成长渠道缺乏制度支撑、管理队伍现状不适应发展需要和管理工作运行机制尚需完善等不尽如人意之处，但将随着我国律师管理制度的发展逐步得以完善。

问：国家司法考试制度、律师执业行政许可制度以及律师执业行政处罚制度等对当前的律师管理有什么积极的促进作用？

答：国家司法考试制度是一项符合我国国情、适应中国特色社会主义法治国家建设要求、顺应广大人民群众社会公平正义需求的法律制度。2001年12月，九届全国人大常委会第二十五次会议对《律师法》作出修改，明确了取得律师资格应当经过国家统一司法考试。2002年3月，首次进行统考，标志着国家统一司法考试制度正式实施，实现了律师、初任法官、初任检察官准入门槛的统一，这对中国司法制度及体系的影响重大而深远，也为中国“法律职业共同体”建立提供了基本的制度前提。这一制度的确立，适应了中国司法制度发展进步的趋势，顺应了律师业发展的规律和特点，这也与司法行政机关、律师协会的积极努力是分不开的。司法行政工作的实践特别是律师管理工作的实践，为催生这一制度提供了重要的实践依据。而且，实行统一司法考试十余年来，国家及司法行政部门投入了巨大的人力、财力，确保了制度得到严格、规范落实，被业界誉为“天下第一考”。从一定意义上讲，统一司法考试的人力、财力投入也是行政公共资源对律师行业的变相补贴和重要的扶持措施。

律师行政许可制度包含律师执业许可和律师事务所设立许可，它是我国律师制度的重要组成部分。依照法律规定的许可条件，做好律师执业申请及律师事务所执业申请的审核工作，是保障律师队伍素质的第一道关口。在从严审核，严格按照行政许可的条件、程序、流程确保进入律师行业从业人员的政治业务素质和品行良好的同时，还要注意公开相关事项，对符合条件的按照法定时限办结，提高“批所办证”工作的效率与质量。

对律师和律师事务所的违法行为进行处罚，既是司法行政机关的重要权力，也是必须履行好的重要职责。依照律师法规定，司法行政机关对律师、律师事务所的行政处罚包括警告、罚款、没收违法所得、停业和吊销执业证书。在依照权限严格依法处罚的同时，要畅通投诉渠道，对投诉的问题及时认真进行调查、核实。建立不良执业行为档案，健全完善信息披露制度，及时公布违法违规行为查处结果，这些措施均有利于提升律师执业行政处罚的公开、透明及其权威性。

问：律师协会对于律师管理有什么重要作用？

答：律师协会成长过程中特别是产生之初，司法行政机关始终是最大的推手和培育者。

1986 年 3 月，国务院办公厅转发了司法部《关于加强和改革律师工作的报告》。7 月，第一次全国律师代表大会在北京召开，正式成立中华全国律师协会，并通过了协会章程，成为律师协会参与律师行业管理的重要里程碑。

1995 年 7 月，第三次全国律师代表大会审议通过了新的《中华全国律师协会章程》。1996 年的《中华人民共和国律师法》是第一部律师法，它规定了律师的性质、律师的权利与义务、律师协会、法律援助等，特别是明确了司法行政机关对行业的监督、指导职责，明确了“律师协会是社会团体法人，是律师的自律性组织”。律师的司法行政管理与律师协会行业管理相结合的管理体制（俗称“两结合”律师管理体制）得到了法律的正式确认。至此，我国律师管理体制的框架基本形成。

2007 年 10 月，十届全国人大常委会第三十次会议通过了修订的《律师法》，在律师管理体制方面，增加了律师协会“制定行业规范和惩戒规则”，“对律师、律师事务所实行奖励和惩戒”,“组织管理申请律师执业人员的实习活动,对实习人员进行考核”等重要的管理职能,强化了律师协会的行业管理地位和作用,进一步完善了“两结合”的律师管理体制。

从司法行政机关的单一行政管理体制,到司法行政机关绝对主导、律师协会从属辅助的律师管理体制,再到司法行政机关与律师协会“两结合”的管理体制,标志着我国对律师职业属性和律师工作规律的认识与把握更加深刻。实践证明,“两结合”律师管理体制是符合律师业发展规律、适合我国当前国情的管理体制。

但是,在中国是先由政府“催生”了律师制度,才有了律师这个职业,并由政府主导推进律师协会的发育。从产生之初,律师协会就是利用行政权力来组建的,并不是完全随着律师业发展而自发建立起来的,具有强烈的行政色彩。在实际工作中,没有司法行政机关作“靠山”,单靠律师协会去与有关部门协商、解决制约律师业发展中的问题,往往是举步维艰、困难重重。如何还原律师协会的本来面貌,如何强化律师协会职能,如何彰显律师协会职能作用、实现律师协会的有效治理与服务,历来是司法行政机关思考、研究和推动的重点工作。在律师行业组织产生、发展初期,司法行政机关为律师协会提供了坚强、有力的支持。而且,就中国律师协会发展的现状分析,在相当长的时间里仍然处于发育、成熟的关键时期,律师协会依然有赖于司法行政机关的鼎力扶持。

由“官治”走向“官民共治”、由“管理”走向“治理”,是一个必然的历史趋势。正是在这一大的历史潮流下,我们认为中国律师行业逐步走向高度自治是一个必然的趋势。律师协会是典型的社会组织。中国律师业实行律师协会的行业自律管理,既是入世后的形势要求,也是市场经济规律和律师职业特点以及律师业内在发展规律的要求。

问:西方和我国港台地区的律师管理制度对当前我国内地的律师管理有什么借鉴意义和影响?

答:在西方法治发达国家,在有关律师管理问题上,很少有例外没有国家公权力的存在,这有其不可颠覆的内在逻辑与规律,其目的在于有效平衡社会公共利益与律师行业、个人利益之间的关系。

以德国、法国为代表的大陆法系国家,“律师管理”实行的是“司法行政监管模式”。它具有以下几个特点:(1)公权力存在的领域是比较大的。(2)对于律师事务所和律师的正常业务,公权力不加干预,律师协会管理职能较为突出,已进入较高程度的自治状态。(3)公权力以司法行政部门行使为主,司法审判机关和检察机关为辅,按照各自职能参与对律师的监督、指导。

以美国、英国为代表的英美法系国家,实行的是"司法审判监管模式"。它具有以下特点:(1)公权力的痕迹相对较轻。(2)律师自治程度更高,律师协会管理职能突出,以律师协会行业管理为主。(3)监督、管理的公权力主要由司法审判机关掌握和行使。

中国的律师或者律师制度,很大程度上,是一个真正的"舶来品",虽然在清末和民国时期就有雏形,但是其真正产生并作为司法制度的历史,还是非常短暂的。新中国建立之后,律师制度经过短暂初创到20世纪50年代末的很快夭折,在多达二十余年的时间里处于停滞状态。到改革开放之后,律师制度得到恢复重建。这一特征如同我国法治发展的全部历史,决定了中国法治及律师制度正处在一个明显的成长、发展时期。

一个国家的法治总是由这个国家的国情和社会制度决定并与之相适应的。一个民族的生活创造它的法治,而法学家创造的仅仅是关于法制的理论。而且,一个国家的法治道路,是由该国人民自己选择和创造的。综观世界各国的法治道路,不论是何种模式,凡是法治搞得比较成功的国家,无一不是较好地坚持了法治规律与本国国情创造性结合。"全面移植""照抄照搬"别国的法治模式,几乎没有成功的先例。对我们这样一个历史悠久、幅员辽阔、人口众多、国情复杂的大国来说,尤其如此。因此,强调"律师管理"的"中国特色"或者"中国国情",并不是迟滞改革的托词,也不是排斥向西方法治先进国家的学习、借鉴。而是要真正从中国的国情和政治经济法律制度以及律师业发展现状等实际情况出发,在学习、借鉴法治先行国家"律师管理"经验的基础上,找寻、确立适合中国实际的"律师管理"模式和未来发展之路。

律师制度自身的发展历史已充分证明,在不同性质的国家和在同一性质国家的不同发展时期,它的内容、架构和表现形式是存在差异的。同时,律师组织的自治也具有高低程度上的差异,世界上没有绝对的律师自治。我们认为,律师组织自治既是一种秩序、状态,又是一种规则、制度,还是一个顺序渐进的过程。我们确信,在中国,律师及律师协会逐步走向较高程度的自治是一个必然的发展趋势。

《律师法》将律师协会界定为"自律组织",有人一谈到律师自治,或者在呼吁律师自治时,总是绝对排斥任何公权力对律师行业的监督、指导,这是对西方法治先行国家律师管理模式的一种误读,也是背离中国律师业发展实际而不负责的一种态度。自治都是相对的。在中国实现较高层次的律师自治,是进行时而非完成时,是未来之路或者是法治境界的理想目标;而自律是自治的基础,或者是较低程度的自治。

问:对于律师管理理论的研究,目前中国现在处于什么状况?

答:关于"律师管理",一些散见的工作研究文章多有涉及;在国内现有的法学著作中,在为数不多的《律师学》《律师法学》和《中国司法制度》等著述中对"律师管理"有所反映,并把其作为律师制度的一项内容加以阐述,但并不是法学研究中的"显学"。这种现象既与这一课题属于边缘或交叉学科有关,又与我国法学研究一定程度上与司法实践脱节不无关系。"律师管理"涉及公共管理学和行政法学的内容,而且课题内容具体、专门化程度高,不是法学中的"显学",自然不会有大学问家涉足;同时,又因为其实践性太强,也不是法学家擅长发挥的领域。在我国所有法学院的课程设置中,并不把《律师学》《律师法学》等有关内容作为在校学生的核心必修课程,更遑论"律师管理"问题了。在法学教育中,不可能把"律师管理"作为研究、教学的重点。因此,法学界难以给予"律师管理"实务工作以有效的理论指导和智力支持。

"律师管理"是一个颇具特殊性的课题。因为就律师的角色而言,独立依法执业是角色发挥职能的核心,强调管理与彰显角色作用似有冲突,特别是在西方法治发达国家,律师组织自治在学界和业界备受推崇,中国法学界和律师行业部分学者及律师也受此影响。因此,长期以来形成了一种特殊现象:一方面,现实生活中有着丰富的"律师管理"实践经验;另一方面,却缺少针对"律师管理"问题的系统研究成果。

另外,也因为"律师管理"话题和视域比较特殊,在一定意义上,会被贴上"意识形态"的标签。或许因为它的敏感性以及研究尺度的难以拿捏,很少有人愿意触碰这一课题。

事实上,我们选择这一课题进行研究,在心理上也非常纠结。一方面,在长期的实际工作中,我们每天都在从事着"律师管理"的工作,能够深切感受到在当下中国开展"律师管理"研究的紧迫性及其极端重要性;另一方面,由于课题的特殊性和基于知识储备、研究能力的原因,对能否完成好这一课题并形成经得起历史检验的研究成果心存顾虑。好在我们是以本职工作为基点,更加注重从实际工作的角度开展研究，研究成果的理论性并不是我们注重的目标，而且参与研究的团队以包括律师协会在内的司法行政系统的人员为主，实践性是我们重点彰显的目的及意义。

改革开放三十余年，“律师管理”体制的改革是持续进行的，而且不断取得新的发展进步，特别是2007年新《律师法》颁布以及配套的部颁规章的陆续出台，管理工作的体制机制在实践中才不断得到确立，最终才使开展“律师管理”的系统研究成为可能。各级司法行政机关牢固树立“管理就是服务”的理念，职能转变有序进行，采取了大量的推动律师业发展、成长的服务性措施，形成了管理与服务并重的新型“律师管理”体制机制。同时，近几年来，律师协会职能不断得到强化，协会组织体系、议事规则、行业规则和工作制度日臻完善，管理、服务更加有效，律师协会在推动行业发展中的作用愈加彰显。

总之，“律师管理”实践是鲜活的，推动律师业发展的成就是可喜的。因此，非常有必要系统总结、提炼“律师管理”工作的经验，并积极回应、解决实际工作中出现的问题，对“律师管理”进行理性研究、思考和升华，尝试形成具有中国特色的“律师管理”话语、理论和工作体系。

（本文原载2014年4月3日《社会科学报》）

美国宪政的孕育、发展基础及其启示

在美国历史上，弗吉尼亚议会和《五月花号公约》被公认为是美国民主制度的两大奠基石(1619～1620 年)。

1619 年，在弗吉尼亚召开了英属美洲殖民史上第一次居民代表议会。很快，代议制度在其他殖民地上纷纷采用，成为英属美洲殖民政体的一大特色。在后来的殖民地与宗主国的关系中，议会发展成殖民地利益的主要代言人，并领导了 18 世纪末北美大陆 13 个殖民地的独立运动。作为北美议会的始祖，1619 年弗吉尼亚议会历来受到史学家重视。

《五月花号公约》。1620 年 11 月 11 日，由 41 名英国清教徒在驶往北美大陆的“五月花”号货船上签署的一份契约。1620 年，客居荷兰的 36 名英国清教徒怀着“永存其宗教教律，可以维持一个使信徒信仰的教会的纯洁”之希望，向英国的弗吉尼亚公司申请到了移居北美洲的土地许可证。同年 9 月 6 日，他们与来自伦敦和南安普顿的 68 名移民共同搭乘“五月花号”货船驶往北美，计划定居在纽约的哈德逊河岸，但因风向改变，被迫在普利茅斯登陆。由于未能按原计划在弗吉尼亚殖民地登陆，故其土地许可证在普利茅斯无法律的约束力，一些移民因此声称将不服从管理。为了确保未来秩序与自由，他们在登陆之前的 1620 年 11 月 11 日经共同协商，制定了一份公共社会契约，并由 41 名成年男性移民在该公约上签了字，该公约史称《“五月花”号公约》。[①] 这是美国历史上第一份重要的政治文献。在整个人类文明史上，它的意义几乎可以与英国的《大宪章》、美国的《独立宣言》、法国的《人权宣言》等文献相媲美。美国几百年的根基就建立在这短短的几百字之上，信仰、自愿、自治、法律、法规等等，这些

① 范学进：《论〈“五月花”号公约〉对美国宪政之可能贡献》，载《云南大学学报》(社会科学版)2010 年第 1 期。

关键词几乎涵盖了美国立国的基本原则。托克维尔说："新英格兰的文明，像高地燃烧的大火，除烤暖了周围的地区外，还用它的光辉照亮了遥远的天边。"①

从17世纪一二十年代开始，经过一个半世纪的孕育发展，大家普遍认为，1776～1789年是美国宪法政治的形成确立期。在这一时期，比较重要的文件有：(1)1776年7月4日，第二届大陆会议通过《独立宣言》，宣告美利坚合众国诞生，确立了契约行政、主权在民的政治原则；(2)1777年11月15日，大陆会议通过《邦联和永久联合条例》，至1783年各州批准条例、邦联政府成立；(3)1787年9月17日，制宪会议又通过《美利坚合众国宪法》，经各州批准后，1789年3月4日，召开了第一届美国国会。4月30日，根据联邦宪法，华盛顿正式就任美国第一任总统，正式成立美国联邦政府。从确立之时起，美国宪法政治的发展工作也就开始了。第一届国会召开期间就提出了关于公民基本权利的修正案（一般统称之为《人权法案》），至20世纪末，共提出宪法修正案29条，已成为正式法案的有26条之多。其间，美国还自1803年起形成完善了司法审查制度。作为独立的最高司法机构，联邦最高法院有权对立法和行政措施是否违宪作出裁决。②

一、美国宪政的孕育、发展基础

就我个人的学习、理解，五大因素成就了美国宪政与法治。

1. 北美大陆没有历史传统的羁绊

美国人很自信，但他们唯一没有底气的就是没有历史。美国是一个年轻的国家，自1776年北美13个殖民地宣布独立至今，美国才走过两百多年的历程。即使追溯到"五月花"号船在普利茅斯登陆的1620年或者英格兰移民在詹姆斯敦建立第一个殖民区的1607年，美国的历史也不过400年。

美利坚民族是由移居北美大陆的不同国家移民相互融合而形成的，没有根深蒂固的封建统治传统。它以清白的历史开始：阶级和等级的遗毒较少；政府的限制较少。在没有专制统治历史和人治传统影响的背景下，给美国社会的民主和治理创新提供了无限广阔的空间。

① ［法］托克维尔：《论美国的民主》（上），董果良译，商务印书馆2013年版，第39页。

② 参见万昌华：《论美国宪政政治形成发展的基础》，载《山东大学学报》（哲社版）2002年第5期。

2. 源于欧洲洛克、孟德斯鸠、卢梭等思想家的政治、国家和法学理论学说

美国开国人物的思想，主要来自于他们的母国——英国，当然也包括法国孟德斯鸠、卢梭等在内的整个欧洲的先进思想学说。英国立宪政治为美国宪法政治的确立提供了深厚的文化与思想基础。(1)英国人历史久远的宪法至上政治原则给了北美以深入骨髓的影响；(2)英国人对自然法的信奉与发展，深深影响了美利合众国开国者的思想；(3)洛克《政府论》、孟德斯鸠《论法的精神》和卢梭《社会契约论》等经典著作及学说成为北美独立运动及建国的主要指导思想。

不仅如此，英国以及整个欧洲也为北美大陆提供了可以建立宪法政治上层建筑的人群，特别是精英人群。在美国最重要的开国元勋中，懂法律并且对法律有专门研究者所占的比例甚大，此点对其宪法政治形成所产生的积极作用不可低估。据统计，参加 1787 年制宪会议的 55 名代表中，有 29 人受过大学教育，一半以上是律师。具体而言，开国元勋中的法律人才中，最佼佼者有麦迪逊、杰弗逊、约翰·亚当斯、帕特里克·亨利、汉密尔顿和杰伊等。制宪会议中，麦迪逊的政治思想起到了纽带的作用，同时平衡和协调着各种不同的政治利益和政治观点。他认为，国土广阔且崇尚自由的美国社会拥有产生“多元”问题并解决“多元”问题的天然答案，即自由秩序下的社会力量可被无限分化，而分权制衡的政治体制则为这种“社会多元化”提供通向“政治多元化”的途径。这种以分权制衡的政治体制和利益集团的社会制衡力量为主要内容的多元主义政治思想为美国宪政制度的建立提供了政治哲学基础。[①] 同麦迪逊一样，后来担任了美国第一任财政部长的汉密尔顿，在宪法制定之前就对欧洲历史上的政治法律制度进行了深入的研究。杰伊也是美国的重要历史人物，也参加了美利坚合众国的创建工作，是美国的第一任最高法院院长。他不但在法学的宪法领域有贡献，而且在国际法领域也有建树。美国《独立宣言》起草人杰弗逊把这句话写入其中，成为后世耳熟能详的经典语言。我们认为，这些真理是不言而喻的：人人生而平等，他们都从他们的造物主那边被赋予了某些不可转让的权利，其中包括生命权、自由权和追求幸福的权利。为了保障这些权利，所以才在人们中间成立政府。如果遇有任何一种形式的政府变成是损害这些目的的，那么，人民就有权利来改变它或者废除它，以建立新的政府。

---

① 参见郭起飞、杨慧民：《多元主义：对美国联邦宪法的解读与评析》，载《大连理工大学学报》(社会科学版)2011 年第 1 期。

3. 继承并发扬光大了英国资产阶级革命的法律制度

从本质上讲，北美独立运动结束后建立的政权的性质与其母国英国没有不同。在一定意义上，美国后来建立的资产阶级共和制度是英国国会权力至上制度的复制版。另外，从独立运动前后北美社会的成员构成主要是英国移民或英国移民的后裔上也可说明美国后来确立的宪法政治基础是英国提供的。据统计，当时北美十三州共有欧洲移民及其后裔 200 余万，其中，英国移民及其后裔就占了 60%以上。毋庸讳言，这些英国移民对自己本来国家悠久的宪法政治传统与思想是耳熟能详的。从 1215 年起，英国人就制定了具有宪法性质的文件《自由大宪章》。以后，他们又制定了《人民公约》(1259 年)、《权利请愿书》(1628 年)、《人身保护法》(1679 年)、《权利法案》(1689 年)和《王位继承法》(1701 年)等。从 1688 年光荣革命后，英国就是资产阶级控制的国会权力至上的国家了。上述这些文件，上至国王下至一般臣民都必须遵守，至今仍是英国现行宪法体系的重要组成部分。包括上述宪法文件在内的宪法体系与各个部门法，以及一些独具特点的司法传统等，共同构成了英国的法律体系——普通法体系。独立运动前北美实行普通法，美利坚合众国建立后情况也没有发生根本的变化。如伯纳德·施瓦茨所指出的，普通法传统的根基扎得那样牢固，就是伴随着革命而发生的对英国的东西的敌视情绪也不能将其连根拔除。

4. 美国的民情和自治社会基础

法国思想家托克维尔在考察美国后，对民情给予了高度的重视。他认为，美国体制得益于地理环境、法治和民情。而在这三个因素重要性程度上，地理位置不如法治，法治不如民情。托克维尔认为，美国的民情已经扎根于历史上形成的新英格兰镇自治制度。此制度早在 17 世纪开始形成，后经基督教新教的地方自治思想而培养壮大起来，促进了美国独立运动的发展，提高了人民积极参加公共事务的觉悟，并为后来被联邦宪法肯定下来的中央与地方分权的制度奠定了基础。

美国独特的移民国家的历史变迁，形成了美国的特殊民情。大致来说，这些因素包括：在宗教自治思想基础上形成的村镇民主自治传统，人们遵守作为社会契约的法律、信守诺言和讲求信誉的习惯，充当重要管理职能的发达的市民社会对于政府权力的平衡与制约。人们中比较普遍的权利平等观念，特别是在法律面前平等的观念，以及在权利受到侵害时运用法律武器进行理性抗争的传统，法律家团体作为举足轻重的中间等级以其独特的精神去维护法制秩序、维护公民权利、制约行政权力方面起了重要的作用,如此等等。

美国的民情、市民社会和社会自治,是美国法治秩序的社会基础,也是了解美国社会的一把钥匙。美国在未独立前的殖民地时期,作为宗主国的英国"天高皇帝远",只能派遣一些军队和高高在上的总督,对于基层村镇,除了税收之外,没有什么影响力。因而,北美殖民地从一开始便得益于不存在无所不在的强大政府权力。权力的真空依靠居民自己的合作来弥补,所以基层村镇发展出一套民众集会和选举的制度,同时又保留了大量非政权形式的社会管理模式。

在美国社会高度自治的基础上,逐步发展为州法治,邦联以至联邦,然后才有了美国的法治及宪政。

5. 高度自由的市场经济也是美国宪政孕育的重要因素

美国南北战争(1861～1865 年)结束后,迅速发展的美国经济奠定了现代美国工业的基础。19 世纪 80 年代,美国超越英国成为经济最发达的国家。

据史载,1607 年,英国才向北美移民。由于自然条件恶劣,最初的殖民者活下来的很少。例如,1616 年,共有 1600 多人由公司出资运送到弗吉尼亚,其中 1000 多人在航行中或到达后不久死亡,300 余人返回英国,只剩下 300 多人。但在建国之前,作为移民的大陆,经济自由和政治自由一直是美国发展的两大动力。而高度自由的市场经济成为美国的活力之源。殖民地时期以及美国建国早期,农业是主要的经济动力,要用 95%的劳动力养活全国人口并提供余粮以换取外国货物。在美国农业获得迅速发展的大部分时期,政府所起的作用微不足道,而其主要动力是自由市场上发挥作用的个人积极性。他们得到政府的帮助极少,但更重要的是,他们遭到政府的干涉极少。今天,美国只用占人口不到 5%的劳动力就养活了全部居民,并成为世界上最大的粮食出口国。

北美独立运动前后,财产个人所有制和高度自由的市场经济的充分发展,使美国人从中受惠非常大。从一定意义上讲,保存乃至发展财产个人所有制,也就是保存了制衡专横政治的力量。这是美国宪法政治形成发展过程中至关重要的条件和基础。

有数据为证。自独立运动前至新中国成立后的一段较长历史时期内,都是有产者或大有产者决定着社会运动方向的。独立运动之前,北美各殖民地的参政者有财产资格限制。比如,南卡罗来纳当选议员必须有 500 英亩土地,马里兰的议员必须拥有 2000 英亩土地。两届大陆会议,也都是北美有产者的聚会。各殖民地派出的代表大都是由殖民地议会从议员中选出的。1787 年的制宪会议也大致与之相同。据统计，在参加会议的55名代表中，有15人是奴隶主，11人是工商业主、航船业主，24人拥有生息的动产，14人从事土地买卖，40人拥有数目不等的公债。用理查德·霍夫施塔特的话说，制宪会议是各类不同财产所有者的联谊会。华盛顿主持了制宪会议，他在当时是美国最富有的人士之一。在俄亥俄和大肯哈瓦有土地35000余英亩，在马里兰有1119英亩，在宾夕法尼亚有234英亩，在西北地区有3051英亩。此外，他还有其他财产。据估计，华盛顿当时全部财产的总额可达53万美元。后来当选为美国第三任总统的杰弗逊也拥有大量财富，是弗吉尼亚最大的土地所有者之一。杰弗逊原来从父亲处继承了2500英亩土地和30名奴隶。与妻子、年轻的寡妇玛霞结婚后，他的土地又一下增多了十几倍。玛霞为他从双亲那里继承了40000英亩土地和135名奴隶。单就拥有土地的数目而言，杰弗逊的土地比华盛顿还要多。

开国先辈们认为，社会中的有产者是使政治心态稳定所必需的，有效政府的根基是财产。但他们并不只知道维护本阶级的利益，更知道创制维护权利、机会、规则公平的法律制度的重要性。

总之，以上五个方面，是我学习、理解的美国宪政孕育、发展的基础。当然，美国的成功与繁荣，也有其他因素的影响，例如，自然环境与资源、历史机遇、教育为本、管理科学以及代议机关对武装力量的控制，尤其是对其经济命脉的控制等等。总体而言，北美这块新大陆，一批批怀有为自由、为财富、为梦想等各种动机而来的新移民，在欧洲启蒙运动以来所形成文化理论学说影响下，承继并创新、光大了英国资产阶级革命所形成的法律制度。同时，新移民们知道，只有遵守规则并合作，才能生存下去，也才能防止自己的权益受到侵害。新移民的角色，加之自然条件环境，在新大陆形成了一种良好的民情和自治形态，最终逐渐孕育、演变为州治以及联邦治理等一系列制度。

美国宪政及其法治，有传承、借鉴的成分，又有选择、设计等人为因素，也有自然孕育、演进的成分。例如，联邦制的设计，不只是一种人为的选择与设计，也是美国社会运动自然生成的一种结果。

因此，我认为，美国的宪政及其法治是一个独特的现象。其独特性就在于：它孕育于一块新的大陆，各种最有利的元素叠加到一起，形成了一种好到无法复制的模式！

有人说，美国的宪法是出于上帝之手，同样，美国的宪政制度也是出于上帝之手。天才般的设计和一帮充满责任心的执行者，共同组建了美国的宪法体系。美国评论家托马斯·弗雷德曼认为:“我们所继承的良好的法律与制度体系——有人说,这是一种由天才们设计,并可由蠢材们运作的体系。”[①]

二、美国宪政的原则和制度特征

对于美国宪政的原则和特征,学者有不同的归纳版本。在此,我想就其原则和制度设计角度谈其特征。

1. 美国宪政的原则。我理解,美国宪政的原则有四条:

一是宪法和法律至上。以宪法和法律为最高权威是宪政主义的第一原则。这一原则的实质是真正确立宪法和法律至高无上的地位,奉行法治。美国法律传统中,尤为尊重宪法和法律的权威性和至上性,强调政府应受法律的统治,遵从法律。他们认识到,不受约束的权力必然导致腐败,绝对的权力必然导致绝对的腐败。为了防止权力滥用,美国法治的一个基本原则就是以宪法和法律为约束力。潘恩曾精辟地论述道:“在专制政府中国王便是法律”,而在自由的代议制共和国,“法律便应该成为国王,而且不应该有其他的情况”,“一个自由国家的政府不在于人,而在于法律”。[②]

二是人民主权,或者以人的权利自由为本,或者人人平等。人民主权原则是美国宪法追求的价值目标,宪法和所有宪法性文件都贯穿了这一原则,主张政府的权力来源于人民的权利,虽然在1787年宪法中没有保障公民权利条款,而是于1789年第一届国会通过《权利法案》(即第十条宪法修正案)。因为这不是历史的疏忽,而是因为当年的当务之急是建国、制宪和授权。人的权利和自由与生俱来,人民才是国家的主体和最终目的。因此,当今世界各国普遍接受人民主权原则,使人民直接或间接地成为管理自身事物的立法者。[③]

三是有限政府。有限政府不是绝对意义上的有限政府。就绝对意义而言,任何政府都要受到物质、精神因素的限制,均是有限政府。本文所说的有限政府是相对意义上的有限政府,即只能在一定权限范围内活动的政府。如果政府超越权限,其行为是违法的,是无效的,并且必须承担责任。有限政府的合理性

---

① [美]托马斯·弗雷德曼:《外交事务:荣誉勋章》,载2000年12月15日《纽约时代周刊》。

② [美]潘恩:《潘恩选集》,马潘槐等译,商务印书馆1982年版,第35页。

③ 参见夏永梅、饶艾:《略论美国宪政原则及其思想基础》,载《人民论坛》2014年第2期。

在于：人必须受理性的约束，并且人的理性也存在局限性。[①] “在代议制民主中，人民对委托的权力（国家权力）必须有相应的监督和制约措施，否则就不能保证国家权力的正确行使。”[②]在所有权力中，立法权是最高权力，是其他权力的来源。如果不能通过某种途径对立法机关行使立法权加以限制和规范，那么立法机构就可以制定法律授权政府做任何事情，无论正义与否。杰弗逊曾经说过，自由政府是建立在猜疑之上，而不是建立在信任之上的。如果人们都是天使，那也就没有设置政府的必要了，如果如何治人是由天使来规定，那么也就没有对政府进行控制的必要了。因此，宪法的目的首先就是限制政府的权力，尤其是立法权。美国宪政最显著的精神就是不承认没有限制的权力。[③]

四是分权与制衡。分权和制衡原则的完整表述应是“三权分立”“相互制衡”原则，是美国政权组织形式赖以建立的基础。从目的而言，分权与制衡原则是为了保障人民所委托的权力不被滥用而对政府权力设定的内部制约。实际上，分权现在已成为宪政国家的一项共同原则，只是分权形式各不相同而已。相比其他国家而言，美国将分权与制衡原则进行得最为彻底。[④]

而实际上，这四项原则是有机联系的，价值趋向完全一致。

2. 美国宪政的制度特征。究竟美国宪政从制度层面讲，有哪些特征呢？我学习理解主要有四个：

（1）联邦制。就州与联邦权力划分作出制度设计。宪法对联邦政府和州政府各自的权力范围作了明确的规定，包括各自专有的权力、共享的权力和各自禁止使用的权力。赋予联邦政府特定的立法权、司法权和行政权，确立联邦政府至高无上的地位，并且联邦政府享有的权力仅以宪法规定为限。《宪法》第十条修正案又进一步明确没有被宪法规定的真空权力的归属：“本宪法所未授予中央或未禁止各州使用的权力，皆由各州或人民保留。”

（2）三权分立与制衡。就议会、政府（总统）、司法进行权力划分和制约作出制度设计。立法、行政、司法三权分属三个部门，三部门互相制衡。每一个部门在合作中也同样既保持独立又互相配合。“分立”是实现“制衡”的前提和基础，“制衡”是分立的目的和结果，各部门都在这个机制中发挥着不可取代的作用并

① 参见罗晓军、薛波：《再论美国宪法的特点——兼与英、法、德、日宪法比较》，载《河北法学》2005年第6期。

② 郭道久：《以社会制约权力》，天津人民出版社2005年版，第10页。

③ 参见夏永梅、饶艾：《略论美国宪政原则及其思想基础》，载《人民论坛》2014年第2期。

④ 参见夏永梅、饶艾：《略论美国宪政原则及其思想基础》，载《人民论坛》2014年第2期。

相互制衡。①立法部门:美国《宪法》第一条规定所有的立法权属于由参议院和众议院组成的美国国会。所有法律草案都必须经过两院的共同审议方能通过实施。这是国会最重要的权力。②行政部门:美国宪法中,并没有规定行政部门的架构和权力,较大篇幅都在阐述有关总统的相关问题。宣告了行政权属于总统,规定总统应尽责地忠诚执行法律。总统可以否决国会通过的法案,但是总统的这种否决也可以被整个国会三分之二多数投票所推翻。③司法部门:美国《宪法》第三条规定,司法权属于美国最高法院及美国国会随时制定与设立的下级联邦法院。虽然联邦最高法院是全美的最高法院,其决定权对美国各级各类法院均有约束力,但是联邦法院系统并不高于州法院系统,二者之间没有管辖或隶属关系。从一定意义上讲,美国的法院系统为"双轨制",一边是联邦法院,一边是州法院,二者平行,直到联邦最高法院。

(3)司法审查制度,或曰"宪法司法化"。这是美国"人权制度的基石",是美国宪政富有特色的制度特征,是法院通过对制定法和其他政府法令的合宪性审查,过滤掉法律或政策中违宪的因素。[①] 因为实行判例制度,违宪审查更多的不是写在宪法里,而是自 1803 年马歇尔大法官就未当成法官的马伯里诉国务卿麦迪逊确认法官身份一案之后确立的。不仅宣布宪法高于一切法律,而且判定法律是否合宪的权力属于联邦最高法院,且它还拥有对政府行为和行政法规的审查权。正是联邦最高法院的司法审查活动,让美国宪法具有了自己的生命,能够及时地适应社会的变迁,从而将整个社会结构、权力的调整,始终控制在和平而稳定的轨道中。美国评论家托马斯·弗雷德曼曾指出:"最高法院的违宪审查制度是司法部门在美国政府机制中发挥其核心作用的基础,而司法部门的作用是美国法治的基础,这是美国成功的秘密所在。"[②]

(4)有限选举制度。我认为,应该把有限选举制度看作美国宪政的一项重要制度特征。因为选举是宪政问题,同时,选举也是人民主权原则的体现,是人权的最高需求,而且还是分权制衡与有限政府原则的具体反映。

美国的有限选举制度是一项独具匠心的设计,随着历史的延续,最大程度地实现了尊重民意和可操作性的有机结合。

---

① 参见崔英、孟令奇:《论美国人权与宪法、宪政的关系》,载《北京科技大学学报》(社会科学版)2002 年第 2 期。

② [美]托马斯·弗雷德曼:《外交事务:荣誉勋章》,载 2000 年 12 月 5 日《纽约时代周刊》。

三、美国宪政给我们的启示

美国宪政有鲜明的美国特色，任何国家都无法完全复制。我们应当用理性、宽广、审慎的态度，认真借鉴世界上优秀的政治、社会思想、理论及其实践，而不管这种政治、社会思想、理论及其实践服务于哪一种社会意识形态。美国是三权分立的国家，不仅部门内部具有有效的权力制约机制，由于行政、司法、立法三个部门相互制衡，还可以起到相互监督的作用，保证美国有一个较为稳定、透明的政治体系。一切政府职责和人民的权利都体现在美国宪法之中。我认为，当前我国政府部门之间的监督、制约机制还不健全，短期内无法像美国一样实行完全意义上的宪政体制，但是美国的宪政的基本精神还是有值得我们借鉴的地方：

1. 分权制衡是宪政的铁律

潘恩在参与起草法国《人权宣言》时曾提出“没有分权就无宪法”的论断。“宪法之父”麦迪逊说：“野心必须用野心来对抗。”[①]设计精妙、程序严密、极富实践性的分权制衡机制在美国得到了基本成功和彻底的运用，不仅如此，而且是治国理政、走向法治必须遵循的规律，也是人类政治文明所能找到的最高智慧。因为不对权力作科学、合理的划分，就会形成权力集中。权力集中，就无法形成有限政府，无有限政府就无宪政。权力不被监督、制约，难以防止权力被滥用。在“三权分立”的国度里，分权制衡是铁律；在“议行合一”的单一制国家里，情形也不会有二致。但“三权分立”不应简单理解为立法、行政、司法三权绝对分开，相反“各个权力部门在主要方面保持分离，并不排除为了特定目的予以局部混合”[②]。我们在改革决定中所提“合理配置职能”，意义是与分权制衡是一样的。

在中国，我认为，硬化人大职权最重要，是代议机构的职权就要给人大。中国的人民代表大会制度固然不同于“三权分立”原则，但这并不妨碍我们完善人民代表大会制度，建立中国的权力制衡机制；有限政府是难点、重点，因为分权是制衡的前提，司法体制改革最多是政改和体改的突破口。

2. 无宪政便无法治

我个人认为，这是截至目前人类历史发展所得出的结论。但未来会不会得

① [美]汉密尔顿、杰伊、麦迪逊：《联邦党人文集》，程逢如等译，商务印书馆 1980 年版，第 264 页。

② [美]汉密尔顿，杰伊，麦迪逊：《联邦党人文集》，程逢如等译，商务印书馆 1985 年版，第 337 页。

到相反的印证？我想，除非出现神话！

宪政不单纯是法律与法治，更具有政治的成分。但很多政治问题最终都会是法治问题。从法律角度讲，法治包括宪政，宪政是法治的核心，是法治的最顶层设计。如果政治生活不纳入法治的轨道，法治必然遭受破坏。因为政治生活位于人类活动的前端，不依宪执政，不依法执政，就会为全社会带一个坏头，无法实现法治与秩序。宪法所说"一切组织、个人都必须在宪法规定的范围内活动"，在一定意义上就是讲政治必须服从于法治特别是宪法的规制。有学者称，依宪治国、依宪执政不同于宪政。这是完全错误的，也是毫无意义的。依宪治国、依宪执政就是宪政。

3. 宪法的生命确实在于实施

这是美国宪政给我们最显著的启示。宪法实施，在成文法国家，首先要有一个好的宪法文本，不能仅仅是一些华丽的辞藻，必须设计宪法实施监督的主体、构成、程序和救济制度。要真正还权于民。宪法只是反映民主政治制度的形式，其决定力量是市民社会，必须把写在宪法中的公民权利，逐步探索并实现司法化的途径和方式，赋予其可诉性。宪法文本再美妙，长期在一些重点问题上"虚置"而无法落地，是一个极大的悲剧，甚至久而久之，公众会把它视为谎言，让人对宪法失去尊重，更莫谈权威了。

近二十年来，我国的法治建设取得了长足发展，但是形势却依然严峻，面临着巨大的挑战——实施不到位。暴露出来中国的"熟人社会"对法治化进程的破坏作用，熟人社会最大的特点是讲"情、理、法"，情、理总在法之前。[①] 在现实生活中，不少群众宁愿依靠道德规范和约定俗成的习惯来约束自己的行为和调整相互之间的关系，也不愿诉诸法律，"面子"问题严重阻碍了法制化进程和宪法法律的实施。

4. 宪政孕育、形成确需适宜的土壤

美国宪政的成功，虽然是有产者和社会精英所主导的，但更重要的是具有民情、自治和公民社会基础。中国缺少西方宪政制度赖以成长的西方政治文化环境和宪德，尚无充分适宜的土壤。这告诉我们，必须通过限制公权来释放公民、社会成长的空间。因为宪政就是人民主权。宪政是现代国家统治结构与形式的根本特征，在宪政的政治形态下，作为私人的个人所拥有的各项权利和自

---

① 参见李俊：《论美国宪政体制下的权利分配和对中国民主法治的反思》，载《中国商界》2009 年第 2 期。

由得到宪法的根本性保障。公民所拥有的权利和自由实现的程度是一个国家进步的重要标志。我国在形式上无疑也是宪政国家,但是公民的权利与自由的保障显然还不够完善。这种不完善性既不符合我国宪法的要求,也不利于人民主权的实现。[①] 倘若公权无制约,则人民的权利与自由无法保障;而人民的权利与自由无法保障,你的治国理想和宪政只能是自说自话,既实现不了我们追求的人民福祉,也无法坐稳我们的江山!

5. 历史传统很难切割,传承、借鉴和创新、超越是唯一的出路

美国本土没有专制历史传统,但继承、借鉴了英国的普通法原理,并实现了最智慧的创新、超越,创立了一个美国神话。中国几千年的封建传统和治国定势,我们既不能也不应当背离、抛弃历史及传统,更不能以旧的不良传统压制新的优良传统的确立与生成。必须弘扬优秀传统文化,摒弃其糟粕,必须学习、借鉴包括美国在内的宪政发展的有益经验,但绝对不要企望照搬、复制。因为中西方对人性的认识不同,以及由此引起对政治及政府看法的不一致;中国缺少天赋人权和社会契约精神,这恰是美国宪政制度必不可少的两个基础;中西方有完全相反的权利给予逻辑,这两个观点很难融合。同时,唯有创新才能超越。丰富中国理论,探求中国道路,中国宪政这一神话故事一定会在中国大地上产生。

我们须注意的是:一方面,要防止有些人用“中国特色”或“中国国情”来任意曲解法治,或者用“不要急、慢慢来”的心态,对人类法治文明成果潜意识地进行排斥;另一方面,在中国日益强调“依法治国”“依宪治国”的大环境下,又要充分照顾到本国实际,探索符合本国实际的法治之路。

只要我们按照党十八大以来,特别是三中、四中全会的指引,在法治乃至宪政的道路上,敢直言,多构建,风雨同舟,日夜兼程,我们的宪政梦、法治梦和中国梦终会实现!

(根据2014年在山东省宪法学研究会年会上的发言整理)

① 参见张淑锵、吴玲娟:《美国宪政及其启示》,载《中共宁波市委党校学报》2003年第2期。

附 录

在全省律师反倾销培训班开班典礼上的致辞

（2007 年 10 月 16 日）

尊敬的周世俭教授，各位律师：

大家好！

首先，我代表省司法厅、省律师协会对放下繁忙业务来参加这次培训班的律师表示热烈的欢迎！对周世俭教授不辞辛苦到山东授课表示衷心的感谢！

举办这次培训班，首先是为适应我省经济社会发展的客观需要。目前，经济全球化趋势在曲折中发展，综合国力竞争日趋激烈，世界经济失衡加剧，贸易保护主义趋势上升，反倾销已成为国与国之间均衡贸易的重要手段。我省是对外贸易大省，也是受贸易保护主义影响的“重灾区”，2006 年受到的反倾销调查共 11 起，涉及金额 1 亿美元，受到的反倾销数量列浙江、广东之后，居全国第三位。屡屡受到的反倾销、反补贴、保障措施调查，成为影响我省外向型经济发展的一个不利因素，而且我们可以预见在未来相当长一段时间内这些数字仍会增加，这是我省实现经济社会又好又快发展必须解决的一个现实问题。

其次，举办这次培训班是提升山东律师业发展层次的需要。我们常说，律师工作只有围绕党和政府的中心工作、大局工作来开展，才能有作为、有地位，也才能赢得自身的发展。切实提高我省律师办理包括反倾销等高端涉外业务的能力和水平，适应我省不断增长的涉外法律服务需求，就是目前我省律师工作为省委、省政府中心工作服务的一个切入点，同时也毫无疑问会给我省律师业务拓展提供广阔的市场空间，是一个双赢的选择。但是，“没有金刚钻，揽不到瓷器活”。目前，我省律师承办反倾销等高端涉外业务的能力、水平和实践经验，与我省涉外法律服务市场的巨大需求还不适应。这一方面造成了大量律师拥挤在传统的低端业务领域恶性竞争;另一方面大量高端业务被北京等地律师拿走,使得我省律师业发展的结构不合理。虽然2006年山东全省律师办理的业务总数位居全国第五,业务收费7.6亿元居全国第六,但人均业务收费只有9.5万元;而北京、广东、上海、江苏、浙江等5个业务收费超过10亿元的省、市,律师人均收费分别是46.9万元、25万元、40万元、18.2万元和21万元。由此可以看出,我省的律师业务层次还比较低、含金量还不高,虽然我省部分律师业参与了省外律师承办的高端业务,但往往扮演的是给人家打工的角色,挣的是小钱。要想使我省律师业务有较大发展,就必须下决心调整业务结构,下决心突破高端业务的"发展瓶颈"。

再次,举办这次培训班是加强律师高端人才建设的需要。律师是一个知识含量很高的职业,主要以其智力资本为社会提供法律服务,是智力密集型行业。人是第一生产力,人才是起决定作用的生产要素。这就要求我们必须加强对高端业务特别是涉外高端业务的培训,这是关系行业兴衰、未来发展的重大战略工程,也是最基本的"饭碗工程"。今年年初,省司法厅、省律协承诺为全省律师办十件实事,其中第一件实事就是"有计划地组织举办高端业务培训,为建立一支有热情、有能力为外经外贸、国际金融投资、知识产权保护、反倾销等高端新型业务领域提供优质法律服务的律师队伍打下坚实基础"。要以今天开班的反倾销培训班为契机,切实搞好高端涉外业务的培训工作,培养出更多懂法律、懂外语、懂经济的复合型人才,并采取有效措施,切实吸引、留住、用好高端涉外业务人才,为他们创造出一个充分展示才能的空间和环境,使人才配置不断趋于合理,为推动我省律师业实现大而强的转变奠定坚实的人才基础。

最后,举办这次培训班是强化律师培训,更好地服务于律师业发展的一个探索。自2005年省律师协会换届以来,在加强律师培训工作方面大有起色,但以往举办的培训相对来说比较单纯和简单。这一次培训就不同了,它对学员的执业年限、年龄、英语水平都有要求,培训结束还要经过理论和英语水平的考试,从中挑选出20名律师明年赴美国进行为期11周的培训,这是我省进行高端业务培训的一次探索。虽然培训的时间较长,费用也较高,但这是我们在两难选择中作出的唯一正确选项。因为我们不付出一定的成本和忍痛舍弃眼前的利益,我省的高端业务、高额利润就仍然会流入外人田,我省的律师业务就仍然会在低层次上徘徊,律师个人的业务和前途也不会有大的发展,最终会影响全省律师业又好又快发展。所以,为了全省律师业的长远利益,省厅、省律协下了决心，一定要克服一切困难把高端培训搞好！

希望培训班的学员一定要高度重视、十分珍惜这次难得的培训机会，聚精会神、专心致志地刻苦学习、用心钻研。要加强学员之间的相互交流、切磋，并注意结合实务进行进一步的思考、实践。同时，你们作为第一批学员，是“黄埔一期”，还肩负“传、帮、带”的重任，要发挥骨干带头作用，为我省带出一批反倾销等方面的涉外业务人才，形成人才聚集、市场聚集的效应。只有这样，才能做大“蛋糕”、做大市场，形成规模效益、集群效益，从而起到带动和提升我省整个高端律师业务发展的作用，加快我省法律服务结构的调整，提高我省律师业的综合竞争实力，促进我省从律师业大省向律师业强省的跨越！

最后，预祝培训班圆满成功。

谢谢大家！

在学习《关于死刑案件辩护的指导意见（试行）》座谈会上的发言

（2010年5月28日）

尊敬的陈瑞华教授，各位来宾，新闻界的朋友们：

大家上午好！

凝聚着大家心血与智慧的《山东省律师协会关于死刑案件辩护的指导意见》正式出台了。首先，我代表省司法厅对这一重要成果的出台表示热烈的祝贺！向付出辛勤汗水的陈瑞华教授、课题组的各位老师，以及参与该课题研究的各位法官、检察官、律师表示衷心的感谢！向长期致力于推动中国司法进步特别是刑事司法制度进步并做出重要贡献的陈瑞华教授表示崇高的敬意！

死刑是最严厉的刑罚；死刑辩护乃生命之托，责任重于泰山。特别是自2007年1月1日开始，最高人民法院上收死刑复核权，省法院对死刑二审案件实行开庭审理，律师辩护在死刑案件审理中发挥着越来越重要的作用。据统计，三年多来，全省律师仅提供法律援助的死刑辩护案件就有554件。但随着时间的推移和形势的变化，我们发现，在实际工作中也存在着一些亟待解决的问题。例如，死刑案件辩护律师缺乏准入方面的特殊要求，使一些资质相对较弱的律师从事了死刑辩护工作；死刑辩护没有辩护工作的最低标准，对辩护的内容、质量缺乏有效引导和制约；死刑案件社会影响大、关注程度高，律师的执业风险大，发生在全国各地的案例和我省律师在刑事辩护中发生的一些问题令人忧虑；因无罪辩护与罪轻辩护关系处理不当，影响辩护的效果；等等。这些问题告诉我们，必须采取有效措施，进一步提升死刑案件辩护的质量与效果，必须通过严格依法、规范执业最大限度地降低律师死刑辩护所面对的风险。因此，当陈瑞华教授提出给山东省律师协会起草一个死刑案件辩护规范的时候，我们确有“雪中送炭，久旱逢雨”的感觉。这不仅体现了陈瑞华教授对山东律师界的关爱与支持，而且也体现了对山东家乡法治事业的关心与帮助。近一年来，在瑞华教授指导下的课题组，深入基层开展调研，认真查阅相关资料，先后召开七次座谈会，十易其稿，付出了大量艰辛的劳动。当然，这其中也包含了许多法官、检察官、律师和律师管理干部付出的辛苦，他们在多次座谈讨论中，提出了许多好的意见与建议。

该《意见》共九章九十六条，对死刑案件提起公诉，案卷移送至法院后，包括一审程序、二审程序、死刑复核程序中律师辩护的各个环节都作出明确规定，是一个不可多得的法律好文本！经过学习，我个人感觉至少具有以下四个特点：

一是既注重程序规范又注重实体指导，具有很强的可操作性。

二是既强调辩护律师的最低义务，又强调对律师的执业保护和执业风险的防范，即维护被告人权益与自我保护并重。

三是既重视理论创新又重视实践经验的总结，实现了理论与实务的紧密结合。

四是既考虑了我国刑事辩护的现状特别是对诉讼活动参与各方的权益权衡，又考虑刑事司法制度的发展趋势，在具有合理性、可行性的同时，赋予了较强的前瞻性。

最近发生在河南的赵作海案件，在社会上引起了强烈反响，对我国司法公信力产生了很大的损害。中央领导也多次强调：“死刑案件人命关天，必须实行最严格的办案标准，必须实行最严格的办案责任制，真正做到不错不漏、不枉不纵。”因此，我们在当前背景下出台《意见》正当其时，非常符合形势和工作的需要。我个人认为，该《意见》至少有四个方面的意义：

(1)为律师刑事辩护业务培训提供了一个很好的蓝本。这个《意见》出台后，可以直接拿来作为律师刑辩业务培训的教材。

(2)它能够更有效地提高死刑案件辩护质量与效果，更好地维护被告人的合法权益。

(3)它能有效地规范死刑辩护律师的执业行为，最大限度地降低律师执业风险。

(4)除对律师死刑辩护具有很强的指导意义外，该《意见》对法官、检察官办理死刑案件也具有较高的学习、参考价值。

下一步，我们会高度重视《意见》的宣传、学习、贯彻工作，建议将其列入今年省律师协会的年度培训计划，编入律师实习人员岗前培训的教材，实行全员轮训。省、市两级刑事业务委员会要带头学习好、领会好、推介好《意见》，并在执业活动中认真贯彻执行。特别是要运用《意见》所体现的先进刑事司法理念，以对生命敬畏之心从事死刑案件的辩护，最大程度地发挥律师在刑事诉讼环节中的职能作用，最大限度地避免“佘祥林”“赵作海”式的冤案再度发生，为保障人权、促进司法公正做出律师行业应有的贡献。

谢谢大家！

在台湾海基会公证业务大陆参访团欢迎仪式上的致辞

（2010 年 10 月 20 日）

尊敬的何武良先生及海基会公证业务大陆参访团各位成员：

大家好！

在天高云淡、硕果累累的金秋时节，我们迎来了宝岛台湾的各位来宾和朋友，迎来了海协会和中国公证协会的各位来宾和朋友。在此，我代表山东省司法厅、山东省公证协会对各位朋友的到来表示热烈的欢迎！借此机会，我把山东的省情和公证工作作一简要介绍。

山东省位于中国东部沿海，黄河下游，东临渤海、黄海，陆地总面积为 15.71 万平方公里，近海域面积为 17 万平方公里。山东是文化大省，是我国古代文化中心和发祥地之一，曾孕育了孔子、孟子、墨子、管仲、孙武、孙膑、诸葛亮、李清照、蒲松龄、王羲之、贾思勰等一大批杰出的思想家、政治家、军事家、艺术家、科学家。他们的思想、理论、智慧和学术成就，对中华民族文化的发展产生了广泛而深远的影响。山东是人口大省，省会设在济南，全省总人口 9470 万，在全国排第二位，辖 17 个市 140 个县(市、区)。山东是经济大省，改革开放三十多年来，山东步入了全国发展较快的先进地区行列。2009 年，全省实现国内生产总值 3.38 万亿元，居全国第三位。今年上半年，完成生产总值 1.86 万亿元，同比增长 13.6%。其中，第一产业增长 3.1%，第二产业增长 14.7%，第三产业增长 14.1%。山东是旅游大省，境内有自然景观和人文景观旅游点约 493 处，古建筑、古遗址有 1.3 万多处，其中国家重点文物保护单位有 27 处，省级重点文物保护单位有 379 处，名胜古迹、山水风光不胜枚举。“万世师表”的孔子故里，

“五岳独尊”的泰山，“泉城”济南，“滨海明珠”青岛、烟台、威海的秀丽风光，都誉满中外。悠久的历史，灿烂的文化，优美的自然风光，构成了内容丰富、特色鲜明的自然景观和人文景观。

前天，朋友们在工作之余观赏了青岛的海滨风光，昨天游览了曲阜和泰山，今天下午还要参观济南的趵突泉、大明湖，希望齐鲁大地的美丽风景能够使各位心情更加愉快，工作更加顺利！

山东省司法厅是主管公证工作的行政机关，承担全省公证业务的监督、指导之责。山东省公证协会成立于 1991 年，是我省公证机构和公证员的自律性机构、社团法人，协会下设秘书处，与省司法厅职能部门公证管理处合署办公。多年来，我们在司法部和省政府的领导下，认真贯彻落实《公证法》，坚持科学发展，和谐发展。公证队伍不断壮大，人员素质和公证质量进一步提高；公证信息化建设全面实施，公证新增业务每年达到 7%以上。公证事业实现了跨越式发展，呈现出蓬勃发展、欣欣向荣的景象，为推进依法治省、促进经济发展、维护社会和谐稳定做出了积极贡献。全省现有公证处 158 个，居全国第三位；执业公证员有 896 名，居全国第一位。大学本科及其以上学历的占 85%，具有高、中级专业技术职务的有 486 人。公证业务年递增率一直保持在两位数以上，是我国增长速度最快的省份之一。五年来，全省公证机构累计办理各类公证事项 196 万件，其中经济公证有 47 万件，民事公证有 73 万件，涉外、涉港澳台公证的有 76 万件。公证书发往 150 多个国家和地区使用，赢得了社会各界和海内外的广泛赞誉。目前，共有全国、全省文明公证处 54 家，全国、全省优秀公证员 123 人。大家参观访问的济南市泉城公证处、青岛市市中公证处均是全国文明公证处，是所有先进典型中的优秀代表。

山东省公证协会与台湾海基会有着广泛的交流和合作，结下了深厚的友谊。全省公证系统认真落实《两岸公证书使用查证协议》，涉台公证业务的质量、数量同步提高。五年来，共办理公证事项 1.8 万件，主要涉及亲属关系、婚姻状况、遗嘱继承、印鉴属实、委托书、文本相符等二十多个类别。今年前九个月办理涉台业务 3274 件，同比又提高了 14%，呈现出良好的发展势头。省协会也一直把涉台公证业务作为重要工作之一，加强学习研究，加强规范管理，不断提高涉台公证业务的质量和为台胞、台属服务的水平。多年来，通过省公证协会寄往海基会的公证书副本年均达到 3600 余件，在全国名列前茅，共收到海基会发往大陆使用的公证书副本 7500 件，涉台公证架起了山东公证协会联系海基会的桥梁和纽带。

今天，山东省公证协会、海基会大陆参访团，还要在这里就两岸公证进行坦诚的座谈和交流，总结过去的工作，会商存在的问题，探讨发展的大计。我相信，通过海基会大陆参访团这次山东之行，两岸公证的合作交流会更加密切畅通，为台胞、台属服务会更加顺利便捷，我们的感情和友谊也会更深更浓。两岸公证也一定能够开创新的未来，谱写新的篇章。

有朋自远方来，不亦乐乎！好客山东热情欢迎大家相聚齐鲁，衷心祝福大家身体健康、精神愉快、工作顺利、万事如意！

在山东省应对国际贸易摩擦律师服务团成立仪式上的致辞

（2010 年 11 月 1 日）

尊敬的吕伟总经济师，各位来宾，各位律师，新闻界的朋友们：

大家上午好！

根据省政府《关于建立山东省应对国际贸易摩擦联席会议制度的通知》等有关文件精神，经过精心准备，“山东省应对国际贸易摩擦律师服务团”今天正式成立了。这是山东律师业发展中的一件大事、喜事，是充分发挥律师职能作用和专业优势，为全省经济社会发展大局提供有效服务的一种新形式、好途径。在此，我代表省司法厅、省律师协会对服务团的成立表示热烈的祝贺，并对商务厅多年来对律师工作的关心、支持表示衷心的感谢！

近年来，省司法厅、省律师协会对组织律师做好服务外经贸健康发展工作高度重视。2008 年以来，省司法厅与省外经贸厅联合制定下发了《关于为全省进一步扩大对外开放搞好法律服务的意见》，明确了做好相关工作的指导思想、主要任务、服务机制、服务方式以及组织领导工作；先后分两批选拔 50 余名优秀律师到美国、香港进行了涉外业务培训；引进了一批海归博士、硕士和具有美英发达国家执业经历的高层次人才加盟我省律师队伍；积极支持我省律师办理包括印度对华绸缎反倾销调查、欧盟对华葡萄糖酸钠反倾销调查等应对国际贸易摩擦的法律事务。

但据了解，目前我省企业应对以反倾销、反补贴、保障措施及特保措施为主的国际贸易摩擦，主要是聘请省外的律师，费用高，离得远，服务方式单一。鉴于我省律师已经完全具备承办相关法律事务的能力，省商务厅和省司法厅决定挑选相关专业领域的30名优秀律师，成立“山东省应对国际贸易摩擦律师服务团”。这30名律师都是办理涉外业务的高手，绝大多数成员都可以用英语开展法律服务工作。成立“山东省应对国际贸易摩擦律师服务团”，目的在于彰显团队优势，确保服务的质量与效率。请商务厅的领导、各商会协会和企业界的朋友们相信：选择山东律师特别是本服务团的律师提供法律服务将是明智之举！不仅服务质量可以保证，绝对不亚于北京、上海的律师，而且更为及时、便捷、贴心，更可以大大降低维权成本。

借此机会，我想给律师服务团提出三点意见，供大家参考。

一是要自觉接受省商务厅、省司法厅的指导。应对国际贸易摩擦法律服务工作不同于一般的法律服务，有一些服务可能涉及我国的产业安全、国家利益，有一些服务可能涉及敏感事项或涉密，因此，在工作中要提高警惕，严格遵守相关规定，特别是要严格遵守服务团工作暂行规定中的有关要求。遇到拿不准的问题，要及时向省商务厅、司法厅请示；遇有重大、敏感事项和信息，要及时向省商务厅、司法厅汇报。

二是要继续加强学习研究。服务团的律师，在服务过程中要注意结合实务进行进一步的深入学习、思考、研究，不断提高相关业务领域的实践能力和业务水平，成为应对国际贸易摩擦法律服务方面的专家、带头人。也可以考虑将服务团与省律师协会涉外业务委员会结合起来，组建对外贸易法律服务的研究机构，加强业务指导和业务培训，发挥“传、帮、带”的骨干带动作用，为我省带出一批应对国际贸易摩擦方面的涉外高端业务人才，形成人才聚集、市场聚集的效应，促进我省整个涉外高端律师业务的发展，为我省的外经贸健康发展提供优质、高效的法律服务。

三是要加强组织协调和信息交流工作。律师服务团是一个团队，为处理国际贸易摩擦提供法律服务也非单个律师或几个律师可以做到，必须实行团队作战。因此，律师服务团特别是团长、副团长，要加强对全团成员的组织协调，不能让“业务独占”心理占上风，要知道金钱虽重要，但比金钱更重要的是确保能够处理好我省每一起贸易摩擦案件。团长、副团长要为全团提供服务。服务团要积极主动地与省商务厅公平贸易处、省司法厅律师管理处和省律师协会秘书处保持沟通联系，并根据我省应对国际贸易摩擦的新情况、新问题，努力做好服务团的组织、联络和协调工作。同时，要注意收集、掌握服务团工作的有关信息、情况，及时上报省商务厅、省司法厅，并通过信息简报、网站、新闻媒体等，宣传服务团的好经验、好做法，为服务团更好地发挥作用营造良好氛围、创造有利条件。

最后，祝“山东省应对国际贸易摩擦律师服务团”旗开得胜、取得佳绩！祝各位来宾、朋友身体健康、工作顺利、一切都好！

谢谢大家！

在志城律师事务所成立三十周年座谈会上的发言

（2011 年 9 月 24 日）

各位领导，各位来宾，各位律师朋友：

上午好！

今天，我们欢聚一堂，隆重庆祝山东志城律师事务所成立三十周年。首先，我代表省司法厅、省律师协会对市领导和有关部门领导长期以来对司法行政工作特别是律师工作的关心、支持并出席今天的活动表示衷心的感谢！对山东志城律师事务所成立三十周年表示热烈的祝贺！向为山东律师事业做出重大贡献的志城律师表示亲切的问候和崇高的敬意！

近年来，我来滨州多次，在总结、推广法律顾问全覆盖工程经验时，曾深入到企业、社区、农村实地考察学习，深刻感受到滨州市紧紧抓住实施蓝黄两大国家发展战略的机遇，不论是经济发展、社会管理还是城市面貌都发生着日新月异、天翻地覆的变化，每次来都有新惊喜！特别是滨州市司法行政机关和广大律师，按照市委、市政府的部署要求，创造性地实施法律顾问全覆盖工程，省委领导同志和司法部都给予了高度评价。省委常委、政法委书记柏继民同志作出重要批示，司法部用信息简报向全国转发有关报告。可以说滨州市司法行政机关和包括志城律师在内的广大法律工作者以积极的作为赢得了地位，得到了各级领导、有关部门和广大群众的充分认可。今天的会议也印证了这一点，市委、市人大、市政府、市政协和市、区两级政法部门都有领导亲自出席，胡书记和张市长下面还要作重要讲话，大家要认真学习领会，在工作中抓好贯彻落实。这样高规格的座谈会，在全省律师事务所所庆时是不多见的。这充分体现了市和有关部门领导对司法行政工作及律师工作的重视与支持，体现了对志城所的关心与厚爱。

今年3月份，我到志城所搞过调研，对志城所各方面的工作比较了解。刚才听了爱华主任的汇报，很好、很全面，基本反映了志城所工作的实际情况，给我印象比较深刻的主要有四点：

一是志城所作为一个成立三十周年的老所依然充满了勃勃生机与旺盛的活力。志城所的前身是1981年10月成立的“北镇法律顾问处”。当时，伴随着律师制度的恢复重建，全省各地市都成立了一家法律顾问处，它们是我省律师事业的奠基者、开拓者，对我省的律师事业、法治建设功不可没。但经过三十余年的风风雨雨，这些各地市律师行业的“长子”延续、发展好的并不多，像志城这样充满生机与活力的所更是屈指可数(其余的还有琴岛、鸢都英合)，而志城所却做到了，保持了基业长青！

二是志城所的业务开展得好。三十年来，志城所办理了上万件诉讼案件和非诉讼业务，目前还担任着市政府、市政协、电业局、中海沥青等130多家行政部门和企事业单位的法律顾问。去年的业务收入、办理业务数量和队伍规模(39名律师)在全省除了省直和济南、青岛之外也是数得着的，在鲁西北地区更是名列前茅、一枝独秀！

三是志城所围绕中心服务大局的观念比较强。三十年来，志城所充分发挥律师的职能作用，服务党委政府不同时期的中心和大局工作，特别是近年来，在服务经济发展和维护社会和谐稳定方面做了大量卓有成效的工作。例如，积极服务蓝黄战略的实施，积极参与涉法信访工作，积极参与法律顾问全覆盖工程，积极做好服务群众的各项工作等等，都充分体现了志城律师良好的大局意识和社会责任感。

四是志城所的领导班子好。从我所掌握的全省律师事务所领导班子成员的搭配情况看，所主任王爱华和所支部书记杨德贤这对搭档共事已达二十三年，可以说是一个事业上的“绝配”。一个管行政，一个抓党务；一个主外，一个主内；一个充满激情和拓展精神，一个办事持重、沉稳。正是由于具有这样“绝配”的领导核心，才能带领全体志城律师走上一条快速、健康、稳定、可持续的发展道路，早在2008年就获得了全省优秀律师事务所的称号，近期还在角逐全国优秀律师事务所的评选。

下面，根据近几年对律师工作的一些思考，我想就志城所包括志城律师个人的发展谈四点意见、建议,供参考。

一、要做政治上的明白人

从中国律师制度恢复重建三十余年的历史看,一个成功的律师必须在政治上成熟,确保在政治上不犯错误;一个成功的律师事务所,其领导人必须是政治上的明白人,才能保证律师事务所沿着正确的方向发展。而要成为政治上的明白人,需要做到以下几点:

一是要熟悉了解执政党的基本理论、基本主张,并努力在思想上、情感上给予高度认同。

二是要熟悉掌握党和国家关于当前政治、经济、社会建设的重要政策及重大部署。

三是对重大、群体性、敏感案件要注意从政治的视角审视,避免政治风险,防止在政治上出现偏差。

四是要学会有序地进行政治表达,不要通过互联网等形式,以组织串联、签名结盟等形式将法律问题政治化。

五是要通过担任各级党代表、人大代表、政协委员等主渠道,积极介入政治生活。

二、要在服务大局中寻找自己的发展空间

律师业的发展与国家经济社会的发展具有高度的关联性。只有为大局服好务,律师才能有作为、有地位、有影响。多年来的实践也充分证明,包括志城所在内的成功律师事务所,都是根据不同时期党和国家的工作重点,把服务大局与律师事务所的业务开展、市场拓展很好地结合起来,根据自身规模、业务特长、人才结构、服务模式等特点,制定切实可行的方案,找准切入点、着力点,取得了服务发展和自身发展"双赢"的效果。因此,希望志城所在服务滨州市委、市政府的大局工作中重点做好两个方面的工作。

一是要围绕经济发展转方式、调结构,服务经济平稳较快发展,特别是要在服务蓝黄两大国家战略实施中走在滨州律师的前列。刚才爱华主任讲了,去年志城所与滨州北海经济开发区以及几个重点项目签订了法律服务合同,但这些

工作不能停留在表面上，要深入进去，在办理具体法律事务上取得实实在在的进展、成效并注意及时向市局和省厅报告有关工作情况。

二是要在加强和创新社会管理中走在滨州律师的前列。要结合深化法律顾问全覆盖工程，充分发挥职能作用，积极参与党和政府主导的维护群众权益机制工作；积极参与党委政府和有关部门的重点事件、案件平息化解工作；积极辅助党政领导决策，避免和降低法律及政治风险；积极参与涉法信访工作；积极参与组建或参与各类专业性、行业性调解组织，更多地利用调解方式化解社会矛盾纠纷。

三、要真心实意为老百姓服务

当前，我国处于经济转轨、社会转型时期，各种社会矛盾"碰头""叠加"，社会矛盾的关联性、聚合性、突发性、对抗性增强，不稳定、不确定、不可预测的隐性因素增加，往往一点小事处置不当就可能引发影响社会和谐稳定的事件。因此，中央特别强调要牢固树立群众观点，努力做好服务群众的各项工作。作为律师，响应党中央的号召，做好人民群众的法律服务工作是义不容辞的责任。要进一步关注民生、捍卫民权、服务民众。刚才爱华主任讲了，为群众维权，为社会维稳，讲得很好。为群众维权要特别注意维护那些处于社会最底层的弱势群体、困难群体的权益。要多办法律援助案件，希望志城所的律师要带头开展好"资深律师法律援助行动"，努力提高法律援助质量，让更多的有理无钱的老百姓尽享法治阳光和社会关爱。要引导志城所的青年律师往基层走、往农村走、往社区走，在与底层老百姓的接触中，经风雨，见世面，长见识，练本事。特别是在法律顾问全覆盖工作中，律师的缺口很大，这为年轻律师带来了发展机遇。既可以有效破解他们执业之初案源不足的难题，更重要的是会使他们得到很好的锻炼提高，加深与基层群众的情感，增强社会责任感，为未来更好地成长奠定坚实基础。

四、要重视律师文化建设

志城所成立已经三十年了，已基本形成了自己独有的律师文化，但还要继续构筑并守望好自己的精神家园。律师事务所的文化有个性的内容，也有共性

的内容。就共性的内容而言,应当包括以下几个部分:

一是要不断强化自我角色认知。作为律师,要经常反思“我是谁?”,不断强化自我角色的认知能力与水平,避免自我迷失,更要避免集体无意识。

二是要把法律作为一种信仰。把对法律的坚定信仰、对公平正义的不懈追求,作为律师职业价值的核心理念,内化于心,外践于行,体现在每一次执业活动当中;要依法执业、依法运作法律,而不能“信人不信法”,将法律当作橡皮泥,玩弄于股掌之中。

三是要始终以推动法治进步为己任。律师的主战场在于维权、在于诉讼。因此,诉讼这一律师的看家本领决不能丢、决不能轻视。

四是要守住法律人的底线。恪守律师职业道德、执业纪律;讲气节、重品行、有操守,保持职业尊严和品位;讲信誉、重诚信,尽职尽责为当事人服务,不挣昧心钱、黑心钱;不做伪证、不偷税、不勾兑、不行贿。

希望志城所借成立三十周年之机,进一步很好的总结经验,并以此为新的起点,在业务发展、经营管理、队伍建设、所风所貌、文化建设等方面走在全省前列,以争创全国优秀律师事务所为目标,努力将志城品牌打造的更响、更亮,为山东律师业的发展再创新经验、再做新贡献!

谢谢大家!

在为首批党员律师挂职锻炼送行时的发言

（2013 年 4 月 8 日）

同志们：

经过长时间的沟通、协调和酝酿、筹备，首批党员律师挂职锻炼即将成行，今天，我和端卫主任代表省厅、省律师协会向参加挂职锻炼的律师表示热烈的祝贺并送行！

对于律师挂职锻炼工作，省委组织部、省委政法委高度重视，省委常委、组织部部长高晓兵对做好这项工作提出了明确要求。厅党委几次召开党委会，反复研究挂职锻炼的方案、时间、地点、人选，对拟挂职的人选进行了严格的组织考察，并多次向省委组织部汇报，经省委组织部同意，最终确定由省法律援助中心副调研员刘趁华带队并挂职高唐县副县长，四名律师分别到县政法机关挂任相应职务。这次挂职锻炼，在全国尚属首家，是一个新事物和一项开创性的工作。这不仅是山东律师行业的一件大事、好事，也是全省政法机关关注、有影响的事情。可以说，大家的使命光荣、责任重大、意义深远。

刚才，大家都发表了很好的意见，尤其是端卫主任，视角独特，站位很高，富有启发和教育意义。借此机会，代表省厅、省律协，我再谈三点意见：

一、充分认识选派优秀党员律师挂职锻炼的重要意义

1. 选派优秀党员律师到政法机关挂职锻炼，是贯彻落实中办发[2010]30号和鲁办发[2011]14 号文件的一项重要举措。多年来，中央和省委高度重视律师工作。2010 年 8 月，胡锦涛总书记主持召开中央政治局常委会，专题听取汇

报并研究律师工作。9月，以中办、国办名义转发了《司法部关于进一步加强和改进律师工作的意见》(30号文件)。2011年6月，省委办公厅、省政府办公厅转发了《省司法厅关于贯彻中办发[2010]30号文件　进一步加强和改进律师工作的意见》(14号文件)。这两个文件都要求选派优秀党员律师到政法机关挂职锻炼。因此，这次挂职锻炼，首先是落实中办发[2010]30号、鲁办发[2011]14号文件要求的一项重要举措。

2. 挂职锻炼是全面锻炼、培养律师人才的一个重要途径。律师是法律专业人才，大家在相关业务领域都有一定的研究和造诣。因此，开展律师挂职锻炼，对于律师兼收并蓄，特别是丰富律师阅历、了解机关运作模式、全面提高素质，具有特殊重要的意义。

3. 挂职锻炼是检验律师综合素质的一次重要试验。律师是一个文化层次较高的群体。近年来，党和国家越来越把律师队伍作为一种重要的执政资源来看待，特别是从“民间”角色作用的视角，充分肯定了律师在辅助执政方面的作用。但律师作为重要的执政资源，其综合素质和作用如何，还有待于实践的检验。所以，这次挂职锻炼，将会成为检验律师综合素质和作用的一块试金石。我们相信，这次挂职锻炼的实践将对检验律师综合素质作出全面、准确的回答。

4. 挂职锻炼是为深化改革及法律职业共同体正常流动所进行的一次重要探索。律师与政法人员特别是法官、检察官同属于法律职业共同体。这些年来，全国各地包括我省都制定出台了一些律师与政法人员互动交流的机制，取得了一定的成效。在未来，公务员考试与司法考试有机衔接和法律职业共同体正常流动，将成为必然趋势。目前，司法部正在协调最高法、最高检等有关部门，研究制定关于遴选律师担任法官检察官的指导意见，推动建立从优秀律师中选拔法官、检察官的制度和机制。我们这次挂职锻炼，虽然是在一个省进行，但具有全国性的意义，通过“让事实说话”，为制度变革提供实证依据，最终为深化司法体制改革、在全国范围内推动法律职业共同体的建设做出积极的贡献。

二、高标准、严要求，做好挂职锻炼各项工作

这次挂职带有探索试点的性质，所以你们5个人不仅仅代表个人或者是所在律师事务所，而是代表全省1.5万余名律师。希望大家一定珍惜机遇，时刻想着自己是整个律师行业的优秀代表，尽快进入角色，全面了解挂职岗位的职

责要求和工作程序，认真做好挂职单位安排的各项工作。

1. 要严格遵守省厅制定的挂职锻炼管理办法。为做好这次挂职锻炼工作，省厅专门制定了挂职锻炼的管理办法，已经发给大家，一定要认真学习、牢记在心、严格遵守。首先是要待住。除法定节假日之外，不要回来；不管是节假日或其他特殊原因回济、外出，均要给所在单位和组长请假。其次是要安全。政治要安全，财物上要安全，特别是身体上要确保安全。第三是要干事。要立足岗位职责，发挥自身优势，创造性地开展工作，特别是多做一些党委政府倡导、当地百姓欢迎的实事、真事。

2. 要严格遵守挂职单位的规章制度。律师执业活动的特点与机关工作不同，你们到了新的单位后，要尽快熟悉、掌握所在单位的情况；要入乡随俗，学习、了解所在单位、系统的规章制度，并在工作中模范地加以执行。

3. 要转变作风并严格自律。挂职期间大家不再从事律师业务，也不得利用所挂职务为所在律师事务所谋取利益。同时，要严格遵守中央“八项规定”和省委“十条措施”，厉行勤俭节约，反对铺张浪费；深入基层，加强学习调研，密切联系群众，培养良好的工作作风。要特别珍惜基层工作的这一段时间，真正扑下身子，放下架子，往基层走，往社会去，与当地干部群众打成一片；努力从基层干部群众身上学习本领，丰富头脑，提升境界。

4. 八小时之外也要严格要求自己。对于纪律要求，八小时之外也是重点。要做到自重、自省、自警、自励，严于律己，洁身自好，培养健康向上的生活情趣；管好八小时以外言行，纯洁自己的生活圈，不能参加任何有损律师形象的活动。要时刻提醒自己，决不能因为个人言语、行为不当给团体和本次行动带来非议或负面评价。要像爱护自己的眼睛一样，爱护这次挂职锻炼试点工作！

5. 要健全完善团队管理。组长可根据工作需要，指定一名团员为联络员，并协助组长做好团队管理工作；可根据省厅《挂职锻炼管理办法》，结合工作实际需要，细化、完善团队的管理制度、办法；组长、联络员要大胆管理，切实负起责任。组员犯错，组长有责。同时要珍惜到一个县共同工作、生活的机缘，相互关心、互相支持、互相提醒、互相照应，确保工作、生活平安顺利。大家同样要像爱护自己的眼睛一样，爱护团队的团结，不能发生闹不团结的现象。

总之，要在严肃纪律、严格管理的基础上，尽快熟悉当地的情况，特别是县委、县政府的总体工作部署和所在单位的整体工作安排，紧紧围绕县委、县政府工作大局，立足岗位职责，充分发挥职能作用。要特别注意把握好履行岗位职责和主动开展工作的关系；要特别注意处理好上下左右的关系，展现山东律师的良好形象。具体来讲，一要严肃纪律、严格管理，确保不发生问题。二要尽快熟悉情况。政治生态、社情民意、县委、县政府总体工作部署，所在单位整体工作安排等情况。三要围绕县委县政府大局，立足岗位，履行好岗位职责。四要在本县、本单位总体工作框架中，妥善发挥专业优势。五要在本县、本单位总体工作框架中，妥善发挥系统优势。

三、加强组织、指导、协调，为挂职锻炼工作提供强有力保障

这次挂职锻炼工作只能成功，不能失败，必须举全系统、全行业之力为挂职锻炼工作提供支持和保障。

厅人事处、律管处具体负责挂职锻炼的各项管理工作。要加强与高唐县的沟通协调，与挂职律师始终保持紧密联系，帮助解决挂职工作遇到的各种问题、困难。要安排专人负责，将工作情况定期向省厅、省委组织部、省委政法委作出汇报。挂职锻炼的团队和同志根据当地工作安排，需要省厅、省律师协会提供支持的，各有关单位和处室要大力支持。

挂职律师所在市司法局、律师协会和律师事务所要鼎力支持。要在政治上、工作上和生活上爱护、关心、支持挂职律师，特别是要按照管理办法的要求，更多地给予生活上和经济上的扶持，切实解除他们的后顾之忧，让他们能够全身心地投入到工作中去。

挂职律师所在律师事务所、律师协会包括省律师协会及有关“两专”委员会，要给予业务上的有力支持。要加强对挂职律师办理案件的业务指导，要及时回应挂职律师的求助。同时，也可以通过邀请高唐县的律师和政法人员参加律师协会的一些重点培训、论坛，对一些疑难案件共同开展研讨等形式，加强与高唐县政法机关和律师的互动交流。

要加强对挂职锻炼工作的总结、研究。挂职律师要虚心学习、勤于思考，及时总结挂职锻炼的好经验、好做法，并向派出单位、主管司法局及省司法厅报送；省厅、省律协以及主管司法局、律师协会、律师事务所，要通过会议、刊物、网站、信息简报等多种形式，汇聚挂职锻炼的有关信息，研究、讨论、思考深化挂职锻炼工作的好方法、好形式，推动挂职锻炼工作有效开展。

最后，祝挂职锻炼工作取得圆满成功！祝大家工作顺利、生活愉快！

在全省律师参政议政专题培训班上的致辞*

（2013 年 4 月 26 日）

尊敬的王部长，尊敬的孙院长，各位律师学员：

在继去年组织全省首届党外律师培训班之后，今年我们举办全省律师参政议政专题培训班，既是推动律师参政议政工作的一种延续，也是对这项工作成果的一个集中展示。在这里，我首先代表司法厅和省律师协会对担任人大代表和政协委员的律师表示祝贺！对大家能够参加这个班的学习培训表示欢迎！

多年来，各级统战部门对律师参政议政工作高度重视，2007 年、2008 年，省委统战部五处就和省厅律管处开展了律师参政议政的调研。多年来，在省委统战部的领导和指导下，全省律师参政议政工作得到了长足的进展。截至目前，全省律师党代表、人大代表、政协委员已经达到 425 人，比上届增长了将近 40%，而在担任人大代表、政协委员的律师中，非党的比例占得比较高。所以说，这个成果的取得和统战部领导的大力支持是分不开的。换届的时候，统战部领导除了在面上对这项工作进行统筹安排和指导之外，对于一些重点培养的律师担任政协委员，靠上做工作，一个一个地协调、争取，做了大量积极有效的工作。在此，我代表省司法厅、省律师协会，也代表我们全省律师行业，向全省各级统战部门、向统战部门的领导表示衷心的感谢！同时，这两次培训班得到了山东省社会主义学院的鼎力支持，在统战部领导的指导下，专门制定了培训班的方案，省社会主义学院给我们提供了一个良好的学习、培训的环境和条件，在这里，也向学院表达我们的谢意。

---

* 本文根据录音整理。

律师制度，是现代民主政治发展的重要产物，也是现代民主政治制度的重要内容。党的十八大报告强调，法治是治国理政的基本方式。在十八大报告中，法治是在第五部分政治建设里面讲的，第一个问题是人民代表大会制度，第二个问题是协商民主制度，第三个是完善基层民主制度，第四个就是全面推进依法治国。国家创设律师制度的宗旨之一就是把律师放在民间，代表民间和民权对公权利进行制约和监督，形成国家治理的有效机制，实现国家治理的良好状态。所以说，从这个政治制度的初衷，以及它的架构来讲，就应该有律师的地位。律师这两个字，本身就含有政治的内容，同时推动参政议政也是我们整个行业成长发展的必然趋势。

律师制度恢复重建三十余年来，律师在社会经济生活当中发挥了巨大的作用。有许多律师，已经从初创阶段发展到了非常成熟的阶段，这个时候就需要有行业的声音、行业的力量，为国家的政治经济生活施加我们的影响。因此，随着行业的成长，不仅我们的行业，而且每一个律师，也有这方面的政治诉求。同时，律师参政议政，有着天然的优势，“春江水暖鸭先知”，律师跟群众打交道，对社情民意了解的最准，最能了解时代发展的脉搏，最善于发现社会生活中存在的问题，因此具有天然的参政议政的优势。

这几年来，省厅、省律师协会在省委统战部的领导、指导下，把推动律师参政议政作为一项常规性的工作来抓。但是，我们也要看到，律师参政议政的渠道还不畅，制度性的障碍依然没有打破。然而，我们要相信，未来是美好的，“公考”和“司考”有机衔接，法律职业共同体的有序流动，总有一天会实现的，大家要有这个信念。

在工作中，大家要齐心协力进一步畅通律师参政议政的渠道，多搭建平台，提供机会。我们这一次参政议政的培训班，研究的都是大题材，比如中国的政治制度、人民代表大会制度、民主协商制度。刚才会长说是“三个自信”，律师只有把个人的事业和行业的成长跟国家和民族的命运联系在一起的时候，你这个律师才能叫大律师，才能达到应有的境界。所以说，不要单纯地从功利的思想来看律师担任人大代表、政协委员这个职位，而是真正要从习总书记讲的实现中华民族伟大复兴中国梦的角度，去考虑我们自己这个行业所起到的作用。

在致辞里对这个班提了三点要求，总体意思就是要好好学，严守学员守则，严守纪律、严格要求。这次给授课的都是大家，省政协栗甲副主席要跟大家谈一谈协商民主制度；省人大副秘书长兼办公厅主任赵瑞林，是研究人大代表制度很有造诣的一名学者型官员;省委统战部王晓炜巡视员在统战系统工作多年,他对统战工作的理解和认识肯定会给我们带来许多启发。另外,还有我们律师行业的一些参政议政时间比较长、有经验的律师党的十八大代表、全国人大代表来给大家进行交流和分享他们的经验,希望大家一定珍惜这次宝贵的学习机会。

最后,预祝培训班圆满成功,预祝大家学习生活愉快!

谢谢大家!

在全省涉外商事海事业务培训班上的致辞*

（2013 年 5 月 23 日）

尊敬的王胜明主任、爱卿院长、大乐书记，各位法官，各位律师：

大家上午好！

由省法院民四庭、省律师协会涉外委员会共同举办的全省涉外商事海事业务培训班正式开班了。对于此次培训班，省法院特别是刘爱卿副院长和法官学院罗大乐书记非常重视，省司法厅、省律师协会也非常期待。省法院民四庭与省律协及秘书处、涉外委员会做了大量筹备工作。在这里，我代表省司法厅对所有为此次培训班付出劳动和努力的同志表达谢意，并借此机会，向多年来关心、支持司法行政工作特别是律师工作的法院系统和刘爱卿副院长、罗大乐书记、省院民四庭以及在百忙之中前来授课的王胜明主任等专家表示衷心的感谢！向参加培训班的法官和律师们表示热烈的欢迎！

由法院和律师协会共同举办法官和律师培训，在我省尚属首次。我认为，本次培训班是一项富有创意、可以创造先例而意义重大的举动。

首先，在于涉外商事海事业务属于专业性程度更高的一项业务。众所周知，涉外商事海事业务相对前沿、专业性较强，处理难度大、要求高。就律师行业来讲，从事此类业务的律师人才相对较少，亟待加强培养这方面的专业团队。在这方面，省司法厅、省律师协会曾多有尝试。2008 年赴美进行反倾销培训，2011 年起与省人社厅、商务厅共同实施百名应对国际贸易摩擦高端法律服务人才培训工程，380 名参训律师中就包括了这三批国外学习的律师。今天的培训班将巩固、延伸前期培训的成果，对打造涉外商事海事专业律师团队具有重要意义。

---

* 本文根据录音整理。

其次,这次培训班是深化法官、律师良性互动机制的一项重要举措。2011年12月,省高院与省司法厅、省律师协会印发了《在商事诉讼中建立规范法官与律师相互关系工作机制意见的通知》,通过建立有关工作机制,强化双方在商事诉讼活动中的互相配合、互相监督,共同塑造良好职业形象,提升司法公信力。自工作机制建立以来,省高院与省司法厅、省律师协会先后联合举办了全省涉金融犯罪案件民事责任研讨会、涉外民事关系法律适用研讨会。上周,省高院还与省司法厅、省律师协会召开座谈会,就保障律师执业权利和法院工作征求律师的意见建议。今天,举办这个培训班,进一步扩大了法官与律师良性互动的深度和广度,对于工作机制的常态化以及深化具有特别重要的意义。

再次,这次培训班是推动法律职业共同体建设的一项新的尝试。法官与律师是法律职业共同体的重要成员。法律职业共同体成员有相似的法律教育背景,同操法律语言,同循法律思维,遵循共同的规则,有着共同的价值取向和追求,同在法庭上活动。建设法律职业共同体,当然需要制度的支撑,需要准入门槛的统一,更靠相似的法律教育背景、靠长期的职业养成、靠有效的知识技能培训。今天,大家在同一个课堂,听同一个老师讲课,就同一个课题交流。我想,不仅对提高大家的业务素质、业务能力大有裨益,而且能够增进法官与律师彼此之间的理解、尊重和认同,可以以此到达法律职业共同体之间的最高境界。因此,这种培训形式应该是促进法律职业共同体建设的一种理想模式。

最后,这个培训班的设计和组织方式富有创意和具有示范作用。特别是在费用承担、场地安排、专家聘请等多个方面反映和体现了设计者和组织者的智慧,具有重要的示范意义。

基于以上四点,我思考并建议把这种培训模式作为一项制度确定下来,特别要在涉外商事、海事、知识产权这三个领域加强合作培训。恳请刘爱卿副院长、罗大乐书记给予多多支持!也请省律协及秘书处、涉外委员会、知识产权委员会、海事委员会加强与省院民三、民四庭的沟通协调,先从三个领域做起,以有效打造这三个领域的法律职业团队。

需要特别强调的是,本次培训邀请的都是顶尖的师资。希望参训的律师要高度重视、十分珍惜这次培训的难得机会,聚精会神、专心致志地用心听课、用心钻研,加强与参训法官的相互交流、切磋,确保培训取得预期效果。

最后,祝培训班圆满成功!祝大家学习愉快、学有所成!

谢谢大家!

在香港麦家荣律师行济南代表处设立十周年庆典上的致辞

（2014 年 4 月 18 日）

各位来宾，女士们、先生们：

非常荣幸能参加今天的活动。十年前，经司法部批准，香港麦家荣律师行在济南设立了代表处。“十年磨一剑”，律师行驻济南代表处不断发展进步，不仅为山东带来了崭新的管理理念与经验，也为我省企业转型升级和“走出去”提供了大量卓有成效的法律服务。在此，我谨代表山东省司法厅、省律师协会向律师行驻济南代表处设立十周年及取得的成绩表示热烈的祝贺，向麦家荣律师行及驻济南代表处全体律师及员工表示诚挚的问候，向为鲁港法律服务交流合作做出重大贡献的麦家荣律师行表示衷心的感谢！

十年风雨砥砺，十年硕果盈枝。我认为，香港麦家荣律师行在山东的十年实践，至少带给我们四点启示：

第一点启示：济南乃至山东是一片充满希望的热土。山东是一个经济大省，2013 年全省实现生产总值 5.5 万亿元，进出口总额 2671.6 亿美元，经济社会发展对法律服务的需求，特别是对新兴、高端、涉外法律服务的需求十分旺盛，法律服务业具有极大的市场拓展空间。山东也是文化大省、旅游大省，这里的人民勤劳、淳朴、真诚、好客。作为省会城市的济南，是山东的政治中心，是文化之城，泉城之都。香港麦家荣律师行落户山东，落户济南，不仅充分展示了律师行战略发展的前瞻视角，而且也为山东律师业发展注入了生机与活力。我们非常期望通过麦家荣律师行的先导、示范作用，吸引更多的香港律师和企业界朋友到山东、到济南执业、投资和旅游观光。

第二点启示:麦家荣律师行有一个非常好的管理团队和首席律师。律师行驻济南代表处十年来所取得的成绩,既是社会各界大力支持的结果,又是全体员工辛勤付出的结果,更是管理团队潜心经营的结果。济南乃至山东虽好,但未必人人能够做到慧眼识金。然而麦家荣律师行的管理团队做到了。特别是作为主管合伙人的麦家荣先生更是功不可没。他先知先觉、远见卓识,在山东首家设立了香港律师事务所驻济南代表处;他充满智慧,能力非凡,不仅在企业赴港上市、海外投资并购等领域有所专长,更担任了济南市政协委员,获得了中国委托公证人资格,为我省企业和个人提供了大量专业化的法律咨询和帮助。在这里,我还要特别提及和感谢麦家荣律师行四位合伙人的夫人。我个人觉得,麦家荣律师行十年前的英明抉择和驻济代表处的发展以及所取得的全部成就,四位夫人的贡献巨大。我提议让我们以热烈的掌声向她们表达深情的敬意!

第三点启示:还是那句老话:“功夫不负有心人。”十年光阴,十年付出。麦家荣律师行及驻济代表处在山东的律师界、企业界、政界等各个领域的影响越来越大,发挥的作用愈来愈重要,取得的成果也是十分可喜的。在这其中,驻济代表处发挥了重要的作用:(1)业务拓展的“桥头堡”。通过驻济代表处的媒介作用,麦家荣律师行在律师业改革发展、经营管理、服务方式、高端人才培养等方面给山东提供了许多成功经验,为山东企业境外投资、IPO 上市、并购、重组、海外融资等业务拓展方面发挥了“桥头堡”的作用。(2)交流合作的“桥梁纽带”。十年来,代表处积极参加各类经贸会议和经济类论坛,充分利用各种平台宣传推介香港经贸环境和法律服务优势,比如 2012 年香港山东周期间,麦家荣律师行与山东博翰源律师事务所签署了战略合作协议,加深在企业重组、并购等方面的合作。(3)增进友谊的“常青树”。通过麦家荣律师行及驻济代表处的宣传、推介,增进了友谊,加强了互动。山东博翰源律师事务所霍建平、杜鹃律师在香港注册了海外律师工作证,位于青岛的山东琴岛律师事务所先后聘请香港简家聪律师行的简家聪、何志强律师担任法律顾问,山东德衡律师事务所在香港设立了办事处、派驻了业务代表。在这里,我要特别提及驻济代表处的王巧莲、焦玉真二位女士。她们勤勉尽责、工作认真、办事妥当,为鲁港两地交流合作和彰显香港律师在山东职能作用的发挥付出了辛勤的劳动、汗水和智慧。在此,大家也要为她俩鼓鼓掌!

第四点启示:就是我们要对麦家荣律师行及驻济代表处倍加珍惜和扶持。

自我2005年到司法厅分管律师工作以来，除了麦家荣律师行在济南设立代表处外，司法部还批准了美国贝克·丹尼尔斯律师事务所和韩国顾模宁律师事务所驻青岛代表处，但受2008年全球金融危机的影响以及人事变动等原因，这两家律师事务所的代表处先后不告而别。作为目前山东唯一一家香港律师事务所设立的代表处，基于她的唯一性，我们要更加珍惜，高看一眼，厚爱一层。全省司法行政机关和律师协会要一如既往地为麦家荣律师行在山东的战略发展搞好服务，努力在优化环境、搭建平台、正面宣传等方面提供便利条件。也希望有关部门和济南市的领导和企业界的朋友给予麦家荣律师行及济南代表处以更多的关注、更大的扶持，加强联系与合作，努力实现互利共赢的效果。

最后，祝各位身体健康、工作顺利、家庭幸福，祝麦家荣律师行及济南代表处基业长青，祝我们的友谊地久天长！

谢谢大家！

在山东省公证协会第四次代表大会暨全省公证工作会议上的讲话*

（2014年7月26日）

各位代表，同志们：

这次会议各项议程临近结束，可以说会期时间短，内容很丰富，开得很成功。特别是王本群厅长在百忙之中，出席大会并作重要讲话，体现了厅党委对公证工作的高度重视和关心支持。这次会议就贯彻落实全国公证工作会议作了部署安排，全面总结了最近六年来的工作，选举产生了第四届山东公证协会领导班子和理事会，对全省公证质量奖先进集体和先进个人进行了表彰。在此，我代表省司法厅向新当选的理事、常务理事、秘书长、副会长、会长以及受表彰的先进集体和个人表示衷心的祝贺！

下面，我就进一步做好公证工作，讲四点意见：

一是抓好会议精神的贯彻落实。全国公证工作会议总结了近年来公证工作取得的成绩，从战略和全局的高度，对做好新形势下公证工作，推进公证事业全面发展作出了部署。省委政法委才利民书记、邓向阳副省长在听取省厅汇报后，分别作出批示，对全省工作行业在服务经济社会发展中的各项举措给予高度评价，并对下一步公证工作提出了明确要求。王本群厅长在讲话中充分肯定了近年来我省公证取得的成绩，就做好下步工作提出了五点意见。各地要通过多种形式，把全国公证工作会议精神、省领导批示以及这次会议精神传达到每一个公证人员，使大家充分认清做好新形势下公证工作的重要性，深刻认识全

* 本文为作者在卸任省公证协会会长时的讲话。

面深化改革对公证工作带来的新机遇和新挑战，进一步统一思想认识，增强工作的使命感、责任感，抓住机遇、乘势而上，努力推动实现公证工作新进步。

二是组织开展好“让人民群众能感知的公信力”实践活动。开展“让人民群众能感知的公信力”实践活动，是今年进一步加强以公信力建设为重点的行风建设的一项大动作和硬措施。前段时间，省公证协会下发了通知，各地要高度重视、认真落实。要在学习讨论基础上，以争创“三零”公证员、“梦想从这里起飞”大讨论暨征文活动、公证公信力建设笔会、公证质量专项检查等活动为载体，不断强化公证人员维护公证公信力的自觉意识，切实解决人民群众反映突出的行风问题，提升公证公信力社会认同感和公证工作社会影响力。

三是加强业务发展指导，确保圆满完成年度工作任务。今年上半年，在经济解构调整、经济增速减缓和奖励机制普遍取消的情况下，全省共办理公证事项 32 万件，同比增长 6%。其中涉外涉港澳台公证 11 万件，同比增长 19%。东营、济南办证总数同比增长近 30%，淄博、济宁涉外涉港澳台业务同比增长超过 40%。但也有一些市办证总量明显下滑，部分公证处人均办证三四十件。各市要通过工作调研，摸清本地业务底数，对于业务增长压力较大的公证处要实行重点督导，认真分析原因，帮助找准业务增长点，确保实现年初确定的业务增长目标，确保全省公证业务可持续发展态势。

四是切实加强自身建设。按照民政部门的要求，我们这次选举产生的第四届山东公证协会领导班子和理事会成员，全部由执业公证员担任。希望新的领导班子团结协作、勇于担当、大胆工作、共谋发展，真正把协会建成可亲、可靠的“公证员之家”。下一步各市也将按照省公证协会模式，实现协会行业管理的相对独立。各级司法行政机关公证管理部门和公证协会要不断健全完善“两结合”的管理体制，既各司其职、各负其责，又要加强沟通、相互配合，共同提高公证管理水平。要切实加强市级司法行政机关公证管理机构建设，充实公证管理人员，切实改变人员变动大、配备职数少的问题。同时，加强公证管理队伍教育培训工作，提倡管理人员学业务、懂业务、精业务，全面提高综合素质，进一步增强依法履职能力。

各位理事、同志们，做好新形势下公证工作，责任重大，使命光荣。各级司法行政机关和广大公证人员要认真贯彻落实司法部和省厅关于公证工作的重大部署和要求，进一步解放思想、坚定信心，全力做好公证各项工作，为加快推进全省法治山东、平安山东建设做出突出贡献。

在山东省戒毒协会成立大会暨第一届会员代表大会上的讲话

（2015 年 11 月 26 日）

同志们：

瑞雪飘飘，喜气盈盈。今天，山东省戒毒协会成立大会暨第一届会员代表大会隆重召开，是我省戒毒工作史上的一件大事。刚才，大会选举产生了协会领导班子，研究部署了今后一个时期省戒毒协会的工作任务。省戒毒协会的成立得到了各级领导的高度重视，中国司法行政戒毒工作协会张兆鑫秘书长莅临大会指导工作，会前省司法厅王本群厅长专门听取汇报并作出批示，省民政厅、省禁毒办、省卫计委、省中医药管理局、省中医药大学、省法学会、省监狱协会、省律师协会、省基层法律工作者协会、省人民调解员协会、省司法鉴定协会等单位领导对协会成立给予了大力支持。在此，我代表省司法厅、省戒毒局党委，向长期以来关心支持我省戒毒工作、对协会成立给予帮助指导的各级领导、各有关部门、新闻媒体和社会各界人士表示衷心的感谢！下面，受王本群厅长的委托，结合我省戒毒协会工作实际，我讲三点意见。

一、要充分认识成立戒毒协会的重要意义

当前，受国际毒潮持续泛滥和国内多种因素影响，我省毒品形势十分严峻，吸毒人数持续增长。截至今年 10 月，全省登记在册吸毒人员已达 8 万人，近几年年均增幅接近 30%。吸毒成瘾不仅损害身心健康、破坏社会风气，而且诱发各类违法犯罪活动，已经成为影响社会和谐稳定的严重社会问题。为应对吸毒成瘾问题，《禁毒法》将强制隔离戒毒、自愿戒毒、社区戒毒、社区康复作为戒毒

的主要措施，形成了具有中国特色的戒毒医疗、戒毒康复、救助服务为一体的戒毒工作体系。成立戒毒协会的目的，就是要建立一个交流、协作、共享的平台，发动全省从事戒毒管理、教育、治疗以及关心支持戒毒工作的组织和个人，深入开展戒毒学术研讨活动，积极探索毒瘾戒治方法，交流和推广戒毒研究成果，不断提高戒毒工作科学化、专业化、社会化水平，更好地服务和保障平安山东、法治山东建设。

二、要准确把握戒毒协会的功能定位

近年来，党中央、国务院和省委、省政府高度重视戒毒工作。去年4月，习近平总书记在听取司法部工作汇报时指出："戒毒工作是司法行政工作的重点之一，要不断提高戒毒工作水平。"去年以来，省领导郭树清、孙伟、张江汀、张务锋等先后对戒毒工作作出重要批示，为戒毒工作发展创造了有利条件。当前，戒毒工作既面临良好机遇，也面对压力和挑战。我省戒毒协会的成立恰逢其时，适应了禁毒戒毒形势发展需要。希望省戒毒协会要深入贯彻习近平总书记系列重要讲话精神，从维护社会和谐稳定的高度定位和推进协会工作，围绕中心、服务大局，明确职责、主动作为，充分发挥好协会的功能作用。要大力宣传贯彻《禁毒法》《戒毒条例》以及禁毒戒毒法律法规，坚持理论联系实际，深入开展戒毒基础理论研究，探索戒毒工作规律，加强戒毒学术交流，为戒毒工作发展创造有利条件。

三、要切实抓好戒毒协会的各项工作

在前不久召开的全国司法行政戒毒工作会议上，司法部吴爱英部长对做好新形势下戒毒工作提出了具体要求，我省在会上作了典型发言。在刚刚结束的全省戒毒工作电视电话会议上，王本群厅长对我省戒毒工作作出了全面部署。省戒毒协会成立后，要紧紧围绕全国、全省禁毒戒毒工作大局，以全国、全省会议精神为引领，立足实际、着眼长远，准确定位、强化职能，切实将各项工作抓紧抓好、抓出实效。

第一，要加强戒毒工作研究。戒毒作为一个世界性难题，既是一个艰难的医疗过程，又是一个富有探索性的心疗过程。攻克这一难题需要聚智聚力、探索创新，需要有先进的理念和科学的理论来支撑。戒毒协会要充分发挥人才集聚的优势，广泛开展戒毒理论研讨和学术交流活动，积极探索帮助戒毒人员戒除毒瘾的有效方法，为戒毒工作提供理论指导和技术支持。要结合戒毒场所实际开展调研活动，加强对戒毒规律的研究，为戒毒工作决策提供服务和指导。要办好协会刊物，倡导"全员读书计划"和人人学习研究、人人动笔写文章的风气，建立健全研究成果推荐、评选、表彰、应用机制，推动戒毒科研成果转化。要积极开展教育培训工作，制定好"十三五"干部培训规划，健全干部职业培训体系，培养戒毒科研人才，打造一支适应戒毒工作需要的过硬干部队伍。

第二，要凝聚戒毒工作合力。戒毒工作是一项综合施策的系统工程，需要社会力量的积极参与。作为社会组织，戒毒协会利用协会成员联系面广、信息渠道多的优势，在组织和动员社会力量参与戒毒工作中，发挥好桥梁和纽带作用。今天参加会议的代表，来自政府部门、医院、大学、新闻媒体等各行各业，其中有二十多名社会科研院校的专家学者，在协会会员中有20%是来自社会各界的精英，是协会的中坚力量，是全省戒毒工作须臾离不开的源头活水。希望大家在关注支持戒毒工作的同时，动员更多有志于戒毒工作的组织和个人，参与到戒毒工作中来，为帮助吸毒人员戒除毒瘾、顺利回归家庭与社会奉献爱心和力量。

第三，要参与全民禁毒宣传。习近平总书记强调，要坚决打赢戒毒人民战争。李克强总理指出，要坚持预防为主，完善综合治理体系，严打和惩戒教育并举，坚决遏制毒品问题蔓延发展。做好禁毒戒毒工作，加强教育宣传、抓好源头预防是前提和关键。戒毒协会要充分发挥自身独特优势和社会号召力，积极参与禁毒戒毒宣传，重点加强对青少年毒品预防教育，增强全民拒毒防毒意识和能力。要动员更多的社会力量加入到禁毒戒毒宣传中来，加强与新闻媒体、社会团体的交流合作，请各大新闻媒体的朋友深入戒毒场所、挖掘山东戒毒故事，拓宽宣传面，增强影响力，真正发挥禁毒戒毒宣传的源头治理作用，为遏制毒品蔓延贡献力量。

第四，要加强协会自身建设。戒毒协会作为一个社会性团体组织，工作要有活力，就必须强化自身建设。要加强协会思想政治建设，确保协会工作始终坚持正确的政治方向。要按照《章程》和有关社团组织管理的要求，不断健全培训、调研、考核、奖惩、监督和协作交流等制度，明确职责、落实责任，使协会工作逐步走向制度化、规范化、专业化。要坚持依法办会、民主办会、规范办会、开门办会，同时组建好秘书处，不断提高协会自身的工作能力和水平。

同志们，山东省戒毒协会的成立，标志着我省戒毒工作进入到了一个新的阶段。相信在各级领导的关怀指导下，在社会各界的支持帮助下，通过广大会员的共同努力，省戒毒协会的工作一定会欣欣向荣、蒸蒸日上，为推动全省戒毒工作走在全国前列，服务平安山东、法治山东建设做出应有的贡献。

在山东省戒毒管理局与山东中医药大学合作签约暨两个基地揭牌仪式上的致辞

（2016 年 1 月 5 日）

尊敬的各位领导，各位来宾：

大家下午好！

今天，山东省戒毒管理局与山东中医药大学在这里隆重举行中医药戒毒合作协议签约暨“山东中医药大学教学实践基地”和“山东省中医药戒毒研发基地”揭牌仪式，这在全国是一件首创性的大事，对山东戒毒工作来讲具有里程碑意义。首先，我代表省司法厅、省戒毒管理局，向合作协议的成功签约和两个基地的揭牌表示热烈祝贺！向山东中医药大学的各位专家教授，向长期以来关心支持戒毒工作的社会各界人士、新闻媒体的朋友们表示衷心的感谢！

毒品是人类社会的公害。当前，受境内外涉毒违法犯罪活动多发的影响，我省毒品形势十分严峻，吸毒人数持续增长。截至目前，全省登记在册吸毒人员已达 8.2 万人，实际吸毒人数已超 30 万人，近几年以 30％的速度增长。吸毒成瘾不仅损害身心健康、破坏家庭幸福、败坏社会风气，而且极易诱发各类违法犯罪活动，已经成为影响社会和谐稳定的严重社会问题。做好戒毒工作、减少毒品危害，事关人民群众根本利益，事关社会长治久安，是一项义举善举，是戒毒机关和社会各界共同的责任。

强制隔离戒毒是《禁毒法》赋予司法行政机关的一项法定职能。2009 年以来，全省司法行政戒毒机关认真贯彻落实《禁毒法》《戒毒条例》，独立承担强制隔离戒毒和戒毒康复职能，坚持“以人为本，科学戒毒，综合矫治，关怀救助”，建立了山东特色戒毒模式，实施了“国学・齐鲁文化入心”、中医中药戒毒、专业人才培育和体制机制创新“四大工程”，积极探索医疗、体疗、心疗、食疗、“化”疗、工疗“六疗”戒毒方法，全省8个戒毒所累计帮助近6000名吸毒人员戒断毒瘾、顺利回归家庭和社会，目前在戒人员有3496人，为平安山东、法治山东建设做出了积极贡献。

戒毒是一个世界性难题，戒毒工作是一项复杂的系统工程，也是一个极具挑战性的医疗、心疗过程。中医中药是我国独具特色的医疗资源，在戒除毒瘾方面有着独特优势。去年，中医药专家屠呦呦获得诺贝尔奖，引发世人对中医药的高度关注，也充分证明了中医中药的价值。在中国中医科学院成立六十周年和更名十周年之际，习近平总书记致信祝贺，李克强总理批示表示祝贺。目前，《中华人民共和国中医药法（草案）》正在向社会公开征求意见。所有这些，对继承好、发展好、利用好中医药这一宝贵财富提出了明确要求，更为我们将中医药引入戒毒工作指明了方向，增强了信心。中医诊疗讲究身心结合、辨证施治，中药具有药性温和、副作用小的优势，在治疗阿片成瘾方面有着悠久的历史。加强中医药与戒毒工作的有机融合，是提高戒毒工作质量、拓宽中医药应用领域和为戒毒提供无限可能性的重要途径。

山东中医药大学是山东省唯一一所综合性中医药大学，在国家高等教育布局中具有重要作用和特殊区域定位，拥有多个省部级重点实验室，建有国家中医药临床研究基地和国家级新药特药研制平台，科研人员和师资队伍实力雄厚，具有很强的科技创新能力，同许多地区和单位在专业人才培养、科技成果转化等方面开展了广泛的合作交流，积累了丰富经验，取得了丰硕成果。此次双方合作签约和两个基地的揭牌，为我省戒毒工作发展注入了有生力量，标志着我省中医中药戒毒工作迈出了坚实一步，对于加强中医中药戒毒探索研究，利用中医中药方法戒毒，打造山东戒毒工作特色，探寻中医药大学致力于破解世界性难题的路径，都具有十分重要的作用。

借此机会，就下一步工作提三点建议：

一是知难而进。戒毒确属世界性难题，但毒瘾能够戒除也是不争的事实，关键在于综合施治。中医中药博大精深，在西医方法施治所逐步形成、固化为世界性难题的认知世界里，唯有中医中药能够为彻底戒断毒瘾提供无限的可能性。因此，我们必须具有知难而进的魄力与信心，要特别重视致力于这一领域的探索和研究。虽说戒毒是一个世界性难题，是一个巨大挑战，但也是我们面临的机会与机遇。

二是把协议做实。要坚持优势互补、平等互利、共建共享的原则,通过协议建立的协作机制,将中医药大学的科研优势和戒毒场所的实践优势结合起来,明晰合作方法与路径,并不断拓展、延伸,切实将中医中药戒毒做实做深、取得成效,决不可只停留在纸面上,局限于签签字、揭揭牌。

三是规范、创新运行。要以科学、有效、安全为前提,从戒毒工作实际出发,遵循中医中药工作规律,加强对中医中药戒毒的研究和创新。要让有处方资质的专家教授多为戒毒人员开方、下药,跳出传统固有思维方式的束缚,提升理念,创新方法,真正找到中医中药戒毒的有效路径。要发挥我省中医药人才资源优势,坚持产学研相结合,加大科研攻关力度,争取尽快形成具有全国乃至世界影响的中医中药戒毒工作成果,打造具有山东特色的中医中药戒毒工作品牌。

今天的签约和揭牌仪式,是校局双方真诚合作的重要成果,也是面向未来、共创辉煌的良好开端。我们相信,通过双方的精诚合作,在不久的将来,中医中药戒毒工作一定能够取得令人满意的丰硕成果。希望合作双方以十八届五中全会提出的创新、协调、绿色、开放、共享发展理念为引领,以签署合作协议为契机,积极探索、大胆尝试、敢为人先,特别要围绕创新、绿色、共享发展理念,出重拳、出实招、求实效,着力打造山东戒毒工作新亮点,为推动中医中药创新发展开辟新路径,为打赢禁毒人民战争增添新动力,为维护社会和谐稳定作出新贡献!

谢谢大家!

在全省戒毒系统“孔子学堂”授牌仪式上的致辞

（2016 年 3 月 15 日）

尊敬的王大千理事长、王少杰部长、陶喆先生，各位嘉宾，同志们、学员们：

今天，我们隆重聚会，举行全省戒毒系统“孔子学堂”授牌仪式，这是全省戒毒系统的一件大事，是实施“国学·齐鲁文化入心”工程的最新成果，也是推进我省戒毒工作走在全国前列的一项重要举措。多年来，中国孔子基金会对山东戒毒工作给予了高度关注和大力支持，在戒毒场所开展了一系列传统文化教育和联合帮戒活动，对于帮助戒毒人员戒除毒瘾、提高教育矫治质量发挥了积极作用。今天，大千理事长、少杰部长、陶喆先生在百忙之中出席活动，在此，我代表省司法厅、省戒毒局，向多年来关心支持戒毒工作的孔子基金会各位领导、各位嘉宾、新闻界的朋友们表示衷心的感谢！对全省戒毒系统“孔子学堂”正式授牌表示热烈祝贺！

中国孔子基金会作为全国性、国际性学术基金组织，长期以来为弘扬中国优秀传统文化、推进社会主义精神文明建设作出了重要贡献。“孔子学堂”是中国孔子基金会倾力打造的大型公益文化项目，以“写好字、读好书、做好人”为宗旨，以培育社会主义核心价值观为目标，有力推动了优秀传统文化的传播、转化和发展。目前，“孔子学堂”在全国已发展至近 300 家，已成为老百姓日常生活中的精神家园和道德高地，产生了良好的社会影响。

毒品是人类的公害，严重侵害人的身心健康，污染社会环境，吸毒成瘾已成为一个严重的社会问题。目前，全国登记在册吸毒人员达 300 余万人，禁毒形势十分严峻。强制隔离戒毒是《禁毒法》规定的戒毒措施，是一项重要的执法活动，也是一项综合施策的系统工程。近年来，全省戒毒系统紧紧围绕平安山东、法治山东建设大局，按照“一四六”工作思路，以提高教育戒治质量为中心，探索建立了“六疗”并举的戒治体系，帮助一大批吸毒人员戒除了毒瘾，为维护社会和谐稳定做出了积极贡献。特别是实施“国学·齐鲁文化入心”工程以来，将王阳明心学等国学经典引入戒毒场所，形成了“一所一品牌，一队一特色”戒治格局，成为山东戒毒工作的一张亮丽“名片”。去年，济宁市戒毒所在全系统率先建立了“孔子学堂”，并在基金会举办的第一届“我最乐学”孔子学堂评选中获得“2015 年特色学堂”奖，在文化戒毒方面走在了前列。

此次，在全省各戒毒所设立“孔子学堂”，这在全国戒毒系统尚属首家。这既是借助社会资源、开门办戒毒的一项重要举措，也是开展“文化戒毒共建”活动的有益探索，必将为打造具有山东特色的文化戒毒品牌注入新的内涵和活力，对于提升全省戒毒工作科学化、专业化、社会化水平具有十分重要的意义。我们考虑文化是戒毒的治本之策。以文化人，修复性格、人格、灵魂，戒毒才有可能。借此机会，就加强双方交流合作、推进文化戒毒工作，提出几点建议：

第一，要用好合作平台，创新文化戒毒思路。孔子学堂的建立，架起了专业文化机构和戒毒所之间的桥梁，为双方搭建了一个合作、交流、互助、发展的重要平台。对于戒毒所来说，此次合作是弥补所内教育资源不足、专业力量薄弱的重要措施，一定要珍惜机会、加强合作，找准孔子思想、儒家文化与戒毒工作的契合点，因人而异，因地制宜，因材施教，形成“在传承中创新，在创新中发展”的文化戒毒新思路。要在坚持“沐齐鲁风，圆戒毒梦”总体要求的基础上，结合各戒毒所的地域特点、地缘优势，创新环境文化、宣传文化、大队文化、帮教文化制度体系和运转机制，打造各具特色的文化戒毒品牌，使“国学·齐鲁文化入心”工程真正落地生根、开花结果。

第二，要把握合作机遇，提升文化戒毒水平。搭好台更要唱好戏。希望双方不断丰富合作形式，深化合作效果，切实发挥好“孔子学堂”在传播优秀传统文化方面的教化引导作用。各戒毒所要把握好这一难得机遇，借智借力、借风行船，充分借助“孔子学堂”的资源优势，做好文化戒毒这篇大文章。要加强与孔子基金会专家学者的深度交流，特别在编印国学教材、创办戒毒文化刊物、筹备文化戒毒成果展室等方面，主动联合专家开展“文化戒毒共建”课题研究和实践活动。要深入挖掘文化主题内涵，健全文化戒毒长效机制，实现优势互补、合作共赢，以文化戒毒推动戒毒工作提档升级，为“走在全国前列”做出新贡献。

第三，要健全合作机制，强化文化戒毒保障。完善的保障机制是双方合作的基础,也是文化戒毒取得实效的根本保证。各戒毒所要把文化戒毒纳入场所发展规划和总体工作部署,在人、财、物方面加大投入,将文化戒毒经费纳入全所预算,增加经费投入,加强对文化场所以及设施设备的升级改造,满足文化戒毒需求,确保戒毒工作有序推进、高效运行。要按照省局《关于实施“国学·齐鲁文化入心”工程的意见》的总体部署,突出品牌特色,创新文化亮点,形成文化戒毒良性运转机制,真正把文化戒毒落到实处、取得实效。

第四,要拓宽合作渠道,增强文化戒毒成效。戒毒矫治成效如何,关键要有一支高素质警察队伍。实施“国学·齐鲁文化入心”工程,首先需要警察入心入脑,才能更好地履行职责、胜任工作。要借助“孔子学堂”的优质资源,加大教育培训力度,不断提升警察的文化素养和专业技能,为文化戒毒提供有力的人才保障。要以开展“两学一做”活动为契机,增强警察的责任意识、法治意识和安全意识,将严格公正文明执法贯彻戒毒矫治始终,营造法治、安全、文明、和谐的矫治氛围。要将优秀传统文化引入警队文化建设,开展文化活动,锤炼过硬作风,形成心齐劲足、风清气正的发展环境。

春华秋实,筑梦起航。今天的授牌仪式是我们双方合作的重要成果,也是面向未来、共创辉煌的良好开端。我们相信,在创新、协调、绿色、开放、共享五大发展理念的引领下,通过双方的精诚合作,文化戒毒一定会取得令人满意的丰硕成果,为打赢禁毒人民战争、维护社会和谐稳定做出新的贡献!

谢谢大家!

后　记

出版这本集子的起因，主要是源于山东大学肖金明教授和山东大学出版社尹凤桐主任的关注、鼓励。记得在2016年春节后的一次交流中，他们二人问我：今年会不会有新作和出版计划？因爱脸面，我并没有作出否定的回答。当下次相聚我谈了一些想法后，二人异口同声、坚决支持。若非如此，我是万万没有胆量这样做的。虽然读了几年书，又基于工作岗位的缘故，喜欢对法治进行学习与思考，也喜欢写些文字，但确实没有多少像样的东西。然而，说出去的话，就像泼出去的水，没有了退路，只好仗着老脸硬撑了。

1980年代，因读法学院与法结缘，毕业后先后在法院、司法行政系统工作，到目前已经有32年政法工作经历了。我在2000年3月担任法院办公室主任前，许多文字都已公开出版，因此，这本集子选取了自2000年至2016年的一些文字，其中包括1999年一些为法院系统报刊专门撰写而没有刊登出来的草稿。这些文字，有文章，有授课提纲节录，也有经过简单加工的一些工作报告、发言和讲话等等，并以《政法笔迹》冠名，意味着一段较长时间的历史印记与轨迹。

我在法院工作期间对法治的思考和认识，主要是围绕司法与审判特别是审判方式改革展开的，这本集子中的“法院篇”大都属于这方面的内容。这些文章，均是根据时势的变化，专门为法院系统的报纸、刊物和研讨会所撰写的。有一些文章还是草稿，根本没有刊登出来，还有一些提法、表述也显然已经过时，但隐含其中的道理至少自己是在意的。它们记载着我曾经的学习、思考、研究的经历，也大致反映了当时自己对司法与审判工作的思考程度。

2005年7月之后，我来到省司法厅工作，先后分管律师、公证、法律援助管理与服务工作，虽然与法院工作关联度较高，但终归是一个新的岗位、新的工作。所以，始终激励我在学习、思考与研究方面，不敢有过多的懈怠与迁就，努力把工作当学问来研究、思考和对待。特别是对律师管理工作的思考与研究小有成果，与我的工作和研究团队形成了《当代中国律师管理概论》一书。不管怎样，对这三项工作的思考、认识和推动，我是用了心思的。因此，从中选择了一些看得过眼的文字，分别形成了“律师篇”“公证篇”与“法律援助篇”。

司法行政工作，因其基础性、保障性、服务性和多样化等特点，彰显着她的意义与魅力。我对这项工作的学习、思考，择其要者编入了“司法行政（综合）篇”。

2014年8月分管强制隔离戒毒工作之后，戒毒作为一个世界性难题，赋予工作无限的思考与探索空间，也总让人有更多别样的感觉与体会。戒毒，固然困难，但在中国的文化背景下，特别是在一个深受鸦片荼毒的民族中，发生破解难题的奇迹有着无限的可能性。当然，我作为戒毒工作的一个新兵，对这项工作的学习、思考还是初步的，但考虑到结构的相对完整，还是怀着忐忑的心情，选择一些文字编入了“强制隔离戒毒篇”。

“其他篇”编入的均是我不忍割舍的文字，特别是我作为山东宪法学研究会的成员，收入了一篇我近年来对美国宪政思考的文章。

“附录”，均是特定场景下具有特殊记忆的一些文字，一定程度上反映了工作的着力点，也企图说明工作上的一些开放度，不忍舍弃。

因为执着，所以在意。三十余年来，不管时空如何变化，一直没有停止过对法治的学习和思考。当年，在读了法学院之后，总有一种感觉，认为法治能够强国，甚至觉得法治可以万能。对法治近乎痴迷的崇尚与敬仰，也促使自己总把岗位的变化看作不同的法治实践，而且不管是在核心还是在外围，都去认真地对待自己的岗位责任。即使是一篇文章、一场授课、一个报告、一次发言，也绝不敷衍、绝不懈怠。所以，出版这个集子，是对自己工作经历的盘点、记载，纯粹是一种没有观众及喝彩的自娱自乐。尽管如此，但当把稿子交给肖金明教授和尹凤桐主任之后，还是有小学生向老师交卷后的不安与忐忑。

总之，缘于关注、激励中的一次交流、交谈，才有了这个集子。

这些文字，也饱含着我的同事们的大量心血和汗水。2005 年以前的文字，是我独立完成的。到司法行政系统工作之后的文字，均是集体智慧的结晶，有我分管处室及处长的贡献——律师管理处及先后两任处长周杰、关永年同志，公证管理处及两任处长郝海轮、李邦喜同志，省法律援助中心及主任于荣双同志，有省律师协会和秘书处以及负责人的贡献——会长苏波同志与秘书长龚再坤同志，有省戒毒管理局戒毒综合处及处长的贡献——两任处长邵成和、梁云龙同志。特别是在我分管的处室里有许多写作水准很高的同志，为当时文字的成稿发挥了举足轻重的作用。他们是：现任律师管理处副处长、省律师协会党委专职副书记张良庆，法制宣传处副处长毕吉宁，律师管理处主任科员张国龙（现任人事处副处长）、李华培，戒毒综合处副处长毕于乾和主任科员廖伟健，公证管理处副调研员张满锋，等等。在这里，真诚地为他们在成稿之初的鼎力支持、帮助表达深深的谢意！

集子在后期制作过程中，省戒毒管理局戒毒综合处副处长毕于乾、省司法厅法制宣传处副处长毕吉宁两位同志承担了部分筛选、修订工作。省戒毒管理局戒毒管理处调研员龚再坤、戒毒康复指导处副调研员高保华和主任科员陈君三位同志分工审读了全部稿件，提出了许多修改意见与建议。山东大学出版社尹凤桐主任，无论从集子的形式还是内容，都作了独具匠心的设计与修正。我的好友肖金明教授，在百忙之中审阅了全部稿子，提出了许多指导性的意见，并欣然为集子作序。我是山东大学出版社的忠诚粉丝，他们对我也不离不弃，具有超强的包容心，乐于成人之美，对我集子的出版给予了很多的支持。在此，一并向他们表示衷心的感谢！

在这里，我要特别表达对王本群厅长的敬意和谢意！在工作中，他不仅为我们讲理念、讲思路，还教方法、教办法。他的睿智、大气和对工作的思考、部署，始终给我们以有力的指引，为工作发展提供了坚强保障。集子中的许多思考、观点和思路是在他的启发、引导下形成的。对集子的出版，他给予了很大的鼓励和支持，特别是在百忙之中还审阅书稿并欣然作序，使集子增色生辉。

由于集子中的文稿成文时间跨度长，加之受时代变化、个人知识视野等方面的限制，难免存在不当、谬误之处，一些观点、认识也未必成熟。在此，敬请各位专家、同仁和读者朋友们批评斧正。

齐延安

2016 年 7 月 27 日夜于济南新生活家园